자현 스님이 들려주는

불교사 100장면

자현 지음

불광출판사

서문

불교 공부, 어떻게 할 것인가?

동아시아 전통의 공부법은 문·사·철로 대변되는 전체를 아우르는 거시적 방식이다. 이에 비해 르네상스 이후 서구의 공부는, 작은 주제를 낱낱이 세분하는 미시적인 공부이다. 동아시아의 공부가 진리의 체득을 목적으로 한다면, 서구의 공부는 과학적인 합리의 도출로 요약할 수 있다. 이러한 차이로 인해 동아시아가 인간의 완성(爲己之學)에 집중했다면, 서구에서는 물질문명이 화려하게 꽃피게 된다. 그러나 서구적인 방식에 따른 과학의 발달은 근세 동아시아의 몰락을 초래했다. 이로 인해 오늘날 우리는 서구적인 생활 방식과 공부 방법을 사용하고 있다. 즉 문화의 종속이 초래된 것이다. 그러나 4차 산업 시대가 되면서, 이제 이러한 흐름에 변화가 일기 시작한다. 문명의 역습이 시작된 것이다.

모든 가치는 분절이 아닌 통합으로 변모하고 있다. 우리 일상의 작은 기기들은 스마트폰으로 단일화되고, 가전 등 큰 기기들은 집이라는 주거 공간 속에서 하나로 연결된다. 학문 역시 예외는 아니다. 이제는 미시의 시대가 아닌 융·복합의 대통합이 요청되는 것이다.

동남아시아에서는 아직도 경·율·론 삼장을 외우는 것을 최고의 공부로 여긴다. 그러나 현대는 스마트폰만 있으면, 전 세계의 대장경을 자유롭게 검색할 수 있다. 그리고 4차 산업 시대가 본격화되면, 단순한 검색을 넘어 자신이 원하는 주제를 인공지능이 다양하게 선별해 주는 단계에까지 이르게 된다. 즉 오늘날의 공부는 암기가 아닌 '흐름의 이해'와 '핵심 파악'이 중요한 것이다.

4차 산업 시대의 개막은 동아시아의 전통적인 통합의 공부를 시대적 과제로 요청한다. 그러나 현재 우리의 공부 방식은 이미 전통에서 너무 멀리 벗어나 있다. 미시에서 거시로, 그리고 분절의 공부에서 흐름의 공부로 되돌리는 것이 중요하다. 이런 생각 속에서 분절과 흐름이라는 양자를 접목시키고자 한 책이, '100장면이라는 분절'과 '인도에서 한국까지라는 흐름'의 방식을 선택한 이 책이다.

역사는 학문의 가장 기초적인 바탕이다. 이러한 배경 위에 철학이 가설된다. 즉 사(史)가 땅이라면 철학은 건축인 셈이다. 이 책은 사를 바탕으로 철학을 가설한다. 그러면서도 하나의 전체적인 흐름은 놓치지 않으려고 노력했다.

지금까지 불교사나 불교 사상을 다루는 서적들이 단편적이었다면, 이 책은 총체적이다. 지도로 비유하면, 이 책은 지구본이라고 하겠다. 모든 국가를 세밀하게 다루지는 않지만, 전체가 한눈에 파악된다는 최고의 장점이 있다. 사실 세부적인 공부는 이러한 총체적인 파악 뒤에 이루어져야 서로 연결되면서 힘을 쓸 수 있다. 이 부분을 간과하기 때문에 낱낱의 지식은 파편화되어 떠다니는 현상이 발생하는 것이다.

동아시아 공부법은 통합을 기초로 인간 완성을 정조준한다. 불교에서는 붓다가 되는 것을, 그리고 유교에서는 성인(聖人)을 이루는 것이 공부의 목적이다. 이런 점에서 자아성취와 인간 행복이 커다란 비중을 차지하고 있는 현대와 미래에서, 동아시아 공부법의 회복은 무척이나 중요하다.

붓다가 '전도 선언'에서 모든 이의 행복을 천명했던 것처럼, 이 책이 많은 분의 행복에 이르는 나침판이 되기를 희망해 본다. 다음에 기회가 주어진다면, 제자백가·유교·불교·도교를 아우르는 한 권으로 된 중국철학사 책을 써 보고 싶다. 이 일은 펑유란(馮友蘭)이나 후스(胡適)와 같은 대학자도 하지 못한 일인 동시에 누군가는 반드시 해야 할 필요가 있는 정리이기 때문이다.

글을 쓴다는 것은 즐거운 일이며, 공부하는 것은 의미 있는 일이고, 붓다의 가르침을 전파하는 것은 복된 일이다. 이런 행복함이 내 삶에서 계속되기를 기원하며, '글은 작가의 손을 떠나는 순간 독자의 것'이라는 말을 새삼 떠올려 본다.

봉은사 불교대학의 한편에서, 판전(板殿)을 오가며 적어본다

차례

인도불교

Ⅰ. 불교 여명기의 흐름

불교 탄생의 배경

Ⅱ. 붓다의 등장과 불교의 성립

붓다의 생애와 불교

Ⅲ. 불교의 발전과 역류의 발생

부파불교의 시작

Ⅳ. 쉬운 불교에 대한 민중의 요구

대승불교의 등장

Ⅴ. 인도불교의 몰락과 부활

밀교의 등장부터 신불교 운동까지

중국불교

Ⅰ. 중국으로 들어오는 불교

초전기의 불교

Ⅱ. 중국을 정복하는 불교

위진남북조의 불교

Ⅲ. 중국식으로 변모하는 불교

수·당의 불교

Ⅳ. 무너지는 불교와 중국

송·원·명·청의 불교

한국불교

Ⅰ. 불교의 유입과 삼국의 발전
삼국 시대

Ⅱ. 화려하게 꽃피는 불교
통일신라 시대의 불교

Ⅲ. 신라불교의 새로운 흐름
선종의 발달과 후삼국 시대

Ⅳ. 고려불교의 변화와 흐름

고려 시대의 불교

Ⅴ. 억눌린 불교와 민중의 염원

조선 시대의 불교

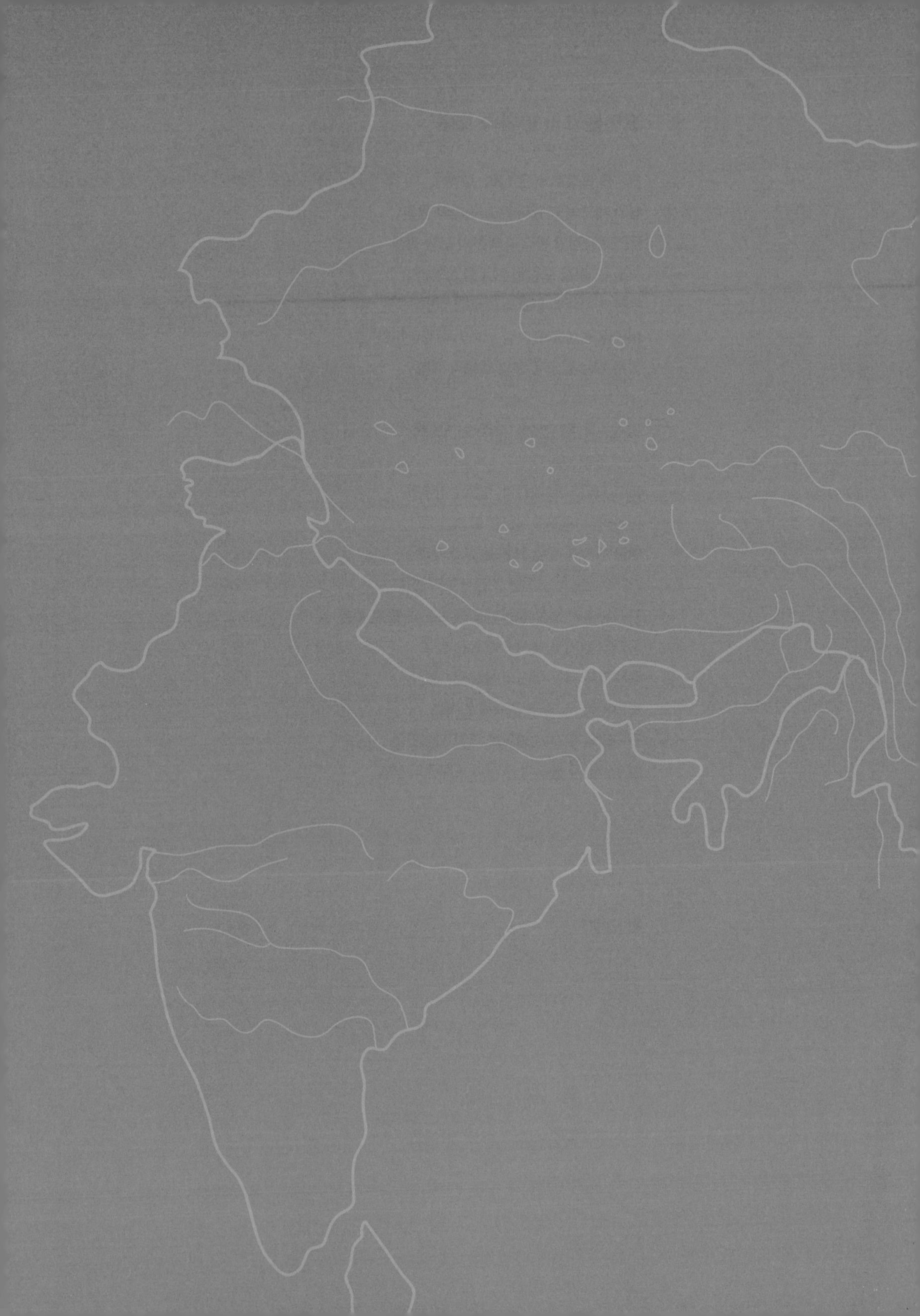

인도불교

Ⅰ.

불교 여명기의 흐름

불교 탄생의 배경

BCE 2500년경 인더스문명 발생

고조선 건국 추정 BCE 2333년
(『동국통감』, 『삼국유사』:BCE 2284년)

중국, 하나라 건국 추정 BCE 2000년경

중국, 하나라 멸망, 상나라 건국 BCE 1600년경

BCE 1500년경 아리안족의 인도 침입
'베다'의 문자화

중국, 주나라 건국 BCE 1046년

BCE 1000년경 브라만교의 성립

BCE 800년경 우파니샤드 시대 시작

중국, 춘추 시대(~BCE 403년) 시작 BCE 770년

BCE 600년경 16개 도시 국가 성립
육사외도 등 사문 집단 성행

BCE 624년 추정 붓다 탄생

001

인더스 문명의 발생과 아리안족의 침입

인더스 문명의 발생과 종언

세계 4대 문명 중 하나인 인더스(Indus) 문명은 기원전 2500년경부터 약 1,000년 동안 히말라야 산맥에서 시작하여 서쪽의 아라비아 해까지 이어지는 인더스 강 유역을 중심으로 피어난다. 인더스 문명의 원주민은 드라비다(Dravida)족과 문다(Munda)족으로 이들은 완만하고 비옥한 대지 위에서 풍부한 수자원을 바탕으로 농경 사회를 구축하고 문화를 꽃피웠다.

그러나 여느 문명과 마찬가지로, 이들의 생활 방식 역시 환경적 요인에 많은 영향을 받았다. 이들의 생활에 가장 큰 영향을 미친 것은 바로 '히말라야 산맥'이었다.

히말라야 산맥은 인도 대륙의 동북쪽을 가로지르고 있기 때문에 인더스 문명은 동북쪽 문화권과는 다른 특성을 지닌 문명으로 발전하였다. 이는 인도 대륙과 인접하지만 독자적인 문명과 문화를 이룩하고 있었던 중국 대륙의 문화와 비교해 보면 쉽게 알 수 있다.

단, 인도 대륙은 히말라야 산맥이 가로지르는 동북쪽과 달리 서북쪽으로 개방적인 지형을 가지고 있었기 때문에 타 문명과 교류하는 교차로 역할을 했다. 실제로 이 지역으로부터 그리스 문명이 유입되기도 하였다. 하지만 이러한 환경 때문에 서북쪽으로부터 이민족의 침입이 잦았던 것이 사실이다. 내륙과 맞닿아 있는 서북쪽 경로로 이민족이 침입한 대표적인 사례로는, 아리안(Aryan)족의 침입, 알렉산더 대왕에 의한 침입, 마지막으로는 이슬람의 침입을 들 수 있다.

인더스 문명의 원주민들은 지금으로부터 3,500년 전 서북쪽 경로를 통해 아리안족의 침입을 받게 된다. 이들은 코카서스 지방에서 시작된 유목 민족으로, 이 사건으로 인해 이미 쇠퇴기에 들었던 인더스 문명은 종언을 맞게 된다.

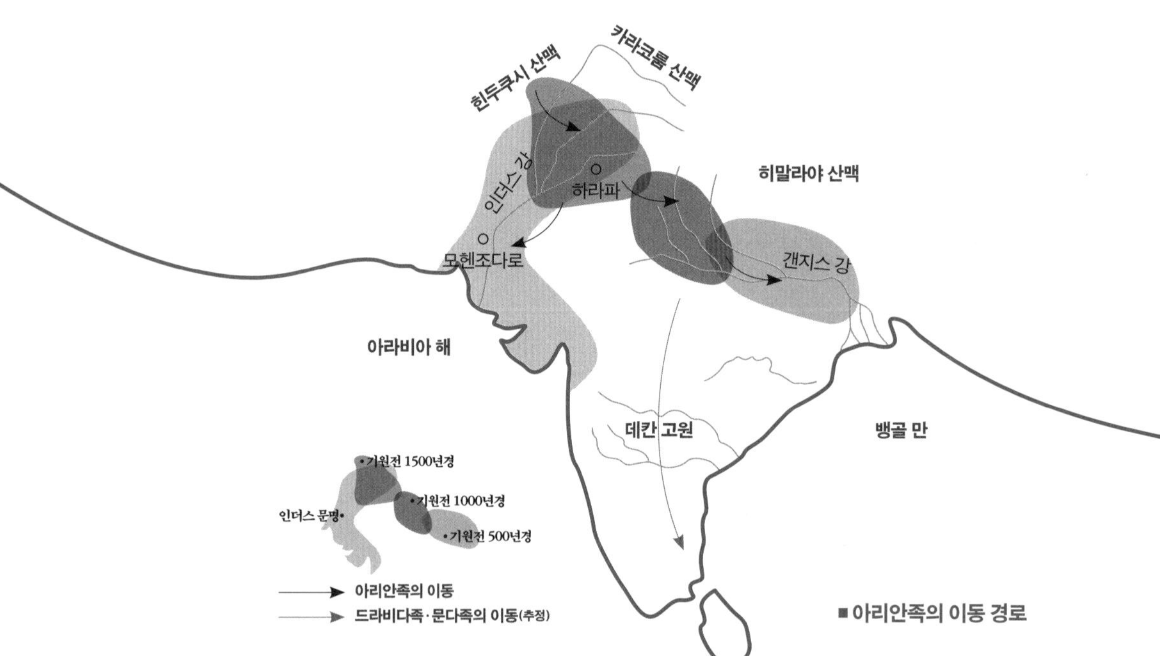

■아리안족의 이동 경로

베다의 집대성과 브라만교의 탄생

서북쪽 인도 펀자브 지역에 정착한 아리안족은 이후 자신들의 성전(聖典)인 '베다(Veda)'를 집대성한다. 종교 지식과 제식 규정이 담겨 있는 이 성전은 암송되어 구전으로 전승되다가 기원전 1500년경부터 체계화된 것으로 여겨진다.

유목 민족이었던 아리안족이 섬기던 주신(主神)은 '전쟁의 신'이자, '천둥(번개)의 신' 인드라(Indra)였다. 『리그베다(Ṛg-veda)』의 찬가(讚歌) 사분의 일 가량이 인드라에 대한 것임을 보면 당시 아리안족이 그 존재를 어떻게 생각하였는지 쉽게 이해할 수 있을 것이다. 그들은 인간 세계의 중심에 있는 수메르(Sumer) 산 정상에 머물며, 휘하에 32명의 신을 거느린 인드라를 '신들의 왕'으로 여겼다. 하지만 유목 사회의 문화가 농경 사회의 문화와 결합하면서 이러한 사상은 큰 변화를 맞는다. 전쟁의 신 인드라를 주신으로 모시던 구조에서 세계를 창조한 브라흐만(Brahman)을 중심으로 변모하게 되는데, 이로써 탄생하는 종교가 바로 브라만교이다.

브라만교는 그 명칭에서 드러나는 것처럼 창조주 브라흐만을 중심으로 하는 종교이다. 이는 아리안족이 '신들의 왕'보다도 더 오랜 기원을 가지는 창조주의 개념을 이용해 인도 원주민들의 문화를 수용하고 질서를 유지하고자 했다는 점을 단적으로 보여 준다. 그리고 이러한 과정에서 브라만교는 보다 풍성하고 다양한 문화와 철학적 사고를 발생시키게 된다.

한편 아리안족은 씨족제 농경 사회를 형성하면서 견고한 신분 제도인 카스트(Caste) 제도를 만들어 낸다. 이 제도에서는 크게 네 가지 계급으로 나누었는데, 그 네 가지는 제사장인 제1계급 브라만을 시작으로, 왕족인 제2계급 크샤트리아, 평민 계급인 제3계급 바이샤, 노예 계급인 제4계급 수드라이다. 이 계급 구조는 현대까지도 이어지며, 영향을 미치는 신분 제도의 기초가 되었다.

우파니샤드의 성립과 브라만교의 한계

기원전 800년경에는 브라만교의 성전인 '베다'에 철학적인 해석을 입힌 우파니샤드(Upaniṣad) 시대가 열린다.

'우파니샤드'는 베다의 마지막을 장식하고 있다고 해서 베다의 끝이라는 의미의 '베단타(Vedānta)'라고도 한다. 또한 그 내용이 철학과 신비주의적인 성향이 강하기 때문에 심오하다는 의미의 '오의서(奧義書)'라고 번역되기도 한다.

'우파니샤드'는 본래 '가까이 앉는다'는 의미로 스승과 제자가 무릎을 맞대고 앉아 종교 지식을 전수한다는 뜻이다. 이는 지식을 소수의 사람만이 독점하는 비밀주의를 상징한다. 우파니샤드의 이러한 태도는 후일 '누구나 배울 수 있다'고 주장한 붓다의 개방적인 태도와 대비된다.

맹목적 신앙과 제의를 중심으로 한 브라만교가 철학적 사유라는 옷을 입게 된 건 기존의 것으로는 더 이상 사람들을 설득할 수 없게 되었음을 의미한다. 이러한 경향은 아리안족 문화의 구속력이 약했던 갠지스 강 유역의 인도 동부 지역에서 더욱 두드러진다. 시대적인 요구에 비해 느리게 진행된 브라만교의 변화에 내포된 한계, 이것이 신흥 사상가와 철학자들을 각성시키게 된다._

더 알아보기

베다와 카스트

'베다'는 '신의 계시를 받은 말씀'으로 고대 인도의 문화와 종교의 근간을 형성해 왔다. 베다란 보통『리그베다』,『사마베다(Sāma-veda)』,『야주르베다(Yajur-veda)』,『아타르바베다(Atharva-veda)』 네 가지를 통틀어 이르는 말이다. 이 네 가지 경전 가운데 가장 먼저 집대성된 것은『리그베다』로, 여기에는 현재까지 인도 사회 전역을 지배하고 있는 계급 제도인 카스트의 발생에 관한 신화적 배경이 실려 있다.

『리그베다』의 '푸루샤 찬가(Puruṣa Sūkta)'에는 스스로를 희생하여 세계를 만들었다고 하는 거인(巨人, 원인原人) 푸루샤의 머리로부터 브라만이, 양팔로부터 크샤트리아가, 두 허벅지로부터 바이샤가, 두 발로부터 수드라가 생겨났다고 이야기한다. 특히 이 찬가에 나타난 각 계급의 탄생 신화는 각 계층의 지위를 상징적으로 표현한다.

한편 '카스트'라는 용어는 포르투갈어로, 비교적 현대에 붙여진 용어이다. 이 신분 제도는 당시 '색채(色)'의 의미를 가지고 있는 '바르나(Varna)'라고 일컬어졌다. 이 표현을 보면 백인종인 아리안족이 유색 인종이었던 원주민을 지배하기 위해 피부색을 기준으로 하였음을 알 수 있다. 이와 함께 카스트와 연관된 개념인 '자티(Jati)'는 혈연으로 이어진 집단을 이야기하므로, 혈연과 피부색 등으로 계급을 나누었던 '카스트'는 고대의 '바르나'와 '자티'를 모두 포함하는 개념이라고 할 수 있다.

002

도시 국가의 발달과 신흥 사문의 형성

갠지스 강 유역의 도시 국가 발달과 아리안족 문화의 약화

서북인도에 자리잡았던 아리안족은 점차 영역을 넓혀 동부 내륙으로 세력을 확장한다. 이 과정에서 아리안족과 선주민의 문화가 뒤섞이게 되고, 결국 갠지스 강 유역에는 아리안족 문화의 영향력이 제한적일 수밖에 없었다. 이로써 아리안족 침략으로 생긴 신분제 역시 느슨해지면서 능력에 따른 사회 구조가 더 강한 설득력을 얻게 된다.

또한 아리안족이 갠지스 강 유역에 정착할 즈음 인도에는 대상(隊商) 무역과 상업의 발달로 인해 도시 국가들이 등장하였다. 이 당시 크고 작은 부족들이 통합되어 국가의 모양새를 갖춰가고 있었는데, 기원전 6세기경에 이르면 대표적인 16국이 세력을 다투게 된다. 그 16국가는 ①캄보자, ②간다라, ③쿠루, ④판찰라, ⑤코살라, ⑥말라, ⑦브리지, ⑧앙가, ⑨마가다, ⑩카시, ⑪밤사, ⑫체티, ⑬슈라세나, ⑭바차, ⑮아반티, ⑯아슈바카였다. 이 중 강대국은 마가다, 코살라, 밤사, 아반티의 4

개국으로 군주정치제로 운영되었다.

도시 국가의 발달은 기존의 전통 질서와는 다른 새로운 변화를 파생시킨다. 다시 말해 기존의 전통을 불신하고 새로운 가치와 질서가 요청되었던 것이다.

■ 기원전 6세기 인도에 등장한 16 도시 국가

브라만교는 새로운 시대적 요청에 대한 답변으로 아리안족 종교 전통을 축으로 인도 전통 문화가 결합된 우파니샤드 철학을 발전시킨다. 그리고 이렇게 시대적인 변화 요구를 수용함으로서 더욱 변화할 수 있는 여지를 가지게 된다.

그러나 당시 인도 동부의 사회적 변화 욕구는 전통의 부분적 개변으로 감당할 수 있을 정도가 아니었다. 붓다가 신분 제도를 부정하는 것과 같은 파격적인 행보도 정당하다고 여겨졌을 정도이니 말이다. 이런 점에서 우파니샤드는 브라만교에서 사문 전통으로 이행하는 과도기의 연결고리 역할을 했을 뿐, 대안이 되기에는 역부족이었음을 알 수 있다.

이에 비해서 집단적 색깔이 약한 수행 문화를 가졌던 사문 전통은 변화를 추구하는 시대적 요구에 더불어 다양한 대안을 제시하게 된다. 특히 도시화로 인한 개인주의의 발달과 탈집단주의의 추구는 사문 전통의 경향에 더 근접해 있었다. 이들 사문 전통의 수행자가 바로 신흥 사상가와 신흥 종교가인 '사문(沙門)'이다.

사문은 브라만교의 브라만과 같이 제도적으로 통일되어 있는 집단이 아니다. 그렇기 때문에 이들은 가능한 한 모든 철학적이고, 종교적인 견해들을 제시하게 된다. 장아함 권14 『범동경(梵動經)』에 따르면 당시 신흥 사상가와 신흥 종교가의 철학적 견해들은 62가지가 있었으며, 불교와 동시대 종교인 자이나교의 문헌에는 363가지 관점들이 존재하였다고 한다. 이를 통해 사상계의 과도기에 다양한 해법들이 제시되었음을 알 수 있다.

자본가와 왕족의 지지를 바탕으로 성장하는 사문

자본주의 사회에서는 자본이 곧 신분이자 지위이다. 그런데 이러한 경향은 도시 국가가 발달한 인도에서 인류 역사 최초로 나타난다.

카스트에 따르면, 인도에서는 성직자인 브라만이 신분상 가장 높은 위치를 점하게 된다. 그런데 도시 국가가 발달하면서 다수의 자본가가 탄생하고, 이들에 의해 구 질서에 대한 반동적 움직임이 나타나게 된다.

당시 사문들은 브라만들이 행했던 것처럼 전통을 강조하지 않았다. 오히려 새 시대에 맞는 새로운 이론을 제시하려고 노력했다. 이러한 사문의 특징 중 하나가 '신분제의 부정'이었다.

장자(長者)/는 자금력을 가지고 있었고, 왕족과 귀족은 권력을 가지고 있었다. 그렇기 때문에 이들은 신분제가 붕괴된다 해도 받게 될 여파가 매우 제한적이었다. 또한 상위 계층인 브라만의 권위가 무너질 경우, 자금력과 권력을 바탕으로 하여 최상위자로 군림할 수 있는 여지도 있었다. 이와 같은 측면들로 인해 당시의 자본가와 국왕 및 귀족들은 브라만보다 사문을 지지했다.

또 사문들은 수행법에 있어 고행과 같은 개인적인 경향을 갖고 있었다. 이는 브라만이 종교 의식인 제전(祭奠, 제사)을 중시하는 것과는 다른 태도로, 자본가와 왕족, 귀족의 이익과 충돌할 여지가 없었다. 이러한 면도 제도적 성향을 가진 브라만에 비해 사문에 대한 지지가 높아지는 이유로 작용한다. _❀

/

상업의 발달로 부를 축적한 상공업자를 말한다.

003

윤회·해탈에 대한 브라만교와 불교의 관점 차이

세상은 창조되었는가, 순환하는가

이 세계의 탄생에 대한 고대인들의 문화와 사상은 그들 무리가 어떤 생활 방식을 취하고 있었느냐에 따라 다르다.

먼저 초원에서 홀로 가축을 돌봐야만 하는 유목문화의 사람들은 하늘과 신에 대한 외경심이 크다. 결국 이들은 창조의 근원을 신에게서 구한다. 반면 농경문화의 사람들은 창조보단 순환에 주안점을 두었다. 이들에게는 봄·여름·가을·겨울과 같은 계절의 변화에 따라 생산성을 높이는 것이 중요했기 때문이다. 그래서 농경문화의 사람들은 이 세계가 시작과 끝이 없이 생멸의 순환을 반복한다고 보았다.

그런데 인도의 경우에는 원주민의 농경문화와 이주한 지배층의 유목문화가 한 데 뒤섞여 있다. 다시 말해 창조론과 순환론이 함께 존재하는 것이다. 이 중 브라만교는 창조신이 등장하는 창조론을 채택하는 반면, 불교는 자연의 원리에 따른 순환론을 수용하게 된다.

윤회(輪廻)란 사람이 옷을 바꾸어 입듯 정신의 본질은 상속되고, 육체만 변화되는 것을 의미한다. 여기서 '상속'이란 자기동일성이라는 성질을 지닌다. 만약 정신의 본질이 '상속'되지 않는다면 그것은 윤회라기보다 '새로운 변화', 혹은 '창조'라 할 수 있다. 이러한 윤회론을 받아들이고, 윤회를 끊어 그 과정에서 벗어날 것을 추구하는 인도철학과 종교에서는 '윤회를 어떻게 이해할 것인가'를 매우 중요하게 생각한다.

브라만교는 윤회에 대해, 가장 핵심적인 본질은 바뀌지 않고 영속한다고 주장한다. 마치 스마트폰은 바뀌어도 유심(USIM)은 버리지 않고 다시 사용되는 것과 같다. 이 유심과 같은 역할을 하는 것을 브라만교에서는 아트만, 즉 '아(我)'라고 본다.

그러나 불교에서는 안아트만(anātman), 즉 무아(無我)를 주장한다. 이는 유심은 동일하지만 그 속의 정보는 변화한다는 것, 다시 말해 유심은 고정 불변의 실체가 아니라 그때그때 업그레이드되는 정보의 총합이란 것이다. 업그레이드되는 정보를 불교에서는 '업(業)'이라고 하며, 이것의 누적이 곧 자의식이라고 본다.

윤회에 대한 브라만교와 불교의 입장 차이는 그 주체를 고정 불변하는 실체로 볼 것이냐, 아니면 또 다른 층위의 변화 대상으로 볼 것이냐에 있다. 이 판단에 따라서 '아윤회(我輪廻)'와 '무아윤회(無我輪廻)'라는 상반된 주장이 충돌하게 된다.

창조론의 입장에서는 신이 두 가지를 창조한다고 이야기한다. 그 두 가지란 '변화하는 것'과 '변화하지 않는 것'이다. 이 중 가장 본질적이며 중요한 것은 '변화하지 않는' 가치이다.

브라만교에서는 인간에게 있어 아트만을 제외한 모든 것은 변화한다고 주장한다. 아트만은 신이 인간에게 부여한 불변의 본질이다. 다만 이것은 마치 태양이 구름에 가려 있는 것처럼 인간의 변화하는 가치에 감싸여 존재한다. 하지만 그렇다고 해서 아트만이 본질의 불변성을 잃어버리거나 변화하여 오염되는 것은 아니다. 태양이 구름에 가려진다 해도 그 본질이 바뀌는 건 아닌 것과 마찬가지이다.

이처럼 아트만은 창조주 브라흐만과 같은 불변의 존재이기 때문에 서로 합일될 수 있다. 개인용 컴퓨터는 담을 수 있는 용량에 한계가 있지만, 익스플로러를 통해서 인터넷에 접속하면, 유한을 넘어 무한과 조우하게 된다. 이와 같은 것을 브라만교에서는 아트만(我)과 브라흐만(梵)의 결합, 즉 '범아일여(梵我一如)'라고 한다. 개별적 존재인 아트만과 창조주인 브라흐만이 하나가 되면 변화와 유한성에 속박된 아트만은 무한 불변의 자유로 거듭나게 된다. 이것이 속박으로부터 완전히 벗어나는 해탈이고, 그 대상은 끊임없이 돌고 도는 반복의 수레바퀴, 즉 윤회이다. 이것이 우파니샤드의 종교·철학이 주장한 결론이다.

그러나 이 논리는 '창조주로서의 신'이라는 대전제를 필수로 한다. 결국 신의 존재를 증명할 수 없다면 이 주장은 오류에 빠지게 되고, 논리 구조 전체가 무너지게 되는 문제점을 안고 있는 것이다. 사실 신의 존재는 유사 이래로 신앙과 믿음으로 용인될 뿐, 증명될 수 있는 부분이 아니다. 그렇기 때문에 문제가 제기되지 않을 수 없다.

불교는 이러한 관점에서 검증 불가능한 신의 존재를 배제한다. 그렇게 되면 아트만도, 브라흐만도, 범아일여의 구조도 성립될 수 없다. 그 대안으로 제시된 것이 바로 안아트만, 즉 '변화하는 실체'이다. 그리고 이 변화를 깨닫게 되면 인간은 바람처럼 완전한 자유를 증득하게 된다고 본다. 결국 불교에서 말하는 해탈과 브라만교의 해탈은 근본적인 차이가 있는 셈이다. _

	브라만교	불교
세계관	• 절대자인 신에 의한 창조에 의해 구성(창조론)	• 자기원리에 의한 생멸의 순환 반복(순환론)
윤회관	• 고정 불변의 실체가 영속하며, 육체만 바뀌어 윤회함	• 고정 불변하는 것은 없으며, 육체뿐 아니라 그 실체 역시 변화함
해탈관	• 범아일여 • 자기 내부의 고정 불변하는 실체를 깨닫고 변화의 속박으로부터 벗어나는 것	• '고정 불변하는 존재는 없으며, 모든 것은 변화한다'는 이치를 깨닫고 완전한 자유를 증득하는 것

■ 브라만교와 불교의 차이

004

육사외도의 등장과 그 사상적 특징

사상계의 혼란과 육사외도의 등장

붓다 당시 인도는 62견(見), 또는 363견이라는 많은 종교적·철학적 견해들이 넘쳐나고 있었다. 그러나 수많은 견해가 공존하는 기간이 장기화되면서, 이들은 스스로 정리되기 시작한다. 이렇게 해서 추려진 여섯 집단을 불교에서는 '육사외도(六師外道)'라고 칭한다. 불교와는 다른 철학적 견해를 가진 여섯 사문, 또는 그 사문을 따르는 집단이라는 뜻이다. 이 여섯 사문에 대한 내용은 장아함 권17 『사문과경(沙門果經)』 등을 통해서 확인해 볼 수 있는데, 불교 경전에는 이들의 사상에 대한 비판이 여러 번 나타난다.

그러나 불교 또한 이들과 같은 사문 전통에 있다는 점을 부정할 수 없다. 이는 붓다가 브라만교보다도 육사외도를 더욱 강도 높게 비판하는 이유가 되기도 한다. 다시 말해 이들은 모두 같은 사문 계통에 속해 있었기 때문에 오히려 더 강하고 원색적으로 충돌하는 것이다.

그럼 육사외도를 이끈 이들과 그들의 사상을 살펴보자.

먼저 소개할 인물은 유물론자인 아지타 케사캄발린이다. 그는 인간과 세계를 구성하는 요소를 지(地)·수(水)·화(火)·풍(風)의 네 가지로 보고, 인간이 죽으면 이 요소가 흩어질 뿐이라고 보았다. 그리고 이러한 요소설에 입각해서 윤리나 사후 세계를 부정하고 현실에서의 쾌락주의를 주장했다.

다음은 인간과 세계가 지·수·화·풍·고(苦)·락(樂)·생명의 일곱 가지 요소로 구성되어 있다고 주장한 파쿠다 카짜야나이다. 그는 소멸하지 않는 일곱 가지 요소들이 이합집산하여 인간을 구성하기 때문에 죽음 역시 존재하지 않는다는 주장을 전개했다.

다음은 마칼리 고살라이다. 지·수·화·풍·허공(虛空)·득(得)·실(失)·고(苦)·락(樂)·생(生)·사(死)·영혼의 열두 가지 요소설을 주장하였다. 숙명론자였던 그는 인간이 느끼는 고락과 선악 등은 이미 정해진 이치에 따른 것이라고 주장하였다. 그리고 윤회에서 벗어나 해탈에 도달하기 위해서는 고행과 같은 엄격한 수행을 해야 한다고 주장했다.

푸라나 카싸파는 모든 사회적인 규범을 인정하지 않는 도덕부정론자이다. 모든 규범은 사회적인 관습에 따라 임시로 만들어진 것이므로 선악이나 과보가 초래될 수 없다는 윤리적 회의론을 주장했다.

불가지론(不可知論)자 산자야 벨라티풋타는, 모든 문제는 주관적인 판단으로부터 자유로울 수 없으므로, 어떤 판단도 정당할 수 없다는 회의론을 주장했다. 그래서 지식을 버리고, 수행에 집중할 것을 요구했다. 후일 붓다의 최고 제자로 꼽히는 사리불과 목건련은 본래 산자야의 제자였다.

마지막은 니간타 나타풋타이다. 그는 육체와 물질에 속박된 영혼(Jiva)을 해방시키기 위해서 고행에 가까운 엄격주의 속에서 살아야만

한다고 하였다. 5대 서원인 불살생(不殺生)·불망어(不妄語)·불투도(不偸盜)·불음(不婬)·무소유(無所有)를 강조하면서, 청정한 엄격주의만이 윤회를 끊고 해탈에 도달하는 방법이라고 주장했다. 그는 붓다보다 연배가 위였지만 붓다와 같은 시대를 산 사람으로, 현재까지 인도에 남아 있는 자이나교의 교조이기도 하다. 그가 강조한 5대 서원은 불교로 수용되어 오계(五戒)가 되는 등 불교 정립에도 영향을 미쳤다.

육사외도의 사상가는 대체로 요소론(적취설)의 관점에 입각한 유물론이나 숙명론, 또는 도덕부정론을 주장하였다. 또한 윤회를 끊는 해탈의 방법으로 고행을 제시하고 있는 것이 다수 목도된다. 육사외도의 요소론과 고행에 대한 입장과 비슷한 내용은 붓다에게서도 일정 부분 찾

사상가	특 징
아지타 케사캄발린 (유물론)	• 지·수·화·풍의 4요소설 • 영혼 존재의 부정, 쾌락주의의 추구
파쿠다 카짜야나 (칠요소설)	• 지·수·화·풍·고·락·생명의 7요소설 • 세계는 요소들의 집합이므로 영혼의 독립성은 무의미
마칼리 고살라 (숙명론)	• 지·수·화·풍·허공·득·실·고·락·생·사·영혼의 12요소설 • 일체는 그 시초에서부터 이미 결정되어 있다는 운명론
푸라나 카싸파 (도덕부정론)	• 인과응보의 부정과 윤리에 대한 회의
산자야 벨라티풋타 (회의론)	• 진리를 그대로 인식하고 설명하는 것은 불가능함(불가지론) • 형이상학적 문제에 대한 확정적인 답을 내지 않음
니간타 나타풋타 (자이나교)	• 이원론(二元論)을 주장 : 영혼(jiva)–비영혼(ajiva) • 인내를 강조하는 극단적 고행과 생명에 대한 경외 강조

■ 육사외도와 사상적 특징

아진다. 다만 붓다는 요소론의 관점을 인과연기론(因果緣起論)으로 승화하고, 고행을 부정하며 중도(中道)로 나아간다는 점에서 차이가 있다.

신을 배제한 사문이 세계를 이해한 방법, 적취설

이 세상에는 다양한 차이와 차별이 존재한다. 유신론에서는 이 부분을 신의 의지에 따른 결과로 이해한다. 그러나 여기에서 신이 빠지게 되면 차이나 차별에 대해 어떻게 설명할 수 있을까? 이것에 대한 답변으로 등장하는 것이 이 세상의 구성 물질로서 다양한 요소들이 존재하며, 이것의 결합 차이가 현상적인 차이를 만들어 낸다는 주장이다. 이러한 주장들을 적취설(積聚說)이라고 한다.

붓다 이전의 사문들은 세계를 여러 원소의 결합으로 이루어져 있다고 보고, 이 세계를 구성하는 요소들에 대해서 다양한 주장을 펼쳤다. 그리고 이러한 적취설은 불교에도 영향을 미쳤다. 그 결과 지·수·화·풍의 사대설(四大說)과 색(色)·수(受)·상(想)·행(行)·식(識)의 오온설(五蘊說), 그리고 안(眼)·이(耳)·비(鼻)·설(舌)·신(身)·의(意)와 색(色)·성(聲)·향(香)·미(味)·촉(觸)·법(法)의 십이처설(十二處說), 십이처에 안식(眼識)·이식(耳識)·비식(鼻識)·설식(舌識)·신식(身識)·의식(意識)을 덧붙인 십팔계설(十八界說)이 불교에서 이야기하는 세계 구성의 요소가 된다.

적취설의 발달은 문제의 초점을 요소 간의 결합 관계로 옮겨 가게 한다. 붓다는 각각의 요소들이 결합되어 있다는 주장을 넘어서 각 요소들이 어떻게 결합되어 있는지 그 원리에 대해 말하는데, 이것이 바로 인과설(因果說)과 연기설(緣起說)이다. 붓다는 적취설이라는 사문 전통의 토대 위에서 보다 진일보한 관점과 해법을 제시하고 있는 것이다.

사문 전통에서 적취설이 신이라는 존재의 대항마로 대두할 수 있었던 이유는 쪼갰을 때 더 이상 나누어지지 않는 최소가 되는 궁극적 실체에 대한 추구 때문이다. 이는 희랍철학에서도 확인되는 측면 중 하나인데, 이것이 사문 전통에서 적취설이 발전할 수 있는 배경이 된다. 이러한 전통은 후대까지도 계속 유지되는데, 이는 불교의 구사학(俱舍學)에서 75종의 요소를 말하는 것이나, 유식학(唯識學)에서 100가지 요소에 대해 주장하는 것을 통해서 확인할 수 있다.

<table>
<tr><th colspan="3"></th><th>구성 요소</th><th>의미</th></tr>
<tr><td colspan="3">사대
(四大)</td><td>지·수·화·풍</td><td>우주의 모든 물질은 사대의 이합(離合)과 집산(集散)으로 생겨나고 없어지기도 한다고 생각</td></tr>
<tr><td colspan="3">오온
(五蘊)</td><td>색·수·상·행·식</td><td>인간을 구성하는 물질 요소인 색(色)과 정신 요소인 사온(四蘊)을 합친 말로 현상 세계 전체를 의미하는 말로 통용</td></tr>
<tr><td rowspan="3">십팔계
(十八界)</td><td rowspan="2">십이처
(十二處)</td><td>육근
(六根)</td><td>안·이·비·설·신·의</td><td>육식을 일으켜 대상을 인식하게 하는 여섯 가지 요소</td></tr>
<tr><td>육진
(六塵)</td><td>색·성·향·미·촉·법</td><td>육근의 대상으로 심성을 더럽히는 여섯 가지 요소</td></tr>
<tr><td colspan="2">육식
(六識)</td><td>안식·이식·비식·설식·신식·의식</td><td>육근으로 육경을 식별하는 여섯 가지 마음 작용</td></tr>
</table>

■ **불교에서 말하는 인간, 마음 작용, 세계의 구성 요소**

더 알아보기

자이나교

육사외도 중 한 명이자 자이나교의 교조인 니간타 나타풋타는 붓다와 거의 동시대에 활동한 인물로 알려져 있다. 달리 이야기하면 불교와 자이나교는 동시대에 흥기한 종교인 셈이다.

이 둘은 베다를 중심으로 하는 브라만교에 대해 부정적인 입장을 가지고 있었던 여러 사문과 같이 반(反)베다적 성향을 가지고 있었다. 이러한 특징 때문인지 불교와 자이나교는 교단 형성이나 성전 편집 등에 있어서 유사점이나 공통점이 다수 발견된다. 하지만 두 종교가 주장하던 사상에는 큰 차이가 있는 것도 사실이다.

자이나교의 근거는 바로 이원론에 있다. 모든 존재는 영혼(Jiva)적 존재와 비영혼(Ajiva)의 존재로 나뉜다는 것이다. 그리하여 청정해야 할 영혼이 물질의 업(육체)에 속박되어 현실의 고통이 생겨나는 것이라 생각했다. 결국 업의 소멸과 새로운 업의 유입을 막기 위해 극도로 욕망을 제한하는 엄격주의를 추구하였다.

자이나교는 불살생과 무소유를 특히 강조하는데, 이 때문에 수행자들은 사원에 정주하지 않고 계속해서 떠돌아다니는 유행 생활을 하게 된다. 또 신도들은 살생의 요소가 적은 상업에 종사하게 되는데, 이는 오늘날까지 자이나교에 부유한 상인이나 재벌이 많은 이유이다. 현대 자이나교의 인물 중 가장 유명한 사람은 간디(Gandhi, 1869~1948)로, 간디가 보인 비폭력과 무저항 운동은 불살생, 도가 지나칠 정도의 청빈과 검소함은 무소유에 입각한 것이다.

Ⅱ.

붓다의 등장과 불교의 성립

붓다의 생애와 불교

BCE 624년 추정 룸비니에서 석가족 왕자로 붓다가 태어남

농경제에 참석, 나무 아래에 앉아 선정을 경험(6~7세)

야소다라와 결혼, 사문유관을 경험함(19세)

라후라가 태어남, 붓다 출가(29세)

부다가야 보리수 아래에서 깨달음을 얻음(35세)

녹야원에서 다섯 비구에게 처음으로 설법.
빔비사라 왕이 '죽림정사'를 건립하여 기증함,
사리불·목건련·마하가섭이 귀의함(36세)

고향인 가비라를 방문, 이복동생 난타와 아들
라후라가 출가함, 아난 등 석가족 왕자들과
우바리가 출가함(37세)

급고독장자가 '기원정사'를 건립, 기증함(38세)

대애도 등 여성 출가를 허용, 비구니 승단 탄생(40세)

중국에서 공자가 태어남 BCE 551년

사리불·목건련이 입적함(79세)

BCE 544년 추정 쿠시나가르에서 붓다가 열반에 듦(80세)
왕사성의 칠엽굴에서 제1차 결집이 일어남

005

가비라국 왕자, 붓다의 탄생

위기의 가비라국

붓다는 현재의 네팔 지역에 해당하는 소국 '가비라(迦毗羅)'의 첫째 왕자로 태어났다. 이곳은 석가(釋迦)족이 이룬 나라로, '석가'란 '능력 있는 자'라는 뜻이다. 국명으로 사용된 가비라는 이 지역에서 수행하던 유명한 수행자인 가비라 선인의 이름에서 유래했다고 한다.

그런데 붓다가 태어났을 당시, 가비라의 상황은 좋지 못했다. 히말라야 산맥 근처 폐쇄된 지역에 위치했던 가비라는 인도 내륙에 위치하여 다양한 문화가 유입될 수 있었던 도시 국가와 달리 보수적인 성향을 보이며 낙후되고 만다. 더욱이 당시 인도 내륙 도시 국가들은 상업으로 축적한 자본을 바탕으로 전쟁을 일으키는 등 팽창기에 있었다. 가비라는 현실을 정확하게 인지하지 못한 채 점차 위기로 내몰리고 있었던 것이다. 결국 붓다의 만년인 75세 무렵 가비라는 주변 강국인 코살라 비유리(毘琉璃)왕에 의해 멸망하게 된다.

붓다의 가계

붓다는 정반왕과 마야 부인 사이에서 태어난다.

정반왕은 사자협왕의 장남으로, 그의 이름 정반(淨飯)은 '깨끗한 흰 쌀밥'이라는 의미이다. 이는 쌀농사를 지었던 당시 가비라국의 상황을 잘 나타내 준다. 한편 그의 부인인 마야의 이름에는 환상'이라는 의미가 있으며, 이웃나라 콜리국의 공주였다.

석가족의 기대를 받으며 탄생한 왕자

쇠락하고 있었던 석가족의 상황 때문에 왕자에 대한 기대는 배가되었다. 마야 부인은 여섯 상아를 가진 흰 코끼리의 태몽을 꾸고 붓다를 잉태하였다고 하는데, 이 태몽은 붓다가 장차 큰 인물이 될 것임을 상징한다. 인도에는 코끼리와 관련된 특별한 상징이 있는데, 흰 코끼리는 코끼리 중 가장 상위에 있는 존재로 여겨졌다. 그중에서도 여섯 상아를 가진 흰 코끼리는 가장 강력한 존재이다.

마야 부인은 해산을 위해 고향인 콜리로 향한다. 그러나 만삭의 산모가 비포장된 길을 가마나 수레에 의지해서 간다는 건 결코 쉬운 일이 아니었다. 결국 친정으로 가는 도중에 해산의 징후가 나타나게 되고, 이를 수습하기 위해 해산을 위한 장소로 선택되는 곳이 바로 룸비니이다. 붓다의 전기 자료에서는 이때를 4월 8일(혹은 15일)이라고 기록하고 있다.

탄생 직후 붓다는 오른손으로 하늘을 가리키고 왼손으로는 땅을 가리키면서, "천상천하 유아위존 삼계개고 아당안지(天上天下 唯我爲尊

三界皆苦 我當安之)", 즉 '신과 인간의 세계에서 내가 가장 존귀하니, 온 세상의 모든 고통을 내가 마땅히 편안하게 하겠다'는 게송을 천명했다고 한다. 이는 모든 생명 있는 존재에 대한 구제자로서의 그를 나타내는 기록이다. _❀

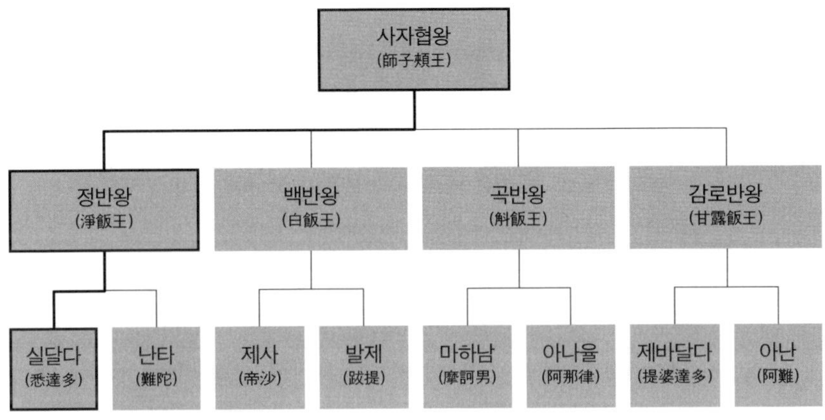

■ 붓다의 가계도

더 알아보기

붓다의 이름과 칭호

깨달음을 얻기 전, 붓다의 이름은 고타마 싯다르타이다. '고타마'는 '훌륭한 소'라는 의미로, 석가족이 쌀농사를 짓던 농경 민족이었음을 나타낸다. 또한 '싯다르타'라는 이름은 '모든 것을 성취한다'는 의미인데, 이 이름은 개인의 성취인 동시에 당시 쇠락해 가던 석가족의 성취 역시 염두에 둔 것이다.

붓다를 이르는 또 다른 호칭인 석가모니(釋迦牟尼)는 '석가족 출신의 성자'라는 의미이다. 인도는 땅이 넓고 많은 민족이 살고 있기 때문에 우리처럼 성씨로 구분하기보다는 종족 명칭을 사용하는 것이 보다 일반적이다. 때문에 종족명과 결합된 석가모니라는 칭호가 사용되는 것이다.

'붓다'란 '깨달은 분', '깨달음의 완성자'를 뜻하는 일반명사지만 불교가 발전하는 과정에서 석가모니를 가리키는 고유명사로 고착되었다. 엄밀히 따지면 붓다가 깨달음을 얻은 이후를 지칭하는 표현이라고 할 수 있다. 그래서 붓다의 전기 자료에서는 깨달음을 얻기 전의 붓다를 칭할 때 장래에 붓다가 될 분이라는 의미의 '보살(菩薩)'을 사용한다.

붓다와 관련해서 불교에서 많이 사용되는 호칭으로는 '여래(如來)'와 '세존(世尊)'도 있다. 여래는 '진리에서 온 분'이라는 의미로 '진리의 체현자'라는 뜻이다. 또 세존이란 '세상에서 가장 존귀한 분'이라는 의미인데, 두 칭호 모두 깨달음의 완성자에 대한 존칭이다. 일본불교에서는 '석가모니'와 '세존'을 결합시켜 '석존(釋尊)'이라는 칭호를 사용하기도 한다.

호칭	의미
여래(如來)	진리에서 와서 깨달음으로 가신 진리의 체현자.
응공(應供)	세상의 공경과 존경을 받을 만한 분.
정변지(正遍知)	두루 모든 것을 깨달아 아시는 분.
명행족(明行足)	계·정·혜 삼학으로 밝고 원만한 행을 실천하시는 분.
선서(善逝)	진리를 잘 설하시면서 깨달음으로 가신 분.
세간해(世間解)	모든 세상의 진실을 꿰뚫어 이해하시는 분.
무상사(無上士)	최고의 지혜를 가지신 분.
조어장부(調御丈夫)	모든 이들을 진리로 인도하는 탁월한 능력자.
천인사(天人師)	신과 인간에게 진리를 가르쳐 주는 훌륭한 스승.
세존(世尊)	깨달음을 얻으신, 세상에서 가장 존귀한 분.

■ 붓다를 칭하는 열 가지 명호(여래십호)

006

왕궁에서의 생활과 사문유관

안락하고 호화로웠던 왕자 시절

왕자로 태어난 붓다는 안락하고 호화스러운 왕궁 생활을 누렸다. 그 예로, 전기 자료에는 그가 계절에 따라 옮겨 가며 거주했던 '삼시전(三時殿)'에 대한 언급이 있다. 아열대 기후 지역인 인도는 일 년이 여름과 겨울, 우기(雨期)로 나뉘는데, 삼시전은 바로 그 각각의 계절에 머물기 좋은 세 채의 전각이었다.

중아함 권29 『유연경(柔軟經)』 등의 기록에서는 붓다가 호화로웠던 자신의 왕자 시절을 제자들에게 말해 주곤 한다. 이에 따르면 붓다는 왕자 시절 전단향을 몸에 바르고, 새로 만들어진 비단옷만 입었으며, 가장 낮은 위치에 있던 하인에게까지 쌀밥에 고기반찬을 주었다고 한다. 당시가 2,600여 년 전이라는 점을 고려한다면 매우 풍족한 삶을 살았다고 할 수 있다.

붓다가 다른 이들에 비해서 보다 풍요로운 삶을 살 수 있었던 이유로 전기 자료는 붓다 탄생 직후 있었던 예언을 들고 있다. 당시에는 새로 태어난 왕자의 운명을 점쳐 보는 풍습이 있었다. 붓다의 경우 '아시타'라는 선인이 '그는 장래에 전륜성왕(轉輪聖王)이나 붓다가 될 것'이라고 예언했다. 전륜성왕은 인도신화에서 태양을 상징하는 1,000개의 바퀴살을 가진 수레바퀴를 머리 앞에서 자전시키며 세계를 통일하고 지배하는 이상적인 제왕을 말한다. 그리고 이러한 왕의 출현은 당시 석가족의 간절한 바람이기도 하였다. 그래서 정반왕은 아들의 붓다로서의 기질을 막고, 위대한 왕의 자질을 증장하기 위해서 더욱 특수한 배려를 했다고 한다.

또한 붓다는 미래의 군주로서 여러 분야에 걸쳐 교육을 받는다. 그 주된 과목은 국가 운영을 위한 통치술과 전쟁에 필요한 무술, 그리고 외교와 관련된 어학이었다. 이때 붓다는 발군의 실력을 발휘하였다고 한다. 그리고 그가 받은 교육은 출가하여 깨달음을 얻은 후에도 매우 유용하게 활용된다. 통치술은 불교 교단의 조직 관리에서 활용되었으며, 어학은 여러 국가에서 불교를 전파하는 데 유용했다. 또 무술을 연마하며 얻은 건강한 신체는 출가 후 혹독한 수행을 감당할 수 있었던 자산이 되었다. 왕궁에서 받은 교육은 불교 교단이 붓다 당대에 거대한 집단으로 발전할 수 있었던 원동력이 되었다고 하겠다.

야소다라와의 결혼과 아들 라후라의 탄생

붓다는 19세(혹은 17세)에 이웃 나라 콜리국의 공주이자 선각왕의 딸인 야소다라와 결혼한다.

이와 관련하여 전기 자료에는 각술쟁혼(角術爭婚)을 기록하고 있다. 이는 고·중세 시대 전사 집단에 있던 결혼 풍습 중 하나로 무술대회를 열어 우승을 한 사람이 결혼을 쟁취하는 것을 말한다. 이 이야기는 붓다가 무술에 능한 사람이었음을 방증한다.

붓다는 29세에 출가하므로 그들의 결혼 생활은 결코 짧지 않았다. 이 기간에 둘 사이에는 '라후라(羅睺羅)'라는 아들이 태어난다. 라후라는 '장애'라는 의미인데, 출가하려는 붓다에게 장애가 되었기 때문에 그렇게 이름을 붙였다는 이야기가 널리 알려져 있다. 하지만 이는 붓다의 출가를 극적으로 만들기 위해 꾸며진 이야기일 뿐, 실은 라후라가 탄생할 때 일식이 있었기 때문에 지어진 이름이다. 즉 출가의 장애가 아닌 태양의 장애라는 의미였던 것이다.

라후라의 탄생은 왕가의 가계가 이어졌다는 점에서 붓다의 출가에 오히려 유리하게 작용했을 것이라는 게 현대의 일반적인 시각이다.

사문유관을 통한 생로병사의 인식

붓다의 왕궁 생활은 화려했지만, 그것이 곧 행복을 의미하는 것은 아니었다. 그의 어머니 마야 부인은 그를 생산하고 7일 후에 사망한다. 아마도 룸비니에서 급작스럽게 출산한 일이 원인이었으리라 추정된다. 그리고 이 일이 붓다의 삶에 그늘을 드리웠다는 주장도 있다.

하지만 붓다의 출가와 관련해서 전통적으로 언급되는 것은 사문유관(四門遊觀)이다. '사문유관'이란, 그가 왕궁의 동, 남, 서, 북의 네 문을 차례로 나가면서 각각 노인과 병자, 그리고 죽은 자와 사문을 목격하게 되고 마침내 출가를 결심한 일을 말한다.

전기 자료에 기록되어 있는 이 이야기는 붓다의 출가가 노·병·사에 초점이 맞추어져 있었고, 그 대안으로서 출가가 존재했다는 것을 상징하고 있다. 즉 붓다의 출가는 처음에는 자신의 삶과 관련된 직접적인 문제를 해결하기 위함이었을 뿐 중생 구제가 아니었던 것이다. 이를 통해 우리는 붓다가 깨달음을 얻고 난 뒤에 삶의 태도가 바뀌었음을 알 수 있다. _❀

007

붓다의 출가와 고행

부귀와 명예를 버리고 감행한 출가

붓다는 2월 8일 새벽, 동쪽 문을 통해 성을 빠져나가 출가한다. 이 사건은 그가 왕궁에서의 호화롭고 안락한 삶에 행복을 느끼지 못했음을 의미한다.

『불본행집경(佛本行集經)』에서는 출가한 붓다를 만난 빔비사라 왕이 마가다국을 함께 다스릴 것을 권유하자 붓다는 "이미 버린 음식을 다시 먹는 법은 없다."라고 대답하였다고 한다. 그의 출가는 행복을 위한 자발적이고 주체적인 결단이었던 것이다. 이것은 '진정한 자유를 향한 도전'으로서 서양에서는 출가를 '위대한 포기(Great renunciation)'라고 칭한다. 석가족의 기대를 한 몸에 받고 있던 왕자의 출가는 왕실이나 백성의 입장에서 달갑지 않은 일이었을 것이지만, 당시 붓다는 주변을 생각하거나 배려할 수 있는 상황이 아니었다. 삶의 실존적 고통이 그를 우주의 무게로 짓누르고 있었기 때문이다.

다른 성인들의 삶과 달리, 붓다의 생애에는 스승이 존재한다. 붓다는 출가 후 세 명의 스승을 만나 수학하는데, 차례로 박가바, 아라다 카라마, 웃다카 라마풋타이다.

붓다가 처음 찾았던 스승 박가바는 고행주의자였다. 당시 사문 수행의 주류를 이루었던 고행은 육체와 정신적인 오류에 속박된 영혼을 정화하는 극기의 방법으로 인식되고 있었다. 하지만 박가바를 따라 고행에 매진하던 붓다는 문제의 본질이 육체가 아닌 내면에 있음을 인지하게 된다. 붓다의 표현을 빌려 말하자면, '수레가 가지 않을 때 수레를 때려야 하는가, 소를 때려야 하는가'의 문제인 셈이다. 이러한 생각을 한 붓다는 박가바를 떠나 명상주의자를 찾아가게 된다.

아라다 카라마는 무소유처정(無所有處定)이라는 고도의 정신 경계를 증득한 인물이었다. 붓다는 아라다 카라마에게 명상을 배웠으나, 곧 명상의 한계를 자각하게 된다. 명상을 하는 동안에는 자기 조절이 되는 행복 속에 있을 수 있지만, 명상에서 깨어나면 이와 같은 행복이 유지되지 않는다는 점 때문이다. 아라다 카라마는 붓다가 제기한 문제에 적절한 답을 주지 못했고, 붓다는 결국 아라다 카라마를 떠나 당시 최고 명상가로 꼽히던 웃다카 라마풋타를 찾아간다.

웃다카 라마풋타는 비상비비상처정(非想非非想處定)이라는 가장 높은 명상 단계를 증득한 인물이었다. 그러나 그도 명상 상태와 현실을 일치시키는 문제에 대한 해법을 제시하지는 못했다. 결국 붓다는 더 이상 스승에 의지하지 않고 독립적인 수행으로 나아가게 된다.

독자적으로 시작한 고행과 포기

붓다가 명상을 버리고 선택한 것은 고행이었다. 붓다가 다시금 고행으로 전회한 것은 당시 인도의 수행법이 고행과 명상 외에는 달리 없었기 때문이다.

여기서 붓다가 명상을 버렸다는 건 주목할 만한 사건이다. 왜냐하면 오늘날 '불교' 하면 떠오르는 가장 큰 이미지가 바로 명상, 즉 선정 수행이기 때문이다. 그러나 붓다는 명상을 버림으로써 이것 역시 잘못된 방법 중 하나라고 보여 준다.

스승과 헤어진 붓다가 고행한 기간은 총 6년이었다. 그렇기 때문에 불교에서는 이를 '6년 고행'이라고 부른다. 증일아함 권23 「증상품(增上品)」에 의하면, 이때 붓다가 한 고행은 단식과 숨 참기 같은 기본적인 욕구를 통제하는 것이 주된 방법이었다. 스스로도 "과거와 미래를 통틀어 나와 같이 극심한 고행을 한 이는 없다."라고 할 정도로 붓다는 고행에 집중하였다.

그러나 고행은 죽음에 가까워지는 것일 뿐 해탈에 이를 수 있는 방법은 아니라는 것을 깨달은 붓다는 6년간의 고행 역시 포기하게 된다. _❀

비상비비상처정은 '사무색정(四無色定)'의 가장 높은 경지이다. 사무색정은 욕계와 색계의 거친 생각을 넘어서 존재하는 아주 미세한 생각만이 흐르고 있는 최고의 선정 경지이다. 사무색정의 각 단계와 그 의미를 정리하면 아래와 같다.

사무색정(四無色定)	**의미**
공무변처정(空無邊處定)	육체와 물질적인 대상을 넘어서 허공의 자재함을 증득하는 선정.
식무변처정(識無邊處定)	오직 인식만이 존재할 뿐임을 증득하는 선정.
무소유처정(無所有處定)	그 어떤 생각이나 대상조차도 존재하지 않는 깊은 선정.
비상비비상처정(非想非非想處定)	극히 미세한 생각마저도 있지도 없지도 않은 오묘한 선정.

008

붓다의 깨달음

6년 고행의 포기와 깨침

고행을 포기한 붓다는 인근 '니련선하(泥蓮禪河)'라 불리는 강에서 목욕을 한다. 목욕은 상쾌함이라는 쾌락과 연관되므로 고행 수행자들에게 금지되어 있었기 때문에 목욕을 한다는 것은 고행의 포기를 상징한다.

목욕을 마친 붓다는 인근 목장 주의 딸이 공양한 우유죽을 먹고 체력을 회복한다. 이후 부다가야로 이동해 보리수 아래에서 동쪽을 향한 상태로 깨달음을 성취하게 된다. 이때가 12월 8일, 샛별이 떠오르는 새벽이었다.

부다가야의 '가야'는 상두(象頭), 즉 '코끼리의 머리'라는 의미로 이 주변 지역의 명칭이다. 이런 지명을 갖게 된 것은 지역의 형세가 코끼리의 머리처럼 생겼기 때문이다. 그곳에서 붓다가 깨달음을 성취하면서 이 지역은 불교에서 특별한 지역, 성지가 된다. 그래서 원래의 지명 '가야'에 붓다를 첨가해 부다가야, 즉 붓다의 가야라는 명칭이 만들어지게 된다. 또한 '가야'라는 이름은 특별하게 여겨지면서 후일 불교권에 두루 전파되는데, 우리나라 고대국가 가야와 합천 해인사가 위치해 있는 산 이름인 가야산도 여기에서 유래한 것이다.

보리수의 경우도 마찬가지이다. 본래 이 나무의 이름은 '핍팔라(Pippala)'인데, 붓다가 이 나무 아래에서 깨달음을 얻었기 때문에 신성화되어 '보리수(菩提樹)', 즉 '깨달음의 나무'라는 존칭을 얻게 된 것이다.

깨달음의 핵심, 연기

붓다가 깨달은 내용은 요소들의 관계성에 입각한 연기(緣起)이다. 연기는 공간적인 상호관계성을 의미하는데, 흔히 시간적 연속의 개념인 인과(因果)와 더불어 '인과연기', 줄여서 '인연'이라고도 한다.

인과란 "콩 심은 데 콩 나고, 팥 심은 데 팥 난다."라는 말처럼 원인과 결과의 연속적인 흐름을 의미한다. 그러나 콩이나 팥이 싹을 틔우기 위해서는 시간만 필요한 것은 아니다. 거기에는 햇빛과 양분, 온도 등의 공간적 조건이 요구된다. 이와 같이 공간적인 상호의존적 관계성을 연기라고 한다.

연기는 흔히 잡아함 권13 『제일의공경(第一義空經)』에 나오는 다음의 게송으로 널리 알려져 있다.

此有故彼有　이것이 있으므로 저것이 있고
此起故彼起　이것이 생기므로 저것이 생긴다.
此無故彼無　이것이 없으므로 저것도 없고
此滅故彼滅　이것이 멸하므로 저것도 멸한다.

■ 불교의 8대 성지 및 붓다의 주요 안거 장소

이 게송을 '연기게송'이라 하는데, 다른 초기경전에서도 비슷한 내용을 다수 확인할 수 있다. 연기를 붓다가 깨달은 내용의 핵심이라고 보았기 때문에, 이후 탑을 조성할 때 봉안할 사리를 구할 수 없으면 이 연기게송을 적어 넣기도 했다.

잡아함 권12의 『노경(蘆經)』과 상응부경전 권12에는 연기와 관련된 설명으로 유명한 '갈대 단의 비유'가 수록되어 있다. 여기에서는 갈대 단을 홀로 세울 수는 없지만, 서로 기대어 두면 세울 수 있음에 빗대어 연기를 설명하였다.

연기는 '연기법'이라고도 하는데, 불교에서는 연기를 '고정 불변의 법칙'이라고 보기 때문이다. 연기법은 붓다가 깨달은 요소 간의 결합 원리이다. 이 결합 원리를 해체하게 되면 결합, 즉 속박은 사라지고, 윤회의 사슬은 끊어지게 된다. 연기의 관계를 전개 순으로 보는 것을 순관(順觀)이라고 하는데, 이는 현상에 대한 고찰이다. 이에 비해서 해체되는 순으로 보는 것을 역관(逆觀)이라고 한다. 이 역관의 관점에 따라 모든 속박에서 벗어나는 것이 불교의 깨달음을 의미한다.

연기법은 불교의 핵심 사상이기 때문에 이를 어떻게 이해할지에 대한 논의가 곧 교리의 발달과 직결된다. 연기에 대한 새로운 관점이나 해석이 곧 새로운 불교의 태동과 맞물린다는 말이다.

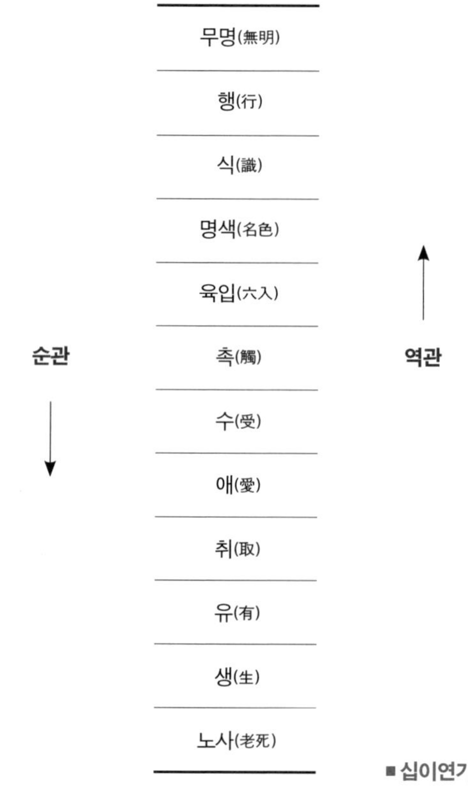

■ 십이연기

초기불교의 연기법에 대한 구체적인 설명은 '십이연기', 즉 서로 관계를 맺고 있는 열두 가지 변화 구조를 의미한다. 그런데 부파불교 시대에 들어서면 행위에 대한 과보의 문제에 초점이 맞춰지고, 연기법은 '업감연기(業感緣起)'로 설명되기에 이른다. 업감연기란 중생을 비롯한 세상 모든 것은 업(業)에 의해 생성과 소멸을 반복하여 윤회한다는 관점으로 중생 및 세계가 무엇에 의해 발생하고, 무엇에 의해 이루어지는지를 설명하는 설일체유부의 학설이다. 초기불교에서 설명하는 인과의 원리가 확대되어, 세계를 비롯한 일체 모든 것의 연기성을 밝힌다.

연기와 열반

연기법은 요소의 해체에 초점이 맞추어져 있다. 이것은 속박된 아트만을 풀어 윤회에서 벗어나는 해탈의 개념과는 다르다. 그보다는 '윤회의 소멸'이라 보는 것이 더 타당하다. 실제로 불교의 깨달음을 '해탈'이라고 부르기도 하지만, 그보다는 '열반(涅槃)'이라는 표현을 주로 사용한다.

잡아함 권34 『견경(見經)』에서, 붓다는 열반이란 모든 연료를 소모해서 꺼진 불과 같다고 정리한다. 실제로 열반의 원어인 니르바나(Nirvāṇa)는 '불이 꺼졌다'는 의미이다. 연료를 모두 소진해서 꺼진 불은 어딘가로 가거나 어떻게 변화하는 것이 아니라 그저 '소멸'할 뿐이다. 요소의 결합 방식을 이해해서 완전한 해체에 이르는 것, 그렇게 해서 윤회를 소멸하는 것이 바로 열반이다._❀

009

가르침의 전개와 교단의 형성

깨달음을 얻은 붓다의 환희와 고뇌

잡아함 권2 『십육비구경(十六比丘經)』 등에서 확인되는 "자주(自洲) 법주(法洲)"의 가르침은 흔히 "자등명(自燈明) 법등명(法燈明)"이라는 표현으로 잘 알려져 있다. 스스로와 진리를 등불로 삼아 의지하라는 이 가르침은 불교는 진리에 의지하며, '나'의 확립과 행복의 완성에 그 목적이 있음을 분명히 해준다. 이 행복의 완성 상태가 바로 불교에서 말하는 깨달음이다. 붓다가 부다가야에서 깨달음을 얻은 후 49일 동안 법열(法悅), 즉 깨달음의 환희에 젖어 있었다는 것은 바로 이 점을 단적으로 보여 준다.

법열에서 깨어난 뒤 붓다는 불교사에 있어 가장 중요한 순간을 맞이하게 된다. 자신이 깨달은 내용을 다른 사람에게도 가르쳐서 인도할 것인가, 그렇게 하지 않을 것인가에 대해 판단해야 했기 때문이다. 붓다가 얻은 깨달음과 그에 이른 방법은 당시의 인도 수행자들이 접근하던 방식과는 너무나 달랐다. 이로 인해서 붓다는 세상 사람들이 이를 이해하고 받아들일 수 있을지, 사람들을 더욱 혼란스럽게 하는 것은 아닌지 고민하게 된다.

전기 자료에서는 붓다가 고민에 빠진 순간에 브라만교의 신인 브라흐만, 즉 범천을 등장시킨다. 그리고 브라흐만의 간청에 마음을 돌려 먹은 붓다는 설법에 나서기로 결심한다. 이 내용을 '범천권청(梵天勸請)'이라고 한다. 범천권청의 이야기는 붓다가 미망에 빠진 세상 사람들에게 빛을 전해 주는 데 대한 내적 고뇌와 갈등을 상징적으로 보여 준다. 뿐만 아니라 브라만교 최고의 신이 붓다에게 설법을 간청했다는 내용에는 불교를 브라만교보다 우위에 두려는 목적이 담겨 있다.

만약 붓다가 가르침을 펴지 않고 그대로 열반에 들기를 선택했다면 아마 불교는 성립하지 못했을 것이다. 이런 면에서 볼 때, 깨달음이 붓다 개인에게 가장 중요한 사건이라면, 그 가르침을 펴는 것, 설법이야말로 불교라는 종교의 시작점인 동시에 불교사에 있어서 가장 의미 있는 사건이라 할 수 있다.

붓다의 첫 설법과 삼보의 확립

붓다가 가르침을 전파하고자 마음먹은 것은 그가 깨달음을 얻은 수행 완성자에서 교사로 거듭남을 의미한다. 이로써 붓다는 왕자에서 수행자로, 그리고 수행자이자 완성자에서 스승으로 그 신분이 바뀌게 된다.

붓다가 처음 가르침을 전한 이들은 붓다와 같이 수행하며 6년의 고행 기간을 함께했던 다섯 비구였다. 붓다는 이들을 교화하기 위해서 부다가야에서 바라나시의 사르나트, 즉 사슴동산으로 향한다. 그리고 그곳에서 독자적인 수행을 하고 있던 다섯 비구를 만나 가르침을 전한다. 이때 다섯 비구 중 한 명인 교진여(憍陳如)가 처음으로 깨닫게 된다. 붓다가 다섯 비구에게 가르침을 전한 이 사건을 처음으로 진리의 수레바퀴를 전개했다는 뜻을 담아 '초전법륜(初轉法輪)'이라 부른다.

다섯 비구의 교화를 통해 불교의 삼보(三寶) 중 마지막인 '승'이 갖추어지게 된다. '삼보'란 불교에서 비할 수 없이 중요한 세 가지를 의미하는데, 이것은 다름 아닌 불(佛)·법(法)·승(僧)이다. 이는 종교학에서 말하는 종교 성립의 3대 요소인 교조·교리·교단과 정확하게 일치한다. 불은 불교의 교조, 즉 붓다를 의미한다. 그리고 법은 가르침이며, 승은 승단, 즉 출가자 집단인 교단이다. 오늘날까지도 불교에서는 삼보를 가장 중시하며, 삼보에 귀의한다는 뜻이 담겨 있는 의식문인 「삼귀의」를 모든 의식에서 빠짐없이 낭독하고 있다. _❀

010

붓다가 처음으로 설한 가르침

중도와 팔정도, 사성제

붓다가 사르나트에서 다섯 비구를 대상으로 가르친 것은 무엇이었을까? 깨달음을 증득한 붓다가 이 세상에 내보인 최초의 카드는 중도(中道)였다. '중도'란 '중간'이라는 의미가 아니라 상황에 맞는 시의적절함을 의미한다.

붓다의 중도는 엄밀하게 말하면 '고락중도(苦樂中道)', 고통과 즐거움의 양극단에 치우치지 않는 올바름이란 의미이다. 붓다는 출가 후 고행을 통한 수행을 했다. 이것은 고통(苦)이다. 이후 붓다는 고행의 문제점을 인지하고 비판하며 명상주의로 전향하게 된다. 명상이란 내적인 평안이라는 점에서 즐거움(樂)이다. 당시 인도에 있던 이 두 가지 수행법의 한계를 극복하면서 그가 제시하는 것이 바로 중도설이다.

인간이 가장 살기 좋은 온도는 몇 도일까? 사실 이것을 엄밀히 따지면 특정 수치로 말하기 어렵다. 살기 좋은 온도란 각자가 느끼는 적당한 온도로서 사람마다 차이가 있기 때문이다. 또 같은 사람이라 하더라도 운동을 할 때와 잠을 잘 때 등 상황에 따라 적당한 온도는 차이가 나게 마련이다. 이러한 점에서 '적당함'이란 가변적인 상황에서의 유효적절함을 의미한다고 할 수 있다. 다시 말해 끊임없는 변화 속에서 파생하는 불변, 이것이 바로 중도인 것이다.

중도는 어느 한 극단에 치우치지 않는 '적절성'이라는 의미로도 볼 수 있다. 이와 같은 적절성을 바를 정(正) 자로 나타낸다. 정견(正見)으로 시작하여 정정(正定)으로 끝나는 팔정도(八正道)란 바로 중도를 세분화한 원칙이라고 하겠다.

붓다는 중도야말로 고행이나 명상과 달리 현실 속에서도 무너지지 않는 행복에 이르는 방법이라고 판단했다. 그리고 이러한 판단은 다섯 비구를 통해서 현실적으로 증명된다.

연기론이 관계성에 기초한 이 세계의 구성 원리를 의미하는 것이라면, 중도는 그와 같은 체계 내의 실천 원리라고 할 수 있다. 붓다는 다섯 비구에게 이론보다 실천을 먼저 제시한 것이다. 이는 다섯 비구와 함께 수행하면서 이들에게 결핍되어 있는 것, 이들이 원하는 것이 무엇인지를 정확하게 판단하고 있었던 붓다의 선택이었다.

중도와 팔정도 다음에 설해지는 것은 사성제(四聖諦)이다. 사성제는 불교 수행의 목적을 나타내는 교리 체계이다. 그렇기 때문에 붓다의 근본 교설로서 일반적으로 사성제와 팔정도를 언급한다. 붓다는 입멸하기 직전에 거둔 마지막 제자인 수바드라(Subhadra)에게도 사성제와 팔정도를 설하였다. 이는 붓다가 일관한 교리의 핵심이 사성제와 팔정도라는 것을 나타내기에 충분하다.

사성제		내용
현실(俗諦)	고성제(苦聖諦)	일체는 모두 다 고(苦, 괴로움)이라고 하는 진리.
	집성제(集聖諦)	괴로움이 일어나는 원인. 갈애(집착과 애착)으로 인해 괴로움이 생김.
깨달음(眞諦)	멸성제(滅聖諦)	괴로움이 일어나는 원인을 멸하여 열반(涅槃)에 이름.
	도성제(道聖諦)	괴로움의 소멸에 이르기 위한 수행 방식. 팔정도(八正道).

■ 사성제

팔정도	내용
정견(正見)	바른 견해. 사성제에 대한 정확한 인식.
정사(正思)	바른 생각. 악한 생각을 갖지 않고 선한 생각을 하는 것.
정어(正語)	바른 말. 거짓말, 악담을 금하고 좋은 말을 하는 것.
정업(正業)	바른 행동. 살생, 음행, 도둑질 등을 하지 않는 것.
정명(正命)	바른 생활수단. 정당한 방법으로 생계를 유지하는 것.
정정진(正精進)	바른 정진. 악을 버리고 선행에 힘쓰는 것.
정념(正念)	바른 마음챙김. 모든 현상을 있는 그대로 관찰하는 것.
정정(正定)	바른 집중. 네 단계의 선정 수행으로 평정에 이르는 것.

■ 팔정도

전법의 확대와 2대 정사의 탄생

붓다가 사르나트에서 들어 올린 진리의 빛은 삽시간에 번져 나가기 시작한다. 진리의 빛은 사르나트 인근 대도시 바라나시로 옮겨 붙게 되는데, 이때 가르침을 받는 인물이 야사(耶舍)와 54인의 친구들이다. 한편 야사의 부모는 각각 불교사상 최초의 남성 신도(우바새優婆塞)와 여성 신도(우바이優婆夷)가 된다. 이로써 출가인과 재가인으로 구성된 교단의 기본적인 구조가 완비된다. /

붓다의 가르침은 당시 변화된 시대 상황에 유효했던 덕분에 많은 귀족 자제들이 이 대열에 합류한다. 그리고 국경을 넘어 거대한 사상과 수행의 물결로 확대되기 시작한다. 이로 인하여 당시 최강국인 마가다국의 수도 왕사성(王舍城)에는 국왕 빔비사라가 후원하여 최초의 사원이 되는 죽림정사(竹林精舍)가 만들어지게 된다. 또 두 번째로 강력한 국가인 코살라 국의 수도 사위성(舍衛城)에는 기타(祇陀) 태자와 당시 인도 최고 자산가였던 급고독장자(給孤獨長者)가 연합해서 지은 7층 대가람 기원정사(祇園精舍, 기수급고독원)가 들어서게 된다. 이 두 사찰을 초기불교의 2대 정사라고 일컫는다. 이외에도 강국인 바이샬리(Vaisālī)에는 대림중각강당(大林重閣講堂)이 건립되는 등 대도시를 중심으로 차례로 사원이 만들어지면서 불교는 단기간에 급격한 팽창을 보이게 된다. _❀

/ 불교에서는 남자 스님을 비구(比丘), 여성 스님을 비구니(比丘尼)라고 하는데, 비구와 비구니, 우바새와 우바이를 통틀어 불교 교단을 구축하는 네 개의 축, 즉 '사부대중(四部大衆)'이라고 한다. 이후 어린 남성 승려인 사미(沙彌)와 어린 여성 승려인 사미니(沙彌尼), 그리고 사미니에서 비구니로 전환되는 과도기의 식차마나니(式叉摩那尼)가 더해져 '칠부대중(七部大衆)'으로 발전하게 된다.

더 알아보기

인도의 사원과 한국의 사찰

한국불교의 사찰을 연상하면 흔히 산사를 떠올리지만, 붓다 당시의 사원은 그렇지 않았다.

붓다 당시 불교는 도시로 파고든 계몽의 종교로, 『사분율』 권50 「방사건도(房舍揵度)」에는 사원의 위치를 도시와 멀지 않은 곳으로 명시하고 있다. 이는 죽림정사와 기원정사의 유적지 위치를 통해서도 판단해 볼 수가 있다. 붓다는 대도시에 위치한 기원정사에서 장장 19~25년간이나 주석하였으며, 불교 경전 대다수가 기원정사를 배경으로 설해진다.

또한 우리의 남향 선호와는 달리 인도에는 동쪽에 대한 긍정적인 인식이 있다. 그렇기 때문에 붓다가 출가하던 당시 동쪽 문을 이용한 것, 보리수 아래에서 동쪽을 향해 앉아 있다가 깨달음을 얻은 것 등, 붓다의 일대기에서도 중요한 순간은 동쪽과 관련된다.

인도에서 동쪽을 선호한 배경은 태양 숭배에서 찾을 수 있다. 그래서 인도문화권의 사원은 모두 동향으로 건축된다. 이는 동아시아의 사찰이 남향으로 만들어지는 것과는 다른 부분이다.

011

계율의 성립과 10대 제자

교단의 확대와 율의 제정

불교 교단이 확대됨에 따라 교단을 통제할 수 있는 기본 원칙이 필요해졌다. 그리하여 만들어지는 것이 바로 계율(戒律)이다. 당시 인도의 수행 집단은 중세 유럽의 기독교처럼 국가권력으로부터 독립되어 있었다. 그리고 이와 같은 구조를 유지하기 위해서는 국가권력이 개입될 수 없도록 하기 위한 집단의 원칙이 필요하게 된다.

율장(律藏)에 따르면 불교 승단에서 계율이 생긴 것은 붓다가 깨달음을 증득하고 5~7년 뒤라고 되어 있다. 이는 불교 교단 초기에는 문제가 발생하지 않았지만, 교단의 확대와 더불어 이런저런 문제가 발생했다는 것을 의미한다.

불교의 율장은 국가의 헌법처럼 한 번에 완비되는 것이 아니라, 문제가 발생할 때마다 조문(條文)이 추가되는 방식으로 제정되었다. 이를 '수범수제(隨犯隨制)'라고 한다. 문제가 발생한 뒤에 율을 제정하다 보니 문제를 일으킨 당사자는 율을 위반하였다고 여겨지지 않았다. 이러한 방식은 현대 법의 '불소급(不遡及)의 원칙'과 동일하다. 뿐만 아니라 정신 착란 상태에서 일으킨 문제 등에 대해서 예외 규정을 두는 등 매우 합리적인 관점에서 정리되어 있어 당시 인도문화의 수준을 짐작해 보게 한다.

율의 목적과 발전

율은 불교 교단 안에서 법과 같은 역할을 한다. 그래서 모든 승려는 기본적으로 율 조항을 암기해야 했다. 그리고 율의 조항이 잊히는 문제를 극복하기 위해, 한 달에 두 번 보름과 그믐에 율 조항을 집단으로 암송하며 문제점을 반성하는 포살의식이 개최되었다.

율이란 승려들에게 부과되는 종교법의 속성을 가진다. 그러므로 사회법이 혼란을 줄이기 위한 징벌을 목적으로 하는 것에 반해, 율은 부끄러움을 알게 하여 계몽하는 데에 초점을 맞추고 있다. '참회'라는 말은 자신의 잘못에 대한 부끄러움과 타인을 향한 부끄러움을 의미하는 것인데, 이렇게 부끄러움을 알게 하는 것이 바로 율의 목적인 것이다. 하지만 교단 구성원들의 공통된 이익과 행복을 위해서 존재하는 까닭에 문제가 발생했을 때는 징벌이 적용되기도 한다.

율을 모아 기록한 율장은 '남북전육부율'이라고 하여 크게 남방불교와 북방불교로 전해진 6종이 현존하고 있다. 그 6종은 각각 『빨리율』, 『사분율』, 『오분율』, 『십송율』, 『마하승기율』, 『유부율』로, 『빨리율』을 제외한 5종은 한역되어 북방불교에 전해진 율장이다.

율장은 경전에 비해 더 다양하고 치밀하게 정리된다. 이는 율이 사회에서의 법과 같은 승단의 기본 원칙이다 보니, 불교의 확대와 더불어 지역적이고 문화적인 특성들이 반영되면서 발전하였기 때문이다. 또한 조항이 분명하지 못한 경우에 문제가 오히려 확대될 소지를 내포하기 때문이기도 하다.

다양성이 용인되는 불교 교단

율장이 불교 교단의 전체적인 틀을 갖추기 위한 규율이라는 점에서 중요하지만, 출가의 목적은 깨달음이라는 수행의 완성에 있다. 이와 관련해서 주목되는 것이 바로 다양한 교육 방법을 용인했다는 점이다.
잡아함 권16 『행경(行經)』이나 증일아함 권46 「목우품(放牛品)」 등에는 붓다의 제자들이 사리불과 목건련 같은 대제자들을 중심으로 다양한 그룹을 만들어 수행하는 모습이 확인된다. 즉 지혜 수행을 좋아하는 이들은 사리불을 따르고, 신통 수행을 선호하는 이들은 목건련을 따르는 것과 같은 구조인 것이다. 대제자들은 많게는 500명의 제자들을 인도하는 대규모 집단의 리더였다.

불교 교단 안에 대소의 다양한 그룹들이 존재하는 이유는 세 가지이다. 첫째는 당시에는 거대한 불교 교단 전체가 하나로 통일될 수 있는 여건이 갖추어지지 않았다는 점. 둘째, 사문의 수행 문화는 주기적으로 이동하는 것이 일반적이었으며, 그 관리를 대제자들이 하게 된다는 점. 셋째는 각자의 성향에 따라 그룹을 달리할 수 있도록 함으로써, 깨달음에 이르는 효율성이 증대된다는 점이다.

붓다의 중도주의에 입각한 유연성은 다소 산만하게 인식될 수도 있는 이와 같은 다양성을 용인하고 발전시킨다. 이것은 이후 불교가 그 어떤 종교보다도 다양성에 기반을 두고 유연하게 전개되는 요인으로 작용한다.

전문 영역을 가지고 있는 대제자와 10대 제자

붓다의 제자들은 각기 다른 전문적인 영역을 확보하고 있는데, 이는 증일아함 권3의 「제자품(弟子品)」과 「비구니품(比丘尼品)」을 통해서 확인해 볼 수 있다.

이들 중 『유마경』 「제자품」에 정리되어 있는 대제자들이 바로 붓다의 10대 제자이다. 이들은 각기 다른 특징을 가지고 있는데 흔히 다음과 같이 칭한다.

1. 지혜(智惠)제일 사리불(舍利弗)
2. 신통(神通)제일 목건련(目揵連)
3. 두타(頭陀)제일 마하가섭(摩訶迦葉)
4. 해공(解空)제일 수보리(須菩提)
5. 설법(說法)제일 부루나(富樓那)
6. 논의(論議)제일 가전연(迦旃延)
7. 천안(天眼)제일 아나율(阿那律)
8. 지율(持律)제일 우바리(優婆離)
9. 밀행(密行)제일 라후라(羅睺羅)
10. 다문(多聞)제일 아난(阿難)

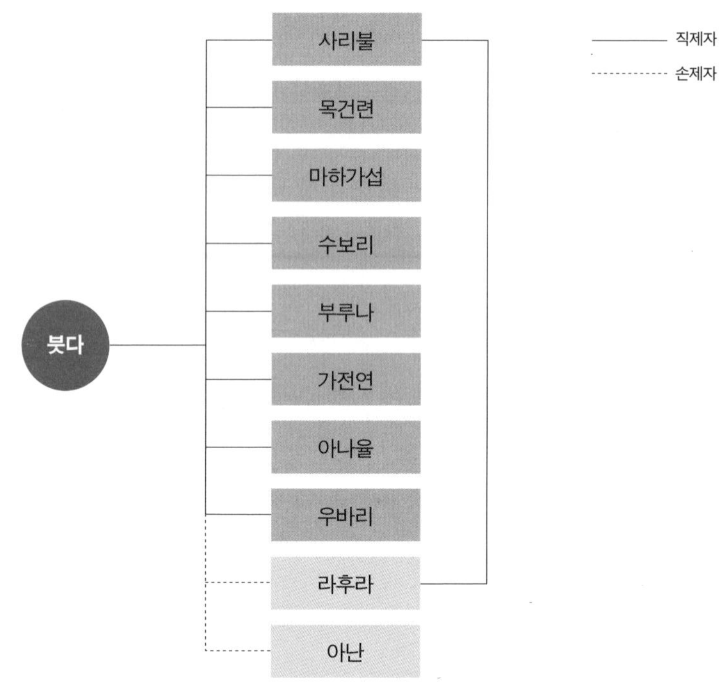

'○○ 제일'이라는 10대 제자에 대한 수식은 이후 대승불교의 보살들에게도 그대로 영향을 미친다. 그래서 대지(大智) 문수보살, 대행(大行) 보현보살, 대비(大悲) 관세음보살, 대원본존(大願本尊) 지장보살, 자씨(慈氏) 미륵보살 등 보살의 명호 앞에 특정 수식이 따르게 된다.

10대 제자에 대해 한 가지 주의해야 할 것은 이들이 모두 붓다의 직제자는 아니라는 점이다. 라후라는 사리불의 제자이며, 아난은 다섯 비구 중 한 명인 십력가섭(十力迦葉)의 제자이다. 즉 10대 제자에는 붓다의 손제자도 두 명 포함되어 있는 것이다. 그럼에도 이것이 문제가 되지 않는 것은 붓다 당시에는 '누구의 제자이냐'보다 '누구에게서 배우느냐'가 더 중요한 의미를 가졌기 때문이다._ ꕥ

012

복제를 통해 본 중도의 유연함

사회의 요구를 반영한 복제 개혁

붓다의 중도주의는 하나의 원칙을 세우고 접근하는 것이 아니라, 상황에 따른 적절성을 원칙으로 한다. 그렇기 때문에 불교 교단은 사회적 변화 요구에 보다 능동적인 반응을 보일 수 있게 된다. 특히 대도시를 주 거점으로 하였던 불교는 사회적인 변화 요구에 보다 민감했다. 이는 불교가 붓다 당시에 비약적인 성장세를 보이는 이유 중 하나이기도 하다. 실제로 전 세계의 성인들 중에서 교조 당대에 평화적으로 성공을 이룩한 예는 붓다가 유일하다. 이는 그가 사회적인 변화에 맞추어 대응하면서 사회를 계몽하고 이끌어 갔기 때문이다.

이러한 점을 단적으로 보여 주는 예가 바로 '복제(服制) 개혁'이다. 불교 초기, 비구들은 사람들이 버린 천을 모아 기워 만든 분소의(糞掃衣)를 입었다. 그런데 여러 천을 모아 깁다 보니 색이 얼룩덜룩하였기 때문에 이를 황토로 염색하여 입고는 하였다. 그래서 승려의 법의(法衣)

를 가리키는 '카사야(kasaya, 가사袈裟)'의 다른 번역인 '괴색(壞色)'에는 색을 무너트린다는 의미가 담겨 있다.

그러나 도시가 발전하면서 생활 환경이 좋아진 도시인들은 보다 깔끔한 복장을 한 수행자를 원했다. 『사분율』 권39 「의건도(衣揵度)」에는 버려진 천을 구하는 비구를 위해서, 왕비와 귀족들이 일부러 좋은 천을 조각내 길가에 버렸다는 내용이 기록되어 있다.

붓다는 이와 같은 세상의 요구를 간파하고, 깨끗한 천을 마치 보도 블록처럼 재단하고 봉재해서, 인위적으로 누더기를 만든 뒤 황토로 염색한 옷을 입게 하는 복제 개혁을 단행하였다. 분소의의 정신과 황토로 색을 무너트리는 가사의 전통은 유지한 채 훨씬 세련되고 깔끔한 복장을 완성한 것이다. 오늘날까지 승려들이 착용하는 가사는 바로 이렇게 해서 만들어진다.

이와 같이 사회적으로 열린 관점에서 변화를 수용한 측면은 불교가 당시에 신흥 종교이면서도 일거에 거대한 세력으로 성장할 수 있었던 원인이라고 하겠다.

승가리 착용에 나타나는 중도주의의 유연함

붓다가 사회적으로 열린 관점을 가지고 끊임없이 사회적 변화를 반영해서 교단 운영 방식에 변화를 주는 모습은 율장 곳곳에서 확인된다. 중도주의의 유연함이 잘 드러나는 지점이다.

붓다는 승려들이 일반인들과 대면해야 하는 탁발 때나 왕궁에 출입할 때는 반드시 승가리(僧伽梨)를 착용하도록 규정했다. 승가리는 현대의 장삼이나 두루마기와 같은 외투로, 승단 내에서 이루어지는 회의 등에 참석할 때는 입지 않아도 되었다. 달리 말해 승단 안에서는 편한 의복을 입고, 승단 밖에 나갈 때는 위의(威儀)에 신경 쓰도록 규정하고 있는 것이다.

수행자에게 중요한 것은 내면의 수행력과 덕이다. 그러나 일반인들이 1차적으로 접하는 것은 눈에 보이는 모습이다. 붓다는 바로 이 부분을 주목하였다. 여기에는 겉치레를 통해서 꾸미자는 것이 아니라, 단정함을 통해서 믿는 이로 하여금 믿음을 증장시키고, 믿지 않는 이를 돌이켜 믿음을 일으키려는 의도가 들어 있다. 이와 같은 붓다의 관점은 제계십리(制戒十利) 등에 잘 나타나 있다. 제계십리란 승단의 계율을 제정하는 목적 열 가지를 말한다. 여기에서는 ① 승가의 결속력을 위해, ② 승가의 품위 유지를 위해, ③ 승가의 원활한 공동체 생활을 위해, ④ 악인을 억제하기 위해, ⑤ 선한 비구가 안주하도록 하기 위해, ⑥현세의 번뇌를 금하기 위해, ⑦ 미래세의 번뇌를 끊기 위해, ⑧ 아직 믿지 않는 자가 믿게 하기 위해, ⑨ 이미 믿고 있는 자의 신앙을 굳건히 하기 위해, ⑩ 정법의 구주를 위해서라고 계율을 제정하는 목적을 분명히 밝힌다.

의복에 나타난 상대방에 대한 배려의 정신

붓다 당시 또 다른 신흥 종교인 자이나교는 철저한 무소유를 주장했다. 이로 인해 자이나교 수행자는 옷을 입지 않는 것을 원칙으로 삼았는데, 이와 같은 나체주의는 오늘날에까지 이어지고 있다. 그런데 붓다는 이들을 강도 높게 비판한다. 붓다의 비판 초점은 의복에는 상대에 대한 배려와 예의의 기능이 존재한다는 것에 있다. 우리는 학교에

갈 때나 면접을 보러 갈 때, 또 결혼식이나 중요한 행사에 참여할 때 입는 옷이 모두 다르다. 그것은 의복에 '예의'라는 기능이 내포되어 있기 때문이다.

붓다는 무소유보다는 상대에 대한 배려에 집중하였다. 이것이 당시 타 종교의 운영 방식과 다른, 불교의 특징이라고 하겠다. 즉 불교는 사회적 요구를 수용하고, 이것을 통해서 오히려 사회를 계몽하는 방식으로 나아가고 있는 것이다. 이와 같은 열린 자세는 진정으로 강한 사람의 움직임인 동시에 현대까지도 다른 종교에서는 확인되지 않는 붓다의 유연성이라는 점에서 주목된다. _❀

013

세계 종교 최초로 여성 성직자를 허용한 불교

여성 성직자를 인정한 붓다

모든 종교에는 자기만의 논리가 있고, 목적은 '행복'이라는 주관적인 지표와 관련되어 있다. 그렇기 때문에 여러 종교를 비교하는 것은 가능해도 우열을 논하는 것은 위험한 일이다. 하지만 누구도 부정할 수 없는 불교만의 장점을 꼽는다면 세계 종교 중 처음으로 여성을 성직자로 인정했다는 것을 들 수 있다.

미국에서 흑인 참정권을 인정한 것은 남북전쟁이 끝나고 얼마 지나지 않은 1870년이지만, 여성 참정권은 1920년에 이르러서야 부여되었다는 사실만 보아도 알 수 있듯이 여성의 지위가 남성과 같은 수준으로 인정된 건 얼마 되지 않았다. 인도 역시 예외는 아니다. 기원전 2세기에서 기원후 2세기 사이에 기록된 인도 최초의 법전 『마누법전』에는 여성을 죽인 죄는 살인죄가 아닌 도둑질과 같은 형량으로 다스린다는 조항이 있었다. 이는 남성과 여성의 불평등함을 잘 나타내 준다. 『마누

법전』이 성립된 시기보다 훨씬 더 오래전인 붓다 당시에도 이러한 인식이 만연했으리라 추측하는 것은 어렵지 않다.

그러한 시대 상황 속에서도 붓다는 여성을 독립적인 인격체로 보고, 출가를 허용하였다. 이로써 불교는 세계 종교 가운데 최초로 여성 성직자를 인정한 종교가 된다. 아직까지 여성을 성직자로 인정하지 않는 종교가 존재한다는 점을 고려해 보면, 붓다가 얼마나 선구적인 인식을 지녔는지 알 수 있다.

아난의 간청으로 허락된 여성의 출가

붓다가 여성 출가를 허용하게 된 것은 아버지 정반왕의 사망과 연관되어 있다.

붓다의 이복동생 난타와 붓다의 아들 라후라가 출가하고, 정반왕이 사망하면서 붓다의 직계에는 남성이 남아 있지 않았다. 이러한 상황에서 붓다의 이모이자 양모인 대애도(大愛道)는 붓다에게 출가를 허락해 달라고 애원한다.

대애도가 출가하고자 한 것은 다음과 같은 이유가 배경이 된 것으로 여겨진다. 먼저 붓다 당시 인도에는 여성만으로 구성된 가정은 독립 가구로 인정하지 않는 법 조항이 있었다. 대애도는 왕족이므로 이와 같은 조항에 저촉되지는 않았을 것이라고 추측할 수 있지만, 그 위치는 하락했으리라 예상할 수 있다. 또한 인도에서 여성은 지위가 낮았기 때문에 출가는 그들이 할 수 있는 몇 안 되는 자기실현의 방법 가운데 하나라는 생각이 작용한 것으로 보인다.

대애도의 출가 요구는 비슷한 상황의 여성들 500명이 동조하는 상황에까지 이른다. 물론 붓다는 그들의 요청을 계속해서 거절했지만, 대애도를 비롯한 석가족과 콜리족 여성들은 비구와 같은 복색을 하고 바이샬리까지 붓다를 쫓아와 애원한다.

이때 문제를 해결하기 위해 나선 이가 붓다의 시자인 아난이었다. 아난의 간청이 더해져 결국 붓다는 비구니가 비구에 대하여 지켜야 할 여덟 가지 법, 즉 팔경계(八敬戒)를 수용하는 선에서 여성의 출가를 허락한다. 여성의 출가를 용인한 것은 붓다가 깨달음을 증득한 지 20년 뒤의 일이다. 즉 비구니 승단은 비구 승단에 비해서 훨씬 늦게 만들어졌으며, 여성 출가자를 포함하여 사찰 대중을 이르는 말인 '사부대중'이나 '칠부대중'과 같은 개념도 상대적으로 늦게 완성되었음을 알 수 있다.

여성 출가에 대한 비판과 반발

붓다가 처음에 여성의 출가를 거부한 것은 당시 여성에 대한 인식으로 인해 불교 교단이 사회적으로 지탄받을 것을 우려했기 때문이다. 실제로 여성 출가는 이후 사회적으로 많은 비판을 받는다. 이로 인하여 비구니가 지켜야 하는 계율 조항은, 『사분율』에 따르면 비구가 250가지인 데 비해서 384가지나 된다. 이는 사회적 물의, 혹은 비판이 있을 때마다 이를 보완하는 계율이 여성 출가자들에게 더욱 부가되었음을 잘 보여 준다.

여성의 출가는 사회적인 비판만 불러온 것이 아니다. 교단 안에서도 귀족 출신의 엄격주의자들은 이를 쉽게 받아들이지 않았다. 그 대표적인 인물이 마하가섭이다. 그를 수식하는 말인 '두타제일'의 '두타'는 의식주에 대한 집착을 버리고, 고행에 버금갈 정도로 하는 엄격한 수행을 의미한다. 그런 그의 관점에서 여성 출가를 용인하기는 쉽지 않았다. 실제로 율장에는 마하가섭이 비구니들을 꾸짖는 대목이 있기도 하다. 또한 1차 결집 시에는 여성 출가를 간청한 일을 문제 삼아서 아난에게 참회를 요구하기도 한다. 이런 예로 볼 때 여성의 출가는 불교 교단 안에서도 이론(異論)이 적지 않았다는 것을 알 수 있다. _

더 알아보기

팔경계

여성 출가와 관련되어 가장 논쟁거리가 되는 것이 바로 팔경계이다. 팔경계는 팔경법(八敬法), 팔존사법(八尊師法), 팔불과월법(八不可越法), 팔불가과법(八不可過法)이라고도 불린다.

붓다가 여성의 출가를 허용하는 조건이기도 했던 이 여덟 가지 규범은 비구와 비구니 간의 불평등한 관계를 정립하는 내용으로 이루어져 있다. 다음은 팔경계의 조항들이다.

1. 백 세의 비구니라도 새로 비구계를 받은 비구에게 먼저 절해야 한다.
2. 비구니는 비구를 흉보거나, 꾸지람해선 안 된다.
3. 비구니는 비구의 허물을 말해선 안 된다.
4. 비구니는 비구를 따라서 구족계를 받아야 한다.
5. 비구니는 허물이 있다면 비구에게 참회해야 한다.
6. 비구니는 15일(반달)마다 비구에게 가르침을 구해야 한다.
7. 비구니는 비구가 없는 곳에서 안거할 수 없다.
8. 하안거를 마치면 비구 가운데 자자(自恣)할 스님을 찾아야 한다.

팔경계는 일견 비구와 비구니 간의 불평등 조항으로 인식되기 쉽다. 그러나 붓다 당시 여성의 위치를 고려해 본다면, 팔경계의 조항은 불평등이 아닌 배려의 선상에서 이해하는 것이 타당하다. 이를테면 조선 시대에 어떤 사람이 '여성은 한 번만 재가할 수 있고 하급 관리만 될 수 있다'고 주장했다고 가정해 보자. 지금의 시각으로 보면 분명한 불평등이지만, 그 이전에 비하면 비약적인 여권 신장을 내포한 주장이다.

팔경계의 내용은 붓다의 견해가 아니며, 후일 비구가 주도하는 교단에 의해서 마하가섭과 같은 장로들에 의해 만들어진 것이라는 견해도 있다. 그러나 팔경계가 여성 출가를 허용하는 전제 조건이었다는 점에서 이러한 견해는 타당성이 약하다.

한편 여성의 출가가 허락된 데에는 아난이 붓다에게 간청한 일이 작용하는 것으로 되어 있는데, 이는 붓다가 여성들이 팔경계를 수용하도록 하기 위해 처음에는 거부했다고 이해되는 것이 바람직하다. 왜냐하면 붓다가 불가능하다고 판단한 문제를 시자인 아난이 되돌린다는 것은 붓다와 아난의 관계상 불가능하기 때문이다. 그러므로 여성 출가의 문제는 먼저 붓다 스스로 결정한 것이었고, 붓다의 의지를 파악한 아난이 구체적으로 추진하였다고 이해할 수 있다.

014

오법을 제기한 제바달다의 소요

거대화된 교단과 중도주의를 오해한 혼란

중도주의에 입각한 붓다의 유연성은 불교 교단의 확대와 더불어 엄격주의로부터의 비난을 가져왔다. 유연성은 자칫하면 엄격주의자에게는 나태한 자기합리화로 비춰지기 쉽다. 특히 당시의 사문 전통에 고행주의가 강력한 영향력을 발휘하고 있었고, 붓다 역시 수행할 때 고행에 집중했다는 점을 고려할 필요가 있다.

붓다 만년에 이르면 불교는 인도 내 여러 나라에 걸쳐 있는 거대 교단으로 성장한다. 이 과정에서 각국의 불교는 민족과 문화 배경에 따라 차이가 발생한다. 여기에 당시는 교통과 통신에 한계가 있던 고대라는 점을 염두에 둘 필요가 있다. 이 상황에서 붓다의 '현실을 반영한 교단 운영'은 이해가 부족할 경우에는 오해의 소지가 존재하게 된다. 이와 같은 문제를 배경으로 제바달다(提婆達多)가 72, 3세의 붓다에게 엄격주의를 따르자고 요구하는 사건이 발생하기에 이른다.

제바달다의 주장과 비판

제바달다는 붓다의 사촌동생이자 아난의 친형이다. 관련 율장들의 기록에 따르면, 지능은 아난에 필적하고, 신통력은 붓다의 제자 중 가장 뛰어난 목건련에 버금갔다고 한다. 이러한 탁월한 능력이 엄격주의와 만나면서 제바달다는 극단적인 사고방식에 매몰된다.

그는 붓다 당시 불교 교단의 몇몇 생활양식에 반대하면서 불교 교단의 통규(通規)로 제정해야 한다며 다섯 가지 주장을 편다. 이를 흔히 '오법(五法)'이라고 한다.

오법	주장의 배경
언제나 분소의만 착용할 것	붓다의 복제 개혁인 할절의에 대한 반대
걸식만으로 생활할 것	공양청(供養請)[1]에 대한 반대
유제품 섭취를 금지할 것	유제품 섭취는 송아지를 굶주리게 한다고 주장하며 승가의 유제품 섭취를 반대[2]
육식과 생선 섭취를 금지할 것	교단의 삼정육(三淨肉)[3] 허용에 대한 반대
평생 나무 아래와 길 위에서만 생활할 것	수행자가 사찰에서 생활하는 것은 수행자답지 못하다고 비판

■ 제바달다의 오법

1. 신도의 초청으로 그 신도의 집에 가서 음식을 먹는 것을 말한다.

2. 당시 인도는 유목문화를 배경으로 목축을 함으로써 유제품의 섭취가 일반화되어 있었다. 붓다 역시 유제품 섭취를 허용하고 있었다.

3. 당시 불교 교단에서는 '삼정육', 즉 세 종류의 깨끗한 고기는 먹는 것을 허용하였다. 그 세 종류의 고기란 자신의 눈으로 도살하는 장면을 보지 않은 고기, 나를 위해 도살하였다고 듣지 않은 고기, 나를 위해 도살했다는 의심이 들지 않는 고기를 말한다. 즉 동물의 죽음이 승려와 직접적인 관련이 없다면 먹어도 문제가 없다는 견해이다.

붓다 역시 이와 같은 모습을 노력하는 수행자의 정당한 모습이라고 칭찬했기 때문에 제바달다의 주장은 일견 타당해 보인다. 문제는 제바달다가 오법을 불교 교단의 통규로 정해서 모든 승려가 지켜야 할 규칙으로 삼자고 한 데에 있다. 이것은 중도를 말한 붓다의 관점과는 다르다.

붓다는 제바달다의 요구에, 그것을 원하는 사람은 그렇게 해도 되지만 원하지 않는 사람까지 굳이 그럴 필요는 없다고 대답했다. 즉 사람에 따라서 다른 부분이 있으니, 일률적으로 적용할 수 없는 문제란 것이다.

중도주의와 엄격주의의 분파

붓다는 만년에 노년의 마하가섭에게 여러 겹으로 기운 누더기는 무거우니 가벼운 할절의를 입는 것이 어떠냐고 하셨다. 그러나 두타행을 선호하는 엄격주의자였던 그는 무거워도 누더기가 더 좋다고 하면서 붓다의 조언을 수용하지 않았다. 연로한 제자를 아끼는 붓다의 마음과 신념을 위해서 불편을 감수하는 마하가섭의 모습이 잘 나타나 있는 대목이다. 이렇게 개인의 선택을 바탕으로 수행의 최적화를 추구하는 것이 불교 교단의 특징이다. 이와 마찬가지인 이유로 붓다는 제바달다의 엄격주의를 거부한다.

결국 제바달다는 자신의 엄격주의를 지지하는 일군의 무리들과 더불어 불교의 한 분파를 형성하게 된다. 이 엄격주의파는 이후 천 년이 넘도록 인도에 잔존하는데, 현장의 『대당서역기』 권10과 법현의 『불국기』 그리고 의정의 『남해귀기내법전』에서 단편적이나마 그 모습을 살펴볼 수 있다. _❀

015

붓다의 열반과 엄격주의의 승리

사리불·목건련의 입적과 교단의 공백

붓다의 수제자는 사리불과 목건련이다. 이 두 제자는 후일 최고의 불교 대학으로 일컬어지는 나란다사 인근 지역 출신으로, 어려서부터 친한 친구였다. 『발지론(發智論)』 권19에서는 두 제자를 특별히 존중하여 "쌍현(雙賢)"이라고 칭하고 있다.

그러나 목건련은 사리불에 필적하는 능력을 가진 제자는 아니었다. 목건련은 사리불의 친구이면서도 언제나 그를 존경하는 자세를 견지하였다. 잡아함 권22와 권23에 "붓다를 제외하고는 이 세상의 어느 누구도 사리불의 지혜에 필적할 수 없다."라는 내용이 있을 정도로 사리불의 위상은 교단 내에서 독보적이었다. 또 권45 『회수경(懷受經)』에는 붓다가 사리불을 '장남(長子)'이라고 칭하는 부분도 있다. 이로 인하여 용수의 『대지도론(大智度論)』 권2에는 사리불을 '제2의 붓다'라고까지 표현하고 있는데, 석가모니를 제외하고 '붓다'라는 표현을 사용하여 칭하는 인물은 사리불이 유일하다.

사리불은 붓다의 깨달음과 중도주의를 잘 체득한 인물이다. 그러나 붓다보다 연배가 위였던 그는 붓다보다 먼저 입적한다. 사리불의 입멸에 앞서 목건련도 입적하는데, 이는 불교 교단의 제자 그룹에 공백이 발생하는 것을 의미한다. 실제로 잡아함 권24 『포살경(布薩經)』의 기록을 보면, 붓다는 두 제자가 입적하고 얼마 지나지 않은 자리에서 "교단이 텅 빈 것 같다."라고 하며 깊은 애도의 감정을 나타낸다.

붓다의 입적을 기준으로 하는 불기

사리불과 목건련의 입적은 붓다 만년에 일어나는 사건이다. 특히 이 두 제자의 영향력이 매우 컸음을 반증하듯 교단에는 이들의 공백을 메울 수 있는 인물이 없었다. 그리고 얼마 후 붓다마저 바이샬리에서의 마지막 안거를 끝으로 쿠시나가르에서 입멸한다.

붓다는 두 그루의 사라수(沙羅樹) 사이에서 머리를 북으로 두고 오른쪽으로 누운 채 열반하였다고 한다. 이는 서쪽을 보고 입적하였다는 의미인데, 출가와 깨달음이 동쪽을 향해 이루어진 것과는 반대의 상황이다. 이는 해가 동에서 떠올랐다가 서로 지는 것에 대한 상징적인 의미가 결합된 결과라고 하겠다. 불교에서는 육체가 존재하는 한 완전한 깨달음을 누릴 수 있는 자유는 구현될 수 없다고 본다. 육체가 있음으로 해서 걸림이 있다는 것인데, 이로 인해 죽음에 이르렀을 때만이 진정으로 완전한 깨달음이 성취된다고 판단한다. 이것을 일체의 남은 것이 존재하지 않는 무여열반(無餘涅槃)이라고 한다. 이러한 이유 때문에 불교에서는 붓다가 입적한 해를 기준으로 불기(佛紀)를 계산하게 된다.

엄격주의자 마하가섭의 교단 주도

붓다의 입적 이후 교단의 주도권은 엄격주의자인 마하가섭에게 넘어간다.

흔히 마하가섭은 붓다보다 연배가 위인 것으로 알려져 있다. 그러나 현장의 『대당서역기』 권9에 따르면 붓다가 입적하고 20년 뒤에 계족산(鷄足山)에서 최후의 선정에 드는 것으로 되어 있으니, 붓다보다 상당히 젊은 인물이었음을 추측할 수 있다.

마하가섭은 두타행자였는데, 두타행은 의식주에 대한 집착을 버리고 엄격한 실천 원칙을 지키며 하는 수행을 말한다. 세부적으로 12두타행법, 13두타행법, 16두타행법, 25두타행법이 있으나 이를 요약하면 제바달다의 오법과 유사하다.

	12두타	오법
의(衣)	① 분소의(糞埽衣) · ② 삼의(三衣)	①분소의(糞掃衣)
식(食)	③ 걸식(乞食) · ④ 일좌식(一坐食) · ⑤ 일단식(一團食, 절량식節量食) · ⑥ 중후불식장(中後不飮漿, 불비시식不非時食)	②걸식(乞食)
식(食)의 금지		③불식유락(不食乳酪) · ④불식어육(不食魚肉)
처(處, 주住)	처(處) : ⑦ 아란야처(阿蘭若處) · ⑧ 재총간(在塚間) · ⑨ 재수하(在樹下) · ⑩ 재노지(在露地)	⑤수하노좌(樹下露坐)
	좌(坐) : ⑪ 상좌(常坐) · ⑫ 수좌(隨坐, 수유초지이좌隨有草地而坐)	

■ 12두타법과 제바달다의 오법

12두타법	내용
① 분소의	버려진 천으로 만든 누더기만 입는다.
② 삼의	수행 생활에 필요한 최소한의 의복만 사용한다.
③ 걸식	탁발에 의지해서만 음식을 섭취하다.
④ 일좌식	한 자리에서만 먹는다.
⑤ 일단식(절량식)	하루에 한 번만 배고프지 않을 정도만 먹는다.
⑥ 중후불식장(불비시식)	정오가 지나서는 물을 제외한 주스 등 일체의 음식을 섭취하지 않는다.
⑦ 아란야처	고요한 수행처에만 거처한다.
⑧ 재총간	무덤 사이에서 거처한다.
⑨ 재수하	나무 아래에서 거처한다.
⑩ 재노지	지붕이 없는 노지에서만 거처한다.
⑪ 상좌	언제나 앉아 있고 밤에도 눕지 않는다.
⑫ 수좌(수유초지이좌)	방석이 아닌 풀 위에만 앉는다.

■ 12두타법

마하가섭이 교단의 주도권을 가지게 된 것은, 사리불과 목건련을 따르던 왕사성 출신의 승려들이 마찬가지로 왕사성 인근 출신이었던 마하가섭을 암묵적으로 지지했기 때문으로 보인다. 실제로 『마가승기율(摩訶僧祇律)』 권32에는 마하가섭이 붓다의 가르침을 정리하는 1차 결집을 주도할 때, 중앙에 붓다의 자리를 꾸미고 그 좌우로 사리불과 목건련의 자리를 상징적으로 배치했다는 내용이 기록되어 있다. 이는 마하가섭이 사리불과 목건련의 지지 세력을 끌어안고서 불교 교단의 리더가 되었음을 의미한다.

하지만 엄격주의자였던 마하가섭이 불교 교단의 주도권을 장악한 것은 불교 초기의 장점을 잃어버리는 결과를 가져온다. 붓다의 중도주의가 빛을 잃고 경직되었기 때문이다.

붓다는 입멸 전 아난에게 계율 가운데 불필요한 것들은 없애거나 개변하라고 말하였다. 하지만 붓다 입멸 후 마하가섭은 그 기준이 모호하다며 모든 계율을 무조건적으로 묵수(墨守)할 것을 주장한다. 현재까지도 불교는 붓다 당시의 계율을 그대로 유지하는 것을 원칙으로 하고 있는데, 이는 마하가섭의 주장에 따른 것이다.

그러나 계율이란 깨달음이라는 목적에 도달하기 위한 수단에 불과하다. 또한 사회에서의 법과 같은 역할을 하는 것이기 때문에, 시대나 문화 등 상황이 변화함에 따라서 함께 능동적으로 변화해야만 생명력을 유지할 수 있다. 이런 면에서 볼 때, 모든 계율을 지켜야 한다는 마하가섭의 주장이 설득력이 없는 것은 아니지만, 보수주의적 한계 속에 매몰되어 있다는 비판으로부터 자유로울 수는 없다. _❀

016

마하가섭이 주도한 1차 결집

붓다의 장례를 주도한 마하가섭

초기불교의 승려들은 깨달음을 목적으로 하고 있었기 때문에 그 모범이 되는 붓다의 깨달음과 입멸에 관해서 관심이 많았다. 특히 입멸과 관련된, 남음이 없는 무여열반을 중요하게 생각했기 때문에 붓다가 열반하기 전 3개월의 여정은 『대반열반경(大般涅槃經)』을 비롯한 소위 입멸과 관련된 8종의 문헌을 통해서 비교적 소상히 묘사되어 있음을 알 수 있다.

붓다는 열반에 들기 3개월 전 바이샬리에서 자신의 입멸에 대해 고지하였다. 하지만 인도는 그 지역이 넓다 보니 붓다가 열반에 들기 이전에 관련 인물들이 곧바로 쿠시나가르에 모이기에는 어려움이 있었다. 실제로 마하가섭은 붓다가 열반하고 입관한 이후에야 500인의 무리와 함께 도착하였다. 그리고 이 사실은 붓다의 임종을 보지 못한 마하가섭이 교단의 계승자가 되어 장례를 주관하는 것이 적절한지에 대한 의문을 남겼다.

이 문제를 해결하는 근거가 되는 것이 선종에서 말하는 삼처전심(三處傳心)/ 중의 하나인 곽시쌍부(槨示雙趺)이다. '곽시쌍부'란, 붓다가 입관된 상태에서 관 밖으로 두 발을 내밀어 마하가섭의 예경을 받아준 일을 가리키는 말로, 늦게 도착한 마하가섭의 정통성을 붓다가 인정해 주었음을 의미한다. 그러나 『십송율』 권60에는 붓다가 발을 내밀어 준 것이 아니라 '하늘의 신이 관을 열고 염한 것을 풀어 준 것'으로 되어 있어, 관점은 같지만 전승되는 내용에 차이가 있다는 것을 알 수 있다.

사리를 모시고 불탑을 건립하는 재가인

붓다의 장례와 관련된 일체 절차는 붓다가 생존해 있을 때 시자인 아난이 물은 바를 근거로 이루어진다. 그런데 여기에서 흥미로운 것은 붓다가 자신의 사리 수습과 탑의 건립을 재가인들의 몫으로 하여, 승단과는 별도의 일이라고 금을 긋고 있다는 점이다. 이는 승려들은 본분인 수행에 매진해야 하며, 불탑을 세우고 공덕을 쌓는 것은 재가인의 역할과 의무임을 나타낸다. 실제로 장아함 권1 『유행경(遊行經)』 등에서 붓다는 불탑을 건립할 때 사거리의 한복판에 위치해야 한다고 지시하고 있다. 이렇게 되어야 보다 많은 사람들이 불탑을 보고 붓다를 생각해서

/
삼처전심은 선종에서 붓다가 마하가섭에게 세 곳에서 마음을 전한 이야기를 일컫는 말이다.
붓다가 다자탑에서 설법을 하고 계실 때 늦게 도착한 마하가섭을 위해 앉은 자리의 반을 내준 일을 일컫는 다자탑전분반좌(多子塔前分半座), 붓다가 영산회상에 계실 때 범천왕이 올린 바라화를 들어 대중에게 보이자 어리둥절해 하는 대중 가운데에서 오직 마하가섭만이 미소를 보였다는 영산회상거염화(靈山會上擧拈花, 염화미소拈花微笑), 장례에 늦게 도착한 마하가섭을 위해 붓다가 관에서 발을 내어 마하가섭의 예경을 받아주었다는 쌍수하곽시쌍부(雙樹下槨示雙趺, 곽시쌍부)를 말한다.

공덕을 쌓게 된다는 것이다. 결국 불탑은 처음부터 승단과 무관했으며, 또 사원 안에 위치하고 있지도 않았다.

실제로 붓다의 장례 절차 중 화장까지는 마하가섭을 중심으로 한 승려들에 의해서 이루어지지만, 사리의 분배부터는 당시 인도 최고 강국이었던 마가다국의 왕 아사세(阿闍世)의 주도로 향성(香姓) 바라문이 진행한다. 붓다의 사리를 모시기 위해 모인 종족과 국가는 총 여덟 곳으로 이는 당시 불교가 전파된 지역과 그 유행 양상을 짐작해 보게 한다. 『유행경』에서는 사리를 분배받은 나라(지역)를 ①쿠시나가르, ②파바, ③차라, ④라마가, ⑤비유제, ⑥가비라, ⑦바이샬리, ⑧마가다라고 하였다. 이들은 분배받은 사리를 가지고 고국으로 돌아가서 각기 불탑(근본8탑)을 건립한다.

마하가섭이 주도한 경전 편찬 회의

붓다의 열반 이후 승려들은 불교의 전통을 유지하고 붓다의 가르침이 흩어지는 것을 막기 위해서 결집(結集), 즉 경전을 편찬해야 할 필연성을 느끼게 된다. 그래서 장례의 주관자였던 마하가섭이 주도하는 첫 번째 결집이 이루어진다.

결집을 개최하기에 가장 권위 있는 장소는 붓다의 입멸처인 쿠시나가르였을 것이다. 그러나 쿠시나가르는 소국이었기 때문에 많은 승려가 운집하여 이루어지는 결집을 장기간 후원하기 어려웠다. 그래서 마하가섭은 마가다국의 수도 왕사성으로 이동할 것을 건의한다. 이 내용에 대해서는 『마가승기율』 권32에 "왕사성 위제희(韋提希) 부인의 아들 아사세왕은 붓다께 가장 신앙심이 깊은 사람으로 평가받은 바 있으며, 또 저 왕에게는 500인을 수용할 수 있는 공양구가 갖추어져 있다." 라고 기록되어 있다. 이런 이유로 결집은 마가다국 외곽의 산 중턱에 위치한 칠엽굴(七葉窟)에서 3개월에 걸쳐 이루어지게 된다. 이때 승단을 대표하여 참석한 인원이 500명인 점을 반영해 이를 '500 결집'이라고 하며, 장소에서 따와 '칠엽굴 결집'이라고도 한다. 또 이후에 다른 결집이 더 진행됨에 따라 그 차수를 붙여서 '1차 결집'이라고도 한다.

마하가섭이 주도한 이 결집에서는 먼저 우바리가 율장을 암송한 뒤 아난이 경장을 암송하였다. 그리고 이렇게 암송한 내용을 500명의 승려들이 같이 합송하였다. 당시 인도에는 문자가 있었지만, 성스러운 것을 문자로 기록하는 것은 불경하다는 생각이 지배적이었다. 그렇기 때문에 각각의 설(說) 가운데 틀린 것을 교정하고 고쳐서 모두 함께 외우는 합송으로 1차 결집은 끝나게 된다. _❀

017

마하가섭과 아난의 관계

초기 교단을 주도했던 석가족과 왕사성파

붓다의 중도주의는 불교 교단을 우선하기보다는 개인의 완성을 중요시한다. 여기에 대제자들을 중심으로 그룹을 이루어 수행하는 방식은 이후 불교가 지역과 민족에 따라서 다양하게 변화할 수 있는 요인이 되었다. 실제로 붓다 당시에도 지역이나 민족에 따라 변화한 모습을 살펴보는 것이 어렵지 않았다.

그중 가장 대표적인 두 집단이 석가족, 그리고 왕사성과 그 주변 출신들로 이루어진 왕사성파이다. 왕사성파는 붓다가 깨달음을 얻고 2년 후 왕사성을 중심으로 대대적인 교화에 성공하면서 시작된다. 이때 우루빈라가섭(優樓頻螺迦葉)과 나제가섭(那提迦葉), 가야가섭(伽耶迦葉)의 가섭 삼형제가 붓다의 제자가 되었다. 이들은 본래 불을 섬기던 바라문이었는데, 첫째인 우루빈라가섭이 500명, 둘째 나제가섭은 300명, 막내 가야가섭은 200명의 제자를 거느린, 마가다국에서 이름 높은 교단의 지도자들이었다. 그러나 우루빈라가섭이 붓다의 가르침을 듣고 자신의 제자들과 함께 붓다에게 귀의하자 다른 형제들 역시 제자들과 함께 붓다에게 귀의하였다. 이후 사리불과 목건련이 다시금 250명(혹 200명)의 제자들을 대동하고서 붓다의 제자가 된다. 우루빈라가섭은 나이가 많았으므로, 이후 이 세력은 자연스럽게 붓다의 절대적인 지지를 받는 제자인 사리불과 목건련 쪽에 흡수된다. 또 이 세력 중 일부는 사리불과 목건련이 입멸한 후 왕사성 인근 출신의 대제자였던 마하가섭 쪽으로 옮겨 간다.

석가족 집단은 붓다가 출가한 지 8년 뒤 고국인 가비라국으로 귀향했을 때, 붓다의 사촌들이 중심이 되어 석가족 다수가 출가하는 상황에서 자연스럽게 형성된다. 아무래도 같은 종족이 집단으로 출가하면서, 서로 의지하는 과정에서 하나의 그룹을 형성하게 되는 것은 당연한 일인지 모른다. 『선견율비바사(善見律毘婆沙)』 권13에는 붓다의 왕자 시절 마부였다가 출가한 차익(車匿)이 자신의 잘못된 행동을 지적하는 승려에게, "붓다는 우리 집안(종족)의 붓다이며 불교의 가르침 또한 우리 집안(종족)의 것이다."라고 말했다는 재밌는 기록이 있다. 단편적인 것이기는 하지만, 이를 통해 불교 교단 안에서 석가족이 우월의식을 가지고 있었다는 추론이 가능하다.

석가족 집단과 왕사성파의 충돌

석가족과 왕사성파는 총 두 차례 충돌하며, 두 번 모두 왕사성파가 승리한다. 그러나 최종 승리는 아이러니하게도 석가족에게 돌아간다.

첫 번째는 붓다 만년에 일어난 일로, 교단의 승계와도 관련이 있는 제바달다와 사리불의 충돌이다. 제바달다가 오법을 주장하는 배경에는 사리불과 목건련에 대한 반발도 작용하고 있었다. 후대의 기록이기는 하지만 『출요경(出曜經)』 권16에는 제바달다가 "붓다는 이제 사리불과 목건련만을 찬탄하고 동생인 나는 천대한다."라며 볼멘소리를 하였다는 기록이 있다. 이는 훗날의 기록에도 남을 정도였던 제바달다와 사리불의 갈등 관계를 잘 나타내 준다. 이 충돌은 결국 사리불의 왕사성파가 승리하고, 제바달다는 교단에서 독립하는 것으로 일단락된다.

두 번째 충돌은 붓다 입멸 후 쿠시나가르에서 발생한다. 당시 인도에는 가문의 계승자가 장례를 주관한다는 전통이 있었다. 그리고 앞에서 말했듯이 붓다의 장례를 주관한 사람은 왕사성파인 마하가섭이었다. 그런데 멀리 있던 그가 당도하기 전 아난이 독자적으로 장례를 치르려고 시도한 일이 있었다.[/] 이런 아난의 행동을 막아선 사람은 흥미롭게도 석가족 출신이자 아난의 사촌 형인 아나율이었다. 그리고 아나율이 아난을 제지한 덕분에 마하가섭은 너무 늦지 않게 쿠시나가르에 도착할 수 있었고, 이후 마하가섭과 아사세왕의 주도로 장례와 1차 결집이 진행된다.

첫 번째 충돌 때에도 석가족 출신의 대제자들은 제바달다에게 동조하지 않았으며, 심지어 제바달다의 동생인 아난은 사리불이 옳음을 시사하기까지 한다. 이러한 일화를 종합해 보면 석가족은 다분히 개인화되어 있었음을 알 수 있다. 더 나아가 석가족 집단은 연령이나 항렬 등의 위치가 서로 엇비슷해 특정 리더가 존재하지 않았음도 알 수 있다. 이러한 이유 때문에 석가족 집단은 사리불과 마하가섭이라는 강력

[/] 실제로 『자은전(慈恩傳)』 권3에는 관 속의 붓다가 아난에게 팔을 내보이며 운구가 지나가는 길에 문제가 없는지를 물었다는 내용이 있다. 즉 마하가섭에게는 발을, 아난에게는 손을 보였다는 각기 다른 두 가지 전승이 후대에까지도 유전하고 있는 것이다.

한 구심점을 가진 왕사성파에 밀리게 된다.

석가족 집단과 왕사성파의 충돌은 1차 결집 때까지 이어진다. 1차 결집 때 아난은 사소한 계율은 없애도 된다는 붓다의 마지막 말을 들어 계율의 유연성 문제를 제기한다. 하지만 마하가섭의 모든 계율을 그대로 지키자는 주장이 통과되면서 아난의 시도는 재차 무력화된다. 게다가 율장에는 1차 결집 때 마하가섭이 5~7가지 문제로 아난을 힐난하였다고 기록하고 있다.

그런데 아난은 붓다보다 24~27세 정도 연하였으며, 또 굉장히 오래 살았다는 기록이 있는 인물이다. 그래서 마하가섭이 붓다 입멸 20년 뒤 계족산에 들어가 최후의 선정에 들게 되자, 불교 교단은 아난의 주도로 신속하게 재편된다. 이는 붓다의 입멸 후 100년 뒤에 발생하는 2차 결집에서, 불교 교단을 대표하는 고승 여덟 명 중 여섯 명이 아난의 제자라는 점을 통해서 분명해진다. _

	『사분율』, 권54	『오분율』, 권30	『십송율』, 권60	『마하승기율』, 권32	『비나야피타카(Vinaya-Piṭaka)』, 「쿨라왁가(cullavagga)」, 11 오백건도(五百犍度)
1	① 여인의 출가를 간청함	③ 여인의 출가를 간청함	⑤ 여인의 출가를 간청함	① 여인의 출가를 간청함	⑤ 여인의 출가를 간청함
2	② 붓다의 시자 요구를 거부함				
3	③ 붓다의 가사를 밟고 꿰맴	② 붓다의 가사를 밟고 꿰맴	③ 붓다의 가사를 밟음	③ 붓다의 가사를 밟음	② 붓다의 비옷(雨浴衣)을 밟고 꿰맴
4	④ 붓다께 계속 살아계시기를 권하지 않음	④ 붓다께 계속 살아계시기를 권하지 않음	② 붓다께 계속 살아계시기를 권하지 않음	② 붓다께 계속 살아계시기를 권하지 않음	④ 붓다께 계속 살아계시기를 권하지 않음
5	⑤ 붓다께서 물을 청했을 때 바로 시행치 않음	⑤ 붓다께서 물을 청했을 때 바로 시행치 않음	④ 붓다께서 물을 청했을 때 바로 시행치 않음	④ 붓다께서 물을 청했을 때 바로 시행치 않음	
6	⑥ 잡쇄계(雜碎戒)에 대해 묻지 않음	① 소소계(小小戒)를 묻지 않음	① 미쇄계(微細戒)를 묻지 않음	⑤ 세미계(細微戒)를 묻지 않음	① 소소계(小小戒)를 묻지 않음
7	⑦ 여인들이 붓다의 발을 더럽히는 것을 막지 못함			⑦ 여인들이 붓다의 발을 더럽히는 것을 막지 못함	③ 여인들이 붓다의 발을 더럽히는 것을 막지 못함
8		⑥ 여인에게 먼저 시신(舍利)의 예배를 허락함			
9			⑥ 여인에게 붓다의 음장상(陰藏相)을 보여 줌	⑥ 비구니에게 붓다의 음마장(陰馬藏)을 보여 줌	

■ 율장에 기록된 아난의 잘못

Ⅲ.

불교의 발전과 역류의 발생

부파불교의 시작

BCE 544년 추정 쿠시나가르에서 붓다가 열반에 듦,
왕사성의 칠엽굴에서 제1차 결집

BCE 440년경 바이샬리에서 제2차 결집,
그 결과 부파불교 시작됨

BCE 403년 중국, 한·위·조 삼국이
제후국이 되면서
전국 시대(~BCE 221년)가 시작됨

BCE 400년경 마가다국이 갠지스강 유역을 통합함

BCE 340년경 대중부의 분열 시작

BCE 327년경 알렉산더 왕의 인도 침입

BCE 321년경 찬드라굽타, 마가다국의 난다 왕조를
무너뜨리고 북인도를 통일하여 인도 최초의
통일 왕조인 마우리아 왕조를 세움

BCE 273년경 마우리아 왕조 3대 아소카왕 즉위

BCE 261년 아소카왕, 인도 남부를 제외한 전 인도 통일,
불교에 귀의하여 아소카 석주를 건립하고
인도 전역에 불교를 전파함
파탈리푸트라에서 3차 결집 일어남

BCE 240년경 상좌부의 분열 시작

BCE 221년 진시황의 진나라가 중국을 통일함

BCE 202년 진나라 멸망,
또 다른 통일 제국인 한나라 건국

BCE 185년 마우리아 왕조 몰락

BCE 126년 BCE 139년 한 무제의 명으로
대월지와 동맹을 맺기 위해 떠난
장건이 중앙아시아 교역로(실크로드)에
대한 정보를 가지고 귀국함

018

확대되는 불교에서 발생한 균열

서쪽으로 교화의 영역을 넓히는 불교

붓다 당시 불교는 인도 동쪽의 갠지스 강 유역을 중심으로 발전했다. 그러나 붓다의 입멸과 함께 불교는 서쪽으로 확장되고, 이후 남인도와 서북인도로까지 확대되면서 기원전후에는 전 인도로 영역을 넓히게 된다.

서쪽으로의 진출은 붓다 당시에도 이루어지고 있었다. 붓다의 10대 제자인 가전연(迦栴延)과 부루나(富樓那)는 모두 서쪽 포교에 주력하였으나, 괄목할 만한 성과를 이루지는 못했다. 이것은 신흥 종교였던 불교가 인도 동쪽에서는 폭발적인 인기를 누렸지만, 아리안족 문화가 강하고 보수적이었던 인도 서쪽에서는 관심의 대상이 아니었음을 반증해 준다.

그러나 붓다의 입멸 이후 아난이 서쪽에서의 포교에 주력하면서 상황이 일변한다. 아난이 인도 서쪽으로 진출한 이유는 불교가 인도 전통에서 당위성을 확보하려고 했던 측면과 마하가섭과의 주도권 갈등에서 밀려난 뒤 서쪽 인도를 새로운 터전으로 인식한 데서 연유한다.

붓다의 입적 20년 뒤 마하가섭의 뒤를 이어 아난이 교단의 주도권자가 된 데에는 새롭게 개척된 서쪽 교단의 지지도 일부 작용했을 것이다. 이는 이후 아난이 서쪽을 더욱 강력하게 교화하는 선순환 구조로 연결된다. 이렇게 발전한 서쪽 교단은 붓다 입적 100년 정도가 지나면 동쪽 교단과 필적하는 세력으로 자라게 되고, 급기야는 정면으로 충돌하게 된다.

야사에게서 촉발된 열 가지 쟁점

문제의 발단은 야사라는 서쪽 교단의 승려가, 동쪽 교단에 갔다가 그곳에서 행해지는 석연치 않은 관행들을 보고 문제를 제기하는 것에서 시작된다. 당시 서쪽 교단은 붓다의 원칙을 바꾸지 않고 준수하는 전통을 가지고 있었고, 동쪽 교단은 유연성을 가지고 있었다. 당시 쟁점화되었던 문제가 총 열 가지였기 때문에 이를 십사(十事)라고 부른다. 이에 대한 자세한 내용은 『사분율』 권54, 『오분율』 권30, 『십송율』 권60, 『빨리율』의 「칠백집법(七百集法)」을 통해서 확인해 볼 수 있다. 이를 간략히 정리해 보면 다음과 같다.

십사의 명칭	십사의 일반적인 내용
각염정(角鹽淨, 염정鹽淨)	뿔로 만든 용기에 소금을 저장해서 가지고 다니는 관행
이지정(二指淨)	정오에서 태양의 그림자가 손가락 두 마디 정도 넘긴 때까지도 식사 시간이 용인되는 관행
타취락정(他聚落淨, 취락문정聚落間淨)	한 마을에서 탁발한 뒤에 다른 마을에 가서 다시금 음식을 취하는 관행
주처정(住處淨)	동일한 교구 안의 다른 주처(住處)에서 포살회를 운영하는 관행
수의정(隨意淨)	곧 도착할 비구의 동의를 예상하여 정족수가 부족하여도 의결을 행하는 관행
구주정(久住淨)	화상, 아사리의 습관에 따르는 관행
생화합정(生和合淨)	식사 후에도 응고하지 않은 우유를 마시는 관행
음사루가주정(飮闍樓伽酒淨, 수정水淨)	덜 발효된 야자 즙을 마시는 관행
무연좌구정(無緣坐具淨, 불익루니사단정不益樓尼師檀淨)	테두리에 장식이 없는 방석의 크기에 관한 관행
금은정(金銀淨)	금·은을 받는 관행

■ 십사의 명칭과 그 내용

십사의 판결과 2차 결집

십사 중 가장 크게 문제시된 항목은 ①각염정과 ⑩금은정이었다. 소금은 고대에는 화폐를 대신하여 사용되기도 했던 물건이므로 ①각염정의 본질 역시 ⑩금은정과 같은 화폐의 문제로 보아도 큰 문제는 없다.

붓다 당시는 화폐가 일반화되어 있지 않았기 때문에 율장에는 화폐에 대한 뚜렷한 언급이 없다. 그러나 붓다 입멸 후 100년이 지나면서 화폐 경제가 발달하자 동쪽 교단에서는 소금을 축적하거나 금·은을 받는 것을 정법(淨法), 즉 관행으로 만들어 수용한 것이다. 그리고 야사가 이러한 행동을 비판하자, 동쪽 교단의 승려들은 이를 관행이라고 하면서 오히려 야사에게 참회할 것을 요구한다. 그리고 이러한 의견 차이가 좁혀지지 않자 야사가 서쪽 교단을 끌어들이게 되면서 문제는 동쪽과 서쪽 교단의 갈등으로 비화되기에 이른다.

이 갈등을 해결하기 위해 동쪽 교단과 서쪽 교단은 각 4인의 장로를 뽑아 여덟 명을 대표로 선임하였다. 이들은 만장일치로 십사는 정법이 아닌 비법(非法), 즉 잘못된 행위라고 결정한다. 그리고 이 문제를 기점으로 가르침을 재정리하기 위해 바이샬리에서 8개월간 700인의 승려들이 모여 경전 편찬 회의를 개최한다. 이를 장소의 이름을 따서 '바이샬리 결집'이라고 하며, 700명이 모였다고 해서 '700 결집', 그리고 두 번째로 이루어진 결집이므로 '2차 결집'이라고도 한다.

교단의 분열과 부파불교의 시작

십사 논쟁은 서쪽 교단의 승리로 끝난다. 당시 여덟 명의 장로 중 여섯 명이 아난의 제자였음에도 계율을 유지할 것을 만장일치로 택한 이유는, 이들이 나이가 많은 장로들이었기 때문이다. 그러나 이미 관행에 익숙해져 있던 승려들은 서쪽 교단의 엄격주의가 시대를 역행하는 판단이라고 하며 수용을 거부했다. 이러한 입장 차이로 인해서 동쪽 교단과 서쪽 교단은 결국 나뉘게 된다.

서쪽 교단은 본래의 전통을 유지하고 있다고 해서 상좌부(上座部)라고 불렀다. 상좌부의 '상좌'란 첫째 자리에 앉는다는 의미로, 우리의 종갓집 종손과 같다는 정도로 이해하면 쉽다. 즉 상좌부는 정통성을 부파의 상징으로 삼은 것이다. 이에 비해서 동쪽 교단은 보편성을 강조했기 때문에 대중부(大衆部)라고 하였다. 이 사건으로 불교 교단이 최초로 나뉘었기 때문에, 이를 '근본분열'이라고 한다.

교단이 분열한 이유는 계율에 대한 관점 차이 때문만은 아니다. 그 속에는 인도라는 광활한 영토에 '불교'라는 하나의 원칙을 적용하려고 했다는 이유가 숨어 있다. 즉 불교의 영역이 확대되면서 기후와 민족이 다양하게 분포되어 있는 인도를 하나의 원칙으로 유지한다는 것은 불가능해졌다는 말이다. 이런 점에서 불교가 엄격함과 유연함으로 분열된 것은 당연한 일이었다. 그래서 근본분열 이후 교단은 더욱더 다양하게 분열하여, 20부파 이상으로 분열된다. 그렇게 불교는 각 지역적인 특색에 맞춰 특화된 모습으로 발전하는 것이다. _❀

019

아소카 왕의 인도 통일과 불교 진흥

인도 최초의 통일 군주 아소카의 불교 진흥

붓다 당시, 붓다를 후원해서 불교가 성립하고 안정될 수 있도록 도와준 최고의 왕은 마가다국의 빔비사라와 그 아들인 아사세였다. 그러나 불교가 오늘날과 같은 세계종교로 거듭날 수 있도록 한 왕은 아소카(재위 BCE 273?~BCE 232?)였다.

붓다 입적 200여 년 후의 인물인 아소카 왕은 전 인도를 최초로 통일하고 불교를 국교화하며 자비와 복지를 실천한 군주이다.

인도 통일의 기운은 마가다국이 인도 최초의 강대국으로 자리하던 시기부터 움트고 있었다. 부(富)를 축적하고, 주변 지역에 대한 영향력을 점점 넓혀 가던 마가다국의 기운은 마가다 계의 난다 왕조로 계승되었다. 그리고 동방 원정에 나선 알렉산더가 서북인도를 점령한 것 역시 인도 통일이 구체화되는 계기가 되었다.

아소카의 조부인 찬드라굽타는 난다 왕조를 멸망시키고 마우리아 왕조를 세웠다. 마우리아는 공작새라는 뜻이다. 새롭게 왕이 된 찬드라굽타는 알렉산더의 죽음으로 혼란에 빠져 있던 서북인도로 세력을 확장하고, 알렉산더의 부장이었던 시리아 왕 셀레우코스의 인도 침략을 막아 냄으로서 통일의 초석을 다진다. 그리고 인더스 강 유역에 남아 있던 그리스 세력을 몰아냄으로써 북인도를 최초로 통일한다.

찬드라굽타가 다진 기반은 아들인 빈두사라가 계승한다. 빈두사라는 지속적으로 팽창 정책을 펼쳐 주변을 정복하였으며, 이 방식은 3대인 아소카에게로 연결된다. 아소카는 강력한 라이벌이었던 이복형 수시마를 무력으로 진압하면서 왕위에 오른다. 이후 99명의 이복형제들을 숙청하고 장장 10여 년에 이르는 통일 전쟁을 완수한다. 이것이 전 인도 최초의 통일이다. 이 과정에서 많은 사상자가 발생하게 되는데, 가장 잔인했던 칼링카 전투에서는 사망자 10만, 포로가 15만 명에 이르렀으며 피가 냇물을 이루었다고 한다.

■ 마우리아 왕조의 영토

잔인한 아소카와 복지의 아소카

아소카는 상반된 두 얼굴을 가진 인물이다. 통일 전쟁 과정에서는 '잔인한 아소카'로 불리는데, 잡아함 권26 『아육왕경(阿育王經)』에는 그가 지옥에 비견되는 고문실을 운영했다는 내용이 기록되어 있다. 불교에서 최고의 군주로 꼽는 아소카 왕에 대한 기록에도 이와 같은 내용이 나온다는 것은, 아소카가 실제로 양면성을 가진 인물이었음을 잘 나타내 준다. 그러나 통일이라는 목적이 달성되자, 아소카는 오랫동안 지속된 정복 전쟁으로 수많은 희생자를 만든 것을 후회하며 불교로 전향하였다. 그리고 불교의 가르침에 따르며 최고의 복지 군주로서의 삶을 살게 된다.

아소카 왕은 현재까지도 인도인이 가장 좋아하는 성군으로 꼽히는 인물이다. 또 마우리아 왕조를 상징하는 공작새는 인도의 국조로, 아소카 왕이 붓다를 기념해서 첫 설법 장소인 바라나시에 세운 아소카 석주의 머리 장식은 인도를 상징하는 국장(國章)이 되어 인도에서 발행하는 모든 화폐와 공문서에 각인되어 있다. 이외에도 아소카 왕이 펼친 복지 정책에 대한 연구는 전 세계에 수백여 종에 달할 정도로 아소카 왕은 현재에까지 영향력을 유지하고 있다.

아소카의 불교 지원

불교에 귀의한 아소카는 당대의 고승인 우바굽다의 인도로 붓다의 성지를 차례로 순례하였다. 그는 방문한 지역의 세금을 감면해 주고 기념 석주를 세워 성소를 기렸다. 이때 세워진 석주들을 '아소카 석주'라고 하는데, 이는 후일 현장의 인도 기행문인 『대당서역기』와 함께 붓다의 유적지를 찾고 확정하는 핵심 자료가 된다.

또 아소카는 붓다 입멸 후 분배받은 사리를 봉안하여 지어진 근본 8탑 중 일곱 개를 열고, 그 안의 사리를 나누어 전 인도에 8만 4천 개의 탑을 건립하게 한다. 이때, 8만 4천은 탑의 실제 개수를 나타내는 숫자라기보다는 '많다', '완전하다'는 의미로 인도 및 불교에서 흔히 사용되는 숫자이다. 8만 4천 탑의 건립은 인도 전역에 불교를 유포한다는 점과, 동쪽 교단에만 존재하던 불탑이 전 인도로 확대되었음을 의미한다.

이는 동쪽 교단의 권위 축소를 의미하는데, 2차 결집을 통해 확인되는 서쪽 교단의 약진과 상호 연관지어 이해할 수 있다. 즉 붓다 입멸 후 성립된 서쪽 교단으로서는 도저히 어찌할 수 없는 '사리'라는 붓다의 성물이, 이제는 서쪽 교단에서도 찾아볼 수 있게 된 것이다. 이는 서쪽 교단이 더욱 강력하게 약진할 수 있음을 의미하는데, 실제로 아소카의 아들과 딸이면서, 출가하여 스리랑카 불교의 시원을 이루는 마힌다와 상가미타는 모두 서쪽 교단의 인물이다.

또한 아소카는 불교를 널리 알리는 일을 하는 '법대관(法大官)'이라는 직책을 만들어 임명하고, 국교를 맺고 있던 모든 국가에 파견한다. 불교를 믿으라고 권하는 일종의 종교 사절이었던 것이다. 아소카는 이웃나라뿐만 아니라, 당시 로마에까지도 법대관을 파견한 것으로 알려져 있다.

아소카 왕과 3차 결집

불교와 관련된 아소카의 업적 가운데에는 3차 결집에 대한 것도 있다.

아소카가 불교를 후원하기 시작하면서 출가 환경이 좋아지자, 수행을 위해 출가하는 사람 외에도 생계를 위해 출가하는 사람들도 다수 발생하게 된다. 그래서 이들을 정리하여 붓다의 가르침이 왜곡되는 것을 막고, 붓다의 가르침을 재정리하기 위해 시행한 것이 바로 3차 결집이다.

3차 결집에 대한 전승은 남방불교 문헌에만 기록되어 있다. 이에 따르면 아소카의 후원 하에, 목갈리풋다 팃사(Moggaliputta Tissa)가 중심이 되어 제국의 수도인 파탈리푸트라(화씨성)에서 9개월간 1,000명의 승려 대표가 모여 회의를 진행하였다고 한다. 이것을 '파탈리푸트라 결집', 또는 '1천 결집'이라고 하거나 회차에 따라 '3차 결집'이라고 한다. 그리고 1, 2차 결집 때와는 달리 3차 결집에서는 논서가 추가되었다. 논서는 경과 율에 대한 주석서로, 시대가 바뀌면서 이해하기 어려운 부분에 대한 설명이 추가되기 시작한 것이다. 이러한 3차 결집의 결과 경·율·론이라는 삼장의 구조가 비로소 완비된다.

결집과 관련해서는, 이외에도 4차 결집에 대한 것도 있다. 4차 결집은 3차 결집과는 달리 북방불교 문헌에만 기록되어 있다. 4차 결집은 기원후 2세기에 서북인도를 지배하던 쿠샨 왕조의 카니슈카 왕의 후원으로, 협존자(脇尊者)와 세우(世友)의 주도하에 500명의 대표 승려들이 카슈미르(Kaśmīra)에 모여 진행된다. 그 결과물로 200권의 『아비달

카니슈카 왕: 쿠샨 왕조의 제3대 왕으로, 정확한 재위 연대는 알 수 없지만 2세기에 생존한 인물이다. 아소카 왕과 마찬가지로 불교를 후원한 대표적인 왕으로 알려져 있다.

마대비바사론』이 정리되었는데, 이 논서에는 4차 결집과 관련된 내용들도 수록되어 있다.

3차 결집과 4차 결집은 불교의 여러 문헌에 공통적으로 기록되어 있는 것이 아니라, 일부의 특정 문헌에서만 살펴진다. 또 아소카왕의 시대는 근본분열의 시대를 지나 다시금 재분열이 왕성하게 이루어지던 시기이다. 그러므로 불교 교단 전체가 아닌 특정한 부파, 즉 본상좌부(분별설부)와 설일체유부에서 자기 정리를 위해 일어났다고 보는 관점이 타당하다. _ ⁂

발생 시기	결집 장소	참여 인원	원인 및 결과
1차 결집 붓다 입멸 직후	왕사성 칠엽굴	마하가섭 등 500인	• 붓다 입멸 후 붓다의 가르침이 흩어지는 것을 막기 위해 이뤄짐 • 율장과 경장이 성립
2차 결집 붓다 입멸 100년 후	바이샬리	동과 서 교단 대표 각 4인 등 700인	• '십사'에 대한 해석 차이 • 상좌부(서쪽 교단), 대중부(동쪽 교단)로의 분열
3차 결집 BCE 261년경	파탈리푸트라	목갈리풋다 팃사 등 1,000인	• 붓다 가르침의 왜곡을 막고 재정리할 필요성이 제기됨 • 논장이 성립(경·율·론 삼장의 구조 완비) • 남방불교 문헌에만 전승
4차 결집 기원후 2세기	카슈미르	협존자, 세우 등 500인	• 『아비달마대비바사론』이 정리됨 • 북방불교 문헌에만 전승

■ 각 결집의 전개와 결과

020

스무 개의 부파로 재분열하는 불교

불교 교단 재분열의 배경

붓다가 제창한 불교는 집단보다는 개인의 행복과 완성에 주안점을 둔다. 이는 붓다의 중도주의나 대제자들이 인도하면서 발생할 수밖에 없는 수행 방법의 차이에 대한 용인, 그리고 지역과 문화에 따른 차이를 인정하는 붓다의 태도를 통해서 확인해 볼 수 있다.

이와 같은 태도는 불교가 빠른 시간에 광범위한 지역으로 확대될 수 있게 만드는 원동력이 되는 동시에, 분열에 대한 요구가 대두하는 요인으로 작용하기도 한다. 특히 붓다 입멸 100년 후에 근본분열이 발생하여 상좌부와 대중부로 나뉘었다는 것은, 더 이상 분열에 대한 부담감이 작용하지 않음을 의미한다. 첫 번째 분열에서는 하나의 불교 교단이 나눠진다는 부담감이 작용하기 때문에 분열이 쉽지 않지만, 근본분열이 발생한 뒤에는 이러한 부담감이 사라지게 되었다는 말이다.

상좌부와 대중부 중 먼저 세부 분열, 즉 지말분열(枝末分裂)에 들어가는 것은 대중부였다. 지말분열이란 근본분열에 상응하는 세부 분열이라는 의미에서 붙여진 이름이다. 대중부는 구성원이 더 많고 또 관습을 엄격하게 지키기보다는 변화를 수용하는 진보적인 인물들이 속한 부파이다. 그렇다 보니 대중부에서 먼저 지말분열에 돌입하는 것은 당연하다.

세우가 찬술한 『이부종륜론』에 따르면, 대중부는 붓다 입멸 후 200년경부터 재분열을 시작하여 먼저 일설부·설출세부·계윤부가 성립, 독립했다고 한다. 이후로 계속해서 다문부·설가부·제다산부·서산주부·북산주부가 분파되어, 총 아홉 부파로 나뉜다. 상좌부는 원칙주의를 고수했다는 점에서, 재분열의 시기는 대중부보다 100여 년 정도 늦게 된다. 그러나 붓다 입멸 후 300년경부터 상좌부가 본상좌부와 설일체유부로 분열하고, 다시금 설일체유부 안에서 독자부·화지부·음광부·경량부가 독립하고, 이 중 독자부가 법상부·현위부·정량부·밀림산부로 다시금 나눠지게 된다. 이후 화지부 안에서 법장부가 등장하게 되면서 총 11부파가 만들어진다. 근본분열의 상좌부와 대중부를 합해 20부파라고 하기도 하고, 이를 제외하고 18부파라고도 한다. 그러나 다른 문헌에는, 『이부종륜론』에서는 보이지 않는 다른 부파의 이름도 여럿 보이기 때문에 실질적으로 명멸한 부파들은 그 이상이 된다.

승려의 수가 대중부보다 적었던 상좌부가 대중부보다 더 많은 수로 분열한 원인에는 여러 가지가 있다. 먼저 상좌부가 주류를 이뤘던 인도 서쪽이 상대적으로 미개척 지역이 많아 더 발전력이 높았다는 점, 또 원칙론자들 간에 의견 충돌이 발생하면 타협이 어렵다는 점, 그리고

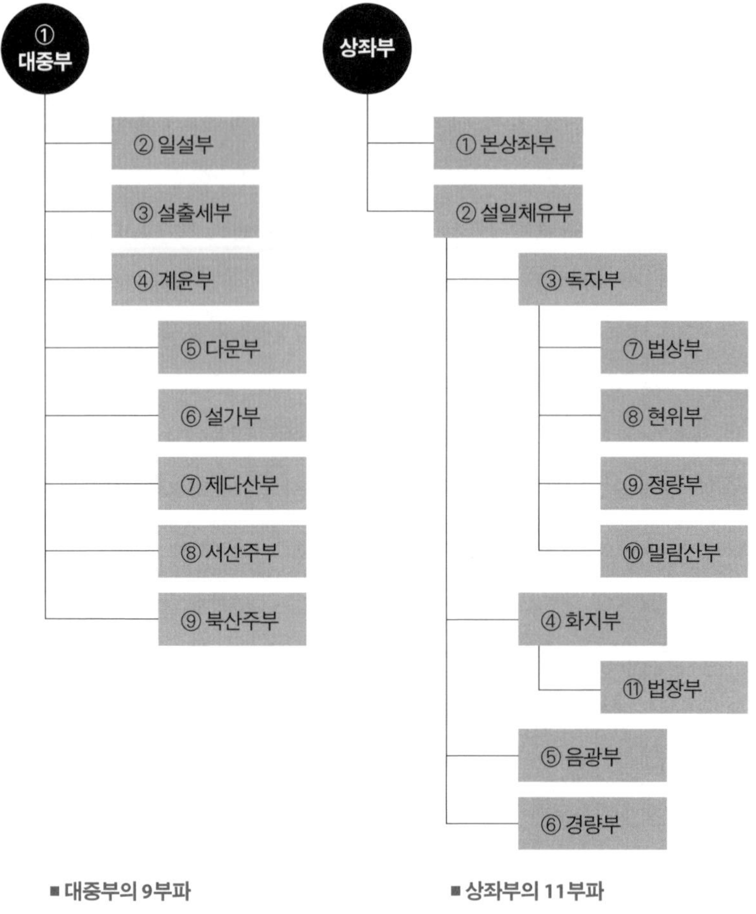

■ 대중부의 9부파

■ 상좌부의 11부파

상좌부가 더 늦은 시기에 분열을 시작했다는 점과 『이부종윤론』의 저자 세우가 상좌부의 설일체유부에 속하는 인물이기 때문에 대중부의 부파에 대해서 정확히 파악하기에는 상대적으로 어려웠을 것이라는 점 등을 상정해 볼 수 있다.

또한 상좌부와 대중부에서 여러 부파들이 만들어지는 과정에서, 대중부는 그 자체가 유지된 반면 상좌부는 상좌부라는 부파 자체가 소멸해 버리는 조금 특이한 사건이 발생한다. 즉 종가가 사라진 것이다. 현재로서는 설일체유부를 상좌부가 변형된 것으로 추측해 볼 수 있는데, 이 또한 전적으로 신뢰할 수는 없다. 이런 점에서 볼 때, 본상좌부 계열에 속하는 현재의 남방불교를 곧장 '상좌부 불교'라고 부르는 것에는 오해의 소지가 있다. 그러므로 이보다는 상좌부의 한 부파라고 하는 것이 타당하다.

이렇게 많은 부파들이 만들어지면서 경쟁하던 시기를 부파불교 시대라고 한다.

부파분열의 원인

여러 부파들의 특징과 관련해서 주목되는 점 가운데 하나는, 경량부는 아난을 계승했다고 주장하고, 법장부는 목건련을 계승했다고 한다는 점이다. 즉 대제자를 리더로 하여 수행 집단을 구성했던 붓다 당시의 유풍이 후대까지도 유전되고 있었고, 이것이 부파분열의 한 요인으로 작용하고 있다는 점이다.

또 제다산부, 서산주부(제다산 서쪽에 거주), 북산주부(제다산 북쪽에 거주) 등 부파의 명칭을 보면, 특정 지역에서 발생한 부파임을 짐작해 보는 것이 가능하다. 즉 지역에 따른 문화의 차이도 부파의 한 원인이 된다는 것을 인지해 볼 수 있다. 이외에도 불교 교단이 사상을 학습하고 수행하는 집단이라는 점에서, 철학적 관점이나 수행론에 따라 분파가 발생하였을 것이라는 점 역시 추측해 볼 수 있다. 그러나 근본분열의 요인이 된 야사의 십사에서 확인되는 것처럼, 부파가 나눠지는 데에는 생활 방식의 차이 역시 크게 작용하였다.

발전이 초래한 어려움

부파불교의 성립과 발전은 불교 내부에서의 경쟁을 의미한다. 이로 인해서 불교는 점차 세밀해지고 어려워진다. 불교학이 발전할수록 점점 더 작은 개념 차이에 천착하게 되고, 이것이 학문의 주류가 된다는 점을 생각해 보면 이해하기 쉬울 것이다.

부파불교가 계속해서 발전하게 되자, 승려들은 점점 더 민중의 생활과 유리된다. 이때 붓다가 깨달음을 얻은 후 전법(傳法)에 나선 까닭은 민중을 위한 교화였다는 점을 지적하며, 종교 개혁을 주장하는 이들이 나타나기에 이른다. 이들에 의해서 시작된 것이 대승불교운동이다. 이들은 부파불교의 문제점을 지적하면서 등장했기 때문에 부파불교를 폄하하여 소승불교라고 부르게 된다. _㉧

Ⅳ.

쉬운 불교에 대한 민중의 요구

대승불교의 등장

BCE 100년경 스리랑카에서 경전이 문자로 기록됨
대승불교운동이 시작됨

BCE 57~18년 신라(BCE 57), 고구려(BCE 37), 백제(BCE 18)가 건국됨

43년경 인도 서북부 일대를 통일한 쿠샨 왕조가 세워짐. 쿠샨족은 인도에 들어오기 전 아프가니스탄·파키스탄 일대의 그리스계 국가(박트리아 왕조-대하)를 정복하였기 때문에 인도 문화와 그리스 문화가 접목하는 계기가 됨

67년 인도 승려 가섭마등, 축법란이 낙양에 도착

100년경 간다라·마투라에서 불상이 만들어지기 시작함(1세기경)
쿠샨 왕조 3대 카니슈카 왕의 후원으로 카슈미르에서 제4차 결집 일어남

147년 안식국 출신의 승려 안세고가 낙양에 도착

150년경 찬불승 마명이 활동함

160년경 지루가참이 낙양에 도착

200년경 용수(150?~250?)와 그 제자 제바(170?~270?)가 활동함

240년경 쿠샨 왕조가 몰락함, 이후 인도 북부는 수많은 나라로 분열됨

320년경 찬드라굽타가 분열된 인도 북부를 통일하고 굽타 왕조를 세움

384년 동진의 승려 마라난타가 백제를 방문하여 불교를 전함

400년경 미륵(350?~430?)과 무착(395~470?), 세친(400?~480?)이 활동, 유식학파가 등장함

401년 구마라집 장안 도착

402년 혜원이 동림사에서 123명의 문도와 함께 염불 결사를 단행함

415년 굽타 왕조 구마라굽타 즉위, 재위 기간(~454년) 중에 나란다 사원을 창건함

420년 중국, 송나라가 건국되고 남북조 시대가 시작됨

446~452년 북위 태무제의 폐불

500년경 4세기경부터 형성되기 시작한 중관학파가 확립됨

526년 인도 승려 보리달마 중국 도착

527년 신라, 이차돈의 순교로 불교를 공인

550년경 굽타 왕조의 멸망, 이후 인도는 다시 분열하여 혼란기에 들어감

574~579년 북주 무제의 폐불

021

경전의 문자화와 대승불교의 등장

구술과 암기를 통한 전승에서 기록을 통한 전승으로

인도는 일찍부터 문자가 발달해 있었다. 인더스 문명에서 사용하였던 문자는 표본이 부족해서 아직 해독되지는 못하지만, 그것이 문자라는 점만은 분명하다.

이렇게 일찍부터 문자가 발달해 있었음에도 인도인들은 기록을 남기기보다는 암기하는 전통을 가지고 있었다. 성스러운 지식이 외부에 유출될 우려가 있고, 또 악의적으로 잘못 이용될 우려가 있다고 판단했기 때문이다.

이러한 전통은 불교에도 영향을 미쳤다. 붓다의 제자들을 성문(聲聞), 즉 '많이 들은' 사람이라고 하는 것도 이와 같은 구술과 암기 문화에서 유래한 것이다.

초기의 구술과 암기를 통한 전승은 물병의 물을 다른 병에 옮겨 담듯 그대로 전해졌다. 그러나 불교가 점점 발전하고, 또 시대가 바뀌게 되면서 이해를 돕기 위한 설명이 필요하게 되었다. 그리고 이 설명 가운데 일부는 암기의 대상이 된다는 점에서, 암기할 양은 점차 늘어난다. 또 일부 사람들의 경우에는 본문과 설명을 혼동한 채 암기하는 문제도 발생했다.

이렇다 보니 기원전후가 되면 도저히 인간으로서는 암기할 수 없을 정도로 암기 대상의 총량이 늘어나게 된다. 이로 인해서 경전의 문자화, 즉 성문화(成文化)가 이루어진다.

문자화된 경전이 초래한 재가인의 자각

불교 경전이 최초로 문자화된 곳은 인도가 아닌 스리랑카 마탈레에 위치한 알루비하라 사원이었다. 그때까지도 인도 본토에서는 성스러운 가르침을 문자화하는 데 대한 반발이 강했고, 스리랑카는 상대적으로 인도보다 유연한 입장을 취할 수 있었기 때문이다. 그러나 경전이 한 번 문자화되기 시작하자 암기와는 비교도 되지 않는 편리함을 느끼게 된다. 그래서 구전(口傳)에서 기록으로, 불교 가르침의 전승 양상이 완전히 바뀌게 된다.

가르침이 문자화되었다는 것은, 이제 불교 지식의 전달자가 반드시 승려일 필요가 없다는 것을 의미한다. 종교에서 암기 문화가 막대한 영향력을 가지는 이유는 지식을 가진 사람과 가지지 못한 사람의 명백한 구분이 가능하며, 이럴 경우 스승의 권위가 강력해지기 때문이다. 그러나 기록되기 시작하면 스승의 권위나 승단의 위상은 상대적으로 추락하게 된다. 즉 '누가 많이 암기하고 있느냐'에서, '누가 많이 이해하고 있느냐'로 그 중심이 옮겨지는 것이다.

또한 반드시 승려가 아니더라도 현대의 불교학자들처럼 재가인들도 불교 공부를 자유롭게 할 수 있게 된다. 즉 경전의 문자화는 주류와 비주류, 그리고 출가인과 재가인의 편차를 줄이는 역할을 하는 것이다. 이는 재가 중심의 대승불교가 성립하는 데 가장 중요한 배경으로 작용하게 된다.

동시대에 함께 등장하는 대승불교

대승불교는 특정한 불교 부파를 지칭한다기보다는 기원전후 성문화된 경전에 입각해서 일어난 종교 개혁이자 민중불교운동이다.

이렇게 말할 수 있는 이유는 비슷한 시기에 중인도에서는 『법화경』과 『유마경』, 남인도에서는 반야경과 『화엄경』, 서북인도에서는 정토 경전이 동시다발적으로 등장하고 있기 때문이다. 즉 전 인도에 걸쳐 다양한 사상과 신앙 형태가 동시에 출몰하는 것이다. 이는 대승불교가 하나의 흐름이 발전하였다가 분화된 것이 아니라, 처음부터 시대적 요청에 따라 각기 다른 형태로 나타난 흐름이었음을 의미한다. 물론 사상이나 신앙적으로는 공통분모가 없지만, 여기에는 재가인의 각성을 가능하게 한 '가르침의 문자화'라는 코드가 존재한다. 이런 점에서 본다면, 경전의 탄생, 즉 성문화야말로 모든 대승불교 종파의 공통분모라고 판단할 수 있다._⊛

022

붓다에 대한 그리움이 반영된 대승불교

대승불교 발생의 한 가지 설, 대승잠복설

대승불교가 추구한 것은 부파불교와 같은 어려운 불교가 아닌 '쉬운 불교'였다. 부파불교는 승원을 중심으로 학문과 수행에 몰두하는 불교였다. 그것 역시 나름의 존재 의의를 확보하고 있다는 점은 분명하지만, 사회적인 요구와 신도들의 바람에 응하기에는 불충분한 면이 있다.

붓다는 당시 수행자나 제자들보다도 더 많은 민중을 만났다. 그럴 수밖에 없는 것이, 붓다 당시 불교는 기존의 사상이 말하는 것과는 다른 파격적인 내용을 담고 있었고, 그래서 이를 널리 펼치기 위해서는 민중의 지지가 절대적이었기 때문이다. 붓다가 이 민중과의 만남에서 성공했기 때문에 결국 불교가 성립하고 존재할 수 있게 된다.

그러나 승려들은 자신의 깨달음에 보다 집중하는 사람들이었기 때문에, 민중의 아픔과 문제에 대해서는 크게 주의를 기울이지 않았다. 결집 과정에서 국왕이나 귀족과 한 의미 있는 대화 이외에 민중과 만난 기록들이 모두 사라지고 남아 있지 않은 것은 이런 이유 때문이다.

그러나 붓다가 민중을 만나서 아픔을 감싸주고 문제를 해결해 주었다는 이야기는, 붓다가 교화한 지역에서 수백 년 동안 입에서 입으로 전해지면서 전설처럼 맴돌고 있었다. 이것이 부파불교라는 어려워진 불교 속에서, 붓다의 정신은 쉬운 불교이자 현실적이고 실생활에 도움이 되는 불교였다는 자각을 환기시키게 된다. 이것을 대승잠복설(大乘潛伏說)이라고 한다. 즉 대승불교는 기원전후에 갑자기 만들어진 것이 아니라, 붓다 당시부터 전해지던 전설이 구심점이 되어서 가르침의 문자화라는 과정을 거쳐 부파불교에 대한 비판으로 응집되었다는 것이다.

아라한을 비판하는 보살주의

대승불교는 부파불교의 자기 공부와 수행에만 매몰된 형태를 비판하면서 제기된다. 그러므로 대승불교의 핵심 슬로건은 부파불교의 '자리(自利)'와 반대되는 '이타행(利他行)'이다. 대승불교에서는 이것이 붓다의 본래 정신에 부합한다고 여기며 이상적인 인물로 보살(菩薩)을 제시한다. 보살이란 깨달음을 구하면서 중생을 교화하는 사람을 의미한다. 부파불교의 이상 인격인 번뇌를 극복하고 윤회를 끊어 버린 아라한과는 다른 개념이다.

보살은 본래 부다가야에서 깨달음을 얻기 전의 석가모니를 가리키는 칭호였다. 이름을 부르기에는 경망스럽고, 그렇다고 붓다라고 칭하는 것은 엄밀히 말해 올바르지 않으므로, 붓다의 전기 자료에서는 '반드시 붓다가 될 분'이라는 의미로 보살이라는 존칭을 사용한 것이다. 대승불교에서는 붓다가 될 것을 목적으로 하는 사람들을 바로 보살이라고 부른다.

대승불교에서 말하는 보살은 크게 재가보살과 출가보살로 구분된다. 재가보살이란 재가인으로서 최고의 경지인 보살에 오른 분으로 관세음보살이나 대세지보살, 보현보살과 같은 분들이 여기에 해당한다. 반면 출가보살은 출가한 승려들 중에 보살이 된 분으로 문수보살, 미륵보살, 지장보살 등을 생각해 볼 수 있다. 대승불교는 재가인뿐만 아니라 출가인 중에도 부파불교에 비판적인 이들이 가담한, 붓다의 근본정신으로 돌아가자는 종교 개혁이자 이타운동이었던 것이다.

교조 붓다의 위대함을 찬탄하는 찬불승의 등장

찬불승(讚佛乘)은 붓다의 생애를 찬양한 찬탄문을 가지고 일종의 거리 공연을 하는 공연자들을 가리키는 표현이다. 붓다의 생애를 대본으로 하는 판소리 공연과 같다고 생각해 보면 되겠다.

인도의 암기 문화 전통에는 게송이라는 운문형의 문장 속에 나름의 운율이 존재하고 있었기 때문에 자연스레 찬불승이 발생할 수 있는 배경이 형성되었다. 대승불교에서는 붓다와 붓다가 되기 위한 노력이 핵심을 이룬다. 이런 점에서 붓다의 생애인 불전(佛傳)을 정리하는 일이 늘어나고, 음유시인들이 붓다의 위대함을 찬탄하는 대중적인 문화운동이 이루어지게 된다. 이 음유시인들이 바로 찬불승으로, 불교 최초의 전문 포교사라고 할 수 있는 사람들이다.

찬불승의 발달은 붓다의 생애가 종교적인 관점에서 재정리되는 계기가 된다. 불교는 붓다를 교조로 하는 종교지만, 교조보다는 스스로의 깨달음을 중시하는 수행 문화 때문에 붓다의 생애를 파악하는 데에는 미진한 부분들이 있었다. 그러나 이 시기가 되면 이 부분이 정리되면서 해소되는 것이다. 이를 통해 불교는 붓다를 중심으로 하는 신앙적인 영역을 확립하게 되는데, 대승불교의 신앙적인 측면은 찬불승과 무관하지 않다.

찬불승이 만나는 대상은 일반 민중이었기 때문에 불교의 외연은 확대될 수 있었다. 하지만 이 과정에서 붓다의 생애가 윤색되는 경우도 있었다는 것은 문제가 될 수 있는 부분이다.

찬불승과 관련된 대표적인 인물은 100~160년경의 음유시인 마명(馬鳴, Aśvaghoṣa)이다. 마명의 대본은 전 5권으로 된 『불소행찬(佛所行讚, Buddhacarita)』으로 전해지고 있는데, 『불소행찬』의 다른 번역으로는 전 7권의 『불본행경』이 존재한다. 이외에도 찬불승과 관련된 문헌으로는 전 1권의 『백오십찬불송(百五十讚佛頌)』 등이 있다. _ꕥ

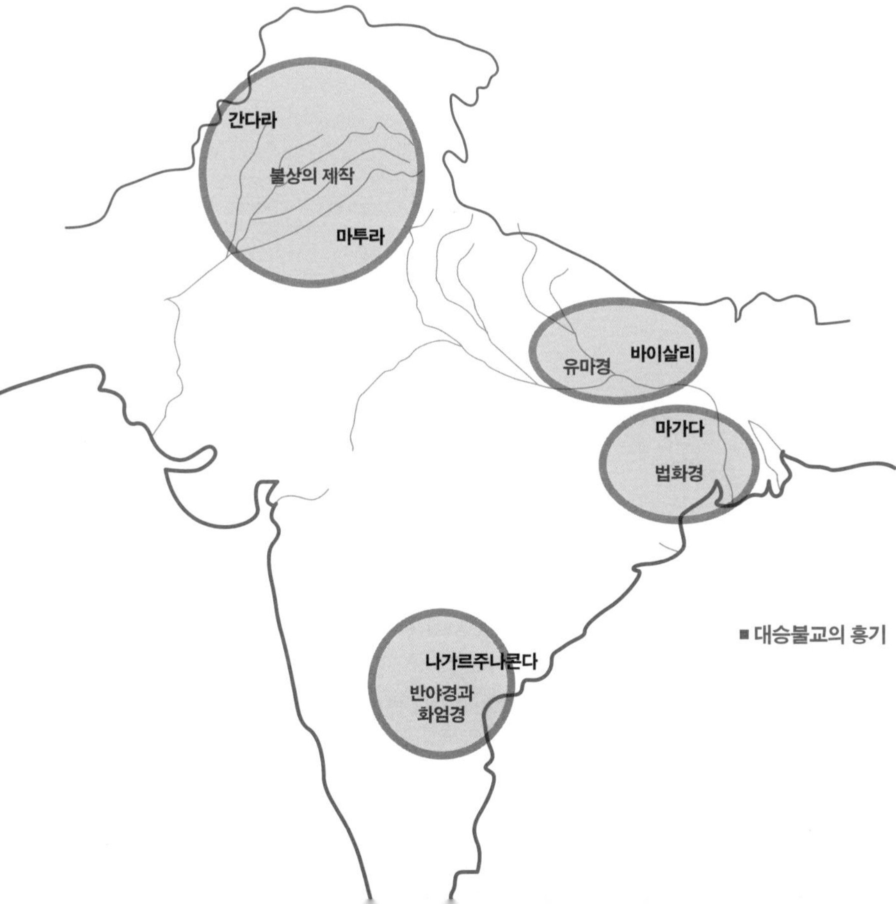

■ 대승불교의 흥기

023

불탑을 중심으로 붓다를 생각한 사람들

신앙의 중심지로 부각되는 불탑

탑은 오늘날까지 붓다를 나타내는 가장 중요한 상징물이다. 기원전후까지 대다수 인도 탑들은 아소카 왕의 8만 4천 탑의 건립과 관련된 붓다의 사리를 모신 불탑이었다. 특히 붓다는 불탑을 사원 안이 아닌 사거리와 같은 번화가에 건립하라고 유훈하였고, 그 관리 주체로는 승려가 아닌 신도를 지목했다. 이를 통해 당시 불교는 붓다의 가르침을 바탕으로 수행하는 비구들이 거주하는 사원과, 붓다의 사리를 모신 공간으로서의 탑이라는 이중 구조를 갖추고 있었음을 알 수 있다.

불교를 믿고 좋아하는 사람들이 사원의 승려들을 찾아서 가르침을 받는 것은 충분한 의미가 있다. 그러나 이들은 동시에 붓다를 그리워하고 추모하면서 불탑을 찾아 기도하고 신앙을 발현하기도 했다. 그리고 부파불교의 승려들이 고답적인 어려운 교리에 매몰되자, 사원을 찾기보다는 자유롭게 불탑을 찾는 사람들이 증가하게 된다.

그러나 불탑은 붓다를 기리는 성지가 될 수는 있지만, 그 이상의 가르침을 전해 주지는 못하였다. 그러던 것이 불탑의 관리자들 중 일부가 불탑을 참배하는 사람들을 대상으로 붓다의 생애를 설명해 주는 쪽으로 발전하게 된다. 일종의 문화 해설사 겸 종교 안내자 역할을 한 것이다. 이와 같은 현상에 의해서 붓다의 생애가 점차 정리되고 불탑 관리자의 역할이 찬불승으로 확대된 것이라는 견해도 있다. 그러나 이보다는 불교가 점차 종교화되고 붓다에 집중하게 되면서, 찬불승과 불탑에서의 붓다의 생애에 대한 설명으로 발전해 나갔다고 보는 것이 더 타당하다.

불탑을 통해서 붓다를 설명하는 사람들

불탑에서 붓다의 생애에 대해 가장 먼저 말한 사람들은 성지 순례를 하는 승려들이었을 것이다. 왜냐하면 승려가 아닌 재가자로서는 붓다의 생애를 정확하게 알지 못했을 것이기 때문이다. 그러나 이후 이 일은 승려뿐만이 아니라 불탑을 관리하는 재가인의 역할로 넘어가게 되는데, 때론 신앙심 깊은 승려가 이 역할을 자임했을 수도 있다.

붓다의 생애에 대해 전문적으로 구술해 줄 수 있는 담당자가 존재하게 되면서, 붓다의 생애는 보다 신앙적이고 극적으로 윤색된다. 즉 듣는 사람을 위해 극적인 구성과 전개로 발전하게 되는 것이다. 오늘날까지 전해지는 붓다의 생애 역시 인과관계가 뚜렷한 극적인 전개를 보이고 있는 점 역시 이와 같은 영향에 따른 것이다.

또한 붓다의 생애와는 무관하지만 교훈이 되는 내용들은 '본생담(本生譚)'이라는 붓다의 전생 이야기를 활용하기도 한다. 본생담은 붓다 당시부터 존재하고 있었는데, 이는 인도인들이 인과관계가 불투명한 사건에 대해 전생 이야기를 빌어서 설명하는 문화 전통이 있었기 때문이다. 그러나 본생담이 본격적으로 활성화되는 것은 붓다의 생애에 대한 관심이 증대되는 것과 무관하지 않다. 또 본생담은 후에 불교가 발전하지만, 붓다 당대에는 붓다의 교화가 미친 적이 없는 지역에서 당위성을 강조하기 위해 활용하기도 한다. 이는 서북인도에서 본생담이 발달한 예를 통해서 확인해 볼 수가 있다.

불탑 신앙과 연관된 『법화경』

불탑이 대승불교가 성립되는 배경으로 작용한다는 것은 『법화경』을 통해서 확인해 볼 수 있다. 중인도에서 성립된 경전인 『법화경』에는 「견보탑품(見寶塔品)」이라는, 탑을 중심으로 하는 내용이 뚜렷하게 드러나 있어 주목된다. 특히 『법화경』은 붓다에 대한 강력한 신앙 중심 구조를 보이면서 기독교의 유일신 같은 절대자로서의 붓다에 대해서 설명하고 있다. 이는 불탑과 신앙 중심이라는 대승주의를 잘 드러내 준다.

또한 「법사품(法師品)」에는 "선남자, 선여인이 여래가 열반한 뒤 사부대중을 위해 이 경전을 설하려면 여래의 방에 들어가 여래의 옷을 입고 여래의 자리에 앉아서 가르침을 설해야 한다."는 내용이 있다. 여기에서는 승려와 대등한 재가인의 위상을 잘 보여 준다. 그런데 여기에서의 핵심은 모두가 붓다가 될 수 있다는 것에 있다. 이런 점에서 『법화경』은 모두가 붓다가 되는 일불승(一佛乘)을 주장한다고 하겠다.

『법화경』에서 말하는 강력한 신앙 중심으로서의 불교 통합 구조는 이후 중국불교에서 천태종이 탄생하게 되는 배경이 된다. _֍

024

불상을 통해서 붓다를 보려는 사람들

불상의 탄생에 얽힌 전설

불탑은 붓다의 사리를 모시는 공간이기는 하지만, 붓다의 형상을 뚜렷하게 나타내지는 않는다. 그리고 이러한 점은 붓다를 그리워하는 이들에게는 갈증이 될 수밖에 없다. 그 문제를 해소해 주는 사건이 바로 불상의 탄생이다. 불상의 탄생과 관련해서 증일아함 권28 「청법품(聽法品)」에는, 붓다가 3개월간 도리천에 계신 어머니 마야 부인을 위해서 가르침을 설해 주러 가신 사건과 연관지어 기록하고 있다. 이때 붓다를 그리워한 구섬미국의 우전왕이 전단향나무로 불상을 만들고, 코살라의 파사익왕은 자마금으로 불상을 제작하였다고 한다.

그러나 이 기록은 불상 제작의 당위성을 변증하려는 종교적인 이야기일 뿐, 실제로는 기원전후 서북인도의 간다라 지방과 인도 내륙의 마투라 지역에서 불상이 제작된다. 이렇게 붓다 입멸 후 불상이 만들어지기까지, 그 이전 500년간은 불상이 없던 시대, 즉 무불상(無佛像) 시대라고 한다.

그리스 문화의 영향을 받은 간다라 불상

인도에서 신이나 제사장을 상으로 만든 것은 인더스 문명에서부터 확인된다. 이와 같은 전통은 이후 브라만교의 다양한 신상(神像)들을 제작하는 데에서 유감없이 발휘된다. 그러나 불교에서는 완전한 진리는 형상으로 만들 수 없다는 생각을 하였고, 붓다는 최후의 남음이 없는 무여열반을 통해서 진리와 하나된 분이기 때문에 역시 형상으로 만들 수 없다고 생각했다. 교리상 불상은 제작될 수 없었던 것이다.

그러던 것이 알렉산더의 동방 원정에 의해 그리스 문화의 영향권으로 들어간 간다라 지역이 점차 불교를 믿게 되면서 새로운 기류가 발생한다. 그리스인들이 그들의 문화 관념에 따라, 제우스나 헤라클레스와 같은 신상을 만드는 것과 같은 선상에서 불상을 제작하기 시작한 것이다. 이들이 이런 행동을 할 수 있었던 것은, 간다라 지방이 불교의 주류 지역으로부터 상당히 멀리 떨어져 있었던 데서 이유를 찾을 수 있다. 즉 불교에 대한 이해 부족과 선행한 문화 관념이 만나면서 불상이 만들어지기 시작한 것이다. 이런 점에서 본다면, 간다라의 불상은 문화의 교류가 빚은 우연의 산물이라고 할 수가 있겠다.

보살상에서 시작된 마투라 불상

마투라 지역의 불상은 간다라 지역과는 전혀 다른 양상으로 시작된다.

간다라 불상은 처음부터 붓다의 모습으로 등장하는데, 이는 불상을 만드는 데 주저함이 없었다는 것을 의미한다. 그러나 마투라 불상은 처음에는 불상이 아닌 보살상에서 시작한다. 내륙의 마투라는 이미 불교가 전래되어 어느 정도 발전해 있었기 때문에 불상을 만들 수 없다는 점을 분명하게 이해하고 있었던 것이다.

그래서 마투라의 불상 제작자들은 붓다가 되기 전, 보살의 모습에서 실마리를 얻었다. 붓다는 완전함을 나타내기 때문에 형상으로 제작할 수 없지만, 깨달음을 얻기 전 보살의 모습은 만들 수 있다고 생각한 것이다. 이는 붓다의 생애가 정리, 발전하는 과정에서 불상에 대한 요구가 증대했고, 이로 인해서 불상이 제작되었다는 점을 분명히 해준다.

간다라 불상과 마투라 불상 중 어느 지역의 불상이 먼저 만들어지기 시작했는지에 대해서는 아직까지 명확한 견해가 제시되지 않고 있다. 이는 불상이라는 상징물에 대해 어느 것이 먼저인지, 그 연결 방식에만 집중하고 있기 때문이다.

그러나 간다라와 마투라 두 지역의 불상은 붓다에 대한 관심과 생애에 대한 정리라는 동일한 배경을 가지고 있을 뿐, 각기 다른 관점에서 만들어졌다. 같은 시기, 인도 각지에서 일어나 완성된 대승불교가 각기 다른 사상을 말하고 있는 것과 마찬가지라고 하겠다. 그렇기 때문에 같은 배경을 가진 두 지역의 불상 역시 전혀 다른 표현으로 존재할 수 있는 것이다. 즉 시대적인 요청이라는 공통분모를 가지고 서로 다른 문화 배경에서 동시적인 변화가 촉발되었다는 말이다. _❀

025

진리 자체로 붓다를 이해하는 사람들

반야공 사상을 통한 붓다의 이해

남인도는 열대 기후를 가지고 있기 때문에 상대적으로 움직임이 적고 사유적인 측면이 발달하였다. 그리고 그 과정에서 눈앞의 현실적인 것들은 실체가 없는 환상이라는 관점을 제기하게 된다. 이것이 바로 반야공(般若空) 사상인데, 남인도에서는 바로 이와 같은 관점에서 붓다를 이해하고 있다는 점이 주목된다.

반야공에서의 공이란, 일체의 현상에는 실체가 없다는 의미이다. 그러나 중요한 것은 공은 무(無)가 아니기 때문에 현상은 작용으로 존재한다는 점이다. 그리고 이러한 공을 바로 아는 것이 반야이다.

우리는 영화나 연극을 통해서 감동을 받지만, 그것은 실체가 아니라는 것을 알기 때문에 거기에 매몰되지는 않는다. 그렇기 때문에 재미나 교훈을 얻지만 그것에 집착하지는 않는다. 반야공은 바로 이것을 말한다. 공이 영화와 연극이라면, 반야는 영화가 허구라는 사실을 이해하는 것이다. 그래서 반야에 지혜를 뜻하는 '지(智)' 자를 붙여서 반야지(般若智)라고도 한다.

반야공 사상에서는 반야공의 관점이야말로 진리라고 주장하며, 이것이 붓다의 본질이라고 이해한다. 그렇기 때문에 일체는 실체가 없는 허망한 것이며, 붓다는 형상으로 추구할 수 있는 대상이 아니라고 말하는 것이다.

『대반야경』과 『금강경』 그리고 『반야심경』

반야 사상과 관련된 경전군을 반야부 경전이라고 하는데, 이는 곧 반야 사상과 관련된 여러 경전에 대한 통칭이다. 이러한 여러 반야부 경전 전체를 집대성한 경전이 바로 『대반야경』이다.

『대반야경』은 총 600권에 달하는데, 단일 문헌으로는 전 세계에서 가장 긴 분량을 자랑한다. 이로 인해서 중요한 경전임에도 불구하고 전체를 다 보기에는 어려움이 있다. 그래서 600권 중 가장 핵심적인 경전인 권577의 「능단금강분(能斷金剛分)」으로 전체를 대변하기도 하는데, 이 「능단금강분」이 바로 『금강경』이다. 『금강경』에는 색이나 소리로써 붓다를 구하는 것은 잘못이라는 언급이 있고, 일체는 꿈이나 환상, 그리고 포말(泡沫)이나 그림자와 같은 것이라는 비실체에 대한 자각을 촉구한다. 『금강경』은 이후 중국으로 전래하여 선종의 핵심 경전으로 여겨지게 된다.

또 600권 『대반야경』의 정수를 핵심만 뽑아 압축한 것이 『대반야경』의 심장(핵심)과 같다는 『반야심경』이다. 『반야심경』은 북방 대승불교권에서 가장 폭넓게 수용되어 있는 경전인데, 이와 같은 유행을 만들어 내는 이가 중국 당나라 때의 삼장법사 현장이다.

반야부 경전은 경전을 베껴 쓰는 서사 공덕이 크다는 내용을 여러 번 언급하며 강조한다. 이는 반야부의 경전군이 성문화된 이후, 포교 전략으로써 서사(書寫) 공덕을 강조했음을 알 수 있는 대목이다. 인쇄술이 발달하지 않은 고대에 경전이 전파되기 위해서는 서사에 의지할 수밖에 없다. 이런 점에서 반야부 경전의 서사를 중심으로 하는 포교 전략은 상당히 주요했을 것이다. 그리고 이러한 전략은 이후 '사경(寫經)'이라는 불교문화의 한 갈래로 발전한다.

『화엄경』과 화엄 사상

남인도의 대승불교와 관련해서 하나 더 언급해야 하는 경전이 『화엄경』이다. 『화엄경』은 후대 중앙아시아에서 완성되었다는 주장도 있지만, 그 시작은 남인도였다.

『화엄경』의 핵심은 주관주의이다. 반야부 경전의 주장처럼 일체는 꿈과 같은 것이라고 하더라도, 꿈을 꾸고 느끼는 인식 주체로서의 나는 존재하기 마련이다. 또 영화나 연극이 실체가 아니더라도 그것을 통해서 교훈과 재미를 얻는 '나'는 존재하는 것이다. 이러한 인식 주체에 대한 문제를 환기시키고 이를 통해서 관점을 전환하도록 하는 것이 바로 화엄 사상이다. 즉 반야 사상과 화엄 사상은 남인도의 문화를 배경으로 하여 상호 연장선에 존재하고 있는 것이다.

『화엄경』은 붓다가 부다가야 보리수 아래에서 깨달음을 얻은 뒤 21일간 설한 내용이라는 대담한 설정을 취하고 있다. 이러한 설정에는 이 경전이야말로 붓다 깨달음의 정수인 동시에 불교 경전의 핵심이라는 주장이 담겨 있다. 이러한 주장을 할 정도로 대승불교는 부파불교와 의 차별점 및 당위적인 자신감을 가지고 있는 것이다. 이후 『화엄경』은 중국불교에서 유행하면서 화엄종으로 발전하게 된다. _❀

026

용수의 공 사상과 이를 따르는 이들

용수의 생애와 저술

용수(龍樹, Nāgārjuna)는 세친(世親, Vasubandhu)과 더불어 인도 대승불교에서 가장 중요하고 영향력 있는 인물이다. 흔히 작은 석가모니라는 뜻의 '소석가(小釋迦)'나 불교 8종파의 시조라는 뜻의 담아 '8종의 조사(祖師)'라는 수식으로 불리기도 한다.

용수는 150년경에 태어나 250년 무렵에 사망한 것으로 추정되는데, 그에 대한 자세한 전기는 구마라집이 중국에서 번역한 『용수보살전』을 통해서 확인해 볼 수 있다. 이 기록에 따르면 용수는 남인도의 브라만 출신으로, 청년기에는 은신술을 배워서 친구들과 함께 왕궁에 들어가 나쁜 행동을 하였다. 그러다가 친구들은 발각되어 죽고, 혼자 살아남아 욕망이 고통의 근원임을 깨닫고 출가한다. 이후 용수는 바닷속 용궁의 대룡(大龍)보살에게 대승경전을 전수받았는데, 이 대승경전 중 하나가 바로 『화엄경』이라고 한다. 대승불교에는 용이 불교를 보호하는 충직한 존재이며, 용궁에는 붓다의 모든 가르침이 보존되어 있다는 전승이 있는데, 이 전승이 용수가 전개한 대승불교 사상에 당위성을 부여하는 배경으로 작용하는 것이다.

용수는 남인도에서 주로 활동했는데, 이는 현장의 『대당서역기』 권10과 인도 동남부 크리슈나 강 중류에 위치한 용수의 인도식 이름을 딴 지명 '나가르주나콘다'를 통해서 확인해 볼 수 있다. 용수는 『대품반야경』의 주석서인 『대지도론』(100권), 『화엄경』「십지품」의 주석인 『십주비바사론』(17권)을 비롯하여 중관학파에서 중요시하는 『중론』·『십이문론』·『회쟁론』·『공십칠론』 등의 저술을 남겼다.

용수의 팔부중도와 중관 사상

용수는 반야공의 원리를 제일의제(第一義諦)와 세속제(世俗諦)라는 두 가지의 관점, 즉 진속이제설(眞俗二諦說)로 해석한다. 이제(二諦)란 두 가지 진리라는 의미로, 본질과 현상을 가리킨다. 제일의제는 가장 본질적인 불변적 진리를, 세속제는 현상적인 변화를 나타내는 표현이다. 꿈으로 말한다면, 꿈이 허상일 뿐이라는 관점은 제일의제가 된다. 그러나 그럼에도 꿈은 작용으로 실존하는 현상이라는 점에서 동시에 세속제로 존재한다. 이러한 설명은 반야공 사상에서도 발견할 수 있는 내용이다.

그러나 제일의제와 세속제는 이 세상에 대한 이해일 뿐, 이것의 체득에 대한 부분은 결여되어 있다. 용수는 이 부분에 대해 연기법을 이해하는 새로운 방식인 팔부중도(八不中道)를 제시한다. 팔부중도란 모든 현상은 생하지도 멸하지도 않고, 단절되지도 항상하지도 않으며, 같은 것도 다른 것도 아니고, 오는 것도 가는 것도 아니라는 관점으로 연기를 이해하는 것이다. 이와 같은 이해 방식은 붓다의 연기법을 새롭게 해석한 것으로, 용수는 이를 통해 모든 극단을 초월해서 본래 항상한 중도를 체득할 수 있다고 주장하였다. 즉 꿈속의 모든 현상 역시 본질적인 실체를 여의는 것이 아니므로, 이를 자각하기만 하면 된다는 의미이다.

용수의 중도를 통한 이제의 통합은 언어를 초월하는 직관지의 작용을 촉구하였다. 이런 점에서 용수의 사상은 직각적이고 직관적인 초논리를 갖추었다고 할 수 있다. 이와 같은 사상을 '연기=중도'의 관점을 중심으로 한다고 해서 중관(中觀) 사상이라고 하는데, 후에 이를 따르는 학파를 중관학파라고 한다. 인도 대승불교는 중국불교와 달리 경전보다는 논서에 의존하는 경향이 강한데, 그 핵심에 삼론인 『중론』·『백론』·『십이문론』을 중심으로 하는 중관학파와 유가(瑜伽)의 5대부를 중심으로 하는 유식학파가 있다.

『백론』을 찬술한 제바

삼론 중 『중론』과 『십이문론』이 용수의 저작인 것과 달리, 『백론』은 용수의 제자인 제바(提婆)의 저술이다. 제바는 170년에서 270년 무렵에 생존한 인물로 구마라집의 『제바보살전』에 따르면, 용수와 마찬가지로 남인도의 브라만 출신이라고 한다. 그러나 다른 기록에는 스리랑카인으로 되어 있어 차이가 있다.

제바는 '성스러운 제바(아리야데바Ārya-deva)' 혹은 '외눈의 제바(가나데바Kāṇa-deva)'라고도 불리는데, 이 호칭들은 그의 인격과 신체적 특징을 나타낸다. 제바는 최후에 암살당하는데, 자신을 죽인 사람이 자신의 제자들에게 발각되지 않도록 안전한 길을 가르쳐 주고 입적했다고 한다.

현장의 『대당서역기』 권12에는 "동쪽에는 마명이 있고 남쪽에는 제바가 있으며, 서쪽에는 용수가 있고 북쪽에는 동수(童受)가 있어 네 개의 태양이 세상을 비춘다."라는 표현이 있다. 당시 인도에서는 이들을 사일논사(四日論師), 즉 네 명의 태양과 같은 논사라고 칭하였다. 이 중 마명은 『불소행찬』의 찬술자이며, 동수는 900권의 논서를 지은 경량부의 대논사로 당시 태양이 나온 것과 같다고 해서 '일출논사(日出論師)'라는 별명이 붙은 인물이다. 이런 사람들과 어깨를 나란히 하는 인물이 바로 제바이다.

중관학파의 성립과 전개

용수와 제바의 사상은 계승되어 후일 중관학파로 발전한다. 중관학파는 300년대에 활약한 무착(無着, Asaṅga, 310?~390?)과 세친의 사상을 계승하여 성립한 유식학파와 서로 대립하면서 발전, 변천한다.

4세기를 전후하여 형성되기 시작한 중관학파는 6세기 초에 확립되면서 크게 발전하게 된다. 이 시기 중관학파는 불호(佛護, Buddhapālita, 470?~540?)의 귀류논증파와 청변(淸弁, Bhāvaviveka, 490?~570?)의 자립논증파로 나눠지게 된다. 귀류논증파는 특별한 주장을 세우지 않고 귀류귀납시키는 논법을 견지한 반면, 자립논증파는 유식학파에 대항하기 위한 주장이 수립되어야 한다고 여겼다는 차이를 가지고 있다. 이 중 주류는 당연히 용수의 논증법을 계승하는 귀류논증파이며, 이는 월칭(月稱, Candrakīrti, 600?~650?)을 통해서 계승, 발전된다. _㉯

027

세친의 인식론과 이를 따르는 이들

유식학파의 시조인 미륵과 5대 논서

유식학파는 미륵에게서 시작되어 무착을 거쳐 세친이 완성한다. 유식학파는 유가유식학파라고도 하는데, 여기에서의 유가(瑜伽)는 요즘의 요가(Yoga)이다. 요가라고 하면 흔히 몸으로 하는 하타요가를 생각하기 쉽지만, 실제로는 정신 수행과 관련된 명상법이 주류를 이루는 수행법이다. 유식(唯識)이란 '인식의 주체가 인식의 대상을 결정한다'는 방식의 인식론이다. 그래서 현대에는 유식학을 '불교인식론'이나 '불교심층심리학'으로 칭하기도 한다.

유식학파의 시조는 미륵으로, 그는 350년부터 430년 정도에 생존했던 실존 인물로 추정된다. '미륵'이라는 이름은 불교에 대한 새로운 관점을 주장하면서, 당위성을 강조하기 위해 석가모니 다음에 오는 미래불인 미륵불에서 차용한 것으로 보인다. 그러나 이후 실존 인물인 미륵과 미래불로서의 미륵은 혼재되는 양상을 보이게 된다.

미륵이 강술하고 무착이 기록했다는 5대 논서는 유식학파의 중요한 전적이 되는데, 이 5대 논서는 『유가사지론』·『분별유가론』·『대승장엄경론송』·『변중변론송』·『금강반야경론송』이다. 이 중 핵심이 되는 논서가 100권으로 된 『유가사지론』이다. 『분별유가론』은 현재 실존하지 않지만, 『대승장엄경론송』에는 무착이 미륵의 게송을 해석한 『대승장엄경론』(13권)이 있으며, 『변중변론송』에는 세친이 주석한 『변중변론』(3권, 혹 2권)이 있다. 또 『금강반야경론송』에도 무착이 저술한 『금강반야경론』(3권, 혹 2권)이 전해진다. 이외에 유식학파의 중요한 경전으로 『해심밀경』(5권)이 있다.

무착의 역할과 저술

무착은 미륵의 제자로 약 395년에서 470년쯤의 인물으로 추정된다. 본래는 서북인도 간다라 지방 출신으로 설일체유부에 출가했으나 만족하지 않고 미륵이 있는 천상 세계인 도솔천으로 올라가 가르침을 받고 대승불교로 전향하게 되었다고 한다. 이후 계속해서 하늘을 오가며 가르침을 받고 이것을 사람들에게 설했지만 믿지 않자 미륵이 중인도의 아유타에 내려와서 직접 가르침을 설해 주도록 했다는 이야기가 있다.

무착의 저술로는 『섭대승론』(3권, 혹 2권), 『현양성교론』(20권), 『대승아비달마집론』(7권) 등이 있다.

세친은 무착의 동생으로 400년에서 480년경의 인물로 추정된다. 세친에 대해서는 구마라집이 번역한 『바수반두법사전』을 통해서 확인해 볼 수 있다. 여기에는 형인 무착에 대한 내용도 나와 있어 세친만이 아니라 무착의 생애를 알아보는 데도 참고가 된다.

세친은 용수와 더불어 인도 대승불교에서 가장 중요한 인물이다. 처음에는 설일체유부에 출가했다가 형인 무착의 권유로 대승불교로 전향하게 된다. 세친은 처음에는 대승불교를 심하게 비방했는데, 후에 대승불교가 옳다는 것을 알고 자신의 혀를 자르려고 했다. 이에 무착이 막으면서 대승불교의 사상을 드러내는 것으로 죄를 갚도록 했다는 이야기가 전한다. 세친을 천부논사(千部論師)라고 칭하기도 하는데, 이는 그가 저술한 논서가 약 1천 부에 달하기 때문이다.

부파불교에 대한 세친의 저술로는 경량부의 입장에서 200권의 『아비달마대비바사론』을 요약한 『아비달마구사론』(30권, 혹 22권)이 있다. 후일 설일체유부의 견해에 투철한 중현(衆賢, Saṃghabhadra)이 『아비달마순정리론』(80권)으로 『아비달마구사론』을 비판하였지만, 그 중요도에는 전혀 손상을 입히지 못하였으며 중현은 최후에 세친에게 용서를 구한다. 대승으로 전향한 이후의 저술로는 『십지경론』(12권)을 비롯한 각종 주석서들이 있으며, 1권의 짧은 글로서 중요한 것은 『유식삼십송』과 『유식이십론』이 있다.

『유식삼십송』의 경우, 유식학파의 많은 고승들이 후일 이에 대한 주석서를 저술하면서 유식학을 이해하기 위한 중요 전적으로 자리 잡게 된다. 『유식삼십송』에 대한 주석서 중 호법(護法, Dharmapāla, 530~561)의 주석을 중심으로 다른 아홉 논사의 견해를 추려서 정리한 것이 현장이 번역한 『성유식론』(10권)이다.

유식학의 내용과 유식학파의 발전

유식이란 우리가 보고 느끼는 일체의 모든 것은 인식이 만들어 낸 현상일 뿐이라는 뜻이다. 그러므로 이것을 올바로 이해하면 모든 문제는 본래 존재할 수 없다고 주장한다. 그러나 꿈이 실체하는 본질이 아니라고 하더라도 꿈이라는 현상은 실제로 존재하고 영향을 미친다. 즉 꿈은 '본질적인 실체가 아니라는 면'과 '존재하는 현상'이라고 하는 두 가지 층위가 존재하는 것이다. 유식에서는 이를 각각 변계소집성(遍計所執性)과 원성실성(圓成實性)이라고 한다. 그리고 그 중간자로서 연기(緣起)의 성질을 가진 의타기성(依他起性)이 존재한다. 유식학에서는 우리가 보고 느끼는 일체는 이러한 세 가지 모습을 가지고 있다고 주장한다. 그러면서 의타기성을 바탕으로 변계소집성을 파악하여 원성실성을 성취해야 한다고 말한다.

또 유식에서는 인간의 의식 너머에 자신이라는 자아를 구성하고 있는 제7식이 존재하며, 그 바탕으로 집단무의식과 같은 8식이 존재함을 말한다. 실제로 심리학자 칼 구스타프 융은 불교의 유식학에서 힌트를 얻어 프로이드의 무의식설을 넘어선 집단무의식설을 주장하게 된다.

중관학이 존재의 비실체 문제인 공에 대해서만 말한 것에 비해, 유식학에서는 이것을 인간의 인식 문제로까지 확대·전환시키고 있다. 특히 설일체유부에서 주장하는 유(존재)라는 요소적인 실체에 바탕을 두고 이를 극복하기 위해 인간의 인식 문제를 제기하고 있다는 점에서,

중관학파와는 문제를 공유하고 있는 동시에 차이점을 형성한다. 그렇기 때문에 유식학파는 이후 발전하면서 중관학파와 충돌하게 되는데, 이것을 공·유의 논쟁이라고 한다.

세친 이후의 유식학파는 불교논리학을 새롭게 정립한 진나(陳那, Dignāga, 480~540)의 유상유식파(有相唯識派)와 덕혜(德慧, Guṇamati, 5세기 말~6세기 초)로 대변되는 무상유식파(無相唯識派)로 나뉘게 된다. 유상유식파는 8식의 실체를 인정하지만, 무상유식파는 8식의 실체를 부정하는 견해를 가진다. 이것이 다시금 호법과 안혜(安慧, Sthiramati, 470?570?)로 전해지면서 발전하게 되는데, 이 중 호법의 가르침이 나란다사(那爛陀寺, Nālandā寺)의 계현(戒賢, Śīlabhadra, 529~645)을 거쳐 당나라의 현장에게까지 전해지게 된다. 이로 인해서 중국의 유가법상종이 만들어지게 된다. _❀

028

아트만에 대한 요구와 붓다의 가능성

아트만에 대한 인도인의 집착

붓다는 브라만교의 아트만설을 부정하고 안아트만을 주장했다. 그러나 윤회의 주체(실체)가 없다는 것을 일반인들은 쉽게 이해하지 못했다. '한강'이라고 하면 사람들은 고유한 무언가를 떠올리는데, 이때 떠올리는 것이 바로 아트만이다. 그러나 강은 고유한 무언가가 아니라 물이 흐르며 만들어진 끊임없는 변화일 뿐이라는 것이 바로 붓다의 안아트만설이다. 자기동일성이라는 것은 결국 상속되는 변화에 지나지 않는다는 것이다. 이는 '나'라는 인간도 마찬가지이다. '나'는 계속해서 변화할 뿐이지, 정지해 있는 '나'는 존재하지 않는다. 하지만 이러한 내용을 머리로는 이해할 수 있어도 내가 실체가 아니라는 것은 불안감을 줄 수밖에 없다. 그렇기 때문에 이해 여부와는 상관없이 실체적인 무언가를 요구하게 된다. 이것이 불교 안에서도 아트만설과 유사한 주장이 반복해서 대두하게 되는 이유이다. 특히 윤회론을 배경으로 하는 인도문화에서 실체가 없이 윤회한다는 무아윤회의 주장은 받아들이기가 더욱 어려웠다고 하겠다.

불교 내부에서 외도로 불린 독자부

근본분열 이후 지말분열이 일어나는 시기를 살펴보면, 독자부의 약진을 확인해 볼 수 있다. 독자부는 상좌부에서 분파된 부파인데, 이 독자부 안에서 다시금 법상부·현위부·밀림산부·정량부의 4부파가 갈라져 나오게 된다. 즉 독자부는 상당한 규모를 가진 부파였던 것이다. 그런데 독자부와 관련해서는 '부불법외도(附佛法外道)'라는 비판이 있다. '불교 안의 외도'라는 의미이다.

독자부가 이와 같은 평가를 듣는 이유는 이들이 주장하였던 보특가라설 때문이다. 보특가라(補特伽羅, pudgala)는 아트만과 유사한 의미로, 윤회하는 주체를 뜻한다. 실제로 『금강경』에서 비판하는 사상(四相), 즉 아상(我相)·인상(人相)·중생상(衆生相)·수자상(壽者相) 중에서 아상이 바로 아트만이며, 인상이 보특가라에 해당한다. 참고로 중생상은 사트바(sattva)이며 수자상은 지바(jiva)를 가리키는데, 지바는 자이나교에서 말하는 윤회의 실체이다. 즉 『금강경』의 사상 비판은 기원전후에 만연해 있었던 실체론에 대한 문제 제기와 비판이었던 것이다. 그럼에도 독자부가 후대까지도 상당히 강력한 세력을 유지하고 있었다는 사실은 인도인들에게 윤회의 실체에 대한 의문이 꾸준히 존재하였으며, 불교에서도 무아윤회가 완전히 이해되지 않고 있었다는 것을 의미한다.

대승불교의 슬로건과 여래장이라는 안전장치

대승불교에서는 '모든 중생은 언젠가는 붓다가 된다'고 본다. 그래서 모두를 장래 붓다가 될 사람이라는 의미의 보살이라고 칭하는 것이다. 그런데 "언젠가는 붓다가 된다."라는 말에는 지금 현재 붓다의 가능성이 존재한다는 의미가 들어 있다. 이것을 여래의 가능성, 즉 여래장(如來藏, tathāgata-garbha)이라고 한다. 좀 더 정확하게 말하면 여래장은 여래의 태(胎)라는 뜻이다. 마치 임산부가 잉태하고 있는 아이처럼, 지금 태어나 있는 것은 아니지만 시간이 지나면 분명히 존재하게 될 사람이라는 의미라고 이해하면 되겠다.

그런데 문제는 이 여래의 가능성이 씨앗 속에 존재하는 나무와 같아서는 안 된다는 점이다. 씨앗 속에는 나무가 될 가능성은 존재하지만, 반드시 나무로 자랄 것이라고 보장은 할 수 없다. 그러나 여래장은 기약은 없지만 반드시 붓다가 된다고 말한다. 그런데 이 '반드시'가 성립하려면 여래장은 가능성이 아닌 일종의 실체를 말하는 것이 되므로 문제가 복잡해진다.

여래장의 대두는 사실 윤회라는 기약 없는 고통 속에서 대승불교를 수용하면 언젠가는 반드시 끝이 난다는 안전장치에 대한 요구가 반영된 것이다. 실제로 대승불교 경전들에는 '붓다의 수기(受記)'라는, 언젠가 반드시 붓다가 된다는 결정적인 언급이 많이 나타난다. 이와 같은 언급의 연장선에서 여래장에 대한 논의도 존재하는 것이다. 하지만 여래장은 안전장치가 되는 동시에 실체가 된다는 점에서 '연기'라는 변화원리를 주장하는 불교의 핵심과 충돌할 수밖에 없다.

부파불교의 보특가라나 대승불교의 여래장은 조금 차이는 있지만, 아트만과 같은 실체에 대한 요구가 꾸준히 존재하고 있었음을 알려 준다. 여래장과 관련된 경전으로는 흔히 "여래장 삼부경"이라고 일컬어지는 『여래장경』·『부증불감경』·『승만경』이 있다. 이 중 『여래장경』에서 최초로 여래장이라는 표현이 등장한다.

여래장 계통의 경전이 말하는 핵심은 '자성청정심 객진번뇌염(自性清淨心 客塵煩惱染)'으로, 본성은 본래부터 언제나 청정한 것이므로 번뇌는 외부에서 들어와 오염된 것일 뿐이라는 주장이다. 마치 태양을 가리는 구름처럼, 본래의 밝음과 제한적으로 발생하는 문제를 언급하고 있는 것이다. 이러한 주장은 아트만설과 무척 흡사하다.

여래장과 관련해서 경전보다도 주목되는 논서가 있는데, 바로 4권으로 된 『구경일승보성론(究竟一乘寶性論)』이다. 그런데 흥미로운 점은 이와 유사한 논서로, 역시 4권으로 된 『불성론』이 있다는 점이다. 『불성론』은 세친의 저술이라고 되어 있지만, 이 설은 신뢰할 수 없다. 『보성론』과 유사한 『불성론』의 존재는, 여래장이라는 가능성이 불성(佛性)이라는 본성과 같은 측면으로 변화되었다는 것을 의미한다.

또 불성 사상에서 가장 중요한 경전은 40권(혹 36권)의 대승경전인 『대반열반경』이다. 이 경전 속에는 "일체중생실유불성(一切衆生悉有佛性)", 즉 '모든 중생에게는 불성이 갖추어져 있다'는 유명한 구절이 반복해서 등장한다. 여기에서의 불성이란 내가 인식하고 있거나 그렇지 않거나를 떠나서 언제나 존재하는 실재라는 의미이다.

하지만 '여래장에서 불성으로의 전환'은 '실체'의 의미를 내포하고 있다는 점에서 상당히 위험하다. 이런 이유 때문에 불성을 강조하는

『대반열반경』은 인도불교에서는 크게 주목받지 못한다. 그러나 불성 사상은 중국불교로 전해지면서 선종 등의 열렬한 지지를 받게 된다. 중국불교에는 아트만과 관련된 문제 의식이 없었고, 불성 사상은 중국 전통의 성선설과 일치되는 면이 있었기 때문이다. 이 때문에 중국불교에서는 인도불교에서처럼 윤회를 어떻게 볼 것인지를 반드시 해결해야 할 필요가 없음에도 불성에 대해 적극적으로 수용하는 모습이 나타난다. 즉 인도불교와는 전혀 다른 쪽으로의 흐름이 중국불교에는 존재하는 것이다. _❀

V.

인도불교의 몰락과 부활

밀교의 등장부터 신불교 운동까지

중국, 수나라 멸망, 당나라 건국	618년		
현장의 서역 방문	627~645년		
신라의 삼국 통일	676년		
측천무후의 주나라 창건과 황제 즉위	690년		
		700년경	『대일경』 형성, 밀교의 번성
안사의 난 발발	755~763년		
		760년	산타라크시타, 티베트 방문하여 인도불교 전파
		800년경	다르마팔라 왕, 비크라마시라 사원 건립
후백제 건국	900년		
후고구려 건국	901년		
당나라 멸망, 오대십국 시대 시작	907년		
고려 건국	936년		
송나라 건국	960년		
		1000년경	이슬람 세력의 인도 침입
		1042년	비크라마시라 최고 고승 아티샤, 티베트를 방문
		1203년	이슬람 세력의 비크라마시라 사원 파괴 공식적인 불교의 소멸
원 제국의 성립	1271년		
	…	…	
		1857~1947년	영국의 인도 지배
		1955년	암베드카르, 인도불교협회 조직 및 신불교 운동 전개
		1956년	나그푸르에서 수십만 명이 불교에 귀의

029

붓다가 완성이 아니라 시작인 밀교

인도불교사의 서술이 빚어낸 오해

대승불교는 부파불교에 비해서 늦게 일어났으며, 부파불교는 대승불교의 흥기 이후에는 두드러진 변화를 보이지 못한다. 또한 대승불교는 북방으로 전래되었지만, 1203년을 기점으로 불교는 인도에서 공식적으로는 사라지게 된다. 이와 같은 이유들로 인하여 동아시아에서 저술되는 인도불교에 대한 책에서는 부파분열 이후에는 대승불교에 대한 내용만을 다루는 것으로 전개된다. 그러나 현장의 『대당서역기』나 『자은전』 등을 보면, 7세기까지 인도에서 더 세력이 컸던 것은 대승불교가 아닌 부파불교였다. 이는 '대승불교 쪽에서 왜 더 많은 변화 시도가 있었는지'와 '부파불교에서는 왜 큰 변화가 없었는지'에 대한 이유를 알려 준다. 부파불교의 입장에서는 굳이 변화해야 할 필요성이 없었던 것이다.

또 대승불교의 경전들은 부파불교를 소승불교로 폄하하면서 비판하는데, 부파불교에서는 대승불교에 대한 폄하나 비판이 살펴지지 않는다. 이것 역시 같은 선에서 이해될 수 있다. 즉 대승불교가 흥기하면서 부파불교를 대체하는 것이 아니라, 부파불교는 부파불교대로 유지되고 있는 가운데 대승불교가 일어나고 발전한 것이다. 그리고 그중 주류는 대승불교가 아닌 부파불교였다. 그러나 이와 같은 판도는 밀교 시대가 되면 완전히 달라진다. 밀교에는 부파불교와 대승불교가 모두 빨려 들어가기 때문이다.

밀교의 시작과 전개 양상

밀교(密教)는 비밀불교(祕密佛教)라는 의미이다. 이는 '드러난 불교'라는 의미의 현교(顯教)와 대비된 표현으로, 부파불교나 대승불교처럼 드러나 있는 불교가 아니라 비밀스럽게 전수되는 불교라는 의미이다.

밀교의 특징은 주술적이며 제의적(祭儀的)이라는 것인데, 이와 같은 특징은 불교 이전의 브라만교와 같은 고대종교에서도 살펴볼 수 있다. 또 붓다가 가르침의 개방성을 중요시하여 열린 지식을 강조한 것과는 달리 밀교는 스승과 제자의 특수성에 입각한 비밀주의를 강조한다. 이는 스승과 제자가 서로 가까이 앉아 가르침을 전수하는 우파니샤드의 비밀주의를 상기시킨다. 즉 종교의 근원적이고 원시적인 측면을 바탕으로 철학적인 옷을 입은 것이 밀교이며, 그 상당 부분은 브라만교가 변모한 힌두교의 영향을 받은 것이다.

세련되고 이성적인 종교가 더 진보된 방식이며 옳다고 여기는 것은 치밀하지 못한 생각이다. 모든 종교는 주술성과 제의적인 부분의 원시성에서 출발하며, 이에 대한 요구는 인간이 존재하는 이상 사라질 수 없기 때문이다. 그러므로 밀교적인 부분은 불교의 시작과 함께 존재하고 있었다고 이해하면 된다. 이것은 『반야심경』에서 확인되는 것처럼, 대승불교 안에도 진언이 존재하는 것을 통해서 파악해 볼 수가 있다.

다만 주술성과 제의성이 주류가 된다는 것은 완전히 다른 문제이다. 체계가 갖춰지기 전 밀교적인 요구가 점차 두각을 나타내던 시기의 밀교를 잡밀(雜密)이라고 한다. 잡밀이란 잡스러운 밀교라는 뜻으로 하나의 철학 체계로 통일되지 않은 다소 산만한 상태의 밀교를 가리킨다. 잡밀의 대표적인 경전으로는 『약사여래본원경』·『금광명경』·『불정존승다라니경』 등이 있다. 그리고 밀교가 자기원칙을 세우는 경전인 『대비로자나성불신변가지경(대일경)』과 『금강정유가중략출염송경(금강정경)』을 확립하는 7세기 중반부터의 밀교를 순밀(純密)이라고 한다. 순밀이란 잡밀과 대칭되는 단어로 순수한, 즉 정제된 밀교라는 의미이다. 이때부터 본격적인 밀교의 시대가 전개되면서 인도불교는 점차 밀교의 영향력이 커지게 된다.

쉬운 불교에 대한 요구와 인도불교의 변화

밀교는 대승불교와는 다르다. 밀교의 중심 붓다는 대승불교의 『화엄경』 등에서도 확인할 수 있는 비로자나불이다. 그러나 『화엄경』이 비로자나불과 석가모니불을 연결하여 말하는 것과 달리, 『대일경』은 석가모니가 부다가야 보리수 아래에서 얻은 깨달음에 문제가 있다는 데서 출발한다. 그러나 밀교가 부파불교가 아닌 대승불교를 바탕으로 성립된다는 점 역시 분명하다. 이는 붓다의 성문제자들은 밀교의 가르침을 들을 수도 없다는 전제 속에서 밀교 경전이 설해지고 있다는 점을 통해서 분명해진다. 즉 밀교는 대승불교가 발전한 형태는 아니지만, 대승불교를 배경으로 성립한 불교라는 말이다.

밀교가 인도불교에서 세력을 확장하게 되는 것은 대승불교의 흥기와 마찬가지로 쉬운 불교에 대한 요구 때문이다. 대승불교 역시 처음에는 붓다의 본의에 맞는 쉬운 불교라는 입장에서 시작한다. 그러나 용수와 세친 등의 논사가 등장하면서 발전한 대승불교는 600년대에 이르면 부파불교를 능가하는 어려운 불교가 되고 만다. 그러므로 쉬운 불교에 대한 새로운 요구가 다시금 대두하는 것은 당연하다. 그러나 밀교는 이와 같은 시대적인 요청만으로 등장하게 된 것만은 아니다. 여기에 대승불교의 성립과는 다른 새로운 요인이 더 존재했기 때문이다.

인도불교를 경제적으로 후원하는 계층은 무역을 하는 상업 집단이었다. 이에 비해서 브라만교의 변형인 힌두교를 지원하는 중심 계층은 농업 집단이었다. 이렇게 두 종교는 서로 층위를 달리하면서 흐르고 있었는데, 이슬람이 발흥하면서 문제가 복잡해지게 된다. 이슬람 세력이 인도의 서방 무역 루트를 차단해 버린 것이다. 이로 인해서 인도의 상업 집단은 큰 타격을 받게 되고, 불교 역시 상업 집단에 의존하던 비율을 줄이고 농업 집단에 대한 의존도를 높이게 된다. 이 과정에서 농업 집단의 구미에 맞는, 주술적이고 제의적인 요소가 강조되는 모습을 보이게 된다. 즉 인도불교가 밀교화되는 바탕에는 농업주의로의 변화라는 측면이 존재하고 있는 것이다. 이것이 밀교의 등장과 함께 인도에서 부파불교와 대승불교가 모두 밀교로 변모하게 되는 이유이다.

밀교 교리의 가장 큰 특징은, 관정(灌頂)이라는 의식을 통해서 제자가 스승에게 이미 붓다임을 고지 받고 출발한다는 점이다. 관정은 원래 고대에 국왕이 되는 사람에게 동서남북 네 바다의 물을 뿌려 주며 세상의 지배자라는 상징을 부여하였던 의식이다. 밀교에서는 이 의식을 차용해 중앙과 동서남북 오방(五方)의 다섯 붓다를 상징하는 물로 정화 의식을 하였다. 즉 붓다가 되는 것이 목표가 아니라 붓다가 되어서 시작하는 것이다. 앞선 불성 사상과 같은 상황에서 진일보하여 이미 불성이 완성되어 있다고 이해하면 되겠다. 대승불교에서 모든 사람은 미래에 장차 붓다가 될 보살이라고 하는 것과 달리, 밀교는 아예 현재 붓다에서 시작한다는 점이 차이가 있는 것이다.

밀교는 수행에 있어서도 진언이나 제의적인 형식 위주의 방법이 강조되는데, 이것은 농경문화의 주술 전통에 부합하는 간편함을 추구한 것이라고 할 수 있다. 즉 밀교에서는 경전을 공부해서 이해하는 것이 아니라, 몇 가지 진언을 통해서 그에 상응하는 에너지와 공덕을 만들어 낸다고 주장한다. 또한 정신적인 수행과 관련해서는 붓다와 붓다의 세계와 배치를 관상하는 방법이 사용된다. 이때 사용되는 도상을 만다라(maṇḍala)라고 한다.

만다라에는 『대일경』을 근거로 그린 태장계 만다라와 『금강정경』을 근거로 그린 금강계 만다라가 있다. 태장계 만다라는 붓다의 마음을 태아를 키우는 모태에 비유하여 자비의 세계를 나타내며, 금강계 만다라는 밀교의 기본 가르침과 지혜를 그림으로 표현한 것이다.

밀교에서는 경전이나 수행법을 탄트라(tantra)라고 하는데, 『대일경』의 행(行)탄트라 계통이나 『금강정경』의 유가(瑜伽)탄트라를 넘어서 중후기의 밀교가 되면 무상유가(無上瑜伽)탄트라가 유행하게 된다. 이 시기의 주류 중 하나인 『비밀집회탄트라(일체여래금강삼업최상비밀대교왕경)』에서는 비로자나불보다도 동방 아촉불에 대한 숭배가 나타나는 특징이 보인다. 또한 점차 성적인 에너지를 활용하는 비중이 증대하면서 체계화되는데, 이것을 좌도밀교나 금강승이라고 한다.

이로써 밀교는 불교의 본질과는 점차 멀어지고 인도불교는 힌두교의 재가주의보다도 못한 상황으로 침잠하게 된다. 인도불교가 이렇게 본질을 잃어버린 기간은 800년대에서 1200년까지, 무려 400여 년에 이른다. _ꕥ

030

힌두교와 이슬람에 무너지는 불교

힌두교화되는 불교와 안에서 무너지는 불교

불교사에서 '인도불교의 최후'로 보는 기점은, 1203년 당시 최대의 사원이었던 비크라마시라(Vikramaśilā, 超戒寺)가 이슬람 군대에 의해 파괴되는 사건이다. 그러나 600년대 말부터 시작된 밀교화는 이미 불교의 본질을 변모시키고 불교의 힌두교화를 촉발하고 있었다. 이후 400년에 걸친 밀교 시대는 결국 불교의 많은 부분을 힌두교와 비슷하게 변모시킨다. 불교가 이슬람의 침입에 의해서 사라진 것이 아니라, 힌두교에 흡수되었다는 일부의 주장은 이와 같은 판단에 따른 것이다.

불교의 가장 큰 특징 중 하나는 성적 금기이다. 이는 율장의 첫째 항목에 불음계(不婬戒)가 위치하는 것을 통해서 확인할 수 있다. 그러나 밀교 시대에 이와 같은 성적 금기가 무너졌고, 더 나아가 이것을 수행에 활용한다는 관점이 만연했다는 것은, 불교가 자체적인 추동력을 잃었다는 것을 의미한다. 즉 불교는 힌두교에 흡수되거나 이슬람의 공격에 의해서 사라진 것이 아니라, 더 이상 건전하게 변화할 수 있는 동인을 잃어버리면서 안에서 주저앉았던 것이다.

전쟁과 같은 외부적인 폭력과 억압으로 불교의 소멸을 주장하는 것은 매우 단순한 어법이면서 불합리한 설명이다. 이것은 불교와 비슷한 시기에 발생한 자이나교가 오늘날까지 버젓이 인도에 존재하며, 인도의 상업 자본을 장악하고 있음을 통해서도 알 수 있다. 즉 불교가 인도에서 사라지게 된 것은, 붓다의 근본 정신을 망각하고 새로운 변화를 모색하지 못하였던 것이 가장 큰 요인이라고 하겠다.

초거대 사찰이 초래한 비극의 그림자

인도불교 마지막 시기에 존재한 사원 중 가장 규모가 컸던 사원은 팔라 왕조(750~1174년경)의 다르마팔라 왕(재위 770~810)이 800년경에 건축한 비크라마시라 사원이다. 이외에도 4대 사찰이라고 해서, 팔라 왕조의 시조인 고팔라 왕(재위 750~770)이 나란다 사원에서 10킬로미터쯤 떨어진 곳에 건립한 오란다푸리(Udaṇḍapura) 사원과 굽타 왕조(320~550년경) 때인 5세기에 사크라디트야 왕에 의해서 창건된 나란다 사원, 그리고 붓다가 깨달음을 얻은 부다가야의 바즈라사나(Vajrāsana, 金剛寶座) 사원이 있다. 이들 사찰 중 현장이 유학하면서 유식학을 배움으로 인해서, 동아시아에서 가장 유명해지는 나란다 사원은 남아 있는 유적의 지름이 10킬로미터에 달하며, 전성기에는 1만 명의 승려가 사는 사원 도시와 같은 거대한 규모를 자랑하고 있었다.

그러나 불교에 대한 국가의 후원과 사원의 초거대화는 불교가 민중과 유리되는 폐쇄적인 구조를 만들어 내었다. 또한 이슬람의 침공으로 인도의 북쪽에 전쟁으로 인한 위기의식이 감돌게 되자, 승려들은 더욱더 거대 사원에 모여들게 되었다. 그러다 거대 사원이 이슬람의 공격으로 파괴되면서 인도불교는 종언을 고하기에 이른다.

인도에 이슬람 왕조가 들어서기 시작한 것은 1206년 델리를 중심으로 세워진 노예 왕조(1206~1290)부터였지만, 그 이전부터 기울어지기 시작한 전쟁의 양상은 돌이킬 수 없었다. 결국 12세기 말에는 인도의 동쪽도 이슬람의 영향권 안에 놓이게 된다. 이와 같은 이슬람의 세력 확장 과정에서 1203년에 비크라마시라 사원이 파괴되고, 이를 기점으로 인도불교가 최후를 맞이했다고 보는 것이다. 현재 비크라마시라 사원과 오란다푸리 사원은 체계적인 발굴이 이루어지지 않은 상태이나, 나란다 사원은 1킬로미터 정도가 발굴, 2016년 유네스코 세계문화유산에 등재되어 역사 유적으로 공개되고 있다. 이렇게 놓고 본다면 인도의 4대 사찰 가운데 오직 부다가야의 바즈라사나 사원만이 2002년 유네스코에 등재된 동시에 불교적인 활기를 머금고 있다고 하겠다.

이슬람이 되는 불교도들

종교는 전통과 문화를 모두 내포하고 있기 때문에 물리적인 힘으로 하루아침에 단절시킬 수 있는 성격의 것이 아니다. 또한 인도는 지역이 광범위하므로 변화가 일어나더라도 바뀌는 데 많은 시간이 소요된다. 그렇기 때문에 불교는 이후에도 수백 년간 인도에 잔존하며, 인도의 동북쪽에 위치한 벵골의 오지에는 현재까지 불교가 유전되고 있다는 주장도 있다.

하지만 불교의 구심점이었던 거대 사원이 파괴되면서 불교와 힌두교라는 인도의 두 전통적인 축 가운데 하나가 붕괴하게 된다. 그리고 남아 있던 불교도들은 힌두교인지, 이슬람인지를 선택해야만 했다. 그러나 불교도들은 문화적으로는 힌두교에 가까웠지만 이들 중에는 힌두교로 전향할 수 없는 이들이 있었다. 바로 카스트 제도에 속하지 않거나 사문 전통의 흐름에 위치한 사람들이다.

불교와 힌두교의 가장 큰 차이 중 하나는 불교가 신분제를 인정하지 않는다는 점이다. 그러므로 불교의 전통과 문화 영역에는 카스트가 불분명한 집단들도 존재할 수 있었다. 카스트가 불분명한 사람들이란 외국에서 이주한 사람들, 또는 불교 영역에서 오랫동안 살면서 카스트와 무관하게 된 사람들이다. 그런데 이들이 힌두교를 따르며 카스트 제도에 들어갈 경우에는 최하위 카스트에 배속될 수밖에 없다. 이런 이유 때문에 이들은 힌두교가 아닌 이슬람을 선택하게 된다. 이슬람 역시 인간 평등을 주장했다는 점이 작용하고 있는 셈이다. 즉 이슬람은 불교의 파괴자일 뿐만 아니라 불교의 세력을 흡수한 흡수자이기도 했던 것이다. 특히 이 부분이 중요한 것은, 이로 인하여 불교가 인도에서 더욱 빠르고 완전하게 사라지는 요인이 되었기 때문이다._※

031

티베트로의 이동과 새롭게 일어서는 불교

중국의 영향을 받으며 시작된 티베트불교

티베트는 지리적으로는 인도와 중국에 인접해 있지만, 히말라야 산맥이라는 지형에 의해서 두 문화권의 직접적인 영향은 받지 않는 특이한 문화 전통을 유지하고 있다. 또한 고산 지대에 위치한다는 지형적 특징과 척박한 유목 환경은 그들만의 독특한 정령 숭배 문화를 만들어 내게 된다. 이것이 바로 티베트의 전통 토착 종교인 본교(Bon)이다.

티베트에 불교가 전해진 시기가 언제였는지는 분명하지 않지만, 두 지역의 교류 관계를 관련해서 추측해 보면 비교적 이른 시기일 것이다. 그러나 이것은 공식적인 전래는 아니었으며, 티베트에서 체계를 갖추고 발전하지도 못했다. 왜냐하면 티베트불교와 관련된 최초의 기록은 의외로 중국불교와 관련해서 나타나기 때문이다.

티베트를 최초로 통일하고 라사에 수도를 정하는 송짼감뽀(Songtsän Gampo, 松赞干布, ?~649) 왕은 당나라에 사신을 파견해서 태종(太

宗)의 조카인 문성공주를 두 번째 부인으로 맞이하게 된다. 이 결혼은 641년에 이루어지는데, 이때 문성공주가 모셔간 석가모니상을 안치하기 위해 티베트 최초의 불교 사원인 조캉 사원(Jokhang, 大昭寺)이 건립된다. 이후 티데쭉짼(Tridé Tsuktsen, 棄隷縮贊, 재위 704~755) 왕도 당 중종(中宗)의 조카인 금성공주와 결혼하였는데, 이는 티베트불교의 초기 100여 년 이상이 중국불교의 영향을 받았다는 의미가 된다.

인도불교의 약진과 중국불교와의 논쟁

티베트가 중국불교에서 인도불교로 상황이 반전되는 것은, 벵골의 왕족 출신으로 나란다 사원의 최고 고승이었던 산타라크시타(Sāntaraksita, 寂護)가 760년 치송데첸(Trisong Detsen, 赤松德贊, 재위 755~797) 왕의 초청으로 티베트로 가면서부터이다. 이로 인해서 792~794년에 산타라크시타의 제자인 카마라실라(Kamalaśīla, 蓮華戒)와 중국 선종의 선사인 마하연(摩訶衍) 간에 논쟁이 펼쳐지게 된다. 이 논쟁은 삼예 사원에서 이루어졌다고 해서 삼예(Samye) 논쟁이라고 한다.

산타라크시타는 중관과 유식이 합쳐진 견해를 가졌던 인물이므로 중관·유식의 입장과 중국 선종이 충돌하여 벌어진 논쟁이라고 이해하면 되겠다. 그리고 여기에서 카마라실라가 승리함으로써 중국불교는 티베트불교에 대한 영향권을 상실하게 된다.

티베트불교를 인도불교적인 성향으로 바꾼 것은 산타라크시타지만, 실질적으로 티베트불교에 강력한 영향력을 행사하는 것은 8세기 밀교 금강승(金剛乘)이었던 파트마삼바바(Padmasambhava)이다. 파트마삼바바는 『티베트 사자의 서』의 찬술자로 우리에게 잘 알려져 있는 사람으로, 본교를 누르고 티베트불교를 확립한다. 그러나 파트마삼바바는 금강승의 성적인 수행을 긍정하는 사람이기 때문에, 그가 시작한 티베트불교에서는 결혼하는 대처승을 허용하였다. 대처승들은 빨간 모자를 쓰기 때문에 홍모파(닝마파)라고 하는데, 현재까지도 티베트불교의 주류를 차지하고 있다.

파트마삼바바와 더불어 티베트불교에 많은 영향력을 미치는 인물은 아티샤(Atiśa, 982~1054)이다. 아티샤는 비크라마시라 사원의 최고 고승으로 1042년 예세혜 왕의 초청으로 티베트를 방문하여 티베트불교를 재편하는 인물이다. 그런데 아티샤는 금강승의 분파인 시륜승(時輪乘)에 속하는 승려이다. 시륜승은 남녀가 교합하고 있는 본초불(本初佛)을 신앙하는, 인도밀교의 최후를 장식하는 집단이다. 즉 파트마삼바바의 금강승과 아티샤의 시륜승이 전해지면서 티베트불교는 밀교의 영향이 강해진 모습을 보이게 된다. 이런 이유 때문에 이슬람의 침입과 함께 밀교화되어 있던 인도불교의 일부가 쉽게 티베트로 옮겨가게 된다. 실제로 당시 비크라마시라 사원의 최고 고승이었던 샤기야슈리는 인도 동북쪽의 벵골을 거쳐 티베트로 망명했다고 한다.

그러나 인도의 고승들이 모두 티베트로 간 것은 아니다. 사상적인 차이로 인해서 남인도로 가거나 동남아시아로 가는 경우도 있었기 때문이다. 그러나 당시 인도불교의 주류가 밀교이며, 티베트불교 역시 그랬다는 점에서 다수의 인도 승려들이 티베트로 간 것만은 분명하다.

신불교의 시작

1203년을 기점으로 불교는 인도에서 긴 공백기를 가지게 된다. 이후 인도에서 불교를 환기시키고 붓다를 각성시킨 사람들은 아이러니하게도 19세기의 영국인들이었다. 이들은 식민지학으로서의 인도학과 고고학을 연구하면서 붓다의 위대성을 인식하게 된 것이다. 이로 인하여 인도의 지식인인 간디(1869~1948)나 노벨문학상을 받은 타고르(1861~1941), 그리고 인도의 초대 수상이 되는 네루(1889~1964)와 같은 사람들이 불교와 관련해서 언급한 사례를 찾는 것은 어렵지 않게 된다.

그러나 인도의 불교 부흥과 관련해서 실질적인 영향을 미친 것은 암베드카르(Ambedkar, 1891~1956)의 신불교 운동이었다. 인도의 법무부 장관을 역임하기도 했던 암베드카르는 카스트 제도가 인도 발전에 장애물이라는 점을 자각하고, 불가촉천민에 대한 차별을 없애기 위해 노력하였다. 불교의 평등 사상과 화합 정신이야말로 차별을 없앨 수 있는 올바른 대안이라고 생각한 암베드카르는 1955년 서인도의 봄베이에서 인도불교협회를 조직하고, 신불교 운동을 전개하였다. 이 운동의 영향으로 1956년 나그푸르에서는 수십만 명이 동시에 불교로 귀의하는 기적 같은 일이 이루어졌으며, 이는 현재진행형으로 지속되고 있다. 그 결과 현재 불교는 인도에서 힌두교·이슬람교·기독교·시크교 다음으로 다섯 번째 종교로 급성장하는 모습을 보이게 된다._❀

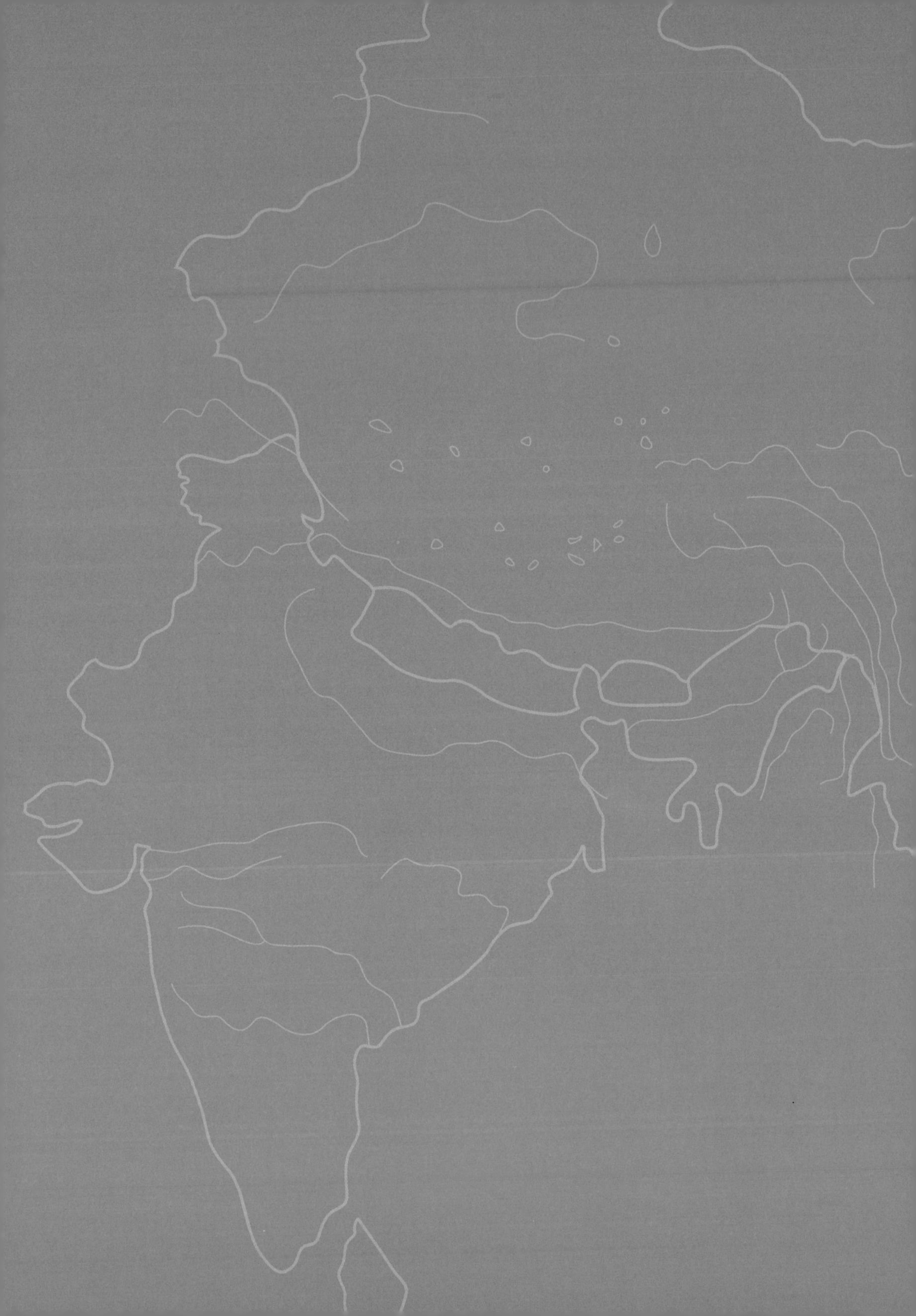

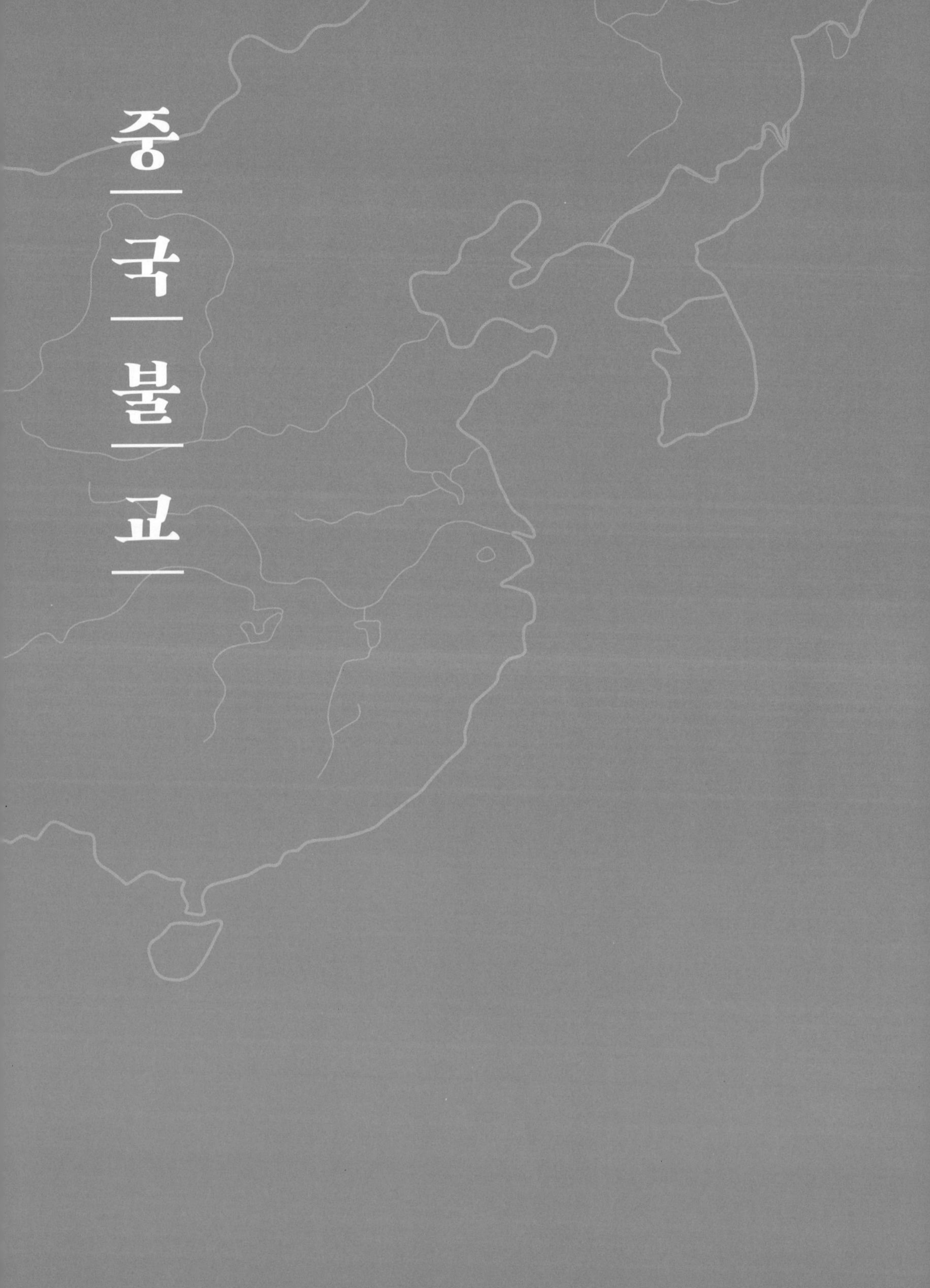

중국불교

Ⅰ.

중국으로 들어오는 불교

초전기의 불교

사건	연도	사건
아소카 왕의 인도 통일	BCE 261년	
상좌부의 분열 시작	BCE 240년경	
	BCE 221년	진시황의 진나라가 중국을 통일
	BCE 202년	진나라 멸망, 또 다른 통일 제국인 한나라 건국
	BCE 126년	대월지와의 동맹을 위해 떠난 장건이 실크로드에 대한 정보를 가지고 귀국
고조선 멸망	BCE 108년	
스리랑카에서 경전이 문자로 기록되기 시작 대승불교운동 시작됨	BCE 100년경	
신라 건국	BCE 57년	
고구려 건국	BCE 37년	
백제 건국	BCE 18년	
	8년	왕망의 신나라 건국
	25년	광무제가 후한을 건국
가야 건국	42년	
	67년	후한 명제가 꿈에서 금인(金人)을 봄 인도 승려 가섭마등, 축법란이 낙양에 도착
간다라·마투라에서 불상이 만들어지기 시작(1세기경) 카슈미르에서 제4차 결집 일어남	100년경	
	147년	안식국 출신의 승려 안세고, 후한의 수도 낙양에 도착
찬불승 마명이 활동함	150년경	
	160년경	지루가참이 낙양에 도착
	184년	황건적의 난 발발
용수와 그 제자 제바가 활동	200년경	
	220년	후한이 멸망하고 위·촉·오 삼국 시대(~280년)가 시작됨

032

실크로드 개척과 함께 시작된 불교의 전파

실크로드를 개척한 장건

인도에서 시작된 불교는 교세를 확장하며 여러 지역으로 전파된다. 그 중에서도 중국으로의 전파는 실크로드가 개척된 이후 활기를 띠기 시작한다.

지형적으로 볼 때, 중국과 인도 사이에는 히말라야 산맥이라는 거대한 벽이 자리 잡고 있었기 때문에 두 지역을 왕래하기 위해서는 중앙아시아를 거친 멀고먼 우회로를 이용할 수밖에 없었다. 이 우회로가 바로 우리가 익히 알고 있는 '실크로드(Silk road)' 이다.

'실크로드'라는 이름은 독일의 지리학자 리히트호펜(Richthofen, 1833~1905)이 쓴 『중국』이라는 책에서 그 무역로를 '자이덴슈트라센(Seidenstrassen)'이라고 명명한 데에서 붙여진 것이다. 자이덴(seiden)은 비단(silk), 슈트라센(strassen)은 길(road)을 뜻하는 독일어로, 이 무역로를 따라 실크가 교역된 것에서 착안한 이름이다. 인간이 개척한 길 중 가장 험난한 길이 아이러니하게도 가장 부드럽고 아름다운 이름을 갖게 된 것이다. 또 흥미롭게도 실크로드의 가장 중요한 교역품은 실크가 아니라 도자기였다.

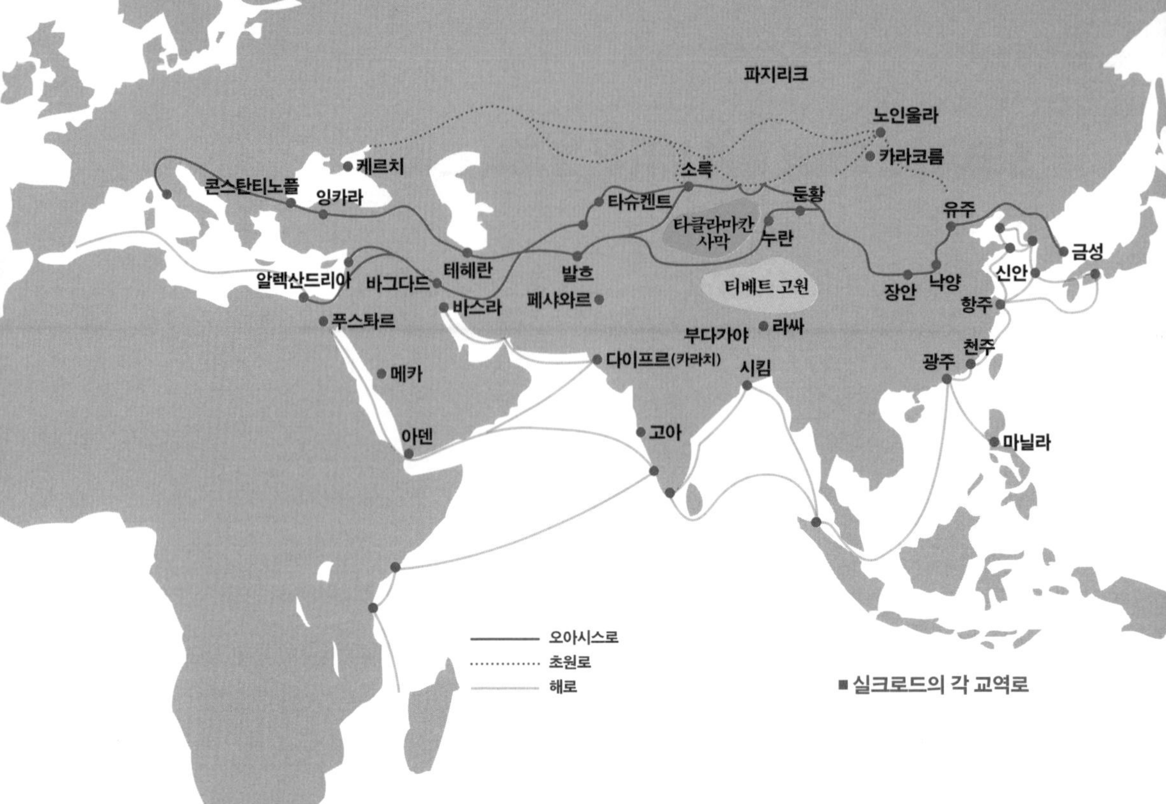

■ 실크로드의 각 교역로

실크로드는 기존에 오아시스 사이에 존재하던 부분적인 교통로를 하나로 연결시킨 '오아시스 로드'라고 할 수 있다. 이렇게 교통로가 하나로 연결될 수 있도록 한 인물이 한나라 때의 장건(미상~BCE 114)이다. 장건은 한나라 제7대 황제인 무제(재위 BCE 141~BCE 87) 때 쿠샨 왕조(월지국)와 동맹을 맺기 위해서 파견되었으나 이 임무를 완수하지 못하고 흉노족에게 붙잡히는 등 13년간 유랑하다가 기원전 126년에야 한나라의 수도인 장안으로 돌아오게 된다. 이러한 유랑 과정에서 장건이 파악한 중앙아시아와 관련된 많은 정보와 교역로들이 한 무제의 팽창 정책과 맞물리면서 실크로드의 개척이라는 일대 사건을 만들어 낸 것이다. 이에 대해 사마천은 『사기』 권123 「대완열전(大宛列傳)」에서 "서역착공(西域鑿空)", 즉 '서역으로의 길을 뚫었다'라고 하였다.

오늘날 실크로드는 오아시스로, 초원로, 해로의 세 가지 간선으로 이루어진 교역로를 통칭하는 말이다. 그러나 장건이 파악한 정보를 바탕으로 만들어진 실크로드는 오아시스로로, 고대의 교역과 문명의 교차에 있어서 가장 중요한 길이다. 불교의 중국 전파 역시 이 오아시스로를 따라서 이루어진다. 참고로 해상 실크로드는 항해술이 발전하는 후에 완성되며, 해상 실크로드의 완성은 오아시스로의 쇠퇴로 연결된다.

오아시스로는 장안에서 출발해 무위(武威), 장액(張掖), 주천(酒泉), 돈황(敦煌)의 하서4군까지는 대동소이하다. 이후 길은 천산 산맥을 만나면서 천산 산맥의 북과 남으로 우회하는 천산북로와 천산남로로 갈라지게 된다. 천산북로는 천산 산맥의 북쪽에 있는 오아시스 도시를 연결하는 길이며, 천산남로는 천산 산맥의 남쪽과 타클라마칸 사막의 북쪽을 경유하는 길이다.

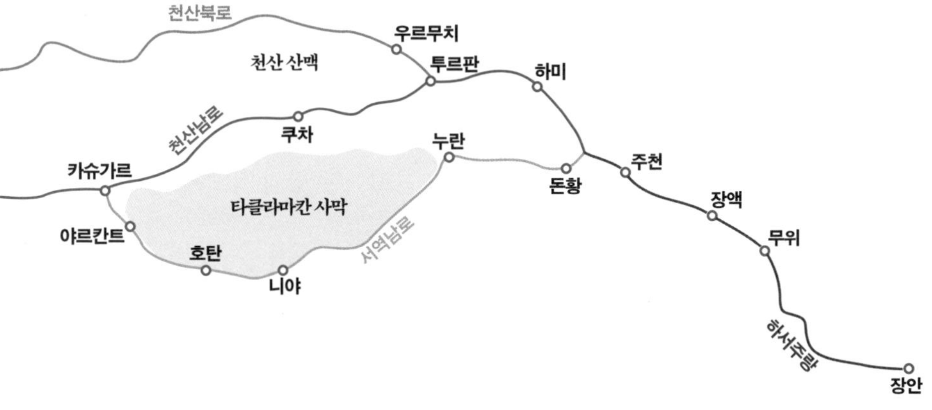

■ 천산북로와 천산남로, 그리고 서역남로

천산 산맥을 기준으로 나누어지는 천산북로와 천산남로 외에도 타클라마칸 사막 남쪽으로 우회하는 길은 서역남로라고 한다. 그래서 천산남로를 서역남로와 구분하여 서역북로라고 부르기도 한다. 타클라마칸 사막을 기준으로 남북으로 갈라졌던 천산남로(서역북로)와 서역남로는 타클라마칸 사막을 남북으로 우회한다. 이렇게 갈라졌던 두 길은 세계의 지붕이라고 하는 파미르 고원(총령葱嶺) 인근의 카슈가르에서 하나로 만나게 된다.

이 세 개의 오아시스로 가운데 불교의 전파 및 중앙아시아불교와 관련해서 중요한 길이 천산남로와 서역남로이다. 천산남로 상에는 고흑(姑黑), 쿠차(구자龜玆)와 키질 등이 위치하고 있으며, 서역남로가 지나는 곳 중에는 호탄(우전于闐), 니야(니아尼雅) 등이 있다.실크로드가 지나가는 지역에는 60개 이상의 많은 오아시스 국가가 존재한다. 이는 불교가 중국으로 동점(東漸)할 때 중앙아시아 문명의 영향을 받을 수밖에 없었음을 의미한다.

실제로 붓다를 음사한 말 불타(佛陀)와 불(佛) 중에서 붓다를 불타로 음사하는 것은 쉽게 이해할 수 있지만, 이를 불로 줄이는 것은 납득하기 쉽지 않다. 이것은 붓다를 'but'으로 발음한 중앙아시아 국가들의 표현법에 따른 것이다. 동아시아에서 붓다를 칭할 때 불타보다 불이라는 표현이 더 일반적이라는 점을 보면 서역 문화의 영향을 생각해 보는 것은 어렵지 않다. 이는 승가를 '승'이라고 음사하는 방식 속에서도 확인된다._✾

더 알아보기

서쪽으로 전파된 불교

실크로드가 개척되기 전, 인도의 주된 교역 대상은 중국이 있는 동쪽이 아닌 서쪽이었다. 인더스 문명이 발달한 시기부터 인도가 메소포타미아와 교역을 했다는 흔적이 남아 있을 정도이다. 『사분율』 권31 「수계건도(受戒揵度)」에는, 붓다가 부다가야의 보리수 아래에서 깨달음을 얻은 후 7~14일 사이에 그곳을 지나던 제위(提謂, Trapuṣa)와 파리(波離, Bhallika)라는 두 대상의 우두머리가 붓다께 공양을 올렸다는 내용이 있다. 붓다께 공양을 올린 이들은 간청하여 대상의 안전을 위한 호신물로 붓다의 손톱과 머리카락을 받게 된다. 이후 무역에서 크게 성공한 이들은 고향으로 돌아가 붓다의 손톱과 머리카락을 봉안한 불교 최초의 탑을 건립한다. 이것이 조발탑(爪髮塔), 즉 손톱과 머리카락탑이다. 미얀마에서는 이 조발탑이 바로 양곤에 위치한 쉐다곤파고다라고 여기고 있다.

그러나 당시 인도의 주된 교역로는 미얀마 쪽이 아니라, 서쪽의 파키스탄 방향이었다. 실제로 현장은 『대당서역기』 권1 「박갈국(縛喝國)」에서, 제위·파리가 건립한 조발탑을 현재의 아프가니스탄 발흐에서 목격했다고 기록하고 있다. 붓다 당시에 불교는 인도의 대외 교역로를 타고 인도 끝을 넘어 아프가니스탄에까지 진출했던 것이다.

033

중앙아시아로의 불교 전래

실크로드 서역남로의 호탄

실크로드의 서역남로에 위치한 호탄은 인도 문화의 영향을 받은 곳이다. 그래서 이 나라는 인도신화에 나오는 사천왕 중 하나이자 북방을 관장하는 비사문천왕을 숭배하며, 아소카 왕의 아들인 쿠날라가 건국했다는 전설을 가지고 있다.

『아육왕경(阿育王經)』 권4 등에 따르면, 쿠날라는 아소카 왕의 뒤를 이을 태자였으나, 계모의 책략 때문에 눈을 잃고 버림받은 비운의 왕자이다. 그런데 현장의 『자은전』 권5에 의하면, 호탄이 불교 국가가 되면서 쿠날라 왕자는 호탄의 건국 시조로 변모하게 된다. 불교는 신 중심의 종교가 아니기 때문에 왕계의 신성함을 불교적인 성스러움과 연관해서 변증하는 경우가 나타나는데, 쿠날라 왕자의 경우가 바로 그러하다. 이와 같은 양상은 『삼국유사』 권3 「황룡사구층탑(皇龍寺九層塔)」에서 신라의 왕계가 인도 사성(四姓, caste) 중 왕족인 크샤트리아의 혈통이라는 주장을 통해서도 확인해 볼 수 있다.

또 호탄에는 사막 지역에 서식하는 몽구스(mangus, 鼠狼)를 숭배하는 유풍이 있었다. 이것이 비사문천 신앙과 결합하면서 비사문천왕의 도상에 쥐와 같은 형상이 들어가게 된다. 이와 같은 양상은 티베트와 중국 및 우리나라의 사천왕문에 묘사된 비사문천상의 일부에서도 확인해 볼 수 있다.

바미얀과 실크로드 천산남로의 키질, 그리고 돈황

바미얀은 실크로드의 대표적인 불교 유적지 중 한 곳으로, 지난 2001년 3월 아프가니스탄의 탈레반에 의해서 파괴된 바미얀 석불이 있었던 지역이다.

바미얀은 서쪽과 북쪽으로는 실크로드가 지나가고, 남쪽과 동쪽으로는 인도와 접하는 문명의 접점이다. 이곳에 500년대 초, 동서로 각각 38미터와 55미터 크기로 조성된 바미얀 석불은 멀리에서 오는 대상들에게는 기원의 등대와 같았다. 바미얀 석불에 대한 최초의 기록은 현장의 『대당서역기』 권1 「범연나국(梵衍那國)」에서 발견할 수 있다.

바미얀 석불 주변에는 많은 석굴군이 존재한다. 이러한 석굴사원 전통은 무더운 기후에서 흔히 나타나는 것으로, 인도 남쪽의 오랑가바드 지역 석굴군에서 시작되어 실크로드를 타고 발전한다. 천산남로를 타고 중국으로 전파된 석굴사원의 전통은 키질의 천불동과 돈황의 천불동에서도 확인해 볼 수 있다. 천불동이란 불상을 모신 동굴이 숫자 1,000을 헤아릴 정도로 많다는 의미이다.

바미얀이나 키질, 돈황 같은 지역에서 석굴군이 발견된 것은 이들

지역의 위치적 특성에서 그 이유를 찾아볼 수 있다. 바미얀은 인도에서 로마나 중국으로 가는 갈림길에 있었으며, 키질은 천산남로의 중간 휴식지, 돈황은 천산남로의 중간 휴식지이자 중국으로 들어가는 관문이었다. 그래서 길을 떠나는 대상은 이곳에서 붓다의 가피를 기원하였으며 도착하는 이들에게는 무사히 여정을 마쳤다는 것에 감사하는 곳이었던 것이다. _ ⌘

034

중국으로의 불교 전래

불교 전래에 대한 최초의 기록

불교가 중국에 처음 알려진 것은 실크로드를 타고 들어온 상인에 의해서였으리라고 추측된다. 그러나 이러한 내용을 기록에서는 찾을 수 없다. 역사적인 기록이란 큰 사건이나 최고 신분과 관련된 내용으로 제한될 수밖에 없기 때문이다. 그래서 불교가 언제 전래되었는지에 대한 기록은 없지만, 불교와 관련된 기록은 여러 번 발견된다.

그중 가장 이른 기록은 『사기』 권123 「대완전」에서 한 무제 때 월지국과의 동맹을 위해 파견된 장건이 중앙아시아를 떠도는 과정에서 신독, 즉 인도에 대해 인지하고 있었다는 내용이다. 물론 인도에 대해 알았다는 것이 곧 불교를 알고 있었다는 의미는 아니다. 그러나 장건이 전한의 수도인 장안으로 돌아온 것이 기원전 126년이므로 불교를 알았을 가능성 역시 충분히 존재한다. 실제로 이후에 쓰인 『후한서』 권88 「서역전」과 진수의 『위서』 권114 「석노지」 등에서는 장건의 인도 기록을 곧장 불교와 연결시키고 있다.

또『사기』권100「흉노열전」등에는 기원전 121년 한 무제가 장군 곽거병을 파견하여 흉노의 소왕(小王)인 휴도왕(休屠王)을 제압하고 휴도왕이 숭배하던 금인(金人)을 입수했다는 내용이 기록되어 있다. 여기에서 휴도왕의 휴도(休屠)는 붓다, 혹은 불교에 대한 음사로 볼 수 있다. 그러므로 휴도왕은 '붓다 왕' 또는 '불교 왕'이라는 이해도 가능한 것이다.

또한 금인이 중국에서 불상을 가리키는 말 중 하나라는 점을 보면 한 무제가 입수한 금인이 불상이었다고 생각해 볼 여지도 존재한다. 물론 기원전 121년에는 불상이 만들어지지 않았다는 점에서, 여기에서의 금인을 천신상으로 이해하는 견해도 있다. 그러나 이 시기 한나라의 팽창이 중국과 인도를 연결했다는 점만은 분명하다.

후한 명제의 감몽구법설

일반적으로 중국의 불교 전래와 관련하여 가장 많이 언급되는 기록이『후한서』의 권88「서역전」에 나오는 후한 명제의 감몽구법설(感夢求法說, 금인강정설金人降庭說)이다.

67년 후한의 제2대 황제인 명제가 꿈에 금인을 보았는데, 그 금인은 매우 장대하고 정수리에서 광명이 발하였다고 한다. 꿈에서 깬 명제가 이 내용을 신하들에게 말하자 신하들은 서방에서는 붓다를 모신다는 이야기를 하였다. 신하들의 말을 들은 명제는 인도에 사신을 보내서 불교에 대해 묻게 하고 붓다의 형상을 그렸다고 한다.

이 내용을 보면 신하들은 이미 불교에 대해서 인지하고 있었음을 알 수 있다. 그러므로 이 기록은 황실에 불교가 전해진 계기에 대한 것이지, 이때 불교가 전해졌다는 뜻이라고 할 수는 없다.

후한 명제 때 이미 불교가 전래되어 활발한 활동을 전개하고 있었음은 명제의 이복동생인 초왕(楚王) 영(英)에 대한 기록에서도 확인할 수 있다. 『후한서』 권42 「초왕영전」에 따르면 초왕 영은 41년에 왕이 되었으며, 65년에는 초왕이 황로(도교)와 부도(불교)를 믿는 것을 명제가 칭찬했다고 한다. 이 기록에는 초왕 영이 승려와 신도들을 공양했다는 내용이 함께 수록되어 있다. 이를 보면 명제 때에는 불교가 나름의 교단 조직을 확보하고 활발하게 활동하고 있었던 것이다.

『주서이기』, 중국불교가 만든 허구와 실재

불교의 중국 전래와 관련해서 반드시 알고 있어야 하는 내용 중 하나가 바로 『주서이기(周書異記)』의 기록이다. 『주서이기』에는 붓다가 지금으로부터 3천 년 전 인물이며, 붓다 재세 당시 중국에서도 붓다에 대해 알고 있었다는 내용이 쓰여 있기 때문이다. 『주서이기』에 따르면, 붓다는 주나라 소왕 24년인 기원전 1030년 4월 8일에 탄생하여, 주나라 목왕 52년인 기원전 949년 2월 15일에 입멸하였다고 한다.

그 내용을 자세히 보면, 소왕 24년 4월 8일에 대지가 진동하고 오색 빛이 황제를 상징하는 태미성(太微星)을 꿰뚫어 서쪽을 청홍색으로 물들였다. 소왕이 이 일에 대해 천문과 역사를 관장하던 소유(蘇由)에게 묻자, 소유는 '성인이 서방에서 탄생한 징조이며, 천 년이 지나면 중국으로 가르침이 전해질 것'이라고 답했다고 한다. 또 목왕 52년 2월 15일에는 산천이 진동하며 서쪽에 열두 줄의 흰 무지개가 나타나 남북으로 걸쳐져 사라지지 않았다. 목왕이 천문과 역사를 관장하던 호다(扈多)에게 묻자, '서방의 성인이 입멸해서 애도의 기상이 나타난 것'이라고 답했다고 한다.

하지만 『주서이기』는 그 당시의 것이 아니라 후대에 기록된 것이므로 그 내용을 모두 신뢰할 수 있는 것은 아니다. 이러한 허구적 내용이 중국에서 나타나게 된 것은 다음의 두 가지 이유 때문이었다.

첫째, 불교와 중국이 관련된 역사가 오래이며, 중국으로 불교가 전래할 수밖에 없었다는 당위성을 변증하기 위함이다. 불교는 후한 시대 점차 세력을 넓혀서 위진남북조 시대에 지배 이데올로기로 자리매김하게 된다. 그런데 위진남북조는 사회적으로 혼란한 시기였기 때문에 당시 사람들 사이에서는 불교 때문에 중국의 혼란기가 전개된 것이라는 비판이 있었다. 불교에서는 이 주장을 무력화시키기 위해서 중국인이 이상적인 시절이라고 생각하던 주나라 때 이미 붓다의 존재를 알고 있었고, 불교가 중국에 전래된 것 역시 정해진 일이었다는 주장을 전개하게 되는 것이다.

둘째, 중국에 상고주의, 즉 역사가 오래된 것을 귀하게 여기고 좋아하는 문화가 있었다는 점이다. 그래서 도교의 노자(BCE 571?~BCE 471?)와 유교의 공자(BCE 551~BCE 479)가 활동하던 시대보다 붓다의 활동 연대를 훨씬 더 앞세워서, 이들보다 붓다가 더 위대한 인물이라고 주장하기 위함이었다.

『주서이기』의 기록이 신빙성이 떨어짐에도 그 연대가 중요한 것은, 최근까지도 동아시아에서는 이 기록을 기준으로 계산한 불기를 사용하고 있었기 때문이다. 불기란 붓다의 입멸연도를 기준으로 하는 불교의 연도 표기법이다. 현재 우리가 사용하는 불기는 1956년 11월 네팔의 수도인 카트만두에서 열린 제4차 세계불교도대회에서 결정된 것으로, 붓다의 입멸을 기원전 544년으로 본다. 하지만 그 이전에 나온 동아시아의 불교 문헌에서는 불기를 『주서이기』 속 붓다의 입멸년인 기원전 949년을 기준으로 표기했다. 그러므로 동아시아의 과거 기록을 보기 위해서는 『주서이기』의 설을 반드시 알고 있어야 정확히 이해할 수 있다. _❀

035

중국 최초의 사찰 백마사와 『사십이장경』

중국 최초의 사찰 백마사

『위서』 권114의 「석노지」에 따르면, 명제는 붓다에 대한 꿈을 꾼 후, 채음 등을 인도로 파견한다. 이들은 인도로 향하던 중 마침 백마(白馬)에 불상과 경전 및 사리를 싣고 중국으로 오고 있던 가섭마등(迦葉摩騰)과 축법란(竺法蘭)을 만나게 된다. 그리고 이들과 함께 후한의 수도인 낙양으로 돌아온다. 이때 이들이 백마에 불교의 성물을 모시고 왔기 때문에 백마사(白馬寺)라는 이름의 사찰이 창건되었다고 한다.

그러나 『불교통기』의 권35 「명제」 등에 따르면, 가섭마등과 축법란은 오늘날의 영빈관에 해당하는 홍로시(鴻臚寺)에 머물렀다. 홍로시의 '홍로'는 외국 사신들이 머무는 영빈관을 뜻하며, '시'는 관청이라는 뜻이다. 가섭마등과 축법란이 죽을 때까지 홍로시에 묵었기 때문에 이곳은 후일 절이 되었다. 그러므로 가섭마등과 축법란이 머물 사찰이 창건된 것이 아니라 관청이 절로 바뀐 것이다. 이곳에 백마사(白馬寺)라는 이름이 붙은 이유는 가섭마등과 축법란이 이곳에 도착하자 성물을 실었던 백마가 죽었기 때문이라고 한다. 이렇게 놓고 본다면, 백마사는 중국에서 가장 오래된 사찰이라고 하겠다.

현재 낙양의 백마사에는 가섭마등과 축법란을 기리는 전각이 각각 있고, 사찰 입구의 좌우에는 가섭마등과 축법란의 무덤이라는 거대한 분묘가 존재한다. 이외에도 백마사의 동쪽 옆으로는 13층의 제운탑(齊雲塔)이 있는데, 이 탑에는 백마의 등에 싣고 온 사리가 모셔져 있다. 제운탑의 제운은 '구름이 개인다'는 뜻으로, 불교가 중국에 전래되어 어둠을 걷어 내고 밝음을 전해 주었다는 의미이다.

『사십이장경』의 문제와 불교의 확대

가섭마등과 축법란이 중국에 전한 최초의 경전은 『사십이장경』이라고 한다. 『사십이장경』은 총 42장(章)의 짧은 초기경전 대목들을 모은 것이다. '가려 뽑은 부처님 말씀'과 같은 일종의 경구 모음집이라고 할 수 있다. 그러나 여러 경전에서 발췌된 경구들을 모았다는 것은 이 경전이 인도에서 전래된 경전이 아니라 후일 중국불교에서 재편집된 것이라는 의미이다. 그러므로 『사십이장경』이 가섭마등과 축법란에 의해서 전해지고 번역되었다는 주장은 이 경전의 권위를 강화하기 위해 후대에 덧붙인 것에 지나지 않는다.

관청이 절로 바뀐 것이기 때문에 관청을 나타내는 글자인 '시(寺)'에서 발음만 '사(寺)'로 바뀌었다는 설이 있다. 실제로 '寺'는 '시간 시(時)'나 '글귀 시(詩)'에서처럼 '시'로 발음하며 '사'는 변형된 발음이라고 하겠다.

그러나 중국불교에서는 『사십이장경』이 중국 최초의 경전이라는 설이 비교적 이른 시기에 정설화되었다. 이로 인하여 『사십이장경』의 전래가 역으로 가섭마등과 축법란의 기사에 섞여 들어가는 문제가 발생하게 된다. 실제로 남송 때의 주자 역시 불교를 비판하는 『주자어류』의 권126 「석씨」에서, 『사십이장경』은 인도에서 전해진 경전이며 나머지는 중국에서 만들어진 가짜 경전이라는 주장을 전개하기도 한다.

그러나 가섭마등과 축법란이 백마사를 창건하여 입적 때까지 이곳에 살았다는 것은 불교가 점차 영향력을 확대했음을 의미한다. 또한 인도에서 중국으로 오는 과정에서 어떤 경전을 가지고 와서 불교를 전파한 것 역시 분명한 사실이다. 다만 그 경전이 『사십이장경』은 아니었다는 말이다.

비법분경, 불교와 중국 전통의 충돌

불교의 영향력이 확대되면서 필연적으로 중국의 전통 종교였던 도교와의 충돌이 발생하게 된다. 이를 흔히 비법분경(非法焚經), 즉 '가르침을 비교해서 경전을 불태운다'고 한다.

비법분경의 자세한 내용은 『불교통기』의 권35 「명제」나 법림(法琳)의 『파사론(破邪論)』 등을 통해 살펴볼 수 있다. 이에 따르면 가섭마등과 축법란이 중국으로 온 지 4년이 경과하자 점차 불교의 영향력이 확대된다. 이에 중국을 대표하는 다섯 영산, 즉 태산(동악), 화산(서악), 형산(남악), 항산(북악), 숭산(중악)의 도사들이 명제에게 외래 종교인 불교를 배척할 것을 주청한다. 그리고 불교와 도교 가운데 어느 쪽이 더 우위에 있는지를 가리는 대회를 황제 앞에서 해보자고 제안한다. 백마사 남문 앞에 불교와 도교 측에서 각기 단을 쌓아 성상과 성물 및 경전들을 모셔 놓고 기도를 한 뒤 불을 붙여 타지 않는 쪽이 이기는 것으로 하자는 제안이었다.

백마사 앞에 황제를 모시고 도교 쪽과 불교 쪽의 단을 쌓아 불을 붙였다. 도사들은 북두칠성에게 기도하며 불을 억제하려고 하였으나 도교의 경전들은 불에 타서 검게 변하고 만다. 이에 비해서 불교의 단에서는 사리가 빛을 발하며 불기운을 눌러 경전이 노랗게 변색될 뿐 타지 않았다. 이 모습을 본 많은 도사들이 승복하지만 남악 도사 비숙재 등은 울분을 참지 못해서 자결을 하였다고 한다. 이 사건 이후 불교 경전의 표지는 황색을 사용하고 도교 경전은 검은색을 사용하게 되었다는 것이다.

그러나 비법분경이 실제 일어났던 일인지는 분명하지 않다. 당시 도교는 아직 종교 집단의 구조를 갖추고 있지 못했기 때문이다. 또한 『후한서』의 기록에 따르면, 채륜이 문자를 기록할 수 있는 종이를 대량 생산할 수 있도록 한 것은 105년의 일이다.⁄ 즉 비법분경이 일어났다고 하는 시기에는 아직 종이가 일반화되지 않았다. 이런 이유 때문에 비법분경에 대한 기록을 사실로 받아들이기는 쉽지 않다. 다만 불교가 세력을 넓히는 과정에서 토착종교와 모종의 충돌이 발생하였고, 이를 극복하는 과정이 존재했다는 점만은 분명하다. _⊗

⁄ 흔히 '종이의 발명자'라고 알고 있는 채륜은 종이를 발명한 사람이 아니라 국가적인 필요에 의해 종이의 대량 생산 기술을 개발한 국가 프로젝트의 팀장이었다. 이는 채륜이 환관이었다는 점을 통해서도 판단해 볼 수 있다.

036

외국인 승려의 입국과 경전의 번역

중국 초기 승려들에 대한 중국 특유의 정리 방식

가섭마등과 축법란 이후 중국에는 많은 전도승이 들어온다. 그중에는 인도 출신의 승려도 있었지만, 실크로드 국가 등 불교가 융성한 여러 나라의 사람들이 섞여 있었다. 중국에서는 이들의 이름에 그 승려의 출신 지역을 성으로 붙이는 아주 특이한 방식을 사용하여 그 출신지를 구분하였다.

중국불교 초기에 경전을 번역한 승려인 안세고(安世高)의 '안'은 안식국(安息國), 즉 파르티아를 의미한다. 안세고는 안식국 출신의 세고라는 승려인 셈이다. 또 다른 초기 승려인 지루가참(支婁迦讖)은 월지국(月支國), 즉 쿠샨 왕국 사람이다. 이외에도 지금의 동투르키스탄에 있었던 강거국(康居國) 출신인 강맹상(康孟詳)이나 강승회(康僧會)도 있다. 그리고 인도 출신의 승려는 천축(天竺)의 '축' 자를 넣어서 표시하였다. 축법란이나 축삭불(竺朔佛) 등이 여기에 해당한다. 또 때에 따라서는 붓다를 의미하는 '불(佛)'을 넣기도 했는데, 불도징(佛圖澄)과 같은 경우이다.

이런 방식을 보면, 중국에서는 초기부터 불교에 대한 중국문화적인 판단이 존재했다는 것도 알 수가 있다.

중국 최초의 역경승 안세고

중국불교에서 가장 먼저 경전을 번역한 승려로 등장하는 인물은 안세고이다. 그는 중국불교 최초의 체계적인 역경승인 셈이다.

안세고는 안식국의 왕자 출신으로, 숙부에게 왕위 계승권을 양도하고 출가하여 승려가 된 인물이다. 그는 30여 세의 나이로 147년 후한의 수도인 낙양에 도착하여 약 20년 동안 경전 번역에 몰두하며 중국불교의 발전을 위해서 노력한다. 이때 같은 안식국 출신의 재가인인 안현과 중국인 엄불조의 도움이 있었다.

승우의 『출삼장기집』에 따르면 안세고가 번역한 경전은 35부 41권이라고 기록되어 있는데, 대부분 한두 권으로 된 짧은 경전들이다. 그중에는 소승불교의 수행법과 관련된 『대안반수의경(大安般守意經)』(1권)과 『선행법상경(禪行法想經)』(1권)과 같은 것도 있어 주목된다. 『대안반수의경』은 호흡을 하면서 하나에서 열까지 차례로 숫자를 세는 수식관과 관련된 경전이며, 『선행법상경』은 사람이 죽어서 썩어 가는 모습을 관상(觀想)해 일체의 집착을 여읠 것을 강조한 경전이다. 이외에도 안세고는 소승불교의 기본 개념 등을 풀어 쓴 경전들을 번역했다.

중국불교라고 하면 흔히 대승불교를 떠올리기 쉽다. 그러나 중국불교 최초의 역경승 안세고가 소승경전을 번역했다는 것은 대승불교가 중국불교의 주를 이루게 된 이유가 전래 순서에 있었던 것이 아님을 분명히 해준다. 즉 소승불교가 대승불교보다 늦게 전해졌기 때문이 아니라, 중국을 비롯한 동아시아인의 사유 구조에 맞지 않아서 튕겨진 것이었다고 생각해 볼 수 있는 것이다. 또한 안세고의 소승경전 번역은 안식국에 해당하는 오늘날의 이란 지역이 당시에는 소승불교권이었다는 점을 알 수 있게 해준다.

지루가참의 대승경전 번역

안세고가 중국불교 초기에 소승경전을 번역하여 유통시켰다면, 지루가참은 그보다 조금 늦은 시기에 대승경전을 번역한 승려이다. 지루가참은 160년경 낙양으로 건너와 많은 대승경전을 번역하였는데, 『출삼장기집』 권2에는 지루가참이 번역한 경전으로 총 14부 27권이 기록되어 있다.

지루가참이 번역한 경전 가운데 주목할 만한 것은 대승불교의 수행법과 관련된 『반주삼매경(般舟三昧經)』(1권)과 『광명삼매경』(1권), 『수능엄경(首楞嚴經)』(2권)이다. 이들은 대승불교에서 붓다를 관상하는 명상 및 빛과 마음의 문제를 이해하는 수행 경전이다. 또한 『도행반야경(道行般若經)』(반야도행품경般若道行品經, 10권)을 번역한 사실을 보면, 지루가참이 반야공 사상과 관련된 인물이었음을 알게 해준다.

안세고가 중국에 소승의 수행법을 전했다면 지루가참은 대승의 수행법을 전하였다. 이는 중국불교의 시작이 명상 등의 수행과 관련이 있음을 분명히 하고 있어 주목된다. 안세고의 소승경전 번역은 소승선관의 전래, 지루가참의 대승경전 번역은 대승선관의 전래라는 표현을 사용하기도 한다. 지루가참이 소개한 대승 수행법은 이후 천태 지의의 지관법을 거쳐 마침내 가장 중국적인 불교라는 이름을 듣는 선불교로 맺어진다. _

037

유목민의 중국 정복과 불교의 확대

삼국의 혼란기에 확대되는 불교

불교가 중국에 전래된 것은 한나라 때지만, 당시 중국인들은 불교에 큰 관심은 없었다. 이러한 상황은 삼국 시대라는 혼란기를 통해 새로운 국면을 맞이한다.

위·촉·오 삼국은 184년 시작된 황건적의 난으로 인해 한나라의 통제력이 무너지고 군벌들에 의한 세력 다툼 끝에 세워진 나라이다. 그러나 삼국이 정립된 이후에도 계속된 전란은 280년 위나라 원제의 선양을 받아 세워진 서진의 무제가 오나라의 항복을 받아 삼국을 통일한 뒤에야 끝이 난다. 이 약 100여 년에 이르는 기나긴 혼란기 동안 중국의 인구는 5천만에서 1천만으로 줄어들었다.

혼란기에는 중국 문화의 방어막이 제대로 작동할 수 없으며, 외래 문화에 대해서도 상대적으로 관용적인 태도를 취하게 마련이다. 또한 이상 세계나 사후 세계 등에 대한 요구 역시 증대된다. 이러한 이유 덕분에 불교의 영향력은 확대될 수밖에 없었다.

한나라 말기부터 삼국의 성립 때까지의 과정을 담은 이야기책인 나관중의 『삼국지연의』를 보면, 유교와 관련해서는 이렇다 할 인물이 살펴지지 않는다. 이는 당시 한나라의 지배 이데올로기였던 유교가 이렇다 할 역할을 할 수 없었음을 의미한다. 이와 같은 사상의 공백 상태는 불교가 영향력을 확대하는 데 유리하게 작용하였다. 또한 『삼국지연의』에는 황건적이나 제갈량과 같은 술사 등 도교의 영향을 받은 요소가 다수 살펴지는데, 이는 이후 도교와 도가 사상이 불교를 중국화하는 가교 역할을 한다는 점에서 주목된다.

이 시기 불교의 약진은 반야 사상을 통해서 확인된다. 남인도에서 시작된 반야 사상은 현실을 허상으로 보고 그 이면에 존재하는 실재에 대한 인식을 통해서 피안이라는 이상에 도달하는 것이 목적이다. 이러한 사상은 장기간 참담한 현실을 겪은 사람에게 설득력을 가질 수밖에 없었다.

『고승전』 권4 등에 중국불교 최초의 서역 구법승으로 기록된 주사행(朱士行, 203~282)에 대한 내용을 보면, 주사행은 당시 관심을 기울이던 『도행(반야)경』의 내용이 불충분하자, 이를 보충하기 위해서 260년 서역남로를 이용하여 호탄(우전)에 도착, 『대품반야경(방광[반야]경)』을 입수해서 중국의 낙양으로 보낸 뒤 자신은 호탄에서 입적한다. 당시 반야 사상의 인기와 중국인의 열의가 얼마나 대단했는지를 알게 해주는 대목이다.

중국에서는 고대부터 농업을 권장했다. 이는 상인들이 이익을 좇아서 이동하기 쉬운 반면, 농경민들은 땅에 매여 단순하고 반복적인 생활을 할 수밖에 없다는 점과 관계된다. 지배층의 입장에서 보면 상인보다는 농경민이 더 다루기에 용이할 수밖에 없다. 특히 중국인들은 유목민의 통제하기 어려운 폭력성을 매우 경계했는데, 이러한 경계심이 작용하여 인류 최대의 토목공사라고 하는 만리장성이 축조되었다.

만리장성은 유목과 농경의 한계 지역을 정확히 구분해 주는 성곽이다. 만리장성 바깥은 농사를 지을 수 없는 기후대로, 그곳이 바로 중국이 차단한 유목의 땅이었다. 한나라 때 불교는 실크로드를 타고 만리장성 밖 유목 지대로 그 영향력을 넓혀 가게 된다. 이후 삼국 시대가 되면 이미 만리장성 밖의 유목 지대는 불교를 신앙하는 불교적인 세계가 된다. 이 만리장성이 무너지는 시기가 바로 5호 16국 시대/ 이다.

/ 5호는 만리장성 밖의 다섯 유목민으로 선비(鮮卑)족·흉노(匈奴)족·강(羌)족·저(氐)족·갈(羯)족을 가리킨다. 16국은 5호가 만리장성 안에서 건국한 13개 왕조와 한(漢)족이 세운 3개 왕조를 가리킨다. 한족과 5호에 따른 16국은 다음과 같다.

민족	국명	존속 기간
선비족	전연	337~370
	후연	384~409
	서진	385~431
	남량	397~414
	남연	398~410
흉노족	전조	304~329
	북량	397~439
	하	407~431

민족	국명	존속 기간
강족	후진	384~417
저족	성한	304~347
	전진	351~394
	후량	386~403
갈족	후조	319~351
한족	전량	301~376
	서량	400~421
	북연	409~436

조조의 아들인 조비의 위나라와 그 뒤를 이은 서진은 현학(玄學)[1] 이 흥기하면서 귀족 문화가 발달하게 되는데, 이로 인해 힘든 일을 꺼려하는 풍조가 유행하였다. 이때 만리장성 밖 유목 지대에서는 기후의 변화에 따른 소간빙기의 영향으로 풀이 자라지 않아 유목민의 생계가 막막해지게 된다. 그래서 유목민들은 점차 만리장성을 넘어와 위나라 그리고 서진의 하층민이 되면서 점차 중국인 사이로 편입된다.

또 서진을 건국한 사마염은 국가를 안정시키기 위해서 아들들을 지방의 번왕으로 삼는 봉건제를 추진했다. 그러나 번왕이 지방의 군사권을 장악하는 상황은, 290년 사마염이 사망한 뒤 291년부터 309년까지 16년간 이어진 '팔왕의 난'[2]을 촉발하게 된다. 이 과정에서 각 왕들은 전세를 유리하게 하기 위해서 북방 유목민들을 대거 끌어들인다. 이로 인해서 흉노족과 선비족 등의 북방 유목민 세력은 만리장성 안에서 군벌로 성장하게 된다. 마침내 304년 전조를 건국한 흉노족의 유연이 316년 내전으로 피폐해진 서진의 수도인 장안을 함락하면서 서진은 52년(265~316) 만에 몰락하게 된다. 이후 중국의 회수 이북 지역은 북방의 다섯 유목 민족이 세운 왕조들이 명멸하는 5호 16국 시대가 전개되는데, 이것은 중국 역사상 최초로 불교왕조가 들어섰음을 의미하는 것이기도 하다.

회수 이북에 불교가 번성하게 되는 이유는 5호 중 갈족이 세운 후조를 통해서 알 수 있다. 후조는 전조 유연을 이은 유총의 부장으로 있던 석륵이 독립해서 세운 왕조이다. 이 석륵의 대를 이은 군주가 바로 석호이다. 석륵과 석호는 이적을 행하는 인도 승려인 불도징(佛圖澄,

1. 위나라와 진나라 시대에는 신도가(新道家)로도 불리는 현학, 즉 삼현학(三玄學)이 유행하던 시기이다. 삼현학이란 오묘한 세 가지 학문이라는 의미로, 『노자』·『장자』·『주역』을 가리킨다.

2. 사마염이 죽고 그 아들인 혜제가 즉위하자 291년 번왕 가운데 사마염의 작은아버지 사마륜이 혜제를 퇴위시키고 스스로 왕위에 오른다. 이에 다른 번왕들이 반발하여 일어난 반란이다.

232~348)을 매우 신뢰했다. 『고승전』 권9에 의하면, 당시 불도징은 책사 겸 국사와 같은 역할을 했는데 전쟁과 관련해서도 공로가 매우 컸다고 한다. 공을 세울 때마다 불도징은 석호에게 사찰을 지을 수 있도록 해달라고 했는데, 이렇게 창건된 사찰이 무려 893곳이며 문도가 1만에 이르렀다고 한다. 이러한 불교의 성세에 위기 의식을 느낀 한족 재상 왕도(王度)는 335년 불교를 비판하는 상소를 올리게 된다. "불교는 이방인의 것이기 때문에 한족과 맞지 않는다."라는 것이 상소의 핵심 내용이었는데, 이에 대해 석호는 자신과 후조의 백성은 본래 이방인이기 때문에 붓다는 당연히 숭배해야 할 대상이라고 대답한다. 이 내용은 불교가 어떻게 회수 이북에 정착했으며, 5호 16국 시대에 번성하게 되었는지를 단적으로 알게 해준다.

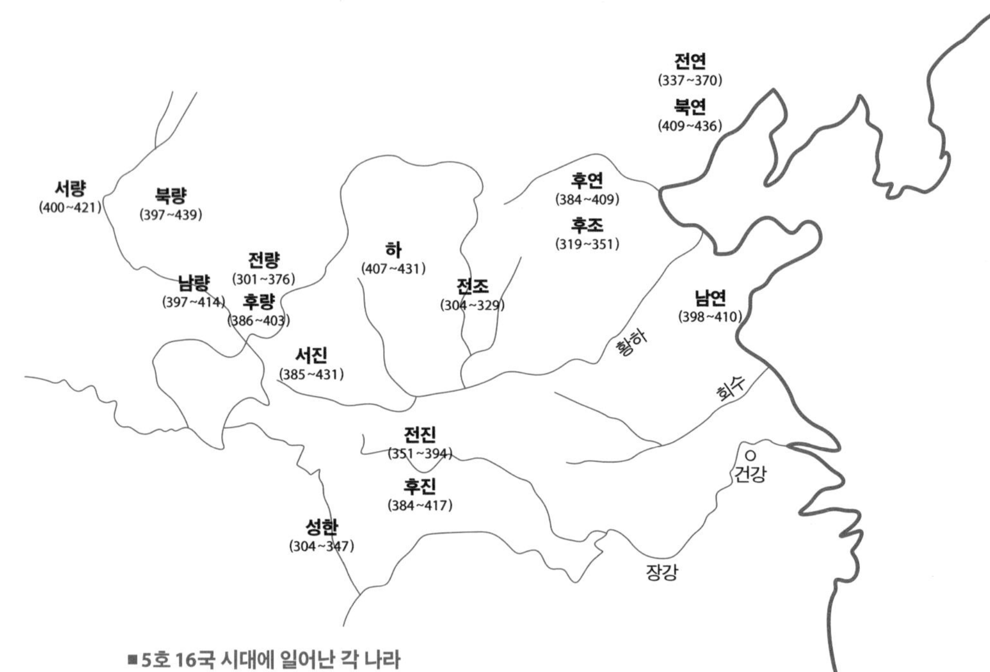

■ 5호 16국 시대에 일어난 각 나라

이 시기 남조를 육조(六朝) 시대라고 한다. 이는 장강(長江, 양쯔강) 이남에 건강(建康, 현 남경)을 수도로 한 여섯 왕조가 있었던 데에서 유래한 것인데, 그 여섯 왕조는 순서대로 오, 동진, 송, 제, 양, 진이었다. 이 중 손권의 오나라가 회수 이남을 본격적으로 개척하기는 하였지만, 이때는 회수 이북의 한족이 주도한 것은 아니었다. 그러므로 한족이 대거 남하하여 317년 건국된 동진은 남조에서 중요한 의미를 가진다.

회수 이남의 한족은 군사적으로는 유목민의 상대가 되지 못했다. 그러나 당시 유목민들에게는 이미 회수 이북의 광활한 중원 땅이 있었던 데다 회수와 장강이 천연의 경계가 되면서 이후 약 300년에 걸친 남조의 안정기가 전개된다.

미개하다 여겼던 유목민에게 조상의 땅을 빼앗기고 남쪽으로 쫓겨난 한족 지식인들에게 현실을 인정하는 것은 용이한 일이 아니었다. 이것이 남조에서 불성 사상이 유행하고, 인도의 중관학파와 관련된 『중론』·『백론』·『십이문론』을 주요 경전으로 삼아 성립된 삼론종(三論宗)이 유행하는 배경이 된다. 불성 사상은 모든 중생에게는 붓다가 될 수 있는 근본 성품인 불성이 갖춰져 있다는 것으로, 본질은 정당한데 문제는 현상에 있을 뿐이라고 주장한다. 이러한 사상은 남조의 한족 지식인들의 생각에 부합되는 것이었다. 이들 역시 자신들은 문제가 없으며, 문제는 현실에 있다고 보고 있었기 때문이다. 또 삼론종이 말하고자 하는 것도 현상의 문제와 본질에 대한 귀납적 추구라는 점 역시, 남조에서 확대될 수밖에 없는 까닭이라고 하겠다.

한편 회수 이남이라는 제한된 지역에 묶여 있을 수밖에 없는 한족들로서는 새로운 돌파구를 찾아야 할 필요가 있었는데, 그것은 자연스럽게 해상 무역 루트일 수밖에 없었다. 그런데 당시 남중국으로 이어지는 항로는 불교문화가 전파되는 통로 구실을 하고 있었다. 위치적으로나 시대적으로 불교가 약진할 수 있는 구조가 만들어져 있었던 셈이다. 이와 같은 시대적인 환경 속에서 불교는 외래문화로서 중국을 정복하는 다시없는 기염을 토하게 된다. _❀

Ⅱ.

중국을 정복하는 불교

위진남북조의 불교

260년 중국 최초의 서역 구법승 주사행이 호탄으로 출발함

304년 5호 16국 시대가 시작됨

320년경 인도 굽타 왕조 성립

353년 둔황석굴을 건설하기 시작함

372년 전진 왕 부견이 승려 순도를 고구려에 파견, 불상과 경문을 전함

374년 도안이 『종리중경목록』을 편찬함

384년 동진의 승려 마라난타가 백제에 불교를 전함

399~414년 동진의 승려 법현이 율장을 구하기 위해 서역으로 떠남

400년경 미륵과 무착, 세친이 활동, 유식학파가 등장함

401년 구마라집이 장안에 도착

402년 혜원이 동림사에서 123명의 문도와 함께 염불 결사를 단행함

420년 송나라 건국, 남북조 시대가 시작됨

446~452년 북위 태무제의 폐불

460년경 담요의 주장에 따라 북위 문성제가 운강석굴을 조성하기 시작함

493년 북위 효문제가 낙양에서 장안으로 천도함
북위 효문제가 용문석굴을 개착하기 시작함

500년경 중관학파가 확립됨

502년 양나라 건국, 무제가 즉위

518~522년 북위 호태후의 명으로 혜생·법력이 송운과 함께 서역에서 대승경전을 구해옴

526년 인도 승려 보리달마 중국 도착

527년 신라, 이차돈의 순교로 불교를 공인

574~579년 북주 무제의 폐불

576년 지의가 천태산 화정봉에서 깨달음을 얻음(화정오도)

581년 북주 멸망, 수나라 건국

038

인도적인 도안과 중국적인 구마라집

경전을 어떻게 번역할 것인가

불교가 중국으로 전파되는 데 있어서 경전 번역은 매우 중요한 문제였다. 특히 인도와 중국이 전혀 다른 문화권에 속해 있다는 점에서 더욱 그렇다. 한문을 한글이나 일본어로 번역하는 것처럼 같은 문화권 안에서의 작업과는 비교도 되지 않는 어려움이 존재한다는 말이다. 실제로 대표적인 번역자 구마라집은 "인도 글을 한문으로 바꾸는 것은 음식을 씹어서 먹여 주는 것과 같다."고까지 표현하였다.

중국에 온 전도승들이 경전을 한문으로 번역하기 위해서는 먼저 중국어와 한문을 배워야 했다. 그러나 이 과정에는 필연적으로 두 가지의 문제점이 존재할 수밖에 없었다. 바로 승려의 출신 지역이 달랐다는 것, 그리고 도착한 지역의 문화적 배경에 따라 용어 선택에 차이가 있었다는 점이다. 즉 출신 지역이 인도인지 중앙아시아인지에 따라 가지고 온 원전에 차이가 존재할 수밖에 없었고, 여기에 그 승려가 중국 어느 지역에 정착하였느냐에 따라서 언어적·문화적 차이가 존재했다는 말이다. 중국은 영토가 방대하기 때문에 지역에 따른 편차가 커서, 모든 지역이 단일한 언어와 문화를 가지고 있는 것이 아니었기 때문이다. 이와 같은 문제들 때문에 초기의 번역자들은 자신이 처한 환경이나 가진 역량에 따라 같은 경전이어도 각기 다르게 번역하게 되었다.

그러나 중국에서 불교가 점차 발전하면서 번역한 용어의 차이를 인식하게 되고, 번역한 용어에 대한 통일성의 문제가 대두된다. 이러한 문제가 제기된 배경에는 과연 어떻게 번역해야 불교가 보다 효과적으로 중국인들에게 다가갈 수 있느냐는 고민이 들어 있다.

격의불교를 반대한 도안

도안(道安, 312~385)은 북방불교의 교단을 정비하고 불교의 안정을 꾀하는 데 주력했던 인물이다.

그는 추한 외모를 가지고 태어났지만 무척 총명했다. 12세에 출가하였지만 외모에 묻혀 두각을 나타내지 못하다가 불도징의 제자가 되면서 발탁되어 비로소 크게 빛을 보기 시작한다. 이로 인해 도안은 불도징 사후 후조의 군주였던 석호(石虎, 재위 334~349)의 고문으로 초청되었으나, 도안이 도착했을 때는 이미 석호는 살해당하고 후조는 혼란으로 치닫고 있었다.

도안은 5호 16국 시대라는 사회적 혼란기 속에서, 당시에는 아직 체계가 잡혀 있지 않던 북방불교를 정비하는 데 주력한다. 먼저 도안은 모든 승려의 성을 '석(釋)'으로 통일해야 한다는 주장을 폈다. 앞에서 외국에서 온 승려의 경우 출신지를 성으로 썼음을 언급하였다. 이후 이들을 따라 출가하는 사람이 늘어나면서, 성씨의 구별은 점차 파벌을 만들게 되었고 그에 따른 폐해가 생겨났다. 이런 이유 때문에 도안은 모든 승려가 석가모니 부처님의 제자이므로 성으로 '석'을 쓰자고 주장한 것이다.

또한 도안은 호북성 양양(襄陽)에서 경전을 정리하는 작업에 매진하였다. 이 과정에서 불교의 전래에서부터 374년에 이르기까지 중국으로 전해져 번역된 경전의 목록을 편찬하였다. 이 목록이 『도안록』이라고도 불리는 『종리중경목록(綜理衆經目錄)』(1권)이다. 여기에는 경전이 번역된 시기와 번역된 장소, 번역자 등을 밝혀 경전 전래의 체계를 마련하였다. 이는 동시에 경전 연구의 초석이 되었다.

또 도안은 번역과 관련해서 격의불교를 반대했다. 격의불교란, '열반'을 '무위(無爲)'로 또 진여(眞如)를 '본무(本無)'로 번역하는 것으로, 중국인들이 이미 알고 있던 도가의 용어를 차용하여 불교를 이해하도록 하는 방법이다. 이는 당시 도가를 이해하고 있던 중국인들에게 생소한 개념이 훨씬 더 쉽게 다가갈 수 있는 통로가 되었다.

『고승전』 권4에 의하면, 이를 처음으로 사용한 인물은 4세기의 축법아였다. 그러나 이후로 격의의 전통이 중국불교에 자리 잡게 되면서 점차 개념이 왜곡되는 문제가 나타나게 된다. 이는 당시 사용한 용어들이 대부분 『노자』나 『장자』에서 발전한 것이었기 때문이다. 즉 격의는 불교가 중국인들에게 쉽게 다가가고 정착하는 데 있어서 필연적이었지만, 완전히 일치하지 않는 유사한 개념들의 누적은 불교의 정리와 발전에 장애가 되었던 것이다.

도안은 당시 중국불교의 수준이 격의에서 벗어날 수 있는 상황이라고 판단했다. 그래서 격의에 대한 정리를 감행하게 되는데, 이는 이후 구마라집이 401년 장안으로 와서 대규모의 경전 번역을 하는 데 초석을 마련했다는 점에서 중요한 의의를 가진다.

또 도안과 관련해서는 『고승전』 권5에 나오는 내용이 유명하다. 그것은 전진의 군주 부견이 당시 양양을 함락하면서, "짐이 10만의 군사로 양양을 함락하고서 한 사람 반을 얻었다."라고 했기 때문이다. 이때 부견이 얻은 한 사람은 도안, 반 사람은 당시의 천재 문인이었던 습착치(習鑿齒)를 가리킨다. 이외에도 도안은 중국불교 최초로 빈두로존자 신앙의 유포자이기도 한데, 이는 오늘날 한국불교에도 전해지는 나반존자신앙과도 연관된다는 점에서 주목된다.

구마라집을 얻기 위해 두 나라가 멸망하다

구마라집(鳩摩羅什, 344~413)은 위진남북조 시대를 대표하는 외국 승려이지만, 동시에 기구한 인생을 산 인물이기도 하다. 『고승전』 권2에 따르면, 구마라집은 구자국 공주인 어머니와 인도인 바라문 출신의 승려였던 아버지 사이에서 태어난 천재였다.⁄ 7세 때 어머니를 따라서 출가한 뒤, 서북인도의 카슈미르에 있던 반두달다(槃頭達多) 밑에서 설일체유부를 3년간 수학한다. 그러고는 다시금 카슈가르로 가서 1년을 머물며 대승불교를 배워 대승으로 전향하게 된다.

구마라집의 명성은 379년 구자국을 방문한 승려 승순에 의해서 중국으로 알려지게 되었다. 당시 중원의 패자를 꿈꾸고 있던 전진의 왕 부견은 도안의 의견을 받아들여 구마라집을 장안으로 모셔 오고자 한

⁄

구마라집의 아버지는 구마라염(鳩摩羅炎, Kumārayana)이며 어머니는 기바(耆婆, Jīva)이다. 구마라집(Kumārajīva)이라는 이름은 아버지 이름의 구마라(kumāra)와 어머니 이름의 기바, 즉 지와(jīva)를 중앙아시아식 발음으로 결합시킨 결과이다.
또한 구마라는 젊은 소년(童)의 뜻이고, 지와는 오래 산다는 장수(壽)를 의미한다. 그래서 구마라집을 '동수(童壽)'라고 부르기도 한다.

다. 도안이 구마라집을 장안으로 데려오길 원했던 것은 구마라집이라면 율장을 정비할 수 있다고 여겼기 때문이다. 교단의 정비를 위해서는 율장이 반드시 필요했는데, 당시는 율장의 단편만이 전해졌을 뿐이어서 전체를 파악하기에 어려움이 있었다. 그러나 구자국이 구마라집을 내주기를 거절하자, 부견은 382년 여광을 장군으로 하여 구자국을 비롯한 서역을 정벌하게 한다. 결국 구자국은 멸망하고, 구마라집은 여광에게 붙잡히게 된다.

그러나 부견은 비수의 전투에서 패하고 385년 휘하의 장군 요장에게 살해당하고 만다. 이 소식을 들은 여광은 귀국을 포기하고 서북쪽의 양주 지역을 평정하여 후량(386~403)을 건국한다. 이곳에서 구마라집은 장장 17년 동안 억류당하게 된다. 여광은 비불교도였으며, 구마라집에 대한 존경심이 없었기 때문에 구마라집은 이 시기에 여러 굴욕적인 일들을 당하기에 이른다.

그러나 이 기간 동안 구마라집은 중국어와 한문을 배우게 되고, '천재'이자 '귀족'이라는 자만심을 꺾고 하층민의 생활과 심리를 이해하게 된다. 이러한 경험은 후일 구마라집의 번역이 중국인들의 심성 구조에 잘 맞는 보편성을 확보하는 데 중요한 역할을 하게 된다.

전진의 뒤를 이은 왕조인 후진(384~417)의 요흥은 왕조의 안정과 문화 발전을 위해서 다시금 구마라집을 모셔 오고자 한다. 그러나 여광이 거절하자, 후진은 군대를 일으켜 후량을 무너트리고 401년 장안으로 구마라집을 모셔 오게 된다. 구마라집 때문에 두 나라가 멸망하는 초유의 사건이 벌어진 것이다.

비수전투(淝水戰鬪), 혹은 비수대전(淝水大戰)이라고 불린다. 당시 화북에 있던 전연, 전량, 대 등 여러 나라를 병합하여 화북을 통일한 전진의 왕 부견은 그 여세를 몰아 강남을 통일하고자 군사를 일으켰으나 383년 회수의 지류인 비수 부근에서 동진의 사현과 벌인 전투에서 패배하였다. 이는 화북이 다시금 분열, 제각기 나라를 세우는 혼란으로 이어졌으며 결국 전진은 몰락하고 만다.

번역의 체계를 확립한 구마라집

장안에 도착한 구마라집은 서명각과 소요원에 머물며 402~413년에 걸쳐 대략 35부 348권이라는 많은 경전을 번역하게 된다. 물론 이러한 방대한 작업을 구마라집 혼자서 한 것은 아니었다. 구마라집이 인도 경전을 중국말로 풀면, 그것을 다른 사람이 받아 적어 교열 윤문하는 식의 집단 작업으로 이루어졌다. 이때 구마라집은 도안이 정비한 격의불교에 대한 비판적인 터전 위에서 보다 효율적으로 번역을 하게 된다. 구마라집은 일생 동안 총 73부 384권의 경전을 번역했는데, 그의 경전 번역과 정비는 체계를 통일시켜 진행한 최초의 경전 번역이라는 점에서 중국불교사에서 차지하는 위상이 크다.

그래서 구마라집을 구역(舊譯)을 대표하는 경전 번역자로 꼽는다. 약 1,000년간 이어진 중국의 경전 번역사는 이후 새로운 번역 방식을 제시한 당나라 때의 현장을 기준으로 각각 '구역'과 '신역(新譯)'으로 나눈다. 구역은 의역(意譯)의 성격이 강했고, 신역은 직역(直譯)을 중시하는 등 두 방식 사이에는 큰 차이가 존재했기 때문이다.

한편 구마라집은 단순히 번역만 한 것이 아니었다. 구마라집의 번역은 일종의 공개 강의 형식으로 진행되었는데, 이때 3,000명 정도가 운집했다고 한다. 이는 당시 중국인들의 불교에 대한 열의와 갈망을 알 수 있는 대목이다.

구역이란 옛날 번역이라는 의미이다. 그러나 이는 이후 현장에 의한 신번역, 즉 신역(新譯)에 대응하는 표현일 뿐이다. 구마라집 이전 시대의 번역은 고역(古譯)이라고 해서 구분하는데, 번역에 대한 체계가 불분명한 시기의 번역을 통칭한다. 즉 중국불교의 번역에는 '고역→구역→신역'의 흐름이 존재하는 것이다.

구마라집의 문하 제자로 특출난 인물은 승조·도생·도융·승예의 네 명인데, 이들을 라집사철(羅什四哲)이라고 한다. 구마라집 문하 네 명의 철인이라는 의미이다. 이 중 승조는 중국인으로서는 가장 먼저 반야공 사상을 이해한 사람이며, 도생은 돈오설의 최초 주창자라는 점에서 의의가 크다. 이는 구마라집의 번역이 단순히 번역을 넘어서 체계적인 불교 이해와 더불어 중국화라는 관점으로 이양되고 있다는 것을 의미한다. _❀

039

여산 혜원과 개인적인 강남불교

중국 강남과 강북의 문화적인 차이

중국을 지역적으로 나누는 자연적인 기점은 북쪽의 황하와 장강 사이에 위치한 회수와 장강, 즉 양쯔강이다. 회수를 중심으로는 황하 문명권의 화북(華北)과 장강 문명권의 화남(華南)이 나뉘게 된다. 『안자춘추』의 "귤이 회수를 건너면 탱자가 된다."는 말처럼, 회수는 두 지역의 기후와 문화의 차이를 잘 나타내 주고 있다.

그리고 장강을 중심으로는 우리에게도 익숙한 강북과 강남이라는 표현이 나오게 된다. 중국에서는 강북을 곧 화북과 화남으로 나뉘기 때문에 강북이라는 표현이 일반적으로 보편화된 명칭은 아니다. 그러나 강남은 '강남수향(江南水鄕)'에서처럼 흔히 사용되는 명칭이다.

중국 강남과 강북은 기후와 환경 및 인종이 완전히 다르다. 춘추전국 시대부터 강남과 강북의 차이는 뚜렷하게 드러나는데, 강북의 노래책으로 『시경』이 있다면 강남에는 『초사』가 있다. 또 사상적으로 강북에 공자의 유교가 있다면, 강남에는 노자의 도가가 존재한다. 양 문화의 특징을 간단히 말하면 집단적이고 정치적인 강북과 개인적이고 자유로운 강남이라고 할 수 있다.

전통적으로 중국이라고 하면, 황하를 중심으로 하는 강북을 의미하였다. 그런데 삼국 시대 오나라와 동진 시기에 한족이 대거 남하하면서 위진남북조 시대에는 오히려 강북의 유목 전통에 대치하는 강남의 한족 문화라는 역전현상이 나타나게 된다. 그러나 강남은 문화 배경상 개인적이며 자유로운 기질을 가지고 있다. 이런 점에서 강북의 불교가 도안에게서 보이는 것처럼 집단적이고 제도적으로 흐르고 있다면, 강남의 불교는 보다 개인적이고 이상에 경도되는 모습을 보이게 된다.

여산의 극락왕생 결사와 호계삼소

강남불교에서 가장 중요한 인물은 도안의 제자인 혜원(慧遠, 334~416)이다. 혜원은 21세에 도안의 문하로 들어갔는데, 이후 양양이 함락되자 강남의 여산으로 들어가 은둔한다. 여산은 강서성 구강부에 있는 명산으로, 중국에 "무릉도원이 실제로 있다면 여산이 그곳일 것이다."라는 말이 있을 정도로 수려한 산이다. 『고승전』 권6에 따르면, 혜원은 그 지역 지방관의 후원으로 386년 여산에 동림사(東林寺)를 창건하게 된다. 이후 30년간 산을 떠나지 않았는데, 손님을 배웅할 때에도 입구의 호계까지만 나갔다고 한다.

혜원이 손님을 호계까지만 배웅했다는 이야기에서 후대 회화의 중요한 소재가 되는 '호계삼소(虎溪三笑)'가 생겨난다. 호계삼소란 혜원이 자신을 찾아온 유교의 시인 도연명(365~427), 그리고 도사이자 도교의 정리자이기도 한 육수정(406~477)을 배웅하며 환담하다가 이야기에 너무 몰두한 나머지 그만 호계를 건너고 말았다. 그리고 이것을 알아챈 순간 세 사람이 서로 바라보면서 크게 웃었다는 내용이다. 혜원과 도연명 간에 친분이 있었던 것이 맞지만, 육수정은 나이 차이가 너무 많기 때문에 같이 이야기를 하였다는 것은 불가능한 일이다. 그러므로 호계삼소는 비슷한 지역에 산 인물들을 한데 엮어 유불도 삼교의 화합을 드러내고자 한 후대인의 바람이 서린 이야기일 뿐이다.

혜원은 중국 정토 신앙의 창시자로 여겨지는 인물이기도 하다. 혜원은 402년 동림사에서 123명의 문도와 함께 염불을 하며 극락에 태어나기를 발원하는 결사, 즉 '백련(결)사(白蓮[結]社)'를 단행한다. 이때 참여한 인물 가운데에는 도생과 같은 승려 이외에도 송나라의 화가이자 화론(畵論)인 『화산수서(畵山水序)』의 찬술자인 종병이나 재상 유유민과 같은 이들도 있었다. 이들은 남조라는 혼탁한 전란의 시대 상황 속에서 극락이라는 이상 세계를 꿈꿨던 것이다.

계율을 중시한 혜원과 불타발타라의 만남

여산을 중심으로 한 혜원의 교단을 여산교단이라고 하는데, 여산교단은 계율을 엄격히 지킨 것으로도 유명했다. 혜원의 입적 기록을 보면, 제자들이 기력이 너무 쇠한 혜원에게 꿀물이라도 드시라고 하자 혜원은 오후에 꿀물을 먹을 수 있는지를 율장에서 찾아보게 했는데, 이 과정에서 입적했다고 한다. 이 기록을 통해서 혜원은 오후불식을 하였던 엄격주의자였으며, 당시는 꿀물을 오후에 먹을 수 있는지 없는지조차도 불분명할 정도로 율장이 완비되지 않았다는 것을 알 수 있다.

계율에 엄격했던 혜원과 대비되는 인물이 강북의 구마라집이다. 구마라집이 여광에게 붙잡혀서 수모를 당하는 17년 중에는 여광이 강제로 술을 먹여서 구마라집이 파계하도록 하였다는 내용이 있다. 이후 구마라집은 언제나 부끄러워하면서 역경장에서 경전을 설할 때마다 청중에게 "진흙에서 연꽃이 피어나는데, 진흙은 보지 말고 연꽃만 보라."는 말을 하였다고 한다. 406년에 장안으로 온 인도의 승려 불타발타라(佛馱跋陀羅, Buddhabhadra, 359~429)는 계율 문제로 구마라집을 비판

『사분율』 권10 등에 의하면, 꿀은 약으로 사용할 경우 7일까지는 먹어도 무방하다.

하면서 구마라집의 제자들과 충돌하게 되었고, 411년 강남 혜원의 여산교단으로 가게 된다. 이후 412년부터 지금의 남경 도량사(道場寺)에서 『화엄경』(60권)과 『마하승기율(摩訶僧祇律)』(40권, 법현과 공역) 등 13부 125권을 번역한다. 혜원의 계율주의가 불타발타라를 강남으로 오도록 인도한 것이다.

승려는 군주에게 예를 표할 필요가 없다

혜원의 엄격주의와 의기를 알 수 있는 대표적인 저술이 『사문불경왕자론(沙門不敬王者論)』(1권)이다. 이 책은 '출가한 승려는 왕에게 예를 표하지 않는다'는 주장을 담은 일종의 논술서이다.

동진의 제3대 군주 성제 때인 340년, 당시 재상이던 유빙(庾冰)이 승려도 군주에게 예를 갖추어야 한다는 주장을 전개한다. 그러나 이 주장은 당시 반대론에 막혀 관철되지 못하였다가, 안제 때인 403년 태위(太尉) 환현(桓玄)에 의해서 다시금 불거지게 된다. 이때 환현의 주장에 대해 네 차례에 걸쳐 논의를 전개하여 무력화시킨 사람이 혜원이다. 이때 있었던 네 차례의 논의를 보완해서 묶은 것이 바로 『사문불경왕자론』이다.

승려는 군주에게서 독립되어 있다는 관점은 제정일치의 문화 배경을 가지고 있는 동아시아에서는 통용될 수 없는 주장이었다. 그럼에도 혜원의 주장이 관철될 수 있었던 것은 개인주의적 성향이 강한 강남의 문화 배경에서 전개된 사건이기 때문이다. 이 점은 이후 비슷한 문제에서 완전히 다른 결과가 산출된 강북불교의 행태와는 다른 모습이다.

특히 혜원의 여산교단은 군벌들끼리 충돌하는 전란 과정에서도 군벌들 간에 서로 범하지 않는 성역으로 규정해 놓았을 정도로 당시 큰 존경을 받았다. 이런 점을 본다면, 구마라집이 편지에서 혜원을 '동방의 호법보살'이라고 칭한 것은 과한 표현이 아니라고 하겠다. _

040
황제와 붓다가 동일시되는 강북불교

북위의 등장과 강북불교의 새로운 조짐

중국의 5호 16국 시대를 마감하면서 강북의 패자가 된 것은 선비족의 척발부(拓跋部)가 건국한 북위(386~534)였다. 북위는 강북을 통일하는 기반을 마련하면서 국가 체제를 정비하고자 하였는데, 이 과정에서 불교와 마찰을 빚게 된다.

그 이전의 강북불교는 5호 16국 시대의 분열되어 있던 여러 왕조 속에 존재하고 있었다. 이는 이들 왕조들에게는 자체 존립과 안정을 위해서라도 불교의 지지를 얻어야 할 필연성이 존재한다는 것을 의미한다. 그러나 북위는 강북의 단일왕조이며, 이는 불교에 대한 태도가 이전과는 다를 수 있다는 것을 의미한다.

북위의 태조인 도무제는 396년 승려 법과(法果)를 도인통(道人統)이라는 직책에 임명한다. 도인통이란 도인의 총괄자라는 의미로 승려를 통솔하고 관리하는 직책이다. 도인통에서 칭하는 도인이란 곧 승려로 이후에는 사문통(沙門統)으로 명칭이 변경된다. 사문통이란, 전체 사문의 통솔자라는 의미이다.

법과가 도인통으로 있었던 기간은 396년부터 398년까지인데, 『위서』 권114 「석노지」에는 이 기간 중에 법과가 했다는 놀라운 말이 기록되어 있다. 그것은 바로 "태조는 불교를 좋아하는 군주이니, 황제는 곧 현재의 붓다이다. 그러므로 사문은 마땅히 예를 다하여야 한다."라는 구절이다. 그 밖에도 "사람들에게 도를 넓히는 자는 군주이다. 나는 황제에게 절하는 것이 아니라, 붓다에게 절을 올리는 것이다."라는 내용도 있다. 이보다 조금 늦은 시기에 강남에서는 혜원이 『사문불경왕자론』을 전개하고 있었다는 점을 생각해 보면 상당히 대조적인 일이다. 강북의 불교는 강남과 같은 주체적인 교단 운영을 포기하고 정권에 예속되어 보호를 받는 안전한 길을 선택한 것이다.

이러한 흐름에 따라 중국불교는 결국 당나라를 거쳐 송나라에 이르면 완전히 국가적인 예속 상태에 처하게 된다. 그리고 마침내 명나라 때에 이르면 '금생에 출가하는 것은 다음 생에 유교의 관리가 되기 위해서 공덕을 짓기 위한 것'이라는 말이 공공연히 나돌아다닐 정도가 된다. 즉 북방불교가 주된 흐름이 되면서 중국불교는 철저히 정권에 예속되는 것이다.

태무제의 불교 말살과 중국불교의 교훈

법과가 취한 '정치권력 속에서의 안정'이라는 태도는 제2대 군주인 태종 때까지는 상당히 긍정적인 결과를 가져왔다. 그러나 강북 통일을 완수하는 제3대 군주 태무제 때가 되면서 전혀 다른 결과를 빚게 된다. 바로 중국불교 최초의 폐불 사건이다. 폐불이란 국가권력에 의해서 불교가 배척, 탄압받은 것으로, 중국불교에는 태무제 때를 시작으로 총 네 차례에 걸쳐 폐불 사건이 일어난다. 이 네 차례의 폐불을 가리켜 삼무일종(三武一宗)의 법난이라고 한다. 삼무일종이란 시호에 무(武) 자가 들어 있는 세 명의 군주와 종(宗) 자가 든 한 명의 군주를 가리킨다. 구체적으로는 북위 태무제의 폐불(446~452)·북주 무제의 폐불(574~579)·당 무종의 폐불(842~846)·후주 세종의 폐불(955~958)을 의미한다.

태무제 때의 폐불은 오두미도(五斗米道)를 개량하여 신천사도(新天師道)를 개창한 도사 구겸지(寇謙之, 365?~448)와 유교의 재상이었던 최호의 건의에 의한 것이었다. 태무제는 444년 스스로를 도교 황제로 칭하면서 도교를 국교화한다. 이후 최호의 주청에 따라 446년 폐불이 단행되는데, 그 방법은 모든 사찰과 불상 및 불화를 파괴하고 승려들을 가리지 말고 묻어 죽이는 것이었다. 그 잔인함 때문에 구겸지와 태자까지도 폐불을 반대했다고 한다.

태무제 때의 폐불은 황제가 도교를 신봉했기 때문에 일어났다. 즉 종교의 차이에 따른 무자비한 탄압이라고 하겠다. 그러나 여기에는 북위 내부의 요인도 있었다. 선비족이 세운 나라였던 북위는 한족 문화를 수용하면서 점차 한화(漢化)되고 있었는데, 선비족 중에 이를 비판하는 세력이 있었다. 이에 한족이었던 최호는 외래 문화인 불교가 한화를 반대하는 요소를 가지고 있다고 판단해서 완전히 제거하려는 입장을 가지게 된 것이다. 태무제의 폐불에는 황제의 도교 신봉이라는 종교적 측면과 함께, 한족과 선비족 간의 갈등이라는 민족적인 측면이 이중으로 작용하였던 것이다.

태무제의 폐불은 448년 구겸지가 사망하고, 450년 최호가 탁발 씨의 황족 조상을 비판하는 내용이 표면화되어 최호의 일족 128명이 주살되는 것을 통해 전환기를 맞게 된다. 그리고 태무제 역시 452년 환관인 종회에게 피살되면서 폐불은 끝이 난다.

태무제를 이은 문성제(재위 452~465)는 즉위 즉시 폐불을 중지시키고 국가적인 지원하에 불교를 믿는 쪽으로 정책을 변경한다. 그러나 정치권력에 의한 잔혹한 참화는, 중국불교에 엄청난 충격을 주면서 정치권력과 반목하면 안 된다는 생각을 깊숙이 각인시키게 된다.

담요의 운강석굴 개착과 강북불교의 자세

태무제의 폐불 이후 문성제의 불교 지원은 강북의 불교 교단이 국가 구조에 편입되는 결과를 가져왔다. 강북의 불교 교단 체제가 국가 조직의 관리하에 임명되는 별정직 관료제와 같은 성격을 가지게 된 것이다. 이 시기의 중요한 인물이 문성제의 집권 후반기인 460~464년 사이에 사문통이 되는 담요(曇曜)이다.

『위서』 권114 「석노지」에 따르면, 담요는 460년 수도인 평성에서 15킬로미터 정도 떨어진 운강에 제5대 문성제를 포함하는 북위의 다섯 황제/ 들을 불상으로 재현하여 석가불·미륵불·아미타불·약사불·비로자나불의 오대불(五大佛)을 조성하자고 주장한다. 이것이 현재의 대동에 있는 운강석굴의 시작으로, 이때 만들어진 오대불을 모신 석굴을 '담요오굴'이라고 한다. 이는 담요가 불교와 정권의 관계를 어떻게 설정했는지를 알게 해준다는 점에서 중요한 유적이다.

/

담요오굴에 모셔진 북위의 다섯 황제는 다음과 같다.

① 제1대 도무제(道武帝, 재위 396~409)
② 제2대 명원제(明元帝, 재위 409~423)
③ 제3대 태무제(太武帝, 재위 423~452)
④ 제4대 경목제(景穆帝): 문성제의 아버지로 문성제에 의해서 추증된 황제
⑤ 제5대 문성제(文成帝, 재위 452~465)

담요오굴은 현재 운강석굴의 제16~20굴에 해당한다. 석굴에 모셔진 본존불의 크기는 제16굴의 입상이 13.5미터, 제17굴의 의자에 걸터앉은 교각(交脚)의 미륵상이 16.25미터, 제18굴의 입상이 16.38미터, 제19굴의 좌불이 16.48미터, 제20굴의 좌불이 13.46미터가 된다. 현재 불상의 뚜렷한 명칭이나 다섯 황제와의 연결은 분명하지 않지만, 담요가 거대한 불상을 만듦으로서 법과의 '황제는 현세의 붓다'라는 주장이 구체적으로 현실화되었음을 알 수 있다.

이후 운강석굴은 귀족들에 의해 개착이 가속화되는데, 현재 약 1킬로미터에 걸쳐 있는 252개 석굴에서 5만 1천여 기의 불상이 확인되고 있다. 또 이러한 운강석굴의 개착은 이후 북위의 7대 군주인 효문제(孝文帝)가 493년 수도를 낙양으로 천도하면서 개착한 용문석굴로 연결된다. 용문석굴의 개착은 이후 당나라로 이어지면서 현재 약 2,300개의 석굴과 14만 2천여 불상이 조성되어 있다.

담요의 방식은 북위 때 불교의 세력이 확대되는 데 기여한 바가 크다. 477년의 불교 조사에서는 북위의 수도인 평성에 100곳의 사찰과 2천 명의 승려가 존재했으며, 전국적으로는 6,478곳의 사찰과 77,258명의 승려가 있었던 것으로 나타난다. 그러나 승단의 국가 예속은 불교의 확대와는 무관하게 더욱 강화되었다고 하겠다. _❀

041

경전 목록과 계통의 정리

다양한 경전의 전래로 인한 혼란

중국으로 전래되는 불교 경전이 점차 다양해지면서, 중국불교는 목록집을 만들어 경전을 정리할 필요가 있음을 느끼게 된다. 이렇게 해서 만들어지는 목록이 앞에서 언급한 도안의 『종리중경목록』이다.

그러나 중국불교가 안정되고 발전함에 따라 더욱 다양하고 서로 다른 관점의 경전들이 중국으로 대거 전래되면서 큰 혼란이 생기게 된다. 중국불교에서는 경전들이 '붓다의 교설'이라는 하나의 퍼즐을 이루는 조각인 줄 알았지만, 사실은 붓다 입멸 후 발전한 소승불교와 대승불교 등 다양한 퍼즐의 조각들이었기 때문이다. 실제로 일본의 사상가인 도미나가 나카모토(富永仲基, 1715~1746)가 1744년 『출정후어』를 발표해서 대승불교는 붓다가 설한 것이 아니라는 대승비불설을 주장하기 전까지, 동아시아의 불교인들 중 누구도 불교가 하나의 퍼즐이라는 것을 의심하지 않았다. 도미나가가 이렇게 주장하는 일이 가능했던 이유는, 그가 유교를 배운 유학자였던 데다가 당시 대장경을 간행하는 조판 작업에 참여하는 과정에서 다양한 불교 경전을 객관적으로 볼 수가 있었기 때문이다. 즉 불교인이 아니라 외부인이었기 때문에 이러한 생각이 가능했다는 말이다.

이 문제를 해결하기 위해 중국불교에서는 다양한 경전을 정리, 분류해서 체계적으로 이해하려는 움직임이 일어난다. 이를 '교상판석(教相判釋)', 줄여서 교판(教判)이라고 한다.

위진남북조의 10종교판

교상판석은 다양한 가르침을 담고 있는 경전을 형식이나 설한 순서, 내용의 우열 등에 따라 범주 별로 분류, 종합해서 하나의 유기체적인 사상 체계를 세워 풀이하는 경전 연구 방법을 말한다. 수나라의 통일 이전의 교상판석 중 유력한 것으로는 총 10종이 있었는데, 이를 남삼북칠(南三北七)이라고 한다. 이는 강남의 3종, 강북의 7종이라는 의미이다.

남삼북칠의 세부적인 내용에 대해서는 천태 지의(天台智顗, 538~597)의 『묘법연화경현의(妙法蓮華經玄義)』 권10 등에서 확인되는데, 그 내용을 정리하면 다음과 같다.

■ 강남의 3종 교판

① 급법사(岌法師)의 3교판: 유상교(有相教)·무상교(無相教)·상주교(常住教)

② 종애(宗愛)·승민(僧旻)의 4교판: 유상교(有相教)·무상교(無相教)·동귀교(同歸教)·상주교(常住教)

③ 승유(僧柔)·혜차(慧次)·혜관(慧觀) 등의 5교판: 유상교(有相教)·무상교(無相教)·동귀교(同歸教)·포폄억양교(褒貶抑揚教)·상주교(常住教)

■ 강북의 7종 교판

① 유알(劉虬)의 5교판: 인천교(人天教)·유상교(有相教)·무상교(無相教)·동귀교(同歸教)·상주교(常住教)

② 보리유지(菩提流支)의 2교판: 반자교(半字教)·만자교(滿字教)

③ 혜통(光統)·혜광(慧光)의 4교판: 인연종(因緣宗)·가명종(假名宗)·광상종(誑相宗)·상종(常宗)

④ 자궤(自軌)의 5교판: 인연종(因緣宗)·가명종(假名宗)·광상종(誑相宗)·진실종(眞實宗)·법계종(法界宗)

⑤ 안름(安廩)의 6교판: 인연종(因緣宗)·가명종(假名宗)·광상종(誑相宗)·진종(眞宗)·상종(常宗)·원종(圓宗)

⑥ 북쪽 선사(禪師)의 2교판: 유상대승종(有相大乘宗)·무상대승종(無相大乘宗)

⑦ 보리유지(菩提流支)의 1교판: 일음교(一音教)

천태 지의의 오시팔교와 『묘법연화경』

교상판석은 경전의 계통을 확립해서 핵심과 방편을 구분하기 위한 것, 즉 핵심 경전을 찾기 위한 것이었다. 불교 경전의 다양함과 방대함 때문에 어떤 범주들이 있고, 그중에서도 어떤 경전이 핵심이 되느냐를 판단해 그 경전을 중심으로 공부하고 수행하는 방식이 필요했던 것이다.

천태 지의가 10종 교판을 언급한 것은 이를 넘어서는 자신의 교상판석을 제시하기 위한 것이었다. 이렇게 해서 나타난 것이 바로 천태 지의의 오시팔교(五時八教)이다. 오시(五時)는 붓다의 가르침을 시간 순서에 따라 분별한 것이고, 팔교(八教)는 가르침의 방식에 따라 분류한 화의사교(化儀四教)의 네 가지와 가르침의 내용에 따라 분별한 화법사교(化法四教)의 네 가지로 재차 나뉘게 된다.

천태 지의가 오시팔교로 분류한 목적은 오시 중 법화열반시와 화법사교의 원교에 『묘법연화경』이 배속된 것을 통해서 알 수 있다. 천태 지의는 『묘법연화경』이라는 경전을 통해서 붓다의 일대 가르침을 일관하고자 하였다. 이러한 천태 지의의 교판을 따라 생기게 된 종파가 뒤에 다시금 언급하게 되는 천태종이다.

■ **오시**(五時)

① 화엄시(華嚴時): 붓다가 부다가야에서 깨달음을 얻은 직후 21일. 이때 『화엄경』이 설해짐

② 녹원시(鹿苑時): 녹야원에서의 최초 가르침 이후 아함경을 설한 12년

③ 방등시(方等時): 아함경 이후 대승불교의 초기 경전인 『유마경』·『승만경』 등을 설한 8년

④ 반야시(般若時): 대승불교의 본격적인 경전인 『반야경』을 설한 22년

⑤ 법화열반시(法華涅槃時): 대승불교의 최종 경전인 『묘법연화경』을 설한 8년과 『열반경』을 설한 최후의 1일

■ **화의사교**(化儀四教)

① 돈교(頓教): 붓다의 깨달음을 있는 그대로 단번에 설하는 방식 – 오시 중 화엄시에 해당

② 점교(漸教): 낮은 단계에서 점진적으로 깊은 단계로 전개해 가는 방식 – 오시 중 녹원시·방등시·반야시에 해당

③ 비밀교(祕密教): 함께 들어도 모두에게 완전히 다른 별개의 가르침이 전달되도록 하는 방식 – 설하는 주체에 따른 차별 조건

④ 부정교(不定教): 모두에게 같은 내용을 설하지만 실제로는 각기 다르게 들어서 이해하도록 하는 방식 – 듣는 대상에 따른 차별 조건

■ **화법사교(化法四教)**

① 장교(藏教): 소승을 위한 가르침

② 통교(通教): 성문·연각·보살 모두에게 통용되는 공통의 가르침

③ 별교(別教): 대승의 보살만을 위한 특별한 가르침

④ 원교(圓教): 모든 것을 포함하는 두루 원만한 최고의 가르침 – 『묘법연화경』이 여기에 해당함

현수 법장의 오교십종과 『화엄경』

수나라 때에 천태 지의의 오시팔교가 있다면, 당나라 초기에는 화엄종 개조(開祖)인 두순(杜順, 557~640)의 오교 교판과 이를 계승해서 발전시킨 현수 법장(賢首法藏, 643~712)의 오교십종(五教十宗)의 교판이 있다. 오교십종의 오교(五教)는 가르침의 얕음에서 점진적으로 깊은 쪽으로 가는 방식으로 분류한 것이며, 십종(十宗)은 오교를 좀 더 세분해서 차등을 분명히 명시한 것이다.

■ **오교**(五教)

① 소승교(小乘教): 소승불교의 수행자를 위해서 아함경을 설함

② 대승시교(大乘始教): 초기 대승불교의 가르침으로 『반야경』과 『해심밀경』 등을 설함

③ 대승종교(大乘終教): 원숙한 대승불교의 가르침으로 『능가경』과 『대승기신론』 등을 설함

④ 돈교(頓教): 단번에 깨달음을 얻을 수 있는 『유마경』을 설함

⑤ 원교(圓教): 모든 것을 포함하는 두루 원만한 최고의 일승(一乘)인 『화엄경』을 설함

■ **십종**(十宗)

① 아법구유종(我法俱有宗): 인식 주체와 인식 대상 모두에 실체가 있다는 관점 - 부파불교의 독자부 등이 해당

② 법유아무종(法有我無宗): 인식 대상에는 불변하는 실체가 있지만 인식 주체에는 없다는 관점 - 부파불교의 설일체유부가 해당

③ 법무거래종(法無去來宗): 현재에만 불변하는 실체가 존재하고 과거와 미래에는 없다는 관점 - 부파불교의 대중부 등이 해당

④ 현통가실종(現通假實宗): 과거와 미래에는 불변하는 실체가 없으며, 현재에도 실체가 있는 경우도 있고 없는 경우도 있다는 관점 - 부파불교의 설가부와 『성실론』 등이 해당

⑤ 속망진실종(俗妄眞實宗): 세속의 현상은 허망하지만 깨달음의 진리는 참되다는 관점 - 부파불교의 설출세부가 해당

⑥ 제법단명종(諸法但名宗): 모든 인식 대상은 불변하는 실체가 없는 명칭에 지나지 않는다는 관점 - 부파불교의 일설부가 해당

⑦ 일체개공종(一切皆空宗): 모든 것은 실체가 없는 공일 뿐이라는

관점 –『반야경』과 반야공 사상이 해당

⑧ 진덕불공종(眞德不空宗): 근원적인 본질은 공일 수 없다는 관점 –『대승기신론』과 여래장 및 불성 사상이 해당

⑨ 상상구절종(相想俱絶宗): 모든 것이 끊어진 경계가 궁극적인 진리라는 관점 –『유마경』이 해당

⑩ 원명구덕종(圓明具德宗): 모든 개별적인 것은 그 자체로 일체를 갖춘 더할 수 없는 완전체라는 관점 –『화엄경』이 해당

■ 오교와 십종

이상의 오교와 십종의 관계를 대비해 보면, ①소승교는 십종의 ①~⑥에 해당하며, ②대승시교는 십종의 ⑦이, ③대승종교는 십종의 ⑧이, ④돈교는 십종의 ⑨가, ⑤원교는 십종의 ⑩에 해당한다고 하겠다. 현수 법장의 오교십종은『화엄경』에 초점을 두고 있음을 알 수 있으며, 오교의 ⑤원교는 일승원교라고도 한다. _❀

042

인도에 대한 동경과 구법 여행

인도로 떠나는 동아시아의 승려들

불교가 중국으로 전파되면서 인도와 중앙아시아의 승려들 역시 계속 중국으로 들어오게 된다. 이는 필연적으로 중국불교가 인도불교에 비해 부분적이며 제한적이라는 한계를 넘어설 수 없다는 것을 의미한다. 이것이 중국 승려들로 하여금 죽음을 무릅쓰고라도 인도 행을 감행하게 하는 이유라고 하겠다. 현재까지 확인되는 자료에 따르면 2세기 중반에서 8세기까지 인도로 향한 구법승은 총 131명이며, 이 중 한반도의 승려는 혜초를 포함한 11명이다.

중국에서 불교가 자리를 잡아가던 초기에는 교단이 안정되지 않았기 때문에 승려들 역시 구체적인 행동에 돌입하지는 않는다. 그러나 중국불교가 점차 발전하고 안정되면서 인도불교에 대한 궁금증은 더욱 더 커질 수밖에 없었다. 그 이유로는 첫째, 경전에 대한 정확한 이해와 부족한 원전 자료에 대한 갈망 때문이었으며, 둘째는 붓다와 관련된 유적을 답사하려는 목적 때문이었다. 중국의 구법승 중 단연 최고인 현장 역시 『자은전』 권1에서 자신의 인도 순례 목적으로 천제(天梯)와 도수(道樹) 참배, 즉 8대 성지 중 상카시아와 부다가야 참배를 꼽았으며, 이와 더불어 『유가사지론』을 배우기 위함이라고 하였다.

중국 최초의 구법승, 주사행

중국불교의 기록에 남아 있는 최초의 구법승은 260년에 서역 행을 감행한 주사행(朱士行, 203~282)이다. 주사행이 서역으로 간 것은 당시 유행하는 『도행(반야)경』의 불충분한 내용을 분명히 하기 위함이었다. 서역남로를 통해서 호탄(우전)에 도착한 그는 『대품반야경』을 입수하여 숙원을 풀게 된다. 그러나 이미 고령이었던 주사행은 282년 제자인 불여단(不如檀) 등 10인에게 『대품반야경』을 중국의 낙양으로 가져가게 한 뒤, 자신은 호탄에 남아 80세로 입적하였다. 이때 보낸 경전이 낙양에 도착한 것은 출발한 지 2년 후인 284년이었다고 한다. 『출삼장기집』 권7에 따르면, 이 『대품반야경』은 291년 축숙란(竺叔蘭) 등에 의해서 『방광반야경』이라는 이름으로 한역된다.

주사행이 서역으로 떠난 것이 260년이고, 불여단 등에게 『대품반야경』을 가져가도록 한 것이 282년임을 보면 호탄에 도착해서 경을 구하고 원문을 베껴 쓰는 데 걸린 세월이 무려 20여 년이었음을 알 수 있다. 그 사이에 죽음을 불사하는 희생과 종교적인 구도심 및 열정이 있었다는 것을 생각해 보는 것은 어렵지 않다.

그러나 주사행이 도착한 곳은 인도까지의 여정 중 절반 정도 밖에 되지 않는 호탄이었다. 그러므로 주사행이 최초로 인도에 간 중국인 승려라고는 할 수는 없다.

법현의 간절한 구법과 혜생

본격적인 인도 구법승이라고 할 수 있는 인물은 흔히 『불국기』로 알려져 있는 『고승법현전』(1권)의 저자 법현(法顯, 337?~422?)이다.

율장이 부족하여 승단 체계가 갖추어지지 않음을 우려한 법현은 인도를 방문하여 율장을 구해 오기로 결심하였다. 그래서 399년, 60여 세에 달하는 고령에도 불구하고 5인과 더불어 서역남로를 따라 인도행을 감행한다.

인도에 도착한 일행은 인도를 순례하고 율장과 여러 경전들을 베껴 쓴 뒤 스리랑카로 건너갔다가 남해항로인 해로를 타고 414년 중국 광동성 광주로 돌아온다. 법현은 15년에 걸쳐 30여 국을 다녔는데, 이후 고령에도 불구하고 불타발타라와 함께 『마하승기율』을 번역하는 등 경전 번역에 매진하였다.

법현 이후 기록에 남아 있는 구법승은 혜생(惠生)·법력(法力)이다. 양현지의 『낙양가람기』 권5에는 이들이 518년 북위 호태후(胡太后)의 명으로 책임자인 송운(宋雲)과 함께 낙양을 출발해 서역으로 향했다는 기록이 있다. 이들은 실크로드를 타고 서북인도의 간다라 지방으로 갔다가 대승경전 170부를 구해 522년 귀국하게 된다. 혜생은 이후 『사서역기(使西域記)』(1권)를 찬술하였으나, 현재 남아 있지 않다. 하지만 『낙양가람기』 권5의 상당 부분은 이 『사서역기』를 옮겨 적은 기록으로 추측된다.

이 기록을 통해서 우리는 당시 인도에 대한 열망이 비단 승려에게

만 있었던 것이 아니라 불교를 믿던 귀족을 비롯한 국가적인 것이었음을 확인해 볼 수가 있다.

육지와 바다로 오간 현장과 의정

중국불교에서 가장 위대한 구법승은 단연 현장(602?~664)이라고 할 수 있다. 현장은 629년에 중국을 출발해서 645년까지 총 16년간 110개국을 유력(遊歷)했다. 그리고 귀국하면서 657종, 520상자의 경전을 가지고 왔다.

귀국 후 당 태종은 현장에게 서역과 인도에 대한 정보가 담긴 기행문을 요청하는데, 이렇게 해서 646년에 작성된 것이 『대당서역기(大唐西域記)』(12권)이다. 『대당서역기』에는 현장이 직접 답사한 110개국과 간접적으로 들은 28개국에 대한 내용이 담겨 있다. 이 책은 현장의 전기인 『자은전(慈恩傳)』(10권)과 더불어 7세기 실크로드의 문화와 인도의 상황을 알 수 있는 매우 귀중한 자료이다.

특히 현장은 갈 때는 천산남로를 택했고 올 때는 서역남로를 이용하는 등 모두 육로를 사용했다. 이는 법현이 육로로 출발하여 해로로 귀국한 것, 현장 이후 인도에 다녀온 의정이 가고 오는 것 모두 해로로 한 것과 차이가 있다.╱ 그 덕분에 현장의 기행문에는 실크로드와 중앙아시아에 대한 다양한 내용이 수록될 수 있었고, 이는 이후 당나라가 중앙아시아 교역로의 패권을 장악하면서 세계제국으로 급성장하게 되는 동인이 되었다.

╱

법현이나 의정과 달리 현장이 돌아올 때도 육로를 선택한 것은, 갈 때 자신을 후원해 준 고창국왕 국문태(麴文泰)와 한 인도의 새로운 불교를 가르쳐 주겠다는 약속 때문이었다. 그러나 현장이 돌아왔을 때 고창국은 이미 당나라에 복속된 후였으므로 그 약속을 지킬 수는 없었다.

현장의 『대당서역기』에는 다양한 답사 지역과 국가에 관한 내용이 담겨 있어 종교·문화사적 의의가 매우 크다. 그래서 마르코 폴로(1254~1324)의 『동방견문록』, 이븐 바투타(1304~1368)의 『여행기』와 더불어 세계 3대 여행기로 꼽힌다. 또 우리나라 혜초(惠超, 704~787)의 『왕오천축국전』, 일본 엔닌(圓仁, 794~864)의 『입당구법순례행기』와 함께 동아시아 3대 기행문으로 일컬어지기도 한다.

현장의 여정이 중국에 미친 영향이 너무나 대단했기 때문에 현장은 생전부터 신격화되었다. 이후 명대 오승은은 현장의 여정을 『서유기』로 재탄생시키기도 한다. 『서유기』에 등장하는 (손)오공·(저)오능·(사)오정 등은 현장이 고창국에서 받은 제자들을 모델로 한 것으로 실존인물들이 소설화된 것이다.

중국 구법승 중에 현장 다음가는 인물로 의정(義淨, 635~713)이 있다. 의정은 36세 때인 671년 광동성 광주를 출발하여 해로로 인도 행을 감행한다. 의정이 인도로 향한 이유는 동진 때의 승려 법현과 마찬가지로 율장에 대한 욕구 때문이었다. 중국을 떠난 의정은 24년간 인도와 동남아시아의 해상 실크로드 지역을 유력하다가 695년 다시 해로를 통해 400부의 경전을 가지고 낙양으로 돌아온다. 의정은 이후 장안의 천복사를 중심으로 『근본설일체유부비나야(根本說一切有部毘奈耶)』(50권)와 『근본설일체유부비나야약사(根本說一切有部毘奈耶藥事)』(18권) 등 총 56부 230권의 경전을 번역하였다. 의정의 번역은 주로 설일체유부의 율장과 관련된 것이었는데, 현재 북방불교에 전하는 다섯 종의 한

현장이 고창국왕 국문태의 배려로 시종제자로 받은 인물들은 모두 네 명이었다. 그들은 오공(悟空)·오능(悟能)·오정(悟淨)·오혜(悟慧)로, 모두 '깨달을 오(悟)' 자를 돌림자로 사용하였다. 본래 네 명이었는데, 『서유기』에서 세 명만 등장하는 이유는 중국인들이 숫자 사(四)의 발음이 죽을 사(死)와 같아서 꺼리기 때문이다. 또한 『서유기』의 오공은 천축 행을 마치고 돌아오는 것으로 되어 있지만, 역사 속의 오공은 히말라야를 넘는 과정에서 그만 동사하는 것으로 생을 마치게 된다.

역 율장[1] 중 유부율[2]이 의정에 의해서 갖춰졌다.

또 의정은 자신의 기행문을 『남해기귀내법전(南海寄歸內法傳)』(4권)과 『대당서역구법고승전(大唐西域求法高僧傳)』(2권)에 남겼다. 이 기록은 7세기 후반 인도와 동남아시아의 종교와 문화를 알 수 있는 귀중한 자료가 된다. 특히 『대당서역구법고승전』에는 의정이 취합한 61명에 달하는 인도 구법승의 이름과 전기가 수록되어 있으며, 그중에는 신라 승려가 여덟 명이 속해 있어 신라의 구법 열정을 알 수 있게 해준다. 또한 여기에는 당시 인도로 간 승려들이 인도의 높은 문화 속에서 계속 공부하려고 했으며, 험난한 여정 때문에 다시 올 엄두를 못 내는 내용들도 기록되어 있다. _ ⑧

1. 북방불교의 5부율을 정리해 보면 다음과 같다.

	율장 명	번역자 및 번역 연대	성립연대	사용 부파
①	『사분율』 60권	불타야사·축불염(410-412년)	BC 100-1	담무덕부, 법장부
②	『오분율』 30권	불타집·축도생 등(424년)	BC 100-1	미사색부, 화지부
③	『십송율』 61권	불야다라, 구마라집(404년)	1-100	살바다부, 설일체유부
④	『마하승기율』 40권	불타발타라·법현(410년)	100-200	마하승기부, 대중부
⑤	『유부율』 총157권	의정(635-713년)	300-400	설일체유부

여기에 남방불교의 빨리율인 ⑥ 『비나야 피타카(Vinaya Piṭaka)』를 더하여, 남북전육부율이라고도 한다. 이 6부율은 모두 전부가 온전히 갖추어진 광율(廣律)이다.

2. 『유부율』 총 157권은 『근본설일체유부비나야』 50권, 『근본설일체유부필추니비나야』 20권, 『근본설일체유부출가사』 4권, 『근본설일체유부안거사』 1권, 『근본설일체유부수의사』 1권, 『근본설일체유부피혁사』 2권, 『근본설일체유부약사』 18권, 『근본설일체유부갈(가)치나의사』 1권, 『근본설일체유부파승사』 20권, 『근본설일체유부잡사』 40권이다.

Ⅲ.

중국식으로 변모하는 불교

수·당의 불교

한국·인도 등	연도	연도	중국
		581년	북주의 멸망, 수나라 건국
원광의 중국 유학과 귀국	589~600년		
		593년	지의가 옥천사에 머물면서 '법화현의'를 강설
		618년	수나라가 멸망, 당나라 건국
		629~645년	현장이 장안을 출발하여 16년간 서역 110개국을 유력함
자장의 당나라 유학과 귀국	638~643년		
신라 태종무열왕 즉위	654년		
		671~695년	의정이 율장을 구하기 위해 해로를 이용하여 서역을 왕복함
신라의 삼국 통일	676년		
		677년	혜능이 조계산에 머물며 설법
		690년	측천무후 주나라를 건국하고 성신황제로 즉위
인도에서 『대일경』이 형성, 밀교가 번성함	700년경	700년경	법장이 『화엄오교장』을 통해 '오교십종' 교판 등을 설명함
		713~741년	당 현종의 '개원의 치'
신라의 혜초가 인도 여행기 『왕오천축국전』을 집필	727년		
신라, 석굴암과 불국사 창건	751년		
		755~763년	안사의 난 발발
산타라크시타, 티베트 방문하여 인도불교 전파	760년		
다르마팔라 왕, 비크라마시라 사원 건립	800년경		
		842~846년	당 무종의 폐불
체징이 보림사를 세우고 가지선문을 엶	860년경		
		875년	황소의 난 발발
후백제 건국	900년		
후고구려 건국	901년		
		907년	당나라 멸망, 오대십국 시대 시작

043

세계제국의 성립과 발전하는 중국

양 무제와 강남의 번영

강남문화의 가장 큰 번영은 양나라(502~557) 때 이루어진다. 양나라는 제나라(479~502)의 마지막 군주인 화제의 양위를 받은 소연이 세운 것으로, 이 소연이라는 인물이 곧 양 무제이다. 양 무제는 개국 군주인 동시에 재위 기간이 무려 48년(502~549)에 이른다. 양나라가 557년에 멸망한다는 점을 고려한다면, 양나라는 거의 무제 혼자만의 왕조라고 해도 과언이 아니다.

또한 양 무제는 위진남북조 시대 가장 불교적인 군주였기 때문에 이 시기의 불교 역시 크게 발전한다. 무제는 동태사(同泰寺)를 창건하고, 출가를 단행하는 등 '보살황제(菩薩皇帝)', '불심천자(佛心天子)'의 길을 걷는다. 스스로 불경을 자유롭게 강의할 정도였으며, 동아시아불교의 찬란한 무형유산인 수륙제가 무제에 의해 시작되기도 하였다. 무제는 문학과 음악 등에도 뛰어난 재주를 가졌으며, 불교와 유교에 대한

 다양한 저술을 남기기도 한 뛰어난 인물이다.

강북의 분열과 통합

남북조 시대의 북조는 북위(386~534)가 취한 과도한 한화 정책 때문에 선비족의 불만이 폭발하면서 523년 6진의 난이 발발하여 몰락의 길을 걷게 된다. 이후 북위를 계승한다는 동위(534~550)와 서위(535~556)가 들어섰지만, 동위와 서위는 얼마 지나지 않아서 다시금 북제(550~577)와 북주(557~581)로 바뀌게 된다.

북주의 제3대 황제인 무제(재위 560~578)는 560년 황제에 올랐으나, 처음에는 우문호(宇文護)의 섭정기를 거친다. 572년 우문호를 제거하고 친정 체제를 확립한 무제는 당시 거대해진 불교 교단을 위험하게 여기고 있었다. 『광홍명집』 권8에 당시 "승려(黑衣)가 천하를 얻는다."는 말이 떠돌았다는 내용이 있는데, 이러한 말은 무제를 자극하기에 충분했다. 또한 무제는 북제를 무너트리고 북조를 통일하려는 생각을 가지고 있었는데, 이것이 위원숭과 도사 장빈에 의해서 부추겨지면서 결국 574년에 폐불 조치가 단행되기에 이른다. 그러나 이때는 불교뿐만 아니라 도교 역시 탄압 대상에 포함되었다. 즉 무제의 폐불은 거대해진 불교 세력을 제거하고 이를 국가로 환원하자는 취지에서 행해진 것이다. 실제로 무제는 조세와 노동력의 가치를 고려하여 승려를 죽이지 않고 환속시켰는데, 당시 환속한 승려가 2만이 넘었다고 한다.

무제는 불교의 자본을 통해서 재원을 확보하고 마침내 577년 북제를 정벌하게 된다. 『광홍명집』 권10에는 무제가 "조세는 증가하고 병사는 늘어나 북제를 평정했다."라고 말하는 의미심장한 대목이 있다.

이후 복속된 북제 지역에서도 역시 폐불이 단행된다. 『역대삼보기(歷代三寶紀)』 권12에 따르면, 이때 4만여 개의 사찰이 귀족 저택으로 변하고 300만 명의 승려가 환속했다고 한다. 300만이라는 숫자는 과장이겠지만, 이 기록을 통해 당시 북주보다 북제 지역이 더 불교적으로 발전했었다는 것을 알 수 있다.

무제의 폐불은 578년 무제가 악성 종기로 사망하면서 반전을 맞게 된다. 이후 불교는 선제(재위 578~579)와 정제(재위 579~581) 대를 거치며 점차 회복되지만, 581년 외척인 수 문제 양견이 정권을 장악, 양위를 받으면서 북주는 사라지고 수나라가 건국된다.

세계제국으로 깨어나는 중국

수 문제는 북주의 황족을 완전히 제거하면서 생긴 반발을 통일전쟁을 통해 극복하고자 하였다. 그리고 마침내 589년 남조의 마지막 왕조였던 진(557~589)을 정복하면서, 삼국 시대 이후 360여 년간 이어진 길고 긴 분열기를 마감한다.

위진남북조 시대는 분열로 인한 혼란의 시대였지만, 동시에 중국이 발전하는 계기가 된 시기이기도 하다. 만리장성 밖의 유목민은 본래 중국에서 배척되는 존재였지만, 위진남북조를 거치면서 이들 유목민들과 유목민들의 땅 역시 중국의 영역으로 편입된다. 또한 동진 이후 한족이 대거 남하하면서 강남 역시 대대적인 개발이 이루어졌고, 그 결과 중국 문화의 한 축으로서의 역할을 담당하게 된다. 강북이 중심이었던 중국이, 이제는 위진남북조 시대를 거치면서 강한 군사력을 가진 유목 집단과 물산이 풍족했던 강남의 경제 체제를 확보하게 된 것이다.

이렇게 해서 전 시대에는 없었던 거대한 공룡과 같은 중국이 탄생하게 된다. 이 시기부터 중국이 로마를 압도하는 전 세계 최강국의 면모를 갖추기 때문에 중국사에서는 수나라부터를 '세계제국'이라는 수식어를 사용하여 지칭한다.

그 초석을 놓은 수 문제는 만리장성 밖과 강북 및 강남이라는 세 지역과 세 문화권을 아우르는 하나의 중국이라는 원대한 비전을 가지고 있었다. 그래서 감행한 것이 바로 강남의 건강, 즉 남경에서 강북의 낙양을 연결하는 대운하의 건설 이었다. 전쟁 과정에서 사로잡은 전쟁 포로들을 활용하여 중국의 대동맥이자 문화의 고속도로를 만들어 내는 사업이었다. 대운하는 강남의 풍부한 물자를 강북으로 끌어올리고 강남과 강북을 하나의 단일 문화권으로 연결하기 위해 건설된다. 그러나 이 공사의 규모가 너무나 컸기 때문에 결국 반발에 부딪쳐 중지되었다가 제2대 황제인 수 양제 양광 때 완공되었다.

이외에도 수 문제는 최초로 과거제를 시행해서 중앙집권제를 강화하고 귀족들의 세력을 억누른다. 과거제는 진시황의 군현제와 더불어 중국이 만들어낸 최고의 제도로 평가된다. 수 문제 때의 연호가 개황이었기 때문에 수 문제의 정치를 '개황의 치'라고 하는데, 개황의 치는 당 태종의 '정관의 치'나 당 현종의 '개원의 치'와 더불어 중국 역사상 가장 모범적인 정치 기간 중 하나로 꼽힌다. _㊇

건강(남경)에서 시작된 대운하가 장안이 아닌 낙양까지만 연결되는 이유는 낙양과 장안 사이의 황하에 당시로서는 도저히 해결할 수 없었던 지주지험(砥柱之險)이라는 거대한 암초가 존재했기 때문이다. 이 지주지험으로 인해 낙양까지 수송된 강남의 물자들은 낙양에서부터는 육로로 장안으로 이동되었다.

044

수 문제와 중국적인 최초의 불교, 천태종

수 문제의 불교 선택과 수 양제의 계승

수 문제는 새로운 통일제국에 걸맞은 지배 이데올로기로 불교를 선택한다. 후한 시기 이후 유교는 몰락하였기 때문에 지배 이데올로기로서 이렇다 할 장점이 존재하지 않았다. 또한 위진 시대를 풍미했던 도가가 개량된 현학이나, 강남에서 6조 시대에 유행하였던 청담(清談)/은 지배 이데올로기로서는 부족했다. 또 도교는 불교를 통해서 교단 체제가 정비된 상황이라서 불교의 상대가 될 수 없었다. 즉 불교 외에는 선택할 수 있는 대상이 없었던 것이다.

여기에는 수 문제의 개인적인 신앙심도 작용했다. 문제는 강남의 마지막 왕조인 진(陳)을 정복하기 전인 585년 불교를 장려해서 천자보

/

청담은 강남의 귀족들이 노장 사상을 바탕으로 현실을 비판하고 본질을 추구하는 형태의 철학적 담론이다. 단순한 고담준론이 아니라 은자(隱者)에 의한 해학적이며 정감적인 측면이 있어 불교와 융합되기 쉬웠는데, 이는 이후 남종선의 사유와 언어 체계에 많은 영향을 주게 된다.

살(天子菩薩)이라고 불리었으며, 수나라가 천하를 통일한 지 12년 후인 601년에는 대대적으로 불교를 선양하는 포고문을 반포한다. 이러한 조치는 불교를 통해 제국의 안정을 꾀하고 아울러 오랜 전쟁의 상처를 치료하기 위함이었을 것으로 이해된다.

수 양제와 천태종의 발전

수나라 때 가장 두각을 나타내었던 종파는 중국의 불교 종파 중에서 가장 먼저 대두한 천태종이었다. 천태종을 창시한 인물은 천태 지의였지만 천태종이 창시되는 배경을 이루는 인물로 혜문(慧文, 생몰연도 미상)과 혜사(慧思, 515~577)가 있다. 그래서 흔히 혜문과 혜사를 천태종의 초조와 제2조라 하고 지의를 제3조라고 한다. 이후 천태종은 지의의 가장 충실한 제자인 장안 관정(章安灌頂, 561~632)을 제4조로 하는데, 이후 중국불교의 중심이 장안으로 옮겨 가면서 천태종은 주춤하게 된다. 그러다가 지위(智威, ?~680) → 혜위(慧威, 634~713) → 현랑(玄朗, 673~754)을 거쳐 제8조인 형계 담연(荊溪湛然, 711~782) 시대에 재흥하면서 당시 주류였던 화엄종과 사상적으로 대립하며 상호 발전하게 된다. 천태종에서는 자신들의 당위성을 세우기 위해서, 혜문의 앞에 인도의 용수를 세워 초조로 삼기도 한다. 이렇게 되면 담연은 제9조가 된다. 또 실질적인 입장에서 지의를 초조로 보기도 하는데, 이럴 경우에 담연은 6조가 된다.[/]

/ 이 내용을 간략히 정리하면, 용수를 초조로 볼 경우에는 ① 용수 → ② 북제 혜문 → ③ 남악 혜사 → ④ 천태 지의 → ⑤ 장안 관정 → ⑥ 법화 지위 → ⑦ 천궁 혜위 → ⑧ 좌계 현랑 → ⑨ 형계 담연의 순으로 이어지고, 지의를 초조로 볼 경우에는 ① 천태 지의 → ② 장안 관정 → ③ 법화 지위 → ④ 천궁 혜위 → ⑤ 좌계 현랑 → ⑥ 형계 담연으로 계보가 이어진다.

혜문과 혜사는 모두 강북인이었지만, 남쪽으로 가라는 하늘의 소리를 들은 혜사가 남악 형산에 정착하게 되면서 천태종은 남쪽에 뿌리를 내리게 되었다. 이후 지의가 입문하면서 천태종은 그 기틀을 확립한다. 지의는 당시 수도였던 건강, 즉 남경에서 활동하다가 불교의 외적 팽창 속에 존재하는 스스로의 한계를 인식하게 된다. 이후 절강성 천태산에서 혹독한 수행을 통해 소위 화정오도(華頂悟道)라는 깨달음을 얻는다. 이로 인해 법호를 '천태'라 하고, 이후 지의의 종파를 가리켜 천태종이라고 칭하게 된다.

천태산은 본래 하늘의 북극성과 기운이 통한다고 여겨지던 도교의 성산이었지만, 이곳에 지의가 주석하면서 불교의 성산으로 개변되었다. 천태산에는 지의가 입적한 이후에 수 양제에 의해 창건된 국청사, 지의의 육신을 모신 곳 위에 탑을 안치한 지자탑원, 또 지의가 깨달음을 얻었다는 화정봉 아래에 건립된 화정사 등 천태종과 관련된 유적이 잘 보존된 채 현재까지 전해지고 있다.

수나라 이전 왕조인 진(陳)나라의 선제도 지의를 존경하였으며, 이러한 존경의 마음은 589년 진나라를 멸망시키는 진왕(晉王) 양광에게로 이어지는데, 당시 지의의 명성이 널리 퍼져 있었기 때문이라고 생각된다. 진왕 양광은 마침내 591년에 지의에게 보살계를 받게 되고, 양광 역시 지의에게 '지자대사(智者大師)'라는 존호를 올린다. 이 양광이 바로 후일 수나라의 2대 황제가 되는 수 양제이다.

지의의 저술과 천태종의 핵심 전적

지의는 많은 가르침을 설했는데, 그것을 그때그때 받아 적어서 훗날 책으로 편찬한 사람이 장안 관정이다. 장안 관정이 모아 완성한 책이 바로 천태종의 핵심이라고 여겨지는 '천태삼대부(天台三大部)'이다. 천태삼대부란 『묘법연화경현의(妙法蓮華經玄義)』(10권, 혹 20권)와 『묘법연화경문구(妙法蓮華經文句)』(10권, 혹 20권), 그리고 『마하지관(摩訶止觀)』(10권, 혹 20권)이다. 그 외에도 '천태오소부(天台五小部)'라고 하는 『관음현의(觀音玄義)』(2권), 『관음의소(觀音義疏)』(2권), 『금광명경현의(金光明經玄義)』(2권), 『금광명경문구(金光明經文句)』(6권), 『관무량수경소(觀無量壽經疏)』(1권) 등 다수의 찬술이 있다.

천태종은 『묘법연화경』을 중심 경전으로 삼기 때문에 이에 대한 이해가 무엇보다 중요하다. 이런 점을 보면 천태삼대부에 『묘법연화경』에 대한 책이 두 가지나 포함된 이유를 알 수 있다. 『묘법연화경현의』는 593년에 호북성(湖北省) 당양(當陽)의 옥천사(玉泉寺)에서 지의가 강술한 내용을 묶은 책으로, '묘법연화경' 다섯 글자를 여러 관점에서 해석하여 천태종의 체계를 확립한 것이다. 『묘법연화경문구』는 587년 건강(남경)의 광택사(光宅寺)에서 지의가 강술한 내용을 묶은 것으로 『묘법연화경』의 내용에 대해 설명하였다. 끝으로 『마하지관』은 594년 호북성 당양의 옥천사에서 지의가 강술한 내용을 담은 책이다. 제목의 "마하"는 '위대하다'는 뜻이며, "지관"은 선정과 지혜를 의미한다. 『마하지관』은 천태종의 수행론에 관한 내용을 담고 있는데, 여기에서 말하는 수행법은 인도불교의 수행론에 중국 도교의 이론 등이 겸비되어 있어 당시 중국인들에게 높은 설득력이 있었다.

지의의 교설 중 중요한 것으로는 삼제원융(三諦圓融)·일심삼관(一心三觀)·일념삼천(一念三千)과 이후 천태종에서 발전하는 성구설(性具說) 등이 있다.

먼저 삼제원융이란, 공(空)·가(假)·중(中) 삼제가 하나로 융합되어 구별이 없음을 말한다. 이 세상 모든 것에는 불변하는 실체가 없다는 공제(空諦), 그럼에도 현실에 존재하는 현상은 연기적인 관계에 의해 일시적으로 생겨난 것이라는 가제(假諦), 공(空)과 가(假)라는 양극단에 치우치지 않을 것을 말하는 중도제(中道諦)가 상호 유기적인 관계 속에서 작용한다는 관점이 바로 삼제원융이다.

일심삼관은 한 마음 속에 공·가·중 삼제가 모두 갖추어져 있음을 자각하는 수행론이다. 삼제원융이 이론적인 교리라면 일심삼관은 실천적인 수행론이라고 할 수 있다.

다음으로 일념삼천이란 작은 한 생각에 이 세계의 모든 가치가 내포되어 있다는 뜻으로, 가장 작은 최소 속에 무한한 전체의 모든 것이 갖추어져 있다는 관점이다. 여기에서의 삼천은 만물을 통틀어 이르는 말이다. 지옥·아귀·축생·수라·인·천·성문·연각·보살·불의 십계(十界)가 있고 그 십계마다 또 십계가 있으며 그 안에 십여시가 있으므로 1,000가지 세계가 존재한다. 그리고 중생세간(衆生世間)·국토세간(國土世間)·오음세간(五陰(衆)世間)의 삼종세간마다 각각 1,000가지 세계가 존재하므로 삼천이 된다.

삼제원융과 일념삼천의 본질에 일체가 내포되어 있다는 지의의 관점은 이후 본성 속에 원래부터 모든 것이 갖추어져 있다는 성구설(性具說)로 발전하게 된다. 성구설은 성선설이 아니라 성악설에 가까운데, 완전한 본성에는 악(惡)마저도 포함되어 있기 때문이다. 이와 같은 성구설은 이후 천태종 제8조인 형계 담연에 의해서 구체적인 완성을 이루게 된다.

천태 사상의 특징은 모든 것이 상호 관계 속에 있다는 원융성에 있다. 이는 위진남북조 시대에 발달하였던 중국불교의 여러 견해에 대한 통합인 동시에, 수나라가 이룬 통일에 대한 공존과 완성의 가치를 내포한다. 거대한 세계제국에 합당한, 화해와 평등의 가치가 천태 사상 속에 존재하고 있는 것이다. 이는 수나라에서 천태 사상에 주목하는 이유가 되는 동시에, 수나라 이후 당나라에서도 천태종이 발전하는 원인이 된다. _❀

045

세계 최강국 당과 종남산의 불교

수나라의 멸망과 세계제국 당나라의 건국

역사의 법칙 가운데 '오랫동안 분열한 시대 뒤의 통일 왕조에는 반드시 재분열하려고 하는 속성이 있다'는 것이 있다. 장기간의 분열은 안정이라는 통일에 대한 열망을 증대시킨다. 하지만 막상 통일이 되고 나면 통일에 따른 구속력 때문에 분열기의 자율성은 사라지게 된다. 이로 인하여 재분열의 요구가 비등하게 되는 것이다.

약 360여 년에 이르는 춘추전국 시대(BCE 770~BCE 403)를 끝내고 중국을 통일한 진시황의 진나라가 불과 15년 만에 멸망하고 만 것처럼, 후한이 몰락한 이후 360여 년간 분열된 중국을 통일시킨 수나라 역시 존속 기간은 37년에 불과했다.

이들 통일제국이 망국에 이르는 계기도 비슷하다. 진나라의 경우 만리장성의 축조가 문제였다면, 수나라는 6년에 걸친 대운하의 건설이 커다란 경제적인 부담이 되었다. 또 굳이 필연적이지 않은 군사 집단과 대립하는 것도 문제가 되는데, 진나라에 있어서 이는 흉노족과의 대립이었으며 수나라는 고구려 정벌을 시도한 것이었다. 물론 두 나라의 단명 원인에는 진시황의 엄격한 법치주의 강조와 수 양제의 사치와 향락에 대한 탐닉도 존재했다는 것은 재론의 여지가 없다.

그런데 아이러니하게도 대운하는 수나라 멸망의 원인이 되는 한편, 후속 왕조인 당나라가 번영하게 된 밑거름이 된다. 황하와 회수, 그리고 장강을 연결하는 대운하는 남북의 교류를 활발하게 함으로써, 그동안 강남과 강북으로 갈라져 있던 나라를 하나로 통합시켜 통일을 완성시켰다. 또한 대운하를 따라 민간 교역이 활발하게 이루어지기 시작하였는데, 사람들의 왕래는 남북의 교류를 더욱 촉진하여 사회의 통합을 재촉하게 되었다. 그러나 이러한 결실은 약 100년이 흐른 당나라 대에 와서야 맺어진다. 즉 험한 일은 수나라가 하고 결실은 당나라가 누리게 되는 것이다.

역사의 법칙 중에는 '재분열한 뒤에 들어서는 다음 왕조는 번성한다'는 것도 있다. 즉 진을 이은 한나라(BC 202~220)와 수를 이은 당나라(618~907)가 여기에 해당한다. 재분열에 대한 요구는 자유에 대한 갈망이지만, 막상 재분열에 성공하게 되면 자유로 인한 만족감보다는 혼란이 더 크다는 점을 자각하게 된다. 이로 인해서 다시금 통합에 대한 요구가 비등해지는데 이것이 바로 재통일이 진행되는 배경이다. 즉 당은 번성할 수밖에 없는 역사의 태생적인 조건을 갖추고 출발한 셈이다.

종남산에 움트는 새로운 불교의 기운

당나라 초기의 장안은 신생국의 수도에 불과했지만, 새로운 번영의 기운이 충만해 있었다. 이는 불교도 예외는 아니었다.

장안에서 남쪽으로 약 20킬로미터 떨어진 곳에 진령산맥의 남쪽 끝자락이 위치하는데, 여기에 종남산(終南山)이 있다. 종남산이라는 이름의 '남'은 장안의 남쪽에 위치한다는 의미이며, '종'이라는 글자의 끝이라는 뜻은 진령산맥의 마지막 부분이라는 의미이다.

종남산은 높은 곳은 해발이 2,600미터까지 되는 신령한 산으로, 장안과 가까운 이곳에 새로운 불교의 기운이 응집하고 있었다. 『사분율』에 의지한다고 해서 사분율종이라고도 하는 남산율종의 도선(道宣, 596~667)이 이곳에 있었으며, 당나라 측천무후 시대에 지배 이데올로기로 자리 잡는 화엄종의 시작인 두순(杜順, 557~640)과 지엄(智儼, 602~668), 그리고 법장(法藏, 643~712)의 화엄사·지상사·운화사도 종남산에 자리 잡고 있었다. 또 남북조 말에서 당나라 초기까지 번성했던 삼계교의 백천사 역시 종남산에 위치했다. 즉 종남산은 이후 중국에서 전개되는 다양한 불교 종파의 맹아가 움트는 곳이었던 것이다.

종남산이 포함되는 진령산맥의 서쪽 영역에는 태백산도 있다. 태백산은 신라에서 유학한 자장과 의상이 모두 깊은 인상을 받은 곳임에 틀림없다. 이는 자장과 의상이 귀국한 뒤 모두 신라에서 태백산을 찾는 모습을 보기 때문이다. 이렇게 만들어진 사찰이 자장의 태백산 정암사와 의상의 소백산 부석사이다. 부석사가 위치한 소백산은 예전에는 태백산으로 불렸던 곳이다. 이렇게 중국에서 이식된 지명이 오늘날까지 내려오는 우리의 태백산이다. 즉 장안 불교와 관련해서 종남산과 태백산이라는 두 영산이 모두 진령산맥 안에 존재하고 있는 것이다.

당나라 초기, 종남산에 머문 고승으로서 가장 주목할 만한 인물은 도선이다. 당나라가 등장하기 전 강북불교는 북주 무제가 일으킨 폐불(574~579)을 경험했었다. 무제 때의 폐불로 인한 피해는 수나라의 문제와 양제에 의해서 회복되었지만, 군주와의 충돌에 어떤 위험이 따르는지에 대한 경험은 그대로 전해지고 있었다.

폐불은 황제 개인의 종교적인 신념이나 경제적인 필요에 의해서 이루어질 수도 있지만, 그 빌미는 언제나 거대해진 승단의 방만과 부패였다. 그래서 도선은 승단의 제도를 엄격히 만들어 폐불의 빌미가 될 만한 것이 없도록 해야 한다고 판단하게 된다. 이러한 도선의 생각에 따라 『사분율』에 입각한 계율로 승단을 정비한 남산율종이 수립된다.

당나라를 건국한 이씨[1]는 관롱(關隴) 집단[2]에 속하는 유목민 계통이었다. 그래서 이방인의 중국 통치 문제를 해소하고, 새롭게 건국된 왕조의 정당성을 부여하기 위해 중국적인 노자를 끌어들인다. 당나라 태조 이연은 625년 새로운 황실의 신성성을 확립하기 위해서, 본명이 이이인 노자를 당 황실의 조상으로 모시며 도교를 신봉하고 불교를 억압하였다. 이를 도선불후(道先佛後, 도선승후道先僧後), 도교를 앞에 놓고 불

1. 당 황실 조상은 본래 대야(大野)씨로, 이후 수나라 때 비로소 이씨로 바뀌게 된다. 성이 두 글자로 이루어진 복성은 유목민임을 나타낸다. 그래서 당나라의 조상과 관련해서는 선비족이라는 설, 돌궐족이라는 설, 원래 이씨였다가 대야씨가 된 뒤 다시금 이씨가 된 한족이라는 설 등 다양하다.

2. 관중(현재의 섬서성) 지역을 배경으로 하는 선비족 중심의 귀족 세력 집단. 이들 집단이 성립된 유래는 북위 때 효문제의 한화 정책과 낙양 천도에서 이유를 찾을 수 있다. 이렇게 관중으로 이주한 선비족들은 결혼관계를 통해 중국의 중심 지역인 관중을 장악하고 이 과정에서 점차 세력화된다. 관롱 집단은 북위가 분열한 서위를 거치면서 더욱 강력해지는데, 수나라를 창업한 수 문제 양견 역시 이 관롱 집단 출신이었다.

교를 뒤에 세웠다고 한다. 이러한 방침은 637년 태종 이세민에 의해서 다시 한 번 더 강조된다. 차남이었던 이세민은 626년 7월 2일 태극궁의 북문(北門)인 현무문(玄武門)에서 자신의 형이자 태자인 이건성(李建成)을 직접 척살하고(현무문의 변) 아버지인 당 고조 이연에게 양위를 받아 황제의 자리에 올랐다. 북위의 태무제와 북주 무제의 폐불을 경험한 중국불교로서는 이러한 상황을 매우 위태롭게 인식할 수밖에 없었다.

이 불안을 해소하기 위해서 도선은 승려의 탁월함과 신이함을 부각함으로써 불교의 우월성을 강조하려 한다. 그 결과물이 『속고승전』(30권)과 『집신주삼보감통록』(3권), 『광홍명집』(30권) 등의 저술이다. 이와 더불어 승단의 체제를 정비하고 청정함을 확립하기 위해 『사분율산번보궐행사초(四分律刪繁補闕行事鈔)』(12권) 등 『사분율』과 관련된 다양한 저술들을 쏟아 낸다.

도선을 비롯한 당시 불교계의 우려는 645년 현장이 귀국한 이후 당 태종이 불교에 귀의하고, 현장의 주청으로 656년 제3대 황제인 당 고종이 도교보다 불교의 지위를 더 위에 두게 하면서 끝나게 된다. 도선은 현장의 여러 가지 업적에 크게 감동하여, 654년 간행한 『속고승전』을 665년 증보하면서 현장의 업적을 대폭 확대하여 서술하였다. 『속고승전』의 증보에서 크게 바뀌는 내용 중 현장의 전기가 차지하는 비율은 압도적이다. 이 때문에 「현장전」의 수정을 위해서 증보가 이루어졌다는 말이 학계에 있을 정도이다. 이는 도선이 불교를 반석 위에 올려놓은 현장의 업적에 얼마나 감동하고 있었는지를 잘 알게 해준다. 후일 현장의 추천으로 종남산 정업사(淨業寺)의 주지가 된 도선은 667년 이곳에 계단(戒壇)을 설치한다. 계단이란 승려가 계를 받는 출가 의식이 거행되는 곳으로, 승단 정비를 위한 필수적인 요소 중 하나이다._

더 알아보기

모든 길은 장안으로 통한다

장안은 이탈리아의 로마, 그리스의 아테네, 이집트의 카이로와 함께 세계 4대 고도로 알려진 유서 깊은 도시이다.
장안을 수도로 삼은 중국의 역대 왕조는 1,066년에 걸쳐 13국가나 되며, 비정통 왕조까지 포함하면 무려 17개 국가에 이른다. 이로 인해 장안을 일반적으로 13조 고도라고 칭하곤 한다(참고로 낙양은 동주·후한·조위·서진·북위·수·당·후량·후당에 이르는 9조 고도이다).
장안이 가장 주목되는 시기는 당나라 때이며, 명나라에 이르러 장안의 명칭은 서안으로 바뀌게 된다.
수나라에 이어서 당나라의 수도가 되면서 장안은 7세기에 77.7제곱킬로미터 면적에 인구 100만의 대도시로 성장한다. 전성기 때 로마의 면적이 13.4제곱킬로미터였다는 점을 고려한다면, 장안이 얼마나 번성한 도시였는지를 알 수 있다. 실제로 742년에 이르면 장안은 수도에 거주하는 사람만 200만에 이르고, 그중 외국인이 5,000명인 세계 최대의 도시로 성장하게 된다. 이즈음부터 "모든 길은 로마로 통한다."라는 말은 "모든 길은 장안으로 통한다."는 말로 바뀌게 된다. 오늘날 우리가 쓰는 '장안의 명물'이나 '장안의 제일'이라는 표현 역시 장안을 최고의 도시로 생각했던 이때의 유풍이 남아 있는 것이다.
장안을 수도로 삼은 왕조와 그 기간은 다음과 같다.

왕조	기간	기타
서주(西周)	268년	
진(秦)	145년	
서한(西漢)	208년	
신(新)	15년	
한(漢)●	3년	왕망에 대한 반란으로 성립된 왕조(황제 유현劉玄)
건세(建世)●	2년	적미군의 봉기로 성립(황제 유분자劉盆子)
동한(東漢)	6년	헌제(獻帝)
진(晉)	7년	혜제(惠帝), 민제(愍帝)
전조(前趙)	10년	
전진(前秦)	35년	
후진(后秦)	32년	
서위(西魏)	23년	
북주(北周)	25년	
수(隨)	26년	
당(唐)	266년	
제(齊)●	4년	황소(黃巢)가 건국
대순(大順)●	2년	이자성(李自成)이 건국

(●: 비정통 왕조)

046

중국 최고의 진정한 세계인, 현장

현장의 위대한 발자취

현장의 생애에 대해서는 『대당서역기』와 『자은전』, 그리고 『속고승전』의 권4 「현장전」을 통해서 확인해 볼 수 있다.

현장은 출가한 형이 수행하고 있던 낙양의 정토사(淨土寺)에서 13세에 출가하였으며, 그 뛰어남과 언어 능력으로 이미 20대에 중국에서 스승을 찾기가 어려웠다. 이로 인하여 인도 행을 결심한 현장은 마침내 27세가 되는 당 태종 3년(629)에 구법의 길에 오른다. 그러나 당나라 건국 초기였던 이때는 아직 불안정한 상황이었기 때문에 국경을 봉쇄하고 있었다. 그래서 현장의 인도 행은 시작부터 위험을 동반하게 된다.

그러나 탁월한 지력과 언어 능력 덕분에 고창국왕을 감화시켜 전폭적인 후원을 받게 되면서 상황이 호전된다. 마침내 천산남로를 통해 인도에 도착한 현장은 인도 전역의 불교 유적지를 순례한다. 1203년에 인도에서 불교가 사라졌음에도 19세기 영국의 고고학자들이 붓다의 유적지를 발견할 수 있었던 것은 모두 현장이 남긴 『대당서역기』, 그리고 현장의 일대기를 담은 『자은전』의 기록 덕분이었다.

현장이 인도로 향한 것은 붓다와 관련된 유적을 참배하고 『유가사지론』을 배우기 위함이었다. 『유가사지론』은 나란다사에 가서 배우게 되는데, 이때 현장을 지도한 스승은 당시 나란다사의 명예 총장에 해당하는 계현(戒賢, Śīlabhadra, 529~645)이었다.⁄ 현장은 나란다사에서 최고의 예우를 받으며 인도불교의 대승과 소승, 교학 그리고 힌두교나 자이나교와 같은 다른 종교의 학문까지도 두루 수학하였다. 642년에는 나란다사를 대표하여 나선 힌두교 논사와의 논쟁에서 승리하고, 『파악견론』, 즉 나쁜 소견을 깨트리는 논서를 저술한다. 그리고 그해 12월에는 계일왕(하르샤왕)의 무차대회에 참석하였는데 이 무차대회에는 18개국의 소왕과 6,000명의 승려 및 타 종교 성직자들이 참석했다고 한다. 이때 벌어진 논쟁에서 현장은 5일 동안 모든 경쟁자를 물리쳤으며, 이후 18일간 아무도 현장에게 도전하지 못하였다. 현장이 전 인도 최고의 논사로 등극한 것이다.

인도에 온 목적을 모두 달성한 현장은 643년 657종의 경전을 520상자에 담고, 150과의 불사리와 인도의 중요 불상을 모사한 7구의 작게 제작된 불상을 모시고 인도를 떠나 당나라로 향하였다. 당나라에 도착하기 전에 현장은 호탄(우전)에서 조정으로 표문을 올려 국경을 임의로 넘은 것을 사죄하고 귀국 의사를 밝혔다. 이때 당나라는 서역을 정복하는 등 세계제국으로서 면모를 보이고 있었기 때문에 곧장 현장이 가

⁄ 현장과 계현의 만남에 대해서 흥미로운 이야기가 기록되어 있다. 현장과 만나기 전 계현은 나이가 많아서 몸이 아프자 깊은 명상에 든 상태에서 입적하려고 시도한 적이 있었다. 그러자 꿈에 관세음보살과 미륵보살, 문수보살이 나타나 중국에서 제자가 출발했으니 그 사람을 지도하라는 말을 들었다. 그리고 637년 나란다사에 도착한 현장이 계현에게 『유가사지론』을 배우기를 청하였다. 현장이 당나라에서 언제 출발하였는지 확인한 계현은 현장이 출발한 날 자신이 꿈을 꾸었다는 것을 알고 감동해서 눈물을 흘렸다고 한다.

지고 있는 정보의 가치를 인식했다. 그 덕분에 현장은 645년 1월 7일 황궁 남쪽에 있는 황제의 전용도로인 폭 147미터의 주작대로를 통해 당나라의 수도인 장안으로 돌아온다. 이후 현장은 국가적인 존숭을 받으며 646년 당 태종의 요청으로 서역에 대한 보고서인 『대당서역기』를 완성한다. 현장은 629년부터 645년까지 만 16년에 걸쳐 1만 6천 킬로미터를 이동하며 110개국을 방문하고 28개국에 대한 내용을 전해 들었다. 『대당서역기』는 이 기간 동안 현장이 보고 들은 주변국의 역사와 문화, 그리고 불교에 대한 내용을 담은 가장 위대한 자료라고 할 수 있다.

귀국 후의 현장과 당 왕실의 존숭

당에 돌아온 현장은 황제의 자문 역할을 하면서, 당 태종과 고종의 전폭적인 후원하에 19년간 74종 1,335권(혹은 1,338권)의 경전을 번역한다. 이때 기존의 것과는 다른 새로운 번역 체계를 확립하게 되는데, 이 체계를 구마라집으로 대표되는 '구역'에 대비해서 '신역'이라고 한다.

당 태종은 649년에 죽게 되는데, 그즈음 현장에게 "내가 스님을 일찍 만나지 못해 불교를 멀리까지 전파하지 못한 것이 못내 슬프다."라고 하였다고 한다. 이 말은 당나라 초기 위축되어 있던 불교의 우환을 완전히 걷어 내는 말이었다. 또한 현장 이후 당나라 때 일어난 불교 발전은 한 사람의 위대한 승려가 어떤 역사를 만들어 낼 수 있는지를 우리에게 상기시켜 준다.

당 태종 이후 즉위한 고종은 어머니의 은혜를 기리며 '자애로운 은혜의 사찰', 자은사(慈恩寺)를 건립한다. 현장은 이곳에 53미터의 대안탑(大雁塔)을 건립하고 탑 안에 인도에서 모셔온 경전을 봉안한다. 이후 현장은 자은사에 주석하는데, 이로 인해서 현장을 '대자은사 삼장법사'라고 부르게 된다. 현장의 전기를 『자은전』이라고 이름 지은 것도 바로 이러한 이유에서이다.

656년에는 당 고종의 아이가 잉태되자 현장은 이 아이가 아들이라는 것을 예견해서 적중시킨다. 그리고 지병이 있던 당 고종이 가족력을 두려워하자 아이를 출가시켜 줄 것을 요청한다. 실제로 이 아이는 아들이었고, 태어난 지 1개월 만에 삭발한 뒤 출가 의식을 치르게 된다. 이 아이가 바로 불광왕(佛光王), 즉 '부처님 광명의 왕'이라고 불린 제4대 중종이다. 중종이 삭발 출가한 뒤 무탈하게 성장해서 황제가 된 것으로 인하여, 동아시아에서는 어린아이를 삭발시키는 풍습이 만들어진다. 오늘날까지 전해지는 이 풍습이 바로 현장에게서 시작된 것이다.

이외에도 현장은 인도를 오가는 과정에서 어려움을 겪을 때마다 『반야심경』을 암송했고, 이로 인해서 문제가 해결되었다고 한다. 그래서 현장은 당나라로 돌아온 뒤에 『반야심경』을 널리 유포하게 되는데, 이는 현재까지도 동아시아에서 티베트에 이르는 모든 불교국가에서 『반야심경』이 독송되는 이유가 된다.

현장 유식학의 발달과 한계

현장이 인도로 간 이유 중 하나가 『유가사지론』이었던 것에서 알 수 있듯이 현장은 미륵에서 시작된 유식학파의 사람이었다. 그러나 인도불교를 중심으로 배운 현장의 유식학에는 중국의 정서와는 다른 필연적

현재까지도 우리나라에는 머리숱이 많아지라고 어린아이의 머리카락을 밀어 주는 풍습이 있는데, 이 풍습이 바로 여기에서 유래된 것이다.

인 문제점이 내포되어 있다. 그것이 오성각별설(五性各別說)[1]이라고 하는, 인간마다 근기에 차이가 있기 때문에 '성불'에 어떻게 다가가야 하는지를 제창한 학설이다.

인도에는 카스트 제도라고 하는 피부색과 혈통에 따라 구분 짓는 신분 제도가 있기 때문에 사람은 결코 대등하지 않았다. 그러나 중국에는 이러한 신분 제도가 존재하지 않았다. 맹자가 '천명미상(天命靡常)'이라고 하여 천명은 정해져 있지 않다고 한 것이나, 『사기』「진섭세가(陳涉世家)」에 흔히 회자되는 '왕후장상의 씨가 따로 있나'라는 말이 쓰여 있는 것은 권력에 의해서 재편되는 중국의 신분 구조를 잘 나타내 주는 예이다.

현장도 이러한 주장의 위험성을 알고 있었기 때문에 계현에게 이 설이 중국에서는 위험하다는 견해를 피력했으나, 그것이 인도불교의 정설이므로 그대로 전하라는 지시를 받게 된다. 그래서 이를 시행한 현장의 유식학은 제자인 자은 규기(632~682)에 의해서 발전하지만, 보편성과 평등을 앞세운 화엄종에 의해서 중국불교의 주류에서 밀려나게 된다.[2] _㊈

1. 오성각별설은 유위종자차별설(有爲種子差別說)이라고도 하는데, 인간의 수행과 관련되어 성취할 수 있는 단계의 차등이 태생적으로 존재한다는 유식학의 교설이다. 즉 조선 시대에 양반과 평민, 노비가 태생적으로 규정되어 바뀔 수 없는 것과 같다고 이해하면 되겠다.
오성각별설은 수행의 완성 단계를 ①성문승정성(聲聞乘定性)·②독각승정성(獨覺乘定性, 혹 연각승정성)·③여래승정성(如來乘定性, 혹 보살승정성)·④부정종성(不定種性)·⑤무성종성(無性種性)으로 나눈다. 즉 성문·연각·보살·비규정·불가능의 다섯으로 나누는 관점이다. 이 중 가장 문제가 되는 것은 ⑤무성종성으로, 깨달음을 증득할 수 없는 인간군에 대한 것이다. 이것이 문제가 되는 이유는 대승불교의 '모든 중생은 붓다가 될 수 있다'는 대전제와 충돌하기 때문이다. 이와 같은 주장이 유식학에 존재할 수 있는 이유는 인도의 특징적인 카스트제도, 즉 브라흐만·크샤트리아·바이샤·수드라·불가촉천민 사이에 계급 이동이 불가능한 측면 때문으로 이해된다.

2. 현장의 우려대로 오성각별설은 중국불교 안에서 크게 문제가 된다. 이의 비판에는 현장의 제자인 신라 승려 원측의 '모든 중생은 붓다가 될 수 있다'는 '일성개불설(一性皆佛說)'의 비판도 존재한다. 즉 현장학파 안에서 마저도 파열음이 발생할 정도로 이 문제는 매우 심각했던 것이다.

047

민중에게 다가서는 중국불교

말법 시대와 신행의 삼계교

불교는 교조인 붓다에게서부터 이지적인 속성이 강하게 나타난다. 인도의 대승불교 역시 초기에는 신앙적인 부분을 강조했지만, 나중에는 이지적인 측면에 경도되는 모습을 보이게 된다. 특히 중국불교는 경전의 번역으로부터 시작되었다는 점에서, 문자를 아는 지식인을 중심으로 전개될 수밖에 없었다. 또한 불교가 기본적으로 개인 수행과 연결되는 출가 문화를 바탕으로 구성되다 보니, 민중적인 부분이 상대적으로 취약해질 수밖에 없었다.

이런 점에서 수나라의 중국 통일 이전에 강북에서 등장한 신행(信行, 540~594)의 삼계교는 매우 특이할 만한 민중불교라고 할 수 있다. 삼계교는 정법·상법·말법 세 단계의 불교적인 시대 구분에 입각해서 만들어진 불교의 대 사회복지 신앙운동이다. 삼계교의 삼계라는 이름도 정법 시대가 일계(一階), 상법 시대가 이계(二階), 말법 시대가 삼계(三階)

라는 시대 구분에 따라 지금 현재가 삼계라는 것을 뜻하는 표현이다. 정법 시대란 붓다의 가르침이 잘 전해지는 때로 붓다 이후 500년간 지속된다고 한다. 상법 시대는 정법 시대와 같지는 않아도 그런 대로 무리 없이 전개되는 시기로 정법 시대 이후 1,000년간이 여기에 해당한다. 그 이후가 말법 시대인데, 이때는 전쟁과 환란이 그치지 않는 대혼란의 시대로 상법 시대 후 10,000년간이다.

당시 중국에서는 『주서이기』의 기록에 입각해서, 붓다의 재세 연대를 기원전 1030~949년으로 인식하고 있었다. 신행은 기원전 949년에서 1,500년이 경과한 550년부터를 말법 시대로 규정했다. 수나라가 통일하기 이전이었던 이 시기, 강북이 북주의 폐불과 긴 전란을 겪은 혼란기였다는 점을 감안한다면, 당시 신행의 주장이 민중에게 설득력을 가졌을 것이라는 점을 능히 짐작해 볼 수 있다.

삼계교의 민중적인 타당성과 몰락

신행은 말법 시대의 사람들은 자기 수행이나 불교의 다른 종파에서 말하는 방법으로는 깨달음을 얻을 수 없다고 주장하였다. 그러면서 모든 사람이 깨달음을 얻을 수 있는 미래불이라는 점을 자각하고 모든 존재를 존중하며 헌신 봉사해야 한다고 하였다. 또한 보시를 통해 죄업을 소멸할 것을 강조하여 이렇게 모인 재산으로 무진장원(無盡藏院)을 개설, 가난한 사람들에게 나누어 주며 구제하였다.

삼계교는 자기희생을 통한 신앙 공동체와 같은 집단으로 전란기에 폭발적인 인기를 누리게 된다. 그러나 이후 수·당의 통일제국이 들어서면서 이러한 구호 활동은 국가 체제에 대한 반감을 부추길 수 있다는 점 때문에 탄압의 대상으로 전락한다. 또한 삼계교를 제외한 모든 종파의 가르침이 잘못되었다는 비판은 중국불교 내에서도 반발을 불러일으킨다. 결국 당의 중기에 들어오면서 삼계교는 완전히 사라지게 된다.

중국의 춘추전국 시대에도 공자의 유가와 경쟁하던 묵가가 있었다. 묵가 역시 개인보다는 집단과 가난한 민중을 위한 행보를 하였다. 그 결과 전란기인 전국 시대에는 유가를 압박할 정도로 유행했지만, 진·한의 통일제국 시대에 들어오면서 국가의 탄압 속에 사라지게 된다. 오늘날에는 종교의 구호 활동을 국가에서 권장하지만, 왕조 사회에서는 집권층을 위협하는 행동으로 인식되기 쉬웠기 때문이다. 이렇게 놓고 본다면 삼계교는 중국인들이 경험하였던 묵가적인 문제 의식과 요구가 위진남북조의 혼란기에 불교적으로 재발현된 것이라고 하겠다.

전란의 시기와 정토 사상의 타당성

중국불교의 민중성과 관련해서 빼놓을 수 없는 부분은 바로 정토 사상에 입각한 정토종이다. 정토 사상은 문제가 많은 현실을 넘어 이상 세계를 찾아가고자 하는 '이상세계론'이다.

정토(淨土)란 깨끗한 땅을 뜻하는 말로, 붓다가 주재하는 불국토를 의미한다. 불교에는 다양한 붓다가 존재하기 때문에 정토 역시 여러 종류가 있다. 그중에서도 최고의 장소는 아미타불의 극락정토이므로 일반적으로 '정토=극락'이라는 등식으로 이해되고는 한다.

정토종은 위진남북조 시대와 당나라 초기까지 계속 발전하는데, 이러한 상황은 당시 끊임없이 이어졌던 전란과 관련이 있다. 전쟁은 죽음을 양산할 수밖에 없기 때문에, 이때 희생당한 이들에 대한 추모와 남은 사람들의 슬픔을 추슬러 주어야 할 필요성이 대두되는 것은 당연하다. 그래서 수·당이라는 통일제국이 수립되어 전쟁은 멈췄어도 통일 과정에서 죽은 이들을 잘 보내 주고 살아남은 사람들의 안정을 꾀할 필요가 있었다. 또한 당시에는 삼계교와 관련된 말법 사상도 유행하고 있었다. 이런 면에서 볼 때, 정토종은 말법 시대의 가장 쉬운 대안이었다. 이로 인하여 정토종은 당나라 중기까지 꾸준히 발전하였으며, 이후에는 중국의 조상 숭배 문화와 결합하면서 전개된다.

중국 정토종의 흐름과 전개 양상

정토종의 시원을 이루는 인물은 여산 교단에서 결사를 이끈 혜원이다. 정토종이란 특정한 종파라기보다는 극락정토를 추구하는 중국불교의 한 흐름이라고 이해하는 것이 더 타당하다. 혜원 이후 정토종과 관련해서 두드러지는 인물은 북위의 담란(曇鸞, 476~?)이다. 담란은 도교의 신선술에 관심을 기울이다가, 530년 무렵 북인도 출신의 보리유지를 만나 『무량수경』을 전해 받고 극락정토에 대해서 배운다. 이후 담란은 정토 신앙에 투신하여 일생을 바친다. 저술로 『무량수경우파제사원생게주(無量壽經優婆提舍願生偈註)』(2권)와 『약론안락정토의(略論安樂淨土義)』(1권) 등이 있는데, 아미타불에 집중해서 염송하고 명상하는 방법이 핵심이다. 중국불교에서 아미타불만이 유일한 구원자라는 점을 강조하고, 이를 중심으로 극락에 가는 방법을 체계화한 인물은 담란이 처음이었다. 이런 점 때문에 담란을 중국 정토종의 창시자로 보기도 한다.

이후 정토종이 분명한 기틀을 세운 것은 당나라 때의 도작(道綽, 562

~645)과 선도(善導, 613~681)라는, 사제지간에 의해서였다. 그중 도작은 오늘날까지 염불하는 방법으로 정착해 있는 칭명염불 방식을 제시한 인물이다. 칭명염불은 아미타불의 명호, 즉 '나무아미타불'을 입으로 계속 부르면서 생각하는 염불 방식이다. 특히 도작은 민중에게 콩을 가지고 염불한 수를 세도록 하는 방법을 권하여 보다 많은 염불을 할 수 있도록 했다. 이를 소두염불(小豆念佛)이라고 한다. 이렇게 염불만이 누구나 할 수 있는 최고의 방법이라고 생각한 도작의 저술로는 『안락집(安樂集)』(2권)이 있다.

도작의 제자인 선도는 담란과 도작을 계승해서 정토종을 집대성한 인물이다. 선도의 저술로는 『관무량수경소(觀無量壽經疏)』(4권)를 비롯한 5부 9권이 있다. 『관무량수경소』에서는 아미타불을 염불하는 것 외에도 경전을 독송하거나 아미타불 등을 머릿속으로 떠올리는 관상 등의 방법을 제시해, 정토종의 외연을 넓히고 종합적인 수행을 지양하였다. 선도는 스스로 『아미타경』을 10만 부 필사하고 극락정토의 그림 300장을 그려 유포하기도 했다.

칭명염불을 중심으로 하는 정토종의 수행은 누구나 할 수 있는 수행법인 동시에, 민중의 아픔을 함께하고 구원하려 한다는 점에서 불교의 민중적인 행보이자 흐름이라고 할 수 있다. 후대의 정토종에서는 담란을 정토종의 초조로 놓고 도작과 선도를 각각 제2조와 제3조로 평가했다. _

선도의 저술인 5부 9권은 『관무량수경소』 4권, 『법사찬(法事讚)』 2권, 『관념법문(觀念法門)』 1권, 『왕생예찬게(往生禮讚偈)』 1권, 『반주찬(般舟讚)』 1권이다. 이 중 『관무량수경소』는 자신의 정토 이론과 관점을 체계적으로 정리한 책이며, 나머지 4종은 정토염불의 종교 의례와 관련된 저술들이다.

048

중국 유일의 여성 황제와 용문석굴

중국 역사상 유일한 여성 황제의 탄생

중국은 동아시아 국가 중에서도 여성에 대한 차별이 가장 심했다. 중국에서 남성주의가 생기게 된 배경에는 유교가 큰 역할을 했다. 『주역』 「계사전」에 "하늘은 존귀하고 땅은 비천하다(天尊地卑)."는 구절이 있는데, 이때 하늘과 땅은 보통 남성과 여성으로 대치된다. 『논어』에도 "여자와 소인은 가까이 해서는 안 된다."는 구절이 있다. 그럼에도 불구하고 중국에는 여성 황제가 존재하는데, 그 인물이 바로 측천무후로 알려져 있는 성신황제이다.

측천무후는 본래 637년 당 태종의 후궁으로 입궁하였다. 그러나 649년 당 태종이 사망하자, 후궁들은 모두 감업사(感業寺)로 출가하여 선황의 명복을 빌게 된다. 이후 당 고종의 눈에 띈 측천무후는 651년 고종의 후궁으로 다시금 황궁으로 들어가 655년 고종의 황후가 된다.

당 고종에게는 발작할 경우 운신을 어렵게 하는 지병이 있었기 때문에 664년부터 영민한 측천무후에게 많이 의존했다. 그러므로 664년 이후부터 고종이 승하한 683년까지 고종의 업적으로 남아 있는 것들은 실제로는 측천무후에 의한 것이었다. 그러므로 당 태종의 정관의 치(627~649)로 대변되는 번성기를 이어 당의 안정을 확립한 인물은 측천무후라고 해도 크게 틀리지 않는다.

측천무후는 이후 주나라(690~705)를 개국해 스스로 황제가 되었다. 이때를 중국 고대왕국 주나라와 구분하여 무측천의 주나라라는 의미의 무주(武周)라고 한다. 이 시기 동아시아는 여권이 최고조에 달하였다. 신라는 선덕여왕(재위 632~647)과 진덕여왕(재위 647~654)이라는 여성 군주의 시대였고, 이보다 조금 앞서 일본 역시 일본 최초의 여왕이었던 제33대 스이코 천황(推古天皇, 재위 592~628)이 쇼토쿠 태자를 기용해서 불교국가의 기틀을 확립하고 있었다. 즉 7세기 동아시아는 여성이 군주인 여성 통치 시대였던 것이다.

용문석굴에 새겨진 측천무후와 황제의 꿈

측천무후 초기 낙양은 장안에 이어 중국에서 두 번째로 번성한 도시였다. 측천무후는 690년에 낙양을 신도(新都)로 칭하고 장안에서 낙양으로 천도한다. 측천무후가 낙양 천도를 단행한 이유는, 새 왕조인 주를 개창한 뒤 장안에서는 당나라의 이씨 세력을 상대하기가 쉽지 않았기 때문이다. 시간이 지나 측천무후가 물러나고 당나라가 복귀된 다음에는 장안을 서도라고 하고, 낙양을 동도라고 해서 두 수도, 즉 이도(二都) 시대가 전개된다.

낙양에 있는 용문석굴은 북위의 효문제가 대동에서 낙양으로 천도하면서 개착된 석굴이다. 용문석굴은 북위부터 당나라까지 이어지며 조성된 거대한 석굴군이었던 것이다. 용문석굴에는 현재 약 2,300개의 석굴과 14만 2천여 구의 불상이 조성되어 있다. 그중에서도 단연 압권은 봉선사(奉先寺) 노사나동이다. 봉선사란 이름은 선왕을 받든다는 의미가 있기 때문에 국가에서 건립한 사찰이라는 의미이며, 노사나동이라고 이름 붙인 것은 이곳의 본존이 13미터의 노사나불 좌상이기 때문이다. 노사나불은 418년 불타발타라가 번역한 60권 『화엄경』의 주존불로, 이후 실차난다가 695년부터 699년 사이에 번역한 80권 『화엄경』의 주존불인 비로자나불과 같은 부처님이다. 80권 『화엄경』은 측천무후 재위 기간 중에 번역된 것이기 때문에 그 이전에는 60권 『화엄경』밖에 없었다. 그래서 비로자나불이 아닌 노사나불의 좌상이 조성된 것이다.

봉선사 노사나불은 672년부터 675년까지 개착되는데, 「하락상도용문지양대노사나상감기(河洛上都龍門之陽大盧舍那像龕記)」에 따르면 후원자는 당시 고종의 황후였던 측천무후이다. 이와 관련해서 측천무후가 자신의 얼굴을 닮은 등신불을 모시고 황제가 되기를 발원했다는 이야기가 전해진다. 이 이야기에 따르면 측천무후는 황제가 되기를 발원하면서 불상을 조성하였고, 그로부터 15년 뒤에 중국 최초이자 최후의 여성 황제로 등극하게 되는 것이다.

측천무후 시기 당나라와 불교는 매우 발전하는데, 이를 당 태종의 '정관의 치'와 당 현종의 '개원의 치'를 연결하는 가교로서의 '무주의 치'라고 한다.

인도불교의 퇴조와 중국화된 불교의 약진

당 태종과 측천무후로 연결되는 정치적인 안정은 당의 경제와 문화를 크게 발전시켰다. 이로 인해서 중국불교 역시 인도불교적인 모습보다는 중국불교적인 모습의 약진이 두드러지게 나타난다. 이는 당나라 초기 현장에 의해 인도에서 전래된 유식학, 즉 자은종(법상종)이 중국불교계를 장악한 것과는 다른 흐름이다.

흔히 대표적인 중국불교 종파로 사가대승(四家大乘)을 꼽고는 한다. 사가대승이란 천태종·화엄종·선종·정토종을 가리킨다. 이 중 천태종은 수나라 때 만들어지지만, 당의 안정기에 들어와 형계 담연에 의해서 더욱 발전하게 된다. 또 화엄종은 측천무후 시기에 완성되며, 가장 중국적인 불교로 평가되는 선종 역시 이 시기에 확립된다. 정토종이 하나의 뚜렷한 종파라고 하기에는 미진하다는 점에서, 당의 안정과 번영은 중국문화적인 자신감을 회복시키며 중국불교의 판도를 인도에서 중국적인 불교로 바꾸었다고 하겠다._⑱

049

화엄 사상, 진정한 통합을 말하다

세 가지의 『화엄경』

『화엄경』은 『묘법연화경』과 더불어 동아시아 대승불교를 상징하는 가장 중요한 경전이다.

『화엄경』은 권수에 따라 총 3종류의 경전이 전하는데, 바로 60권본, 80권본, 40권본이다. 60권 『화엄경』은 강남의 동진에서 불타발타라(佛馱跋陀羅)가 418년에 번역한 것이다. 그래서 이를 '(동)진 번역본'이라는 뜻으로, 진역본(晋經)이라고 한다. 80권 『화엄경』은 측천무후 재위 시절인 695~699년 호탄(우전) 출신의 실차난다가 번역한 것으로, 이를 진역본과 구분해서 당역본(唐經)이라고 한다. 마지막 40권 『화엄경』은 당나라 덕종 정원년간(785~805)인 795~798년에 걸쳐 반야가 번역한 것이다. 그래서 이를 정원역본(貞元譯本), 혹은 정원본(貞元本)이라고 한다. 그러나 이 40권 『화엄경』은 60권 『화엄경』과 80권 『화엄경』의 맨 마지막에 나오는 「입법계품」, 즉 선재동자가 53선지식을 참배하고 깨달음을 증득하는 내용만이 담겨 있다. 『화엄경』 전체가 아닌 부분인 것이다. 그러므로 일반적으로 『화엄경』이라고 하면 60권 『화엄경』과 80권 『화엄경』을 의미한다.

『화엄경』은 화엄종의 성립 배경이 되는 경전이다. 종파의 명칭이 경전의 이름을 차용한 '화엄종'인 것이 바로 이 때문이다. 60권본과 80권본 『화엄경』의 번역 시기와 화엄종의 성립 시기를 따져 보면, 화엄종은 60권본을 바탕으로 성립되고 이후 80권본이 번역된 후 발전하였음을 알 수 있다.

모두의, 모두를 위한 화엄 사상

『화엄경』에 나타나는 화엄 사상은 올림픽 경기처럼 전 지구인을 서열화시키는 수직의 직선적인 구조가 아닌 다원적이고 원형적인 관점을 제시한다. 올림픽 경기는 메달리스트라는 소수의 승자와 다수의 패자, 그리고 주변인을 양산한다. 그러나 화엄 사상의 다원적이고 원형적인 구조는 승자나 패자도 소외됨 없이 모두가 평등하고 조화로운 관점을 제시한다. 이는 안정과 번영기의 당나라에 필요했던 내부적 갈등을 해소하고 거대한 화합으로 나아가는 방향성을 대변한다.

화엄 사상에서 말하는 사종법계(四種法界)[1] 나 육상원융(六相圓融)[2], 그리고 십현문(十玄門)[3] 같은 것들은 모두 전체를 포함하는 개별의 가치를 의미한다. 이는 모든 존재가 그 자체로 비교 대상이 없는 특수한 나로서의 완결성을 확보한다는 뜻이다. 즉 상호평등과 대화합의 가치를 천명하고 있는 것이다. 이와 같은 논리는 모든 존재가 그 자체로 붓다라는 완전성에서 시작할 뿐이라는 성기설(性起說)[4] 에 따른 것이다. 이와 같은 화엄의 체계는 '바다는 빗방울 하나도 소홀히 여기지 않아서 바다가 되었다'와 같은, 모든 존재의 존엄성에 대한 환기이다.

국가가 번영하기 위해서는 질서가 강조되는 안정기를 거쳐서 전체가 화합될 수 있는 융합기를 가져야만 한다. 화엄 사상은 바로 이 안정기에서 융합기로 넘어가면서 발생한 문제를 해소해 주었다. 특히 측천무후라는 여성 황제의 등극은 여성에 대한 인식을 극복해야 한다는

1. 사종법계는 사법계(四法界)라고도 하는데, ①사법계(事法界)·②이법계(理法界)·③이사무애법계(理事無礙法界)·④사사무애법계(事事無礙法界)를 가리킨다. 먼저 현상과 본체의 원융함을 제시하고, 궁극적으로 일체는 상호 포함 관계 속에 존재하는 완성된 가치임을 나타낸다. 즉 현상의 모든 존재는 완전성을 갖춘 완비된 존재라는 의미이다.

2. 육상원융은 육상연기(六相緣起)라고도 한다. 여기에서 육상이란 ①총(總)·②별(別) / ③동(同)·④이(異) / ⑤성(成)·⑥괴(壞)를 가리킨다. 이는 일체의 연기 관계를 전체와 부분, 현상적 차별, 시간적 변화로 나누어 전체가 상호 관계성 속에서 원융하다는 점을 강조한 견해이다. 즉 본질과 공간 및 시간의 차별을 무력화시키는 완전성이 현재를 흐르고 있다는 점을 드러내는 주장이다.

3. 십현문은 십현연기(十玄緣起)라고도 하는데, 화엄사상에서 말하는 일체는 일체와 관계되는 완전성일 뿐이라는 법계연기(法界緣起)를 보다 구체적으로 설명한 이론이다. 지엄이 제시한 것을 이후 법장이 수정하는데, 이 과정에서 앞의 것을 구십현(舊十玄), 뒤에 고친 것을 신십현(新十玄)이라고 한다.
구십현과 신십현의 항목만을 간략히 제시해 보면 다음과 같다.

구십현문	신십현문
①동시구족상응문(同時具足相應門)	①동시구족상응문(同時具足相應門)
②인다라망경계문(因陀羅網境界門)	②광협자재무애문(廣狹自在無礙門)
③비밀은현구성문(祕密隱顯俱成門)	③일다상용부동문(一多相容不同門)
④미세상용안립문(微細相容安立門)	④제법상즉자재문(諸法相即自在門)
⑤십세격법이성문(十世隔法異成門)	⑤은밀현료구성문(隱密顯了俱成門)
⑥제장순잡구덕문(諸藏純雜具德門)	⑥미세상용안립문(微細相容安立門)
⑦일다상용부동문(一多相容不同門)	⑦인다라망법계문(因陀羅網法界門)
⑧제법상즉자재문(諸法相即自在門)	⑧탁사현법생해문(託事顯法生解門)
⑨유심회전선성문(唯心迴轉善成門)	⑨십세격법이성문(十世隔法異成門)
⑩탁사현법생해문(託事顯法生解門)	⑩주반원명구덕문(主伴圓明具德門)

4. 성기설이란, 이 세상의 모든 것은 완전함의 자기 전개에 불과할 뿐이라는 관점이다. 이에 따르면 일체는 모두가 완전함이 되기 때문에 불완전성이란 존재할 수 없게 된다.

점에서 화엄 사상을 더욱 더 필요로 했다. 이것이 화엄종이 측천무후 시대에 일세를 풍미하면서 중국불교의 대표자로 등장하게 되는 이유이다. 또 화엄이 제시하는 갈등의 해소와 대화합은 경중의 차이는 있어도 위정자의 입장에서는 어느 시대에나 요청되는 필요적인 부분이다. 그러므로 화엄종은 등장 이후 계속해서, 지배 세력과 좋은 관계를 형성하며 동아시아 불교 교종(敎宗)의 최고 위치를 유지하게 된다.

화엄종의 확립과 전개

화엄종의 초조는 장안과 종남산 일대에서 활약하면서, 문수보살의 화신이라고 평가받은 두순(杜順, 557~640)이다. 두순은 화엄종의 세계관을 정립한 인물로, 두순의 찬술로는 『화엄법계관문(華嚴法界觀門)』(1권)과 『화엄오교지관(華嚴五教止觀)』(1권) 및 『화엄일승십현문(華嚴一乘十玄門)』(1권) 등 간략한 것들이 있다.

화엄종의 제2조인 지엄(智儼, 602~668)은 두순의 제자로, 신라의 의상과 화엄종의 실질적인 완성자인 법장의 스승이다. 지엄은 종남산의 지상사와 운화사에 주로 주석했기 때문에 지상대사(至相大師), 혹은 운화존자(雲華尊者)라고 칭해진다. 지엄은 『화엄경수현기(華嚴經搜玄記)』(5권, 혹 10권)를 통해서 60권 『화엄경』의 체계와 내용을 일목요연하게 정리하여 화엄종이 성립되는 토대를 마련하였다.

법장(法藏, 643~712)은 화엄종의 제3조이면서 화엄종의 실질적인 완성자이다. 젊어서는 현장의 번역 사업에 참여하였고, 실차난다가 80권 『화엄경』을 번역할 때도 함께 하였다. 699년 80권 『화엄경』의 번역이 완성되자, 측천무후의 요청으로 장안의 불수기사에서 『화엄경』을 강설했다. 이때 측천무후가 '현수(賢首)'라는 존호를 올렸는데, 이 때문에 법장이 집대성한 화엄종을 현수종이라고 부르기도 한다.

704년에는 황궁의 장생전(長生殿)에서 측천무후에게 화엄 사상을 설했는데, 이때 측천무후가 그 내용을 잘 알아듣지 못하자 황궁에 있던 금색의 사자를 가지고 측천무후가 알아듣도록 배려하였다. 이때 설한 내용이 현재 남아 있는 『화엄경금사자장』(1권)이다. 법장의 저술은 매우 많아서 20여 종 100여 권에 달한다. 이 가운데 중요한 것으로는 『화엄경탐현기(華嚴經探玄記)』(20권)와 『화엄오교장(華嚴五教章, 혹 華嚴一乘教義分齊章)』(4권) 및 『대승기신론의기(大乘起信論義記)』(4권) 등이 있다.

화엄종의 제4조인 징관(澄觀, 738~838)은 법장의 직계 제자는 아니다. 법장의 제자로 정법사의 혜원(慧苑, 673~743 ?)이 있는데, 법장의 견해와는 관점을 달리하면서 자신의 견해를 세웠다. 징관은 이러한 혜원을 비판하면서 법장의 관점을 계승했기 때문에 화엄종 제4조라는 평가를 받게 된다. 또한 징관은 화엄 사상뿐만 아니라 천태종과 선종에 대해서도 능통했던 매우 박학한 승려였다. 796년에 반야의 40권 『화엄경』 번역에 참여하고, 이후 40권 『화엄경』의 주석서인 『화엄경행원품소(華嚴經行願品疏)』(10권)를 찬술하였다. 이를 799년 당나라 제9대 덕종(재위 779~805)에게 강설하니, 덕종은 화엄의 이치를 터득해서 마음이 청량해졌다 하여 징관을 '청량법사(淸凉法師)'라고 칭하였다. 또한 810년에는 제11대 헌종(재위 805~820)이 징관에 의해 화엄법계의 뜻을 깨달은 뒤 '승통청량국사(僧統淸涼國師)'라는 존호를 올렸다. 그래서 징관을 흔히 '청량 징관'이라고도 부른다. 징관의 저술은 무려 30여 종 400여 권이나 된다. 대표적인 것으로는 『대방광불화엄경수소연의초(大方廣佛華嚴經隨疏演義鈔)』(90권)와 『대방광불화엄경소(大方廣佛華嚴經疏)』(60권) 등이 있다. 큰 제자만 100여 명이 되는데, 이 중 종밀(宗密)·승예(僧叡)·

법인(法印)·적광(寂光)이 뛰어나서 이들을 '징관사철(澄觀四哲)', 즉 징관 문하의 네 철인이라고 칭한다.

마지막 제5조인 종밀(宗密, 780~841)은 본래 유교를 공부하다가 불교로 전향한 인물로, 이후 징관의 가르침에 감화되었다. 당시에는 선종이 유행하고 있었기 때문에 종밀은 선과 화엄이 다르지 않다는 선교일치를 주장하였으며, 유교가 세속인의 가르침일 뿐이라는 점을 드러내어 유교와 대비되는 불교만의 차별성을 강조하였다. 저술로는 『선원제전집(禪源諸詮集)』(100권)과 『화엄경륜관집(華嚴經綸貫集)』(15권), 또 당나라 중기부터 유행한 『원각경』에 대한 『원각경대소석의초(圓覺經大疏釋義抄)』(13권)와 『원인론(原人論)』(1권) 등 30여 종 200여 권이 전해진다. _⑧

050

달마의 중국 도착과 선에 대한 갈망

달마의 불투명성과 설화의 옷을 입은 달마

선종은 중국에서 재구성된 천태종과 화엄종보다도 더 중국적인 성향을 가진 불교이다. 그런데 흥미로운 것은 선종에서는 그 시원을 보리달마(菩提達磨, Bodhidharma, ?~535)라는 인도 승려에게 두고 있다는 점이다. 선종은 천태종이나 화엄종처럼 경전에 의지하지 않고, 심법(心法), 즉 마음의 전수를 주장한다. 그렇다 보니 선종이 정당성을 얻기 위해서는 인도에서 온 승려로부터 전해졌다는 내용이 필요할 수밖에 없다. 그러나 보리달마의 생애에 대한 내용은 매우 불분명하다.

보리달마라는 이름에서 보리는 깨달음을 의미하며, 달마는 진리라는 뜻이다. 즉 보리달마란 '진리를 깨닫는다'는 의미이다. 달마에 대한 기록 중 가장 이른 것은 양현지가 547년에 지은 『낙양가람기』 권1이다. 여기에는 북위 시대에 파사국(波斯國), 즉 페르시아에서 온 보리달마가, 낙양의 최대 사찰인 영녕사와 목탑을 보고는 '이 사찰의 정교하고 빼어난 장엄함이 세계 안에 다시없을 것'이라고 감탄했다는 내용이 기록되어 있다. 그 후의 자료로는 달마의 저술로 가장 유력시되는 『이입사행론(二入四行論)』에 대한 담림의 서문(「이입사행론서」)이 있는데, 여기에서는 달마를 남인도 출신이라고 하였다. 후대 『경덕전등록』 등의 선종 문헌에서는 보리달마의 출신이 남인도 향지국 또는 향지왕의 셋째 아들로 정형화된다. 즉 달마의 출신지가 완전히 달라지는 것이다.

일반적으로 보리달마에 대해 알려져 있는 내용은 이러하다. 남인도의 셋째 왕자로 어린 나이에 출가한 달마는 인도의 제27대 조사인 반야다라에게 선을 배운다. 이후 중국으로 가서 교화할 것을 지시받은 보리달마는 배를 타고 양나라로 온다. 이때 양 무제와 만나지만 인연이 맞지 않자, 갈대를 꺾어 타고 장강(양쯔강)을 건너 숭산으로 들어가 9년 동안 달마동에서 면벽 수행을 한다. 이때 혜가가 눈이 많이 오는 날 가르침을 구하자 신표를 보일 것을 요구하고, 혜가는 팔을 잘라 진리에 대한 강인한 의지를 천명한다. 혜가의 의지를 본 달마는 이후 혜가에게 붓다에서부터 상속된 가르침과 가사, 그리고 『능가경』 네 권을 전한다. 그렇게 교화를 전개하던 달마는 그를 시샘하는 이들에 의해 독살당하지만, 실제로는 죽음을 가장해서 짚신을 한 짝 들고 파미르 고원을 넘어 인도로 돌아간다.

그러나 이 내용들의 대부분은 후대에 만들어진 것으로, 설화가 사실시된 것일 뿐이다. 특히 달마가 붓다에서부터 이어져 온 제28대 조사라는 조통설(祖統說)이나 양 무제를 만났다는 것, 또 혜가가 팔을 자르고 붓다의 가사를 받았다는 내용은 모두 사실이 아니다. 이런 내용 대부분은 혜능이 입적한 이후 육조헌창운동을 전개한 신회(神會, 668~760), 또는 신회 계통에서 구체화한 것일 뿐이다.

그러나 달마가 북위와 숭산 지역에서 활동한 것과 혜가에게 가르침을 주고 구나발타라가 443년에 번역한 4권 『능가경』을 전해 주었다는 것 등은 사실로 인정된다. 즉 달마의 일대기는 후대에 선종이 발달하는 과정에서 점점 더 설화의 옷을 두텁게 입게 되었던 것이다.

달마에게 『능가경』을 전수받은 혜가

선종의 제2조는 혜가(慧可, 487~593)이다. 혜가에 대한 설화는 달마에게 가르침을 구하러 숭산으로 갔다가 눈밭에서 팔을 자르는 단비구법(斷臂求法)을 행하고 달마와 상면하게 되는 것에서 시작된다.

이후 혜가가 달마에게 "마음이 편하지 못하니 마음을 편하게 해주십시오."라고 하자, 달마가 "그 마음을 가져오라. 그러면 편하게 해주겠다."고 한다. 다시 혜가가 "마음을 찾아도 찾을 수 없습니다."라고 하자, 달마는 "내가 이미 네 마음을 편안하게 했다."라고 답한다. 이것을 안심법문(安心法門), 즉 '마음을 편하게 한 가르침'이라고 한다. 이후 달마는 '혜가가 나의 골수를 얻었다'고 하여 진리의 전수자가 되었음을 인정하는 것으로 끝이 나는데, 이 또한 후대에 덧붙여진 설화일 뿐이다.

40세에 출가한 혜가는 후에 달마의 제자가 되어 4~6년 정도를 일승(一乘), 즉 통합적인 대승의 관점을 배우게 된다. 이후 『이입사행론』과 『능가경』 4권을 전수받는다. 선종이 초기에 능가종이라고 불렸던 것은 이 『능가경』을 전수했기 때문이다.[/] 『능가경』은 모든 존재에게 여래의 가능성이 있다는 여래장을 설하는 경전이다. 1900년대 초에 둔황에서 발견된 가장 오래된 선종 문헌 중 하나이자 715년경 작성된 『능가사자

[/] 『능가경』에는 구나발타라가 443년에 번역한 4권본 외에도, 513년에 보리유지가 번역한 10권으로 된 『입능가경(入楞伽經)』과 실차난다가 700~704년에 번역한 7권본의 『대승입능가경(大乘入楞伽經)』이 더 존재한다.

기(楞伽師資記)』는 『능가경』이 전해진 계통을 중심으로 하는 기록이다.

혜가는 이후 강북의 지방으로 가르침을 전하던 중, 북주 무제의 폐불(574~579)을 만나게 된다. 그리고 이 과정에서 도적을 만나 담림과 함께 팔이 잘리는 비운을 겪는다. 이 사실이 후일 윤색되어 설화의 단비구법, 즉 눈밭에 서서 팔을 잘라 진리를 구하는 모습으로 바뀌게 된다.╱

선종의 계보와 홍인의 동산법문

선종의 초기 계보에서 가장 문제가 되는 것은 제3조 승찬(僧璨, ?~606)이다. 승찬은 제2조 혜가, 제4조 도신(道信, 580~651)과의 연결이 뚜렷하지는 않으며, 인물에 대한 전기 역시 알려진 것이 적다. 그러나 달마와 혜가, 도신과 제5조가 되는 홍인(弘忍, 601~674)의 사승 관계는 분명하다. 그러므로 이 두 그룹을 연결하기 위해 승찬이 존재하고 있다는 것을 알 수가 있다. 또 승찬은 선종에서 유명한 명문인 『신심명(信心銘)』의 저자로 알려져 있다.

제4조가 되는 도신부터 선종의 무대는 낙양과 가까운 숭산에서 강남의 기주 황매현 쌍봉산으로 옮겨지게 된다. 쌍봉산은 산봉우리가 두 개이기 때문에 붙여진 이름으로, 이 중에서 서쪽 봉우리를 서산이라고 하는데, 도신은 이곳에 30여 년간 주석하며 가르침을 전개했다. 그래서 서산을 제4조 도신이 머물렀다는 뜻에서 사조산이라고도 한다. 그리고 도신의 노력을 이어서 쌍봉산의 동쪽 봉우리로 옮겨 가 가르침을 전한 이가 바로 홍인이다.

╱
흥미로운 것은 같은 숭산에 위치한 유교의 숭양서원에도 북송의 정호·정이 형제에게 사상채와 양귀산이 눈밭에 서서 가르침을 구했다는 이야기가 전해진다는 점이다. 또 소림사에서는 오늘날까지도 오른손으로만 합장을 하는 전통이 있는데, 이 전통에는 혜가를 기리는 의미가 담겨 있다.

동쪽 봉우리 쪽을 동산 또는 빙무산이라고 하는데, 홍인은 이곳에 거처하면서 가르침을 폈다. 그래서 이곳을 오조산이라고 부르기도 하지만, 흔히 동산이라고 한다. 그리고 여기서 이름을 따 홍인의 가르침을 동산법문(東山法門)이라고 한다. 그러나 같은 쌍봉산에서 사제가 함께했다는 점에서, 도신과 홍인의 가르침을 아울러 동산법문이라고 칭하기도 한다.

동산법문의 핵심은 수행이다. 『능가사자기』에는 측천무후가 "수행을 문제 삼는다면 동산법문보다 나은 것이 없다."고 했다는 기록이 있다. 또 도신까지는 『능가경』을 핵심 경전으로 여기지만, 홍인은 『능가경』을 버리고 반야 사상의 경전인 『금강경』을 취한다. 즉 홍인에 와서 사상과 수행이 일신하고 있는 것이다. 홍인의 제자가 500명이 넘었다고 하는데, 이는 동산법문의 성세를 잘 보여 준다고 하겠다. 또한 이 시기에는 선종의 계보인 '초조 달마→2조 혜가→3조 승찬→4조 도신→5조 홍인'의 구조가 완성되어 있었다. 그러므로 그 다음의 6조가 누가 되느냐가 문제로 제기되었다.

■ 4조 도신과 5조 홍인의 활동지

『육조단경』에 따르면, 혜능이 홍인을 찾아간 것은 어떤 사람이 읊은 『금강경』의 "응무소주 이생기심(應無所住 而生其心)", 응당 머무는 바 없이 그 마음을 낸다는 구절 때문이다. 이를 들은 혜능이 그 내용을 궁금해 하자, 홍인에게 찾아가라는 말을 듣게 된다. 이는 홍인이 『금강경』을 중심으로 폭넓게 교화를 전개하고 있었음을 의미한다.

『육조단경』은 혜능이 광동성 소주 대범사에서 수계 법회를 하면서 설하는 내용을 중심으로, 혜능이 홍인을 찾아가 가르침을 받고 이후 인종(印宗, 627~713) 법사에게 정식으로 출가하는 내용 등이 포함되어 있다. 그렇기 때문에 경전 이름에 들어간 '단(壇)'은 수계를 베푸는 계단의 의미이다. 이 『육조단경』을 편집한 것은 혜능의 제자인 신회와 그 문도들이었다. 그러므로 여기에는 혜능에 대한 우월성이 잘 나타나 있고, 이를 통해서 혜능상의 토대가 만들어지게 된다.

홍인에게는 10대 제자로 정리되는 뛰어난 제자들이 있었다. 10대 제자에 속하는 인물은 자료에 따라서 차이가 있지만, 신수(605~706)·현색(625?~715?)·혜능(638~713)·법여(638~689)·지선(639~718)·혜안(582~709) 여섯 명은 분명하다. 이들이 이후 각기 다른 지역에서 선종의 가르침을 전파했다는 것은, 동산법문이 당나라의 전역으로 확대되었음을 의미한다. 또한 이들 중 신수가 701년 측천무후의 요청으로 장안으로 가게 된다는 것을 보면, 신수가 홍인의 대표적인 제자였다는 점은 분명하다. 그러나 이러한 인식은 신수와 혜능이 입적한 후에 낙양을 중심으로 활동하는 신회가 혜능선양운동을 추진함으로써 뒤바뀌게 된다.

051

경제적 안정과 남방문화의 역습

제도의 안정 뒤에 나타나는 개인적 요구

당나라의 안정과 번성은 경제적인 풍요를 뜻하며, 이는 사람들의 관심이 집단주의적인 관점을 탈피해서 개인화된다는 것을 의미한다. 당나라가 안정되는 과정에서는 전체적인 세계관과 조화가 요구되는데, 이것을 대변하는 불교 사상이 바로 화엄이다. 당나라는 화엄 사상을 통해 더욱 발전하면서 풍요를 구가하게 된다. 이렇게 되자 이번에는 개인의 행복이 문제의 전면으로 대두한다. 이로써 중국불교는 화엄종에서 점차 선종으로 무게 중심이 이동하게 된다. 이러한 변화의 초기에 해당하는 인물이 바로 홍인이다. 또 이 같은 변화에는 강남의 풍부한 물산이 중요한 역할을 하게 된다. 이러한 강남의 약진과 더불어 강남의 개인주의적인 문화 역시 대두하게 되는데, 이것을 대변하는 초기 인물이 바로 혜능이다.

혜능은 모든 사람에게 존재하는 불성(佛性), 즉 붓다가 될 수 있는 본질에 입각해서 견(불)성할 것을 주장한다. 즉 우리는 모두가 완전한 불성을 기본적으로 내재하고 있으며, 이것을 자각하기만 하면 그대로 곧 붓다로 깨어나게 된다는 주장이다. 마치 '코페르니쿠스적 전회(轉回)'처럼 지동설에 대한 올바른 자각만 있다면, 천동설이라는 허구는 눈 녹듯 사라진다는 의미이다. 이것은 화엄 사상의 성기설, 즉 '일체는 완전성의 자기전개일 뿐'이라는 주장을, 마음을 중심으로 간명하게 집약한 결론이다. 즉 혜능은 이전 시대 화엄 사상이 펼쳐 놓은 번잡한 교설을 누구나 실천할 수 있는 간명한 방법으로 재탄생시킨 것이다.

'자기의 마음만 밝히면 모든 사람이 붓다가 될 수 있다'는 혜능의 주장은 공부의 유무나 능력에 따른 차등 없이 마음만 있으면 붓다가 될 수 있다는 점에서 혁명적인 가르침일 수밖에 없다. 인간은 누구나 관점만 전회하면 지금 붓다가 될 수 있는 것이다. 그렇기 때문에 이를 '육조혁명', 즉 육조 혜능이 일으킨 혁명이라고 한다. 불교의 변화는 언제나 '쉬움'과 '보편성'에 기초하여, 붓다의 근본정신으로 돌아가자는 것이었다. 인도불교의 대승이나 밀교 역시 이 정신에서 시작되었다. 따지고 보면, 이는 붓다에 의해 불교가 탄생하게 되는 배경이기도 했다. 다만 언제나 이렇게 시작된 불교개혁은 다시금 어려워진다는 데 문제가 있다. 오늘날 선불교는 '최상승'이라는 표현을 사용한다. 이는 선종의 가르침이 또다시 어려워졌다는 것을 의미하는 동시에 또 다른 개혁 대상이 된다는 것을 나타낸다.

코페르니쿠스가 천동설에서 지동설로 인식의 전환만으로 문제를 해결한 것과 같은 통찰을 칸트는 코페르니쿠스적 전회(Kopernikanische Wende)라고 하였다. 이는 인식 주체가 인식 대상을 결정한다는 인식론의 판단에 따른 관점을 의미한다.

누구나 본 마음인 불성을 자각해서 붓다가 될 수 있다는 혜능의 주장은 경제적인 안정 속에서 개인의 완성을 추구하는 당나라 사람들을 매료시키게 된다. 이것이 바로 이후 전개되는 선종의 유행이다. 그러나 현대와 달리 고대에는 문화적인 변화가 단시간에 이루어지지 않는다. 그렇기 때문에 혜능은 당대(當代)에는 신수에게 필적할 수 있는 상황은 아니었다. 혜능을 중심으로 하는 후대의 선종 문헌들은 혜능 당대에 신수를 능가한 것처럼 기록하고 있다. 그러나 신수에게는 '양경법주 삼제국사(兩京法主 三帝國師)' 라는 표현이 있을 정도로 그 세력이 대단했다. 이에 비해서 혜능은 강남 광동성 소주(韶州) 인근의 조계산 남화선사(南華禪寺, 혹 보림사寶林寺)에서 주로 주석하면서 가르침을 펼쳤다. 즉 수도에서 인정받던 신수와 강남 변방에 머물렀던 혜능의 위치는 곧 당시 두 사람의 위상과 직결된다고 이해해도 큰 문제는 없다. 다만 이후의 경제적인 풍요가 점차 강남문화를 끌어올리면서, 혜능계의 선종은 중국 사상계의 주류로 변모하게 된다.

이길 수밖에 없는 카드를 가진 혜능

혜능과 신수의 차이는 '깨달음이 즉각적인 것이냐, 순서적인 것이냐'에 있다. 이것이 오(悟)를 중심으로 하는 돈오(頓悟)와 점오(漸悟) 문제이다. 신수는 강북의 장안과 낙양을 중심으로 가르침을 설했고, 혜능은 강남에 있었다. 그래서 두 사람의 깨달음에 대한 관점과 머물던 지역을 연관지어 '남돈북점'이라고 한다. 남종선과 북종선이라는 명칭을 사용하

양경법주란 당의 2대 수도인 장안과 낙양의 불교 승려 중 최고라는 의미이며, 삼제국사란 측천무후, 예종, 중종 세 황제의 국사였다는 뜻이다.

■ 신수와 혜능의 활동지

■ 광동성 혜능 관련 사찰

기도 하지만, 이것은 후대의 남종선에서의 북종선에 대한 비판적인 평가에 따른 것이기 때문에 신수와 혜능 당대의 문제의식으로까지 소급해 보는 것에는 무리가 있다. 즉 신수와 혜능 시대에는 '북종-점오'와 '남종-돈오'라는 뚜렷한 인식이 없었다는 말이다.

점오란 깨달음은 점차적으로 익혀 가다가 어느 한순간에 질적인 변화를 동반한다는 판단이다. 마치 쌀에 물을 넣고 밥을 지으면 열이 가해지면서 점차 변화가 발생해 밥이 되는 것처럼 말이다. 이에 비해서 돈오는 우리가 감은 눈을 뜨는 것처럼 깨달음은 순간적이라는 관점이다. 눈을 뜨면 눈앞의 대상이 동시에 보이지, 가까운 것은 먼저 보이고 먼 것은 늦게 보이는 것이 아닌 것처럼, 한꺼번에 전체가 완전해진다는 주장이다.

두 가지 주장의 차이는 본질에 가능성만 있다고 볼 것이냐, 본질 자체가 완전하다고 볼 것이냐에 대한 것이다. 이 부분에서 혜능의 관점은 보다 종교적이며 인간의 존엄성을 강조하는 동시에 더욱 보편적이면서 간명하다. 또한 이는 중국 전통의 인간에 대한 보편적인 인식인 성선설과도 연결되어 있다. 이런 점에서 중국문화권의 동아시아인들은 혜능을 지지할 수밖에 없다. 이 점이 혜능 당대는 아니었더라도 신수계가 몰락하고 혜능계가 주류가 될 수밖에 없는 이유라고 하겠다. _֍

052

밀교의 발전과 사상의 정체

당나라의 번영이 초래한 밀교의 발달

당의 안정과 번성에 따른 개인화의 요구는 선종의 발전과 더불어 밀교의 발전을 가져왔다. 밀교는 인도불교의 주체적인 성격이 무너지면서 힌두교의 영향을 받아 변모한 불교이다. 농업문화를 기반으로 하는 힌두교는 주술적이면서 개인의 길흉화복과 관련된 요소가 강하다. 인도불교가 밀교화되면서 이와 같은 측면이 점차 중국으로 전파되기 시작한다. 이는 대승불교 안에서 밀교적인 요소를 포함하는 진언이나 다라니가 발견되는 것을 통해서 확인할 수 있다. 그러나 밀교는 진언이나 다라니를 절대화하고, 종교의식을 통해서 인과를 넘어서는 결과를 만드는 것을 일반화시킨다는 점에서 대승불교와는 다르다. 이런 점에서 중국에 밀교가 본격적으로 영향을 미치는 것은 선무외(善無畏, Śubhakara-siṃha, 637~735)가 중국으로 오는 716년부터라고 하겠다.

이때는 당 현종의 '개원의 치(713~741)' 초기에 속하는 때로, 당나라가 번영기를 지나 난숙기로 접어들 무렵이다. 선종이 개인화된 사람들의 자기추구를 반영하고 있다면, 밀교는 주술적인 측면을 통한 개인의 자기구현을 나타낸다. 즉 선종이 명상을 통한 자기정화와 붓다화라는 주체적인 측면을 가진다면, 밀교는 주술과 종교의식을 통해서 이와 같은 욕구를 해결하는 것이다. 특히 밀교의 특징인 한 개인에 대한 특별한 보호와 축복의 구조는, 부각되기를 바라지만 특별한 능력을 가지지 못한 귀족들에게는 큰 호감으로 작용하게 된다. 이것은 마치 명품의복과 액세서리를 착용함으로써 착용한 사람 역시 명품이 되는 것처럼 느끼는 것과 유사하다. 밀교가 종교의식에 많은 비중을 둔다는 점과 이러한 밀교를 귀족들이 지지하였다는 사실은 불교가 화려해지고 외형적으로 발전하게 된다는 것을 의미한다. 그러나 동시에 사상 체계가 퇴보하고 민중과 유리되는 현상을 만들어 내게 된다는 점에서는 부정적이 될 수밖에 없다.

선무외의 『대일경』과 태장계 만다라

밀교의 번성을 주도한 이들은 선무외를 필두로 해서 중국으로 들어오는 개원삼대사(開元三大士)이다. 개원삼대사란 명칭은 선무외·금강지(金剛智, Vajra-prajñā, 671?~741)·불공금강(不空金剛, Amoghavajra, 705~774)이 모두 당 현종 개원년간인 716년(개원 4)·719년(개원 7)·720년(개원 8)에 차례로 중국에 입국해서 중국밀교를 정립하기 때문이다.

이 중 선무외는 인도의 나란다사에서 스승인 달마국다(達摩鞠多, Dharmagupta)에게 밀교를 배우고, 중국으로 가서 교화하라는 스승의 가르침에 따라 중국으로 온 인물이다. 이후 724년 태장계 밀교의 중심 경전이 되는 『대일경(大日經)』(7권)을 번역했다. 『대일경』의 대일(大日)은 비로자나불을 의미한다. 그래서 『대일경』의 다른 이름은 『대비로자나성불신변가지경(大毘盧遮那成佛神變加持經)』이기도 하다.

『대일경』은 7세기 중반 인도에서 만들어진 경전으로, 선무외가 구술하면 중국인 제자인 일행(一行, 683~727) 등이 받아 적어서 번역, 완성한 것이다. 또한 『대일경』 중 마지막 권인 권7은 인도에서 만들어진 원본이 아니라 선무외가 별도로 가지고 온 종교 의식인 공양법을 합본한 것이다.

『대일경』은 진언밀교의 방법에 대한 총체적인 내용을 언급하고 이후 진언의 가치를 완성할 수 있는 종교 의식적인 부분을 설명하고 있다. 또 『대일경』의 권1과 권2의 「입만다라구연진언품(入漫荼羅具緣眞言品)」에 입각하여, 불보살과 천신 및 밀교적인 신장(명왕) 등을 그림으로 나타낸 태장계(胎藏界) 만다라가 만들어지기도 한다. 태장계 만다라는 금강계(金剛界) 만다라와 더불어 밀교의 두 가지 대표적인 만다라이다. 태장계 만다라는 붓다의 안에서 전 우주가 하나 되어 있는 것을 상징하는 도상인 동시에 태장계 밀교의 깨달음을 상징하는 그림이다. 선무외의 『대일경』에 입각한 밀교는, 선무외의 강설을 일행이 정리한 『대일경소』 즉 『대비로자나성불경소(大毘盧遮那成佛經疏)』(20권)가 찬술되면서 정립되고 발전하게 된다. 이외에도 선무외는 726년 『소실지갈라경(蘇悉地羯囉經, 혹 소실지경蘇悉地經)』(3권)을 번역하는데, 이 경전은 『대일경』·『금강정경』과 더불어 진언밀교의 삼부경(밀교삼부경)이라고 칭해진다.

금강지의 『금강정경』과 금강계 만다라

선무외의 '『대일경』-태장계 만다라'와 더불어 중국밀교를 견인하는 것이 금강지의 『금강정경』과 금강계 만다라이다. 금강지는 나란다사에서 출가하여 남인도의 용지(龍智, Nāgabodhi)에게 밀교를 전수받았다고 한다. 719년 배편으로 중국에 도착했는데, 이후 720년 16세의 젊은 나이로 해로를 통해 중국으로 건너오는 스리랑카인 제자 불공금강과 함께 활동한다. 금강지는 723년 금강계 밀교의 중요 경전인 『금강정경(金剛頂經)』(4권)을 번역한다. 이 경전은 7세기 후반에 성립한 금강정부에 속하는 경전군의 핵심 부분에 해당한다. 『금강정경』의 본래 이름은 『금강정유가중략출염송경(金剛頂瑜伽中略出念誦經)』인데, 제자 일행이 번역한 『금강정일체여래진실섭대승현증대교왕경(金剛頂一切如來眞實攝大乘現證大教王經)』(3권)이 더 유명하다.

『금강정경』은 손으로는 진리의 상징을 맺고(무드라), 입으로는 진언을 외우며(만트라), 정신으로는 붓다와 불세계의 완전함을 관상(만다라)하는 삼밀수행을 통해 붓다가 되는 방법을 제시하고 있다. 또 『금강정경』에 입각한 만다라를 금강계 만다라라고 하는데, 비로자나불의 지혜의 경계를 무엇으로도 무너트릴 수 없는 금강에 비유하여 상징화한 그림이다.

불공금강의 밀교 완성과 혜초

금강지의 제자인 불공금강은 금강지가 입적한 741년 남인도로 건너가 밀교 경전을 더 구해서 746년 중국으로 돌아온다. 이후 77부 101권의 많은 경전들을 번역했다. 이로 인해서 불공금강은 구마라집·진제(眞諦, Paramārtha, 499~569)·현장과 더불어 중국의 4대 역경승으로 꼽힌다. 또 불공금강의 대규모 번역은 당나라의 밀교가 크게 번성하여 완성되는 결과를 가져온다. 즉 선무외와 금강지의 밀교가 불공금강을 통해서 집대성되는 것이다.

불공금강의 제자는 2천 명에 달할 정도로 많았는데, 그중 함광(含光)·혜초(惠超)·혜과(惠果)·혜낭(惠朗)·원교(元皎)·각초(覺超)가 특별히 뛰어나서 이들을 육철(六哲)이라고 한다. 이 중 혜초는 『왕오천축국전』을 저술한 신라승이며, 혜과의 제자인 공해(774~835)는 일본 승려로 일본 진언종의 시조가 되는 인물이다. _⑧

053

안사의 난, 남종선을 꽃피게 하다

남종선의 수도권 진출과 신회의 야망

혜능과 신수의 깨달음에 대한 입장과 관련된 남돈북점 논쟁이 표면화되는 것은 사실 이들의 제자인 신회(668~760)와 보적(651~739) 대에 와서이다. 보적은 신수의 뒤를 이어 장안과 낙양에서 활동한 인물로, 당시 선종 6조로 평가되던 신수를 잇는 7조로 인정받고 있었다. 이에 대해서 반론을 제기하는 인물이 바로 신회이다.

신회는 처음에는 호북성 당양(當陽)의 옥천사(玉泉寺)에 있던 신수 문하에서 3년간 수학했다. 그러다가 701년 신수가 측천무후의 요청에 의해서 장안으로 상경하자, 남쪽의 혜능 문하로 가서 혜능이 입적할 때까지 가르침을 받았다. 713년 혜능이 입적하고 약 20년 후에 신회는 남종선을 가지고 낙양으로 진출한다. 이 과정에서 732년 낙양 근처의 하남성 활대(滑臺) 대운사(大雲寺)에서 무차대회를 열고 '신수는 방계이며, 가르침은 점오이다(師承是傍 法門是漸)'라고 비판하며 기존의 북종선과 변별점을 제시한다. 이때 신회는 달마가 법통을 전할 때 붓다부터 이어져 온 가사를 전했다고 하는 '전의부법설(傳衣付法說)'을 주장하고, 이 가사가 혜능에게 전해졌다고 하였다. 즉 혜능이 6조이며 신수는 방계일 뿐이라는 것이다. 그러나 전의부법설은 보다 사실적으로 보이기 위한 신회의 일방적인 주장일 뿐 사실은 아니다. 이 사건을 '활대의 종론(宗論)'이라고 한다. 즉 혜능과 신수의 깨달음과 관련된 돈점 논쟁은 혜능과 신수에 의한 것이 아니라, 사실은 이들이 입적한 이후 신회에 의해서 제기된 것이다. 신회의 주장은 이후 『보리달마남정종시비론』을 통해서 정리된다.

신수의 입적 이후 황실과의 관계가 소원해지고, 신회가 강남에서 수도권인 낙양으로 진출하면서 신수계와 혜능계가 충돌하는 양상이 만들어진다. 이로 인하여 남돈북점과 혜능 6조설이 점차 힘을 얻게 되며, 또 달마 이래의 가르침 전수라는 법통 역시 분명해지게 된다.

신회의 목적은 남종선이 낙양과 장안에서 입지를 구축하고 혜능을 6조로 만듦으로써 자신이 7조가 되는 것이었다. 그러나 하루아침에 세상의 인식이 바뀌기는 힘들다. 그런데 보적이 739년에 입적하고, 안사의 난(755~763)이 발발함으로 인해서, 신회의 뜻은 당대에 성취되기에 이른다.

안사의 난으로 꺾이게 되는 당나라

당나라의 제6대 황제인 현종(재위 712~756)은 '개원의 치(713~741)'라고 불리는 당의 절정기를 만든 인물인 동시에 9년간이나 계속된 '안사의 난'을 통해서 당나라의 세력이 약화되는 계기를 만든 군주이다. 전성기와 쇠망이 한 황제에게서 모두 나타나고 있는 것이다. 개원 28년인 740년의 인구 조사에 따르면, 당시 당나라 인구는 4,814만 3,609명이나 되어 당 태종 때의 2배에 달했다. 또 개원년간의 풍요는 시선(詩仙) 이백(701~762)과 시성(詩聖) 두보(712~770) 및 시불(詩佛) 왕유(699?~759)와 같은 시인 묵객들이 활약하는 배경이 된다.

그러나 경제의 발달은 그 다음 단계로 자본의 쏠림 현상을 촉발한다. 이는 밀교와 같은 종교의식 중심의 화려한 불교가 유행하는 배경이 되는 동시에, 소농민들이 서서히 무너지면서 유민화되는 현상을 초래하게 된다. 여기에 당나라에서는 변경지역을 방어하기 위해서 중요한 지역 열 곳에 번진을 설치하는 제도가 있었는데, 이곳의 책임자가 바로 절도사이다. 절도사에게는 군사·재정·행정을 아우르는 막대한 권력이 부여되었다. 이들 절도사들이 유민을 군인으로 흡수하면서 점차 지방 군벌화가 심화된다. 이 상황에서 중앙 권력인 양귀비의 육촌 오빠 양국충과 평로·범양·하동의 동북쪽 삼번진의 절도사인 안록산이 충돌하는 사건이 벌어진다. 이것이 바로 755년에 안록산과 사사명이 주도하여 발발한 안사의 난(755~763)이다. 당시 안록산이 동원한 군사는 무려 20만에 달하며, 이들에 의해서 장안과 낙양은 함락되고 만다. 이 과정에서 현종은 72세의 몸으로 서쪽의 사천성 촉 땅으로 피난을 가게 된다. 그리고 전란을 수습하기 위해서 자신은 상황으로 물러나고 셋째 아들인 제7대 숙종(재위 756~762)에게 양위한다.

장안과 낙양의 파괴와 신회의 약진

안사의 난을 수습하는 과정에서, 당나라는 북쪽의 몽골 쪽에 744년 골

력배라(骨力裴羅, Khutluk Boila, 회인가한懷仁可汗)가 건국한 회흘한국의 회흘, 즉 위그르인들에게 757년 도움을 요청한다. 또한 군자금이 부족하자 그 전에는 시험을 통해서 발행되던 승려의 신분증인 도첩을 정부에서 판매하기 시작했다. 당시 승려는 면세 대상자였기 때문에 도첩의 판매는 큰 호응을 얻었지만, 이후 승려 자격의 질적 저하와 당의 세수 확보에 문제로 작용하게 된다. 신회는 조정의 정책에 적극 협조해서 불교 행사를 통해 향수전(香水錢)을 모아 주었고, 숙종은 고마움의 표시로 신회가 낙양의 하택사(荷澤寺)에 주석하도록 하였다. 신회는 하택사를 중심으로 북종선을 비판하고 남종선을 전파했는데, 이렇게 하여 성립된 신회의 종파를 하택종이라고 한다. 신회를 '하택 신회'라고 부르는 것 역시 신회가 하택사에 주석했기 때문이다.

신회는 760년에 입적하게 되기 때문에 안사의 난이 끝나는 763년까지 살지 못했다. 그러나 안사의 난에 의해서 장안과 낙양은 심하게 파괴되었고, 이는 당시 장안과 낙양에 근거지를 두었던 북종선의 타격을 의미하는 것이기도 하다. 또 이 과정에서 신회의 비판과 황실과의 연결점이 생김으로 인해서 결국 혜능이 6조, 신회가 7조로 인정받는 상황이 만들어진다. 즉 혜능은 713년에 입적한 이후 40여 년이 경과한 후 선종의 주류가 되면서 6조로 올라서게 되는 것이다.

하택종의 몰락과 새로운 남종선의 전개

신회의 혜능현창운동, 즉 육조현창운동에는 자신이 7조가 되려는 의도도 포함되어 있었다. 그리고 이러한 시도는 성공한다. 그러나 이후 선의 주류가 남종선이 되고, 남종선이 점차 발전하면서 남종선 내에서

'깨달음과 관련된 돈오 문제' 이후 수행과 관련된 돈점 문제가 다시금 제기된다. 즉 돈오와 점오에서 돈오돈수와 돈오점수로 문제가 세분화되는 것이다.

돈오점수는 깨달음의 관점이 환기되더라도 그것을 완성하기 위해서는 수행이 필요하다는 주장이다. 마치 수학 공식을 이해하더라도 그것을 익숙하게 체득하기 위해서는 반복적인 노력이 필요하다는 뜻이다. 이에 비해서 돈오돈수는 완벽하게 안다면 더 이상의 수행은 필요가 없다고 주장한다. 이것은 마치 태양이 밝다는 것을 보게 되면 두 번 다시 태양이 어둡다는 의심은 있을 수 없는 것과 같다. 이 중 돈오점수를 주장하는 쪽은 하택 신회의 하택종이다. 이에 반해서 돈오돈수를 주장한 쪽은 남종선 내의 남악 회양(677~744)과 청원 행사(?~740)로, 이들의 문하에서 각각 마조 도일(709~788)과 석두 희천(700~709)이 나타나게 되면서 신회의 입적 이후 남종선의 주류는 돈오돈수가 된다. 이후 신회의 하택종은 점차 쇠락하게 된다. 신회는 자신이 신수를 방계로 몰아붙이고 남종선의 기틀을 확립했지만, 결국 남종선의 발달 속에서 자신 역시 방계로 내몰리게 되고 마는 것이다. _❀

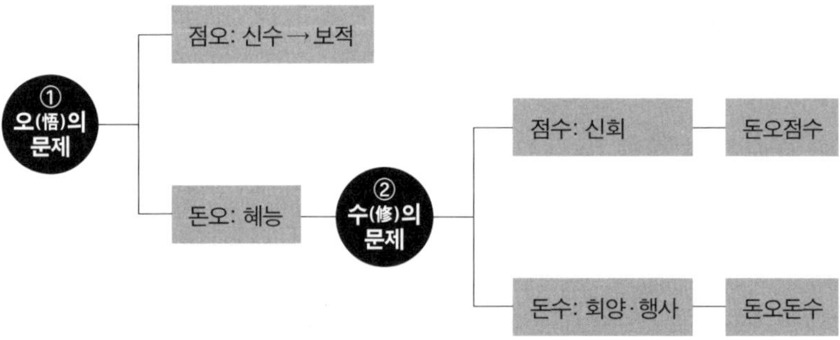

■ 선종의 문제의식

054

가장 중국적이지만 주류는 아닌 선종

남종선의 분파와 황금기

안사의 난 과정에서 일어난 장안과 낙양의 파괴는 당시 중국불교의 주류였던 교종이 심각한 타격을 받았다는 것을 의미한다. 특히 교종은 경전을 통해서 공부를 하는 종파이기 때문에 상대적으로 전란과 같은 혼란에 더욱 취약할 수밖에 없었다. 이에 비해서 남종선은 안사의 난이 일어나기 직전 신회에 의해서 낙양으로 들어오기 시작한다는 점에서, 피해를 입을 여지가 적었다. 특히 안사의 난이 동북쪽을 중심으로 전개되었고 이를 수습하는 과정에서 일어난 위그르족의 남하도 북방과 관련되어 있었기 때문에 강남은 이렇다 할 피해를 입지 않게 된다. 이와 같은 상황은 안사의 난 이후 중국불교에서 남종선의 대약진이 전개되는 이유라고 하겠다.

당 중기 이후 남종선의 번영은 남종선 안에서의 자기분화를 만들어 내게 되는데, 이를 흔히 '오가칠종(五家七宗)'이라고 한다. 여기에서의 오가란 위앙종·임제종·운문종·조동종·법안종을 말한다. 이 중 임제종이 가장 번성하여 그 안에서 다시금 양기파와 황룡파의 분화가 이루어지게 된다. 오가에 임제종의 양기파와 황룡파를 더한 것이 칠종이다. 이와 같은 내용을 간략히 도식화해 보면 다음과 같다.

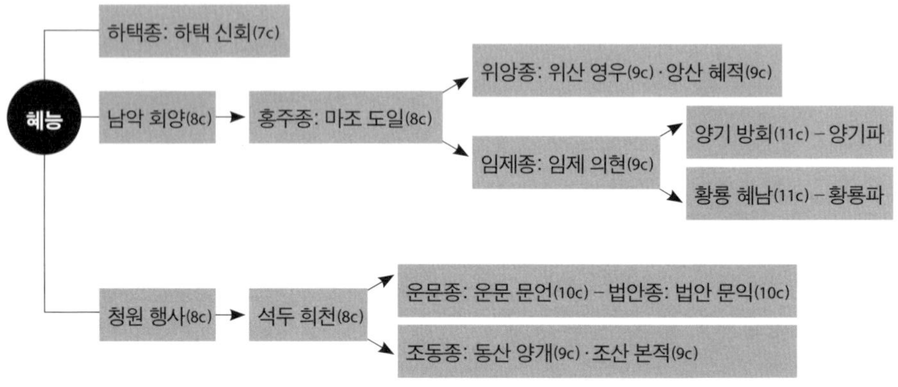

남종선의 슬로건이 의미하는 것

남종선이 주장하는 내용은 흔히 16자로 말하는 선의 슬로건 속에 잘 정리되어 있다. 바로 '교외별전 불립문자(教外別傳 不立文字) 직지인심 견성성불(直指人心 見性成佛)'이다.

여기에서 교외별전 불립문자란, 붓다의 가르침의 핵심은 별도의 마음에서 마음으로 전해지며, 그러므로 문자에 존재하는 것이 아니라는 의미이다. 이 말은 경전을 중심으로 하는 교종의 공부와 대별되는 선종의 마음 중심 수행을 잘 나타내 준다. 또한 교종이 문자를 아는 사람들, 즉 지식인을 위한 것이라면, 선종은 문자가 필요 없는, 누구에게

나 가능한 민중의 불교를 지향한다는 점도 분명히 하고 있다.

다음의 직지인심 견성성불이란, 곧장 마음을 가리켜서 견성, 즉 불성을 보아서 성불한다는 의미이다. 여기에는 중국문화 전통에서의 마음에 대한 시각이 잘 나타나 있다. 마음을 중심으로 인간을 파악하는 것은 선종 이전에는 화엄 사상에 의해서 강조된 바 있다. 그러나 그 근본은 『서경』「대우모(大禹謨)」의 "도심(道心)"이나 『맹자』「이루하(離婁下)」의 "적자지심(赤子之心)" 등을 통해서 확인해 볼 수 있다. 누구에게나 존재하는 마음의 본질로 단도직입하는 것, 이것이 바로 깨달음이라는 의미이다.

또한 견성이란 견불성(見佛性)을 축약한 것으로, 불성 사상에 입각한 불교적인 관점을 잘 나타내고 있다. 또 이는 선종에서는 마음과 본성을 별도로 구분하지 않고, 인간의 본질적인 마음을 곧 불성으로 이해하는 방식이라고 하겠다. 즉 본마음과 불성을 바로 보기만 하면 누구나 붓다가 되는 것이다. 이러한 변화는 지금 이 자리에서 일어나는 것이기 때문에 돈오라고 한다. 또 이것은 돈오가 투철하면 거기에는 더 이상의 수행이 존재할 여지가 없다는 것을 의미하기도 한다. 이것이 바로 견성성불, 즉 지금 이 순간 붓다가 된다는 의미이다.

깨달음의 집중과 깨달음 속에 존재하는 현실

남종선의 돈오돈수설은 오직 깨달음만 존재할 뿐 어떤 수행도 존재할 수 있는 여지를 남기지 않는다. 또 내 마음을 통해서 곧장 붓다가 된다는 것은 현재의 내 존재와 현실을 긍정하는 것이 된다. 마조 도일이 '평상심시도(平常心是道)', 즉 일상적인 마음이 그저 깨달음이요 진리의 구현이라고 한 것이나, '행주좌와 어묵동정(行住坐臥 語默動靜)', 즉 일상적인 삶의 방식 모두가 깨달음의 드러냄일 뿐이라고 하는 것이 바로 이와 같은 관점이다. 이러한 남종선의 주장은 진리의 보편화라는 관점에서는 타당하지만, '그렇다면 굳이 출가할 필요가 있는가'라는 다음 세대 신유학의 비판을 초래하게 된다. _❀

055

신유교의 맹아와 불교의 대응

불교와 신유교의 사상 교체

불교는 위진남북조 시대에 번성하여 북송 시대(960~1127)까지 약 900년간 중국 사상계를 장악하며 지배 이데올로기로서의 역할을 담당하였다. 그러나 이후 신유교가 발흥하면서 동아시아는 신유교가 주도하는 사회로 변모하고, 결국 불교는 사상계의 2선으로 물러나게 된다. 900년을 주도한 상황에서 물러나는 것도 그렇고, 유교가 900년 동안 불교에 눌려 있던 상황에서 신유교로 부활한다는 점도 매우 특이한 현상임에 분명하다. 이와 같은 세계 사상사에서 볼 수 없는 대변화가 동아시아에서만 유독 발생하는 이유는 무엇인가?

신유교(Neo-Confucianism)는 정치철학적인 성향이 강한 유교가 불교의 영향을 받아서, 수양론과 진리적인 측면이 강조되는 북송시대에 새롭게 대두하는 철학체계를 말한다. 흔히 북송오자(北宋五子)로 일컬어지는 주돈이(주렴계)·장재(장횡거)·소옹(소강절)·정호(정명도)·정이(정이천)에 의해서 기본사상이 형성되며, 완성은 남송의 주희(주회암, 주자)와 육구연(육상산) 그리고 명나라의 왕수인(왕양명)에 의해서 이루어진다. 주희 계열을 성리학 또는 주자학이라고 하고, 왕수인 계열을 심리학 또는 양명학(육왕학)이라고 한다.

통과의례가 없는 불교와 통과의례가 강점인 유교

불교의 가장 큰 특징 중 하나는 세계종교임에도 불구하고 독자적인 통과의례를 완성하고 있지 않다는 점이다. 즉 관혼상제와 같은 통과의례가 불교에는 완비되어 있지 않은 것이다. 이것은 불교가 수행문화에 기반한 수행자집단이기 때문이다. 즉 처음부터 출가집단으로 출발한 불교에 있어서는 세속적인 통과의례가 존재할 공간이 없었던 것이며, 이는 오늘날까지도 유효하다.

인도의 바라문교나 힌두교는 모두 세속적인 종교이다. 그렇다 보니 통과의례가 발전해 있다. 유교 역시 예의라는 관점에서 통과의례가 고도로 발전되어 있다. 이는 오경(五經) 속의 『예기』나 신유교의 『주자가례』 등을 통해서 확인해 볼 수 있다. 불교에 불교만의 통과의례가 존재하지 않는다는 점은, 불교 시대에도 통과의례와 관련해서는 계속해서 유교적인 가치가 활용되고 있었다는 것을 의미한다. 즉 유교는 통과의례와 관련, 계속해서 민중과 관계를 맺으며 유지되고 있었던 것이다. 이는 불교가 약화될 때 유교가 다시금 부활할 수 있는 기본적인 배경이 된다.

과거제의 발달과 함께 위축되는 불교

유교의 부활은 과거제와도 관련이 있다. 수 문제가 왕권 강화를 위해 과거제를 시행한 이후, 이 제도는 당 태종과 측천무후 및 현종 대에 크게 발전하게 된다. '과거'라는 시험 제도에는 당연히 교재가 필요하게 되는데, 그 교재가 정치와 관련된 유교의 오경, 즉 『시경』·『서경』·『역경(주역)』·『춘추』·『예기』였다. 당 태종은 638년 공영달(孔穎達) 등에게 명해서 오경에 대한 표준 주석서를 편찬하도록 하였고, 고종 때인 653년 이 주석서가 반포된다. 이 책이 『오경정의』로, 과거 시험의 표준 교재라고 이해하면 되겠다. 실제로 당나라 때의 과거 시험은 『오경정의』를 기준으로 평가되었다.

이러한 표준 교재의 완성은 과거 시험을 준비하는 모든 사람들이 『오경정의』를 학습할 수밖에 없으며, 유교 경전이 계속해서 존립, 학습될 수밖에 없다는 것을 의미한다. 귀족이 중심이 되는 고대와 중세의 사회에서, 관직은 시험이 아니라 집안의 위치에 따라서 안배되는 것이었다. 그러므로 귀족들은 유교 경전 공부를 할 필요 없이 불교와 정신문화에 관심을 가질 수가 있었다. 그러나 일반 서민들의 경우 관직에 오를 수 있는 방법은 오직 과거뿐이었으며, 이들은 계속해서 유교 공부를 하게 된다.

과거 제도를 통해서 관직에 오른 사람들은 군주에 의해서 발탁된 이들이기 때문에 황제에 대한 충성심이 강했다. 그러므로 황제는 군주권을 강화하기 위해 과거제를 확대해서 귀족을 견제하는 세력을 만들곤 했다. 이와 같은 양상은 점차 과거제의 비중이 확대되고, 그와 함께 불교의 위상은 점점 추락하는 현상을 초래하게 된다. 실제로 과거제가 주류가 되는 근세로 넘어오게 되면, 귀족제는 극히 제한적으로만 존재하게 되며 불교는 신유교에 완전히 자리를 내주면서 물러나게 된다. 즉 과거제는 유교가 꾸준히 명맥을 유지하는 동시에 다시금 부활할 수 있는 원동력이었던 것이다.

유교의 본격적인 불교 비판 대두

당나라가 중후기로 넘어가면서 유교의 세력은 점차 확대되기 시작한다. 그 주된 이유 중 하나는 논리 구조가 약한 남종선의 번성으로 인해, 유교를 상대할 수 있는 불교적인 측면이 약화되었기 때문이다. 즉 교종이 발달할 경우에는 유교의 논리를 방어해 낼 수 있는데, 남종선의 미학적이고 주관적인 측면은 유교와는 논리적인 층위가 다르기 때문에 유교의 성장을 억누르기에 어려움이 있었다는 말이다.

결국 불교는 한유(韓愈, 768~824)라는 최초의 불교 비판자를 만나게 된다. 한유는 당송팔대가[1] 중에서도 최고로 평가되는 인물이다. 이런 한유가 불교를 비판하며 쓴 대표적인 글이 「원도(原道)」와 「논불골표(論佛骨表)」이다.

「원도」는 도의 근원을 분명히 한다는 의미로, 유교의 정통을 강조하고 불교를 배척하는 글이자 이후 송나라 때 신유교가 발흥하는 시원을 이룬 단문이다. 이 글에서 한유는 도통설(道統說)[2]을 강조했는데, 도통설은 유교에서 도를 전하는 일종의 법맥(法脈), 즉 학맥이다. 이는 선종에서 달마 이래 가르침을 전수한 조통설(祖統說), 즉 전등설(傳燈說)의 영향에 따른 것이다. 즉 불교적인 영향하에, 유교의 정신을 북돋고 집

1. 당나라와 송나라 때의 문인 중 문장이 가장 뛰어나다고 평가받은 여덟 명. 당나라 때의 한유·유종원과 송나라 때의 구양수·소순·소식[소동파]·소철·증공·왕안석을 말한다. 이들의 글을 엮은 명나라 모곤의 『당송팔가문초(唐宋八大家文抄)』와 청나라 심덕잠의 『팔가문독본(八家文讀本)』 등이 『당송팔가문』이라는 통칭으로 전해지고 있다.

2. 한유가 제시한 「원도」의 도통설에서는 '요(堯) → 순(舜) → 우(禹) → 탕(湯) → 문왕(文王) → 무왕(武王) → 주공(周公) → 공자(孔子) → 맹자(孟子)'로 연결되며, 맹자 이후 단절된 것을 복구해야 한다고 주장한다. 이는 한유가 맹자 이후 1,100여 년간 단절된 도통을 잇는 사람이라는 의미를 내포한다. 그러나 이 같은 인식은 이후 신유교 안에서 배척되며, 북송오자 중 주돈이를 도통의 계승자로 보았다. 참고로 우 → 탕 → 문왕과 무왕은 각각 하나라와 은(상)나라 그리고 주나라의 개국군주로 서로 연결되는 개연성은 없는 억지주장에 불과하다. 이는 마치 박혁거세 → 왕건 → 이성계가 서로 심법(心法), 즉 마음의 본질을 상속했다고 주장하는 것과 같다.

결하겠다는 것이 「원도」의 내용인 셈이다.

한유의 또 다른 글인 「논불골표」는 제11대 황제인 헌종(憲宗, 재위 805~820) 때인 819년, 황실 사찰인 장안 교외의 법문사에 모셔진 불사리가 장안으로 이운되어 황궁에서 황제가 예배할 때 이를 비판하기 위해 쓰여진 것이다. 한유는 이때 헌종에게 붓다의 사리에 대해서 논하는 표문인 「논불골표」를 올린다. 이 글에는 '불교가 중국으로 전래한 이후 국가가 혼란해지고 나라의 존속 연대가 짧아졌을 뿐이니, 불사리를 물이나 불속에 버리라'는 감정적이고 과격한 비판이 들어 있다. 「논불골표」를 본 헌종은 격분하여 한유를 죽이려고 하지만, 불사리를 모셔놓은 상황에서 불사리 때문에 사람을 죽일 수는 없다는 불교를 믿는 신하들의 건의에 의해서 조주자사로 좌천하는 것으로 마무리된다. 이후 한유는 좌천된 지 채 1년이 못 되어 「조주자사사상표(趙州刺史謝上表)」를 헌종에게 올리면서 용서를 구한다.

그러나 한유의 유교주의와 불교 비판은 불교에 억눌려 있던 유교가 새로운 구심점을 통해서 결집하는 촉매제 역할을 하게 된다. 이로 인하여 이후 한유의 「원도」는 유교의 최고 문장을 모아 놓은 『고문진보』「문편」에 수록되며, 「논불골표」 역시 당송팔대가의 명문을 모아 놓은 책인 『당송팔가문』에 수록되기에 이른다. 유교에서는 한유를 유교가 거듭나는 시원을 연 인물로 평가하고 있는 것이다. _❀

056

회창법난으로 표면화된 불교의 문제점

치명적인 타격이 된 회창법난

중국에서 국가적으로 일어난 폐불 사건인 삼무일종의 법난 중에서 가장 크고 문제가 되는 것이, 당나라 제16대 황제인 무종(재위 840~846)의 회창법난(842~846)이다. '회창법난'이란 명칭은 폐불 사건이 일어난 무종 때의 연호가 회창이었기 때문에 붙여진 이름이다.

다른 폐불 사건도 국가적인 것이기는 했지만, 북위의 태무제나 북주의 무제, 그리고 후주의 세종이 다스리던 영토는 중국 전 지역은 아니었다. 그러나 회창법난은 중국의 통일왕조 때에 이루어진 유일한 폐불 사건이라는 점에서, 이후 불교가 회복되기 어려웠다는 측면이 있다. 지역 왕조에 의한 폐불은 그 지역에서는 문제가 있지만, 폐불기가 끝나면 다른 지역의 불교가 옮겨올 수 있어 복구가 용이했다. 그러나 회창법난은 중국 전 지역에 걸쳐 일어난 폐불 사건이었기 때문에 이후 중국불교가 복구될 수 있는 여지마저도 사라지게 된다. 실제로 회창법난 이후 다시금 불교를 용인하게 되지만, 철저하게 불교를 탄압하였기 때문에 당나라에는 경전이 없어서 고려에 경전을 요청할 정도였다. 또한 회창법난은 실질적으로는 만 2년(845~846)이 안 되는 단기간에 일어난 사건이었지만, 불교가 가장 조직적이면서도 무자비하게 파괴된 사건이었다. 그 때문에 불교는 복구되지 못한 채, 이후 당나라 말과 오대십국의 혼란기로 넘어가게 된다. 즉 당나라의 불교는 이 사건을 계기로 회복하지 못한 채 끝나는 것이다. 이는 곧 중국불교의 쇠퇴를 의미하는 것이라고 하겠다.

대탄압의 발생 원인과 결과

무종의 회창폐불은 종교적인 이유와 경제적인 이유, 두 가지에 의해서 단행된다.

일본의 승려인 엔닌이 당나라를 순례하고 쓴 기록인 『입당구법순례행기』 권4에 따르면, 회창폐불은 도교를 신봉하던 무종을 도사 조귀진(趙歸眞, ?~846)이 부추겨서 일어난다. 회창폐불은 842년 승려의 환속을 적극 권장하는 것에서 시작된다. 그러다 843년 황궁의 인덕전(麟德殿)에서 조귀진과 승려 지현(智玄)이 불교의 정당성에 대해 토론을 하는데, 이때 조귀진이 지고 만다. 이에 앙심을 품은 조귀진은 황제를 자극해서 845년 대대적이면서 전무후무한 불교 대탄압이 단행되도록 한다. 『당회요(唐會要)』 권49에 따르면, 당시 폐사된 사찰이 4,600곳, 환속한 승려가 무려 26만 500명에 달했다고 한다. 그리고 장안과 낙양에 각각 사찰 네 곳과 승려 30명씩을 남겼고, 지방의 각 주에는 사찰 한 곳과 승려 5~20명만이 있도록 하였다고 되어 있다. 당나라의 화려한 불교 전통이 거의 절멸한 것이다.

또한 당나라 말기였던 당시 국가 경제는 어렵고 사원이 비대해 있었다. 『당회요』 권48과 『구당서』 권18에는 사원이 국가 예산을 너무 많이 소모한다는 비판과 사원의 재산을 몰수해 국가적인 차원에서 사용될 수 있도록 해야 한다는 내용이 기록되어 있다. 모든 왕조가 말기가 되면 사용할 수 있는 재화는 극히 한정되게 마련이다. 이때 사찰 재산을 넘보는 것은 자연스런 현상일 수도 있다.

회창폐불은 846년 무종이 조귀진이 올린 장수를 기원하는 금단(金丹)을 먹고 사망한 뒤, 제17대 선종(재위 846~859)이 즉위하여 조귀진을 죽이고 불교를 다시금 허용함으로써 끝나게 된다. 이렇게 놓고 본다면, 극단적인 대탄압은 845~846년이라는 짧은 기간에 불과했다. 그러나 회창폐불이 초래한 충격은 너무나도 강력한 것이었으며, 이로 인해 중심축이 흔들리는 문제가 야기된다. 이후 당나라는 황소의 난(875~884)이 일어나는 등 대혼란의 시대로 접어든다. 그리고 다시금 반전의 기회를 마련하지 못한 채 당나라는 907년 황소의 부장이었던 후량(後梁)의 주전충(朱全忠)에 의해서 멸망하고 만다.

회창폐불이 가능했던 불교 내적인 이유

회창폐불은 당 무종이라는 국가권력에 의한 사건이기는 하지만, 그럼에도 26만이나 되는 승려들이 환속하고 600년이나 지속되었던 지배 이데올로기인 불교가 일거에 무너진다는 것은 이해하기 어렵다. 이는 당나라의 불교가 두 가지 문제점을 가지고 있었기 때문에 가능한 결과였다.

첫째는 당시의 불교가 국가권력에 의지하여 존재하고 있었다는 점이다. 그렇기 때문에 국가권력의 변동에 힘 한번 써보지 못하고 무력하게 무너질 수밖에 없는 것이다. 사실 26만의 승려라는 숫자는 당나라 말기의 국가권력을 상대할 수도 있는 숫자이다. 여기에 신도의 존재를 감안한다면, 국가가 함부로 할 수 있는 대상이 아니다. 그런데도 이와 같은 사건이 발생하고 이렇다 할 저항 한 번 없었다는 것은, 당시 중국불교가 철저하게 국가권력에 길들여져 있었다는 것을 의미한다.

둘째는 민중과의 유리이다. 민중의 지지가 강력하다면, 제아무리 국가권력이라도 함부로 할 수 없는 것이 종교이다. 그런데 중국불교의 폐불사건에는 민중의 반봉기와 같은 사건이 일체 존재하지 않는다. 이는 중국불교가 민중과 함께 하면서도 민중과 동화되지 못하고 겉돌고 있었음을 의미한다. 이런 점에서 중국불교의 붕괴에는 내부적인 원인도 존재했다고 하겠다.

독주체제를 완비하는 선종

회창폐불은 중국불교에 엄청난 타격을 주지만, 그럼에도 교종에 비해 선종의 충격은 덜했다. 이에 대해서는 선종의 수행 방법이 교종과 달랐다는 것에서 그 이유를 찾을 수 있다.

일단 교종이 도시사찰을 중심으로 경전에 입각한 공부를 한다면, 선종은 산사에서 선 수행을 중심으로 생활했다. 또 선종의 사찰이 산에 위치하다 보니, 신도들의 보시에 의지하기보다는 직접 농사를 지어 자급자족하는 문화를 만들게 된다. 이것이 선농일치, 즉 수행과 농사는 둘이 아니라는 관점을 도출하게 된다. 이는 백장 회해(720~814)의 "일일

부작 일일불식(一日不作 一日不食)", 즉 하루 일하지 않으면 하루 먹지 않는다는 말을 통해서 분명하게 확인해 볼 수 있다. 선종에서 농사와 같은 일상의 일을 긍정적으로 보는 것은, 깨달음을 보편화하여 현실 자체를 긍정하기 때문이다. 이는 교종의 관점인 '재가인의 보시'와 '출가인의 수행'이라는 이분법적 구조와는 다른, 철저히 중국적인 관점에 따른 것이다. 물론 선종이라고 해서 모두 산에서 생활하는 것은 아니다. 그러나 선 수행의 특징상 산사가 더 적합한 부분이 있으며, 여기에는 또 선종이 교종에 비해서 후발주자였기 때문에 도심 사찰을 이미 교종에게 선점당한 측면도 존재한다.

또 선종은 경전에 의지하지 않고 자신의 마음을 중심으로 수행한다. 그래서 선승들의 거처는 굳이 사찰이 아니어도 되었다. 즉 선승들이 폐불에서 해를 입을 확률은 교종 승려들에 비해서 현저하게 낮았던 것이다. 이외에도 경전을 중심으로 하는 교종은 누대를 거쳐야만 학문 전통이 축적되기 때문에 반드시 스승을 통해서 학습해야 할 필요가 있었다. 그래서 폐불 과정에서 스승이 사망하게 될 경우 공부 전통이 단절될 수밖에 없다는 문제가 발생한다. 그러나 자신의 마음에 주목하는 선종에서 스승은 그 본마음을 환기시켜서 각성할 수 있도록 도와주는 존재일 뿐이다. 그러므로 스승의 사망이 곧 전통의 단절로 연결되지는 않는다. 이런 점에서 회창폐불 이후 교종이 회복할 수 없는 치명상을 입게 된 것과 달리, 선종은 제한적인 피해를 본 것으로 끝나고 만다. 이는 폐불 사건 이후 선종이 독주하게 된다는 것을 의미한다. 그러나 교종이 무력화된 상태에서의 선종만의 독주는 결국 유교의 반발을 가속화시키고, 마침내 북송 시대 신유학의 발흥으로 연결된다._

Ⅳ.

무너지는 불교와 중국

송·원·명·청의 불교

907년 당나라 멸망, 오대십국 시대 시작
916년 거란족의 요나라 건국
고려의 후백제 격파, 후삼국 통일 936년
955~958년 후주 세종의 폐불
960년 조광윤의 송나라 건국
979년 송나라의 중국 통일
이슬람 세력의 인도 침입 1000년경
고려, 초조대장경 조판이 시작됨 1011년
고려 문종의 아들 의천, 송나라 유학길에 오름 1085년
1115년 여진족의 금나라 건국
1125년 금나라에 의한 요나라 멸망
1127년 금나라의 북송 격파, 강남에 남송(南宋) 건국됨
1130년 주희(주자, 1130~1200) 탄생
지눌의 정혜결사 조직 1190년
이슬람 세력이 비크라마시라 사원을 파괴 1203년
인도 최초의 이슬람 정권, 노예 왕조의 시작 1206년
1234년 몽골에 의한 금나라 멸망
고려, 몽골의 3차 침략 1235~1239년
재조대장경 판각 시작 1236년
몽골에 의해 황룡사 전소 1238년
1271년 쿠빌라이 칸, 국호를 '원'으로 고침
1279년 원나라의 남송 정벌과 중국 통일
일연의 『삼국유사』 저술 1281년경
1351년 홍건적의 난 발발
신돈의 개혁 정치 시작 1365년
1368년 주원장의 명나라 건국, 원나라는 북원(北元)으로 축소
청주 흥덕사에서 금속활자로 『직지심체요절』을 인쇄함 1377년
이성계, '고려권지국사'의 자리에 오름(조선 건국) 1392년
훈민정음을 사용한 『석보상절』과 『월인천강지곡』 간행 1449년
1472년 왕수인(왕양명, 1472~1528) 탄생
보우, 봉은사 주지가 됨 1548년
임진왜란 발발 1592~1598년
1616년 누르하치의 청나라 건국
1630~1640년 이자성의 난 발발
병자호란 발발 1636~1637년
1644년 명나라의 멸망과 청나라의 중국 정복
1796~1804년 백련교의 난 발발
1840~1842년 제1차 아편 전쟁 발발
1850~1864년 태평천국의 난 발발
1856년 제2차 아편 전쟁 발발
1912년 청나라의 멸망

057

관료제 사회의 만개와 제도화되는 선종

오대십국의 변화와 송나라의 등장

당나라는 안사의 난 이후 결코 이전과 같은 위상을 회복하지 못했다. 즉 안사의 난 이후 점차 붕괴되는 과정을 밟게 되었다고 이해하면 된다. 특히 안사의 난이 군사·재정·행정의 3권을 장악한 절도사가 일으킨 사건이었음에도 불구하고, 이 부분은 전혀 시정되지 않았다. 회창폐불의 혼란 과정 속에서 점차 이들은 지방군벌화를 가속하게 된다. 결국 907년 주전충의 후량에 의해서 당이 멸망하자 군벌들은 독자적인 세력으로 자립한다. 이렇게 해서 당나라가 멸망하는 907년부터 송나라가 재통일을 이루는 979년까지 72년간에 걸친 오대십국 시대가 시작되는 것이다.

오대십국은 강북에서 차례대로 이어진 다섯 왕조와 강남 등 변방에서 동시에 일어났던 열 개 왕조를 의미한다. 이 중 중요한 것은 당연히 강북의 다섯 왕조이다. 중국은 언제나 강북이 중심이며(엄밀히 말하면 회수 이북), 이들에 의해서 통일이 이루어진다는 점에 주목할 필요가 있다.

오대는 후량(907~923) → 후당(923~936) → 후진(936~947) → 후한(947~951) → 후주(951~960)의 순서로 일어난다. 당을 멸망시키고 일어난 후량은 당의 황족 및 관련인사들의 대대적인 숙청을 감행한다. 이로 인하여 당의 귀족들은 변방으로 도피하게 되는데, 이는 장안과 낙양을 중심으로 하는 당의 선진문화가 중국의 여러 지역으로 확산되는 결과를 가져온다. 이러한 고등문화의 확산에 따른 이익은 이후의 통일왕조인 송나라가 차지하면서 번성하게 된다.

오대(화북 지방)		**십국**(강남 지방)	
국가명	성립 및 멸망	국가명	성립 및 멸망
후량(後梁)	907~923	초(楚)	897~951
		오(吳)	902~937
후당(後唐)	923~937	전촉(前蜀)	903~925
		오월(吳越)	907~978
후진(後晉)	936~947	민(閩)	909~945
		남한(南漢)	917~971
후한(後漢)	947~951	형남(荊南)	924~963
		후촉(後蜀)	934~965
후주(後周)	951~960	남당(南唐)	937~975
		북한(北漢)	951~979

■ **오대십국 시대의 나라들**

오대의 나라 명칭은 본래 '후' 자가 없지만, 이전의 왕조와 이름이 같기 때문에 '후' 자를 넣어 구분한다.

후주 세종의 폐불과 독주체제를 갖춘 선종

회창폐불 이후 교종은 크게 발전하지 못하지만, 전란을 겪는 과정에서 중국불교의 종교적인 부분만은 상당히 회복된다. 이는 전란의 시대가 되면 종교에 의지해서 자신을 보호받고 억울하게 죽은 이들의 원혼을 위로하려는 측면이 강하게 대두하기 때문이다. 이러한 과정에서 발생하는 불교의 자본 축적은 위진남북조의 상황에서 확인되는 것처럼, 점차 교종의 발달과 같은 질적인 변화들을 만들어 낸다. 그러나 미처 재정비를 완료하지 못한 상황에서 오대의 마지막 왕조인 후주의 세종에 의해 또 한 번 폐불(955~958)이 단행됨으로써, 중국불교는 재기의 가능성을 상실하게 된다. 교종은 회창폐불 이후 잠시 회복되는 듯하다가 다시금 무너져 내리며 끝나고 마는 것이다. 후주 세종 때의 폐불은 통일제국을 완성하기 위한 야심찬 프로젝트였지만 결국 혼란만을 초래하면서 실패하고, 이 혼란기는 후주의 근위군 총사령관이었던 조광윤에 의해 송나라(960~1279)가 건국되는 것으로 끝이 난다. 이후 중국불교는 교종이 무너진 상태에서 선종만의 빈약한 독주로 전개된다.

송나라의 문치주의와 대장경 간행

송나라는 960년에 건국되었지만 중국의 완전한 통일은 제2대 태종 때인 979년에야 이루어진다. 송 태조 조광윤은 군벌의 폐해를 직시하고, 즉위 초부터 강력한 문치주의를 전개하였기 때문에 이후로도 송나라에서는 국왕 중심의 관료제가 발전하게 된다. 이는 송나라가 문화 수준은 높지만 군사적으로는 취약한 태생적인 약점을 지니게 되는 것을 의미한다.

당나라 때 이미 거의 모든 경전들이 번역되었던 데다 이 시기 인도 불교 역시 퇴조하면서, 인도에서 전래될 요소도 크게 없었기 때문에 송나라 때의 불교에는 이렇다 할 새로운 변화 요인이 존재하지 않았다. 그래서 송나라 때에는 기존의 불교 관련 기록을 국가적인 차원에서 정리하는 총서 편찬, 즉 대장경 간행이 이루어진다. 즉 문치주의 국가 체제 안에서 불교에 대한 정리가 바로 대장경 간행인 것이다. 당시는 불교내적으로도 회창폐불과 후주 세종의 폐불을 겪으면서, 경전을 효율적으로 정리하고 보존해야 할 필연성이 대두하는데, 이것이 국가적인 필연성과 맞아떨어진 것이다. 그 시작은 송나라의 완전통일 이전부터인 971~983년의 12년간에 걸쳐 이뤄진 개보칙판(開寶勅板) 대장경의 완성이다. 개보칙판이란 명칭은 송나라 태조의 개보(968~975)년간에 황제의 칙명으로 간행되었기에 붙여진 이름이다. 개보칙판 대장경이라는 말을 줄여서 개보장(開寶藏)이라고도 하며, 촉의 성도에서 제작과 간행이 이루어졌기 때문에 촉장(蜀藏)이라는 명칭을 사용하기도 한다. 개보칙판 대장경은 1,076부 5,048권으로 이루어졌는데, 이러한 대장경의 간행은 당시 판각과 종이 등 다양한 문화 사업의 총체적인 결과물이다. 그러므로 대장경을 만든다는 것은 곧 문화 수준을 한 단계 끌어올리는 결과를 가져온다.

이후 대장경 간행은 새로 번역된 경전을 추가하는 방식으로 송나라에서만 네 차례 더 이루어진다.╱ 또한 송나라의 대장경 간행은 이웃 요나라(916~1125)에도 영향을 주어 1031~1064년에 걸쳐 요나라 대장

╱ 네 차례에 걸쳐 이루어진 개보장의 추가 연도는 다음과 같다. ① 982~999년, ② 1000~1078년, ③ 1094~1122년, ④ 연도 미상. 이외에도 일부에서는 연도 미상의 다섯 번째 가능성도 추론되고 있다.

경(契丹藏)이 간행되며, 요를 이은 금나라(1115~1234)에서도 1148~1173년에 걸쳐 금나라 대장경(金藏)이 제작, 완성된다. 이와 같은 영향에 의해서 고려에서는 초조대장경이 1011~1029년경에 제작되며, 이후 '해인사 팔만대장경'으로 불리는 재조대장경이 1236~1251년에 만들어지게 된다. 또 최근에 8~9세기에 제작된 발해대장경이 발견되면서, 거란대장경은 926년에 패망하는 발해대장경의 영향을 받은 것임이 밝혀졌다. 이는 발해에도 대장경이 존재했다는 것과 이 영향이 거란대장경을 통해서 고려대장경으로 흘러가고 있다는 점에서 연구사적인 의의가 매우 크다.

대장경은 이후에도 계속 간행되어 몽골의 원나라와 명나라 및 청나라 시대에도 계속 이루어진다.

사상계의 변화와 제도화되는 선종

1127년 정강년간에 금나라 군대에 의해서 수도인 개봉이 함락되고, 제8대 황제인 휘종(재위 1100~1125)과 제9대 흠종(재위 1125~1127)이 잡혀가는 정강의 변(靖康之變)/이 일어나면서 송나라는 수도를 강남의 항주로 옮기게 된다. 이 시기를 남송 시대라 하며, 그 이전 시기를 남송과 구분하여 북송이라고 칭한다. 즉 북송 시대에는 전 중국을 통일하고 있었지만, 남송 시대에는 위진남북조의 동진과 같은 상황이 재현되어 회수 이북 지역은 금나라에게 빼앗겨 버린 것이다.

/ 예술적인 자질이 풍부한 도교 황제 휘종은 군사적인 열세에도 불구하고 금나라와의 약속을 어긴다. 이로 인해 1126년 송의 수도인 개봉이 함락되고, 휘종과 흠종 및 귀족 3,000명이 금나라로 잡혀 가면서 송나라는 무너지게 된다.

그러나 북송 시대의 문치주의와 관료제의 발달은 유교적인 의식을 새롭게 환기하게 되는데, 이렇게 해서 등장하는 인물들이 신유학의 시원을 이루는 북송오자이다. 북송오자란 북송 시대의 다섯 명의 선생이라는 뜻으로, 주돈이(周敦頤, 1017~1073)·소옹(邵雍, 1011~1077)·장재(張載, 1020~1077)·정호(程顥, 1032~1085)·정이(程頤, 1033~1107)를 가리킨다. 이 중 정호와 정이는 형제인데, 이들에게서 각각 신유학의 두 학파인 성리학과 심리학, 즉 주자학과 육왕학(양명학)이 시작된다.

북송오자 당시에 중국불교에는 이렇다 할 인물이 나타나지 않는다. 이는 사상계의 흐름이 크게 변화하고 있음을 의미한다. 실제로 당시 중국불교를 대표하였던 선종은 교종의 몰락과 함께 독주하면서 특유의 유연성을 잃어버린 채 점차 경직되고 있었다. 선종의 특징은 모든 인간에게 내재하는 본래 마음, 즉 불성을 자각하는 데 있다. 이 자각을 촉구하는 선승의 행위가 바로 다소 역설적이고 파격적인 선 행위였다. 즉 대본이 없는 버라이어티한 상황에서, 상대의 의표를 찔러 관점을 환기시키는 코페르니쿠스적 전회와 같은 인식론적 전환을 이루어 내는 것이다. 이렇게 해서 만들어지는 것이 바로 선어록이다. 그런데 북송 시대가 되면 대장경이 집대성되는 것과 마찬가지로 선 행위와 선문답을 담은 선어록이 체계적으로 정리되기 시작한다. 즉 활발발한 생기는 없어지고, 버라이어티를 가장한 잘 짜여진 대본이 출연한 것이다.

북송 시대의 임제종 선승인 원오 극근(1063~1135)이 여러 선어록에서 중요한 화두공안 100가지를 가려서 10권으로 정리한 『벽암록』이나 조동종의 굉지 정각(宏智正覺, 1091~1157)이 역시 100가지 화두공안을 추려서 6권으로 편찬한 『종용록』이 여기에 해당한다. 이러한 선어록의 재편집은 더 이상 선종이 활발발한 기상으로 뻗어나가지 못하고 당나라 선사들의 일화를 연구하고 참구하는 방향으로 나아가게 되었음을 의미한다. 실제로 이와 같은 우려 때문에 원오 극근의 수제자인 남송 시대의 대혜 종고(大慧宗杲, 1089~1163)는 『벽암록』을 불태우기도 했다. 그러나 대혜 종고 역시 자기 한계를 극복하지 못하고, 화두공안을 참구하는 방법인 간화선을 만들어 내게 되면서 선종의 경직과 제도화를 심화시키게 된다. 선종의 이와 같은 한계는 교종의 붕괴로 인해 선종이 교종의 역할까지 일부 담당해야 했기 때문이라는 내적 요인과, 송나라의 제도적인 영향이 사회적으로 작용한 외적 요인에 따른 것으로 이해된다. _❀

058

남송 시대와 한족의 불교에 대한 비판

문약한 송나라와 남송의 성립

송 태조 조광윤의 문치주의는 당나라 말과 오대십국의 절도사와 지방 군벌들의 문제를 시정하려는 것이었다. 그러나 이러한 과정에서 송나라는 군사력이 약해지는 문제가 발생한다. 즉 문약(文弱)인 셈이다. 이때 주변지역에 민족의식이 환기되면서 거란족의 요나라(916~1125)와 서북쪽에 서하(1038~1227) 왕조가 건국되며, 송나라와의 충돌이 시작된다. 문약한 송은 이를 무력의 확대로 극복하지 않고 은과 비단 등을 정기적으로 제공하여 회유하는 방식으로 해결한다. 그러나 상대의 요구가 점차 많아지면서 송의 재정은 파탄이 나는 지경에 이른다. 이때 새롭게 등장한 여진족의 금과 연합해서 요에게 제공하던 은과 비단을 금에게 주고 양국이 협공하여 요를 무너트린다. 그러나 이후 더 이상 금과 비단을 주기 싫었던 송이, 금의 협공으로 이미 무너진 요와 협의하는 과정에서 금에게 발각됨으로 인해 1125년 금의 대대적인 침공이 시작된다. 이로 인하여 결국 도교와 서화예술에 심취해 있던 휘종은 아들인 흠종에게 양위하고 사태가 수습되기를 바랐으나, 결국 1127년 정강의 변에 의해서 개봉이 함락되고 두 황제와 귀족 3,000명이 잡혀가면서 송(북송)은 끝이 나고 만다. 이때 흠종의 동생이자 휘종의 아홉 번째 아들인 강왕 조구(高宗, 재위 1127~1162)가 강남으로 남하하여, 지금의 항주인 임안에 왕조를 수립하니 이것이 바로 남송(1127~1279)이다.

민족감정이 부른 불교에 대한 비판

북송이 북방의 유목민에 의해서 몰락하고 황족 중 일부가 강남에서 남송을 건국한다는 구조는, 위진남북조 시대의 서진과 동진의 구조와 일치한다. 그러나 이때는 민족의식이 고취되고 있었으며, 강남 역시 개척의 대상이 아닌 송나라의 정당한 일부였다. 이로 인하여 동진의 지식인들이 청담과 같은 탈속적인 언사에 심취했던 것과는 달리, 남송에서는 이민족에 대한 비판이 문제의 핵심으로 떠오르게 된다. 이 과정에서 남송의 지식인들 사이에서는 외래문화인 불교에 대한 비판이 대두하기 시작한다. 즉 불교가 들어와서 중국이 약해지고, 출세간에 정신을 팔다가 야만적인 오랑캐들에게 수모를 당하게 되었다는 것이다. 이러한 과정에서 당나라 말기의 한유와 이고(李翺, 772~841), 그리고 북송오자의 사상을 집대성해서 재구성한 것이 바로 신유학이다. 신유학에서 불교에 대해 강하게 비판하는 것은 바로 이와 같은 시대적인 배경 때문이다.

신유학 중 성리학을 완성하는 것은 남송의 주희(1130~1200)이다. 그렇기 때문에 주희의 존칭인 주자를 따서 성리학을 주자학이라고도 한다. 처음에는 주희도 불교에 대해서 관용적이었다. 실제로 그가 과거를 보러 갈 때, 남송 시대 최고 선승으로 평가되던 대혜 종고의 『대혜어록』을 가지고 갔을 정도이다. 그러나 금나라에 의해서 국토와 백성이 유린당하는 상황에서 선종의 주관주의는 현실적인 해법이 될 수 없었다. 더 나아가 주희는 선종의 현실 변화에 대한 무관심과 개인주의가 국가를 무력하게 만드는 한 원인이라는 판단하에 이후 선종을 강도 높게 비판한다.

그러나 주희 때의 유교는 위진남북조와 당나라라는 불교 시대를 거친 유교이다. 이로 인하여 유교의 개념에 대한 해석과 관점이 불교의 영향을 받게 된다. 실제로 주희가 제창하는 '성즉리(性卽理)'나 '심통성정설(心統性情說)' 및 '이기심성론(理氣心性論)' 등은 화엄 사상에서 발전하는 마음과 법계의 관계나 『대승기신론』의 일심이문(一心二門)의 논리 구조와 상당히 유사하다. 즉 주희는 불교를 비판했지만 사실은 스스로도 불교의 영향으로부터 자유로울 수 없었던 것이다. 그런데 주희가 영향을 받은 불교는 교종이었으며, 주희의 주된 비판 대상은 교종이 아니라 선종이었다. 이는 교종이 무너진 이후 생긴 공백을 성리학이 확보하면서 확대되고 있었음을 말해 준다. 이런 점에서 볼 때 만약 교종이 제 역할을 하면서 존재하고 있었다면, 성리학이 완성되었을지는 의문의 여지가 있다.

주희는 당대에 성공한 인물은 아니다. 그렇다 보니 시대에 대한 비판 의식이 강했다. 또 자신을 인정받는 방식으로 과거 시험 교재에 대한 주석 작업을 선택하여 매진했다. 유교의 과거 시험 교재는 본래 오경이었지만, 불교와 대항하는 과정에서 당나라 중기 이후부터 점차 『논어』·『맹자』·『대학』·『중용』의 사서가 전면으로 대두하게 된다. 이 중 『논어』와 『맹자』는 각각 공자, 맹자와 관련된 글이며, 『대학』과 『중용』은 오경 중 『예기』에 수록된 49편의 글들 가운데 각각 42편과 31편에 해당한다. 즉 불교와 상대하기 위해서 공자와 맹자를 전면에 내세우고, 『예기』의 일부를 발췌한 것이 사서인 것이다. 이렇게 해서 우리가 흔히 아는 사서·오경의 체계가 정립되기에 이른다.

주희는 새로 정립된 사서에 모두 주석을 남겼다. 이것이 『사서집주(四書集註)』이다. 사서는 주희 사후 원나라 시대인 1313년 과거 시험 교재로 채택되는데, 이때 주희의 주석 역시 절대적인 권위를 가지게 된다. 그러나 주희가 가지고 있었던 피해의식과 이민족에 대한 배타성은 『사서집주』를 통해 그대로 유전되면서, 과거 시험을 준비하는 이들에게 계속해서 재생산된다. 즉 현대의 교육학에서 경계하는 증오가 내포된 교육이 지속되는 방식인 셈이다. 이것은 불교에 대한 체계적인 비판 세력이 지속적으로 양산되는 구조라는 점에서, 동아시아의 불교 몰락에 중요한 배경을 형성했다고 하겠다.

신유학의 또 다른 흐름 중 하나인 육왕학은 주희와 동시대인인 남송의 육구연(陸九淵, 象山, 1139~1192)에서 확립된다. 그러나 주희가 성리학을 완성하는 것과는 달리 육구연은 육왕학을 완성하지는 못한다. 육왕학은 왕조를 넘어서 명나라 때 왕수인(王守仁, 陽明, 1472~1528)에 이르

오경의 경(經)이란, 성인과 직접적으로 관계되는 책을 의미한다. 이에 반해서 사서의 서(書)는 특별한 의미를 가지지 못한다. 이런 점에서 단어의 우월성 차원에서 본다면, 오경·사서라는 표현이 더 적합하다. 그러나 이후 철학적인 사서가 과거 시험에서 더 큰 비중을 차지하게 되면서, 오경·사서보다는 사서·오경이라는 표현이 일반화된다.

러서야 비로소 완성된다. 그래서 육구연과 왕수인의 학문이라는 뜻으로 육왕학이라고 하며, 이 중 더 중요한 인물인 왕수인, 즉 왕양명의 이름을 따서 양명학이라고도 한다. 또 양명학은 성리학과 대비해서 마음을 중심으로 하기 때문에 심리학(心理學)이라고도 한다.

육왕학은 선종과 마찬가지로 본래 마음의 체득을 학문의 목적으로 한다. 그래서 성리학으로부터 사선(似禪), 즉 선종과 같다는 비판을 듣고는 했다. 즉 성리학이 화엄 사상의 영향을 받은 신유교라면 육왕학은 선종의 영향을 받은 신유교인 것이다. 하지만 이들 신유학자들은 이와 같은 정신을 출가가 아닌 세속과 정치에서 구현하려고 했다는 점에서 큰 차이가 있다. 선종의 발달이 현실 긍정을 이끌어 냈다는 점은 앞서 언급했는데, 이런 점에서 본다면 신유학이 발생하는 토대는 중국불교가 만들었으며, 그 통로는 선종에 의해서 확립된 것이라는 판단도 일정 부분 가능하다.

변화를 거부한 불교와 굳어 버린 불교

성리학이 완성되고 육왕학이 확립되는 등 남송 시대 신유학은 비약적으로 발전한다. 그러나 이 시기 불교에서는 선종의 대혜 종고가 간화선이라는 수행 방법을 정립하였다는 정도만이 확인될 뿐이다. 즉 중국불교는 더 이상의 변화할 힘마저 잃어버렸다는 한계를 분명하게 보이고 있으며, 그나마도 가지고 있던 유연성마저 경직되고 있는 것이다.

관점을 환기시켜서 본래 있던 완전한 본질을 자각하는 것과 화두 공안을 들고서 문제를 참구하는 것은 완전히 다른 것이다. 당나라 때 선종의 방식이 인식론적인 전회를 촉구하는 것이라면, 남송의 방식은 집중을 통한 정신의 질적인 변화를 촉구하는 방식이기 때문이다. 그러나 이미 제도화한 선종에는 이에 대한 문제의식마저도 없었다. 제도를 넘어서 있어야 하는 파격의 선종이 제도화됨으로 인해서, 중국불교는 마지막 생명력을 잃고 지배 이데올로기의 자리에서 완전히 물러나게 된다. 그리고 이러한 영향은 동아시아 전체로 확산되며, 동아시아에서 불교가 몰락하는 결과를 가져온다. _❀

059

세계사상 가장 강력한 제국과 티베트불교

몽골의 원제국의 성립과 중국 통일

강북의 금나라와 강남의 남송이라는 대치국면은 몽골족이 등장하면서 일거에 무너진다. 몽골제국은 전 인류의 역사에서 제국에 대한 관점을 수정하게 하는 그야말로 초거대 세계제국이다.

원나라(1271~1368)는 칭기즈 칸의 손자인 쿠빌라이 칸(원 세조)에 의해서 시작된다. 1260년 제5대 칸이 된 쿠빌라이는 1271년 『주역』「건괘」의 "대재건원(大哉乾元)" 즉 '크도다, 건원이여!'라는 구절에서 원이라는 글자를 차용해 나라의 이름을 정하고, 1279년 남송을 정복하여 중국을 통일한다. 통일 제국의 수도가 된 대도(大都), 즉 오늘날의 북경은 이후 명청 시대를 지나 현재까지 중국의 수도 역할을 하고 있다. 관중의 장안과 낙양, 그리고 강남의 남경에 필적하는 동북쪽의 최대 도시는 이때부터 만들어진 것이다.

중국에서 몽골족과 먼저 관계를 맺은 것은 신도교의 유파인 전진교(全眞敎)였다. 도교는 사천성에서 시작된 민속신앙으로, 외부에서 성립되어 중국으로 전파된 다른 종교들과는 다른, 중국의 전통 종교이다. 민속신앙의 한 종류였던 도교는 후한 말기에 장각(張角)의 태평도(太平道)와 장릉(張陵)의 오두미도(五斗米道)를 통해 종교로서의 모습을 갖추게 된다. 이후 태평도가 황건적의 난으로 인해 몰락하고 오두미도가 천사도(天師道)라는 이름으로 유전하는 등 도교는 중국에서 그 명맥을 이어갔다. 이 천사도를 개량한 것이 북위 태무제 때 일어난 폐불과 관련이 있는 도사 구겸지의 신천사도이다. 그후 남송이 성립되는 시기에 이르면 '신도교'라고 불리는 수련도교가 출현하게 된다.

도교가 우리의 무속과 같은 역할을 하는 원시종교에서 시작되었다면, 신도교는 여기에 불교의 불성 사상이 더해진 것으로 내단(內丹)을 통한 단전호흡이 중심이 된다. 단(丹)이란 본래는 외단(外丹), 즉 신선이 되는 단약인 금단(金丹)을 의미하지만, 이것이 불가능하다는 것을 인지한 뒤 단전호흡과 같은 내단법으로 변모한 것이다. 간단히 말해, 종교의식이나 부적과 같은 방식을 활용하는 것이 도교라면, 신도교는 호흡법을 통해서 기를 운신하는 수련도교라고 하겠다.

전진교의 시조인 왕중부(王中孚, 重陽, 1112~1170)의 제자 구처기(邱處機, 長春, 1148~1227)는 1219년 장생불사에 관심이 있던 칭기즈 칸의 초청을 받고 서방 원정(1220~1224)에 동행하게 된다. 이때 칭기즈 칸의 신임을 얻은 구처기는, 귀국 후 도교의 수장인 천하도교(天下道教)가 된다. 이때가 1215년, 몽골족이 금나라의 수도인 중도대흥부(中都大興府, 지금의 북경)를 깨트리고 강북을 차지하고 있을 때였다. 그러나 신도교인 전진교의 강세는 도교와 불교의 충돌을 빚어내게 된다. 그리고 신도교에 우호적이었던 칭기즈 칸이 1227년 사망하고, 불교에 관심이 있던 쿠빌라이가 칸이 되는 1260년 상황은 반전되어 티베트불교가 원나라의 국교가 된다.

티베트불교의 중국 점령과 외형적인 성장

티베트불교는 인도의 밀교와 티베트의 전통적인 무속신앙인 본(Bon)교가 습합된 대단히 주술적인 종교이다. 티베트 고원 지역의 척박한 환경은 인간의 감각을 제한해서 신비를 강조하는 문화 전통을 만들어 냈다.

최근까지 티베트불교를 라마불교, 혹은 라마교라고 칭하기도 했다. 이는 라마(Lama)가 중심이 되는 불교라는 뜻이다. 라마는 '뛰어난 사람'이라는 뜻의 티베트어에서 유래된 말로 우리 식으로 하면 큰스님에 해당한다.

1239년 몽골족의 티베트 점령 과정에서 티베트불교는 몽골족에게 강한 인상을 남긴다. 그래서 티베트는 몽골족에게 항복했지만, 몽골족은 티베트의 자치를 인정하는 한편 티베트불교를 받아들인다. 특히 몽골족은 사캬파(Sakyapa)의 파스파(Phags-pa, 八思巴, 1235~1280)를 티베트불교의 종교적 수장인 동시에 정치적인 수장으로 인정했다. 이 결정은 티베트가 종교와 정치가 일원화된 특수한 종교국가가 되는 요인이 된다. 이러한 성향은 달라이라마 제도의 시작자인 제3대 달라이라마 소남갸초(索南嘉措, 1543~1588)에 의해서 티베트불교의 한 특징으로 유전하면서 현재까지 이르고 있다.

유목민이었던 몽골족은 척박한 환경에 살았기 때문에 주술에 대한 믿음이 깊었다. 이와 같은 성향은 몽골족이 티베트불교에 관심을 기울이는 요인이 되었다. 마침내 쿠빌라이는 1260년 사캬파의 파스파를 제사(帝師)로 모시고, 티베트불교를 원나라의 국교로 삼는다. 이로 인해 이질적이었던 티베트불교가 중국불교를 대표하게 되는 초유의 사태가 벌어진다.

원나라가 티베트불교를 강력하게 지지했던 이유는, 소수인 몽골족이 다수의 한족을 지배하는 과정에서 기존의 중국적인 측면을 강조할 경우 자칫 한족이 결집할 우려가 있었기 때문이다. 그러므로 중국적인 것은 필수불가결한 부분만 남겨 놓고 나머지는 외래적인 요소로 확충한 것이다. 이는 5호 16국 시대에 불교가 유행한 것이나, 청나라에서 고증학을 국가적으로 지원한 것 같은 상황을 통해서도 확인해 볼 수 있다. 이와 같은 시대적인 상황으로 인하여 티베트불교는 원나라 체제 안에서 비약적으로 발전하게 된다. 원나라 때 불교를 관리·감독하였던 기관인 선정원의 통계 자료에 따르면, 1291년 당시 등록된 사원은 42,318개였으며 승려는 213,418명이었다고 한다. 그런데 여기에 신고되지 않은 사찰과 승려들도 있다는 점을 감안하면 당시 불교는 더욱 거대했고, 그 주류는 티베트불교였다고 하겠다.

원나라가 티베트불교를 국교화한 것이나 티베트불교가 번성한 것에는 교종의 붕괴와 선종의 역할 저하도 한몫했다. 당시 중국불교는 주술적인 성향이 강하고 이질적인 티베트불교를 막아낼 자체적인 힘이 없었던 것이다. 이로 인하여 원나라 시기 티베트불교를 중심으로 중국불교는 비약적인 성장을 이루지만, 내용적으로는 전혀 새로운 것이 없을 뿐만 아니라 과거의 영광을 재현하는 데도 실패하였다. 즉 외형만 커진 상태에서 내실은 없는 정신적인 빈곤 상태가 만들어진 것이다.

원나라의 적극적인 티베트불교 비호는 동시에 티베트불교가 타락하는 한 요인으로 작용하기도 한다. 당시 원나라는 자신들의 지배하에 있던 민족의 신분을 매겨놓았는데, 한족은 한인(화북인, 강북인)과 강남인(남송인)으로 구분되어 가장 낮은 위치에 속해 있었다. 그리고 티베트불교의 승려들은 한족보다는 높은 신분인 이민족이었다.

1309년 원나라의 티베트불교 보호는 정점에 이른다. 이때 국가에서는 '라마를 때리는 자는 손을 자르고, 욕하는 이는 혀를 자른다'는 칙령을 반포한다. 그리고 티베트 라마들은 원나라의 전폭적인 비호하에 무소불위의 권력을 행사하며 한족의 재산과 여성들을 빼앗아오게 된다. 원나라 시대 중국과 동아시아불교는 티베트불교에 의해서 외형적으로는 큰 성장을 보이게 되지만, 종교적으로는 몰락의 길을 걷게 되는 것이다.

성(性)과 관련된 티베트불교의 문제는 인도밀교(좌도밀교)의 영향으로 시작되었지만, 원나라를 거치면서 비윤리적인 측면까지 더해지게 된 것이다. 이와 같은 타락상은 이후 티베트불교 내부에서도 문제시된다. 이로 인하여 1409년 쫑카파(Tsongkapa, 宗喀巴, 1357~1419)는 계율의 준수를 강조하며 개혁운동을 벌이는데, 그 결과 황모파(겔룩파)가 만들어진다. 대대로 이 황모파 안에서 달라이라마가 나오며, 이러한 전통은 현재까지도 유지되고 있다. 그러나 오늘날까지도 티베트불교에서는 결혼하는 홍모파(카규파, 사캬파, 닝마파)가 훨씬 다수를 점한다. _❀

원나라에서는 관련 민족을 4등급으로 구분했다. 첫째, 몽골인. 둘째, 중앙아시아의 색목인(色目人). 셋째, 한인(漢人, 회수 이북의 화북인華北人). 넷째, 남인(南人, 회수 이남의 남송인南宋人)이 그것이다. 티베트와 고려는 이 중 둘째 등급에 속해 있었다.

거대제국 속 또 다른 세계인의 등장

인도에서 시작해 21개국을 유력한 지공

몽골제국의 등장이 세계사에 끼친 영향 중 가장 큰 것은 동아시아와 동유럽을 하나로 연결하는 단일한 세계를 만들었다는 점이다. 이로 인해서 세계는 훨씬 손쉽게 교류하게 되었고, 그 결과 전 세계적으로 눈에 띄는 변화를 만들어 내게 된다. 마르코 폴로나 이븐 바투타의 여행도 몽골제국이 연결한 통로를 이용했기에 가능했으며, 이는 십자군 전쟁과 더불어 유럽의 중세를 무너트리고 르네상스가 시작되는 계기로 작용한다.

몽골제국 시대 이탈리아에 마르코 폴로가 있고 모로코에 이븐 바투타가 있다면, 인도불교의 마지막에는 지공(指空, 禪賢, Dbyāna-bhadra, 1300~1361)이 있다. 고려 말 목은 이색이 1378년 찬술한 '양주회암사지공선사부도비(楊州檜巖寺指空禪師浮屠碑)'의 비문에 다르면, 지공은 스리랑카를 포함하는 인도를 유력(遊歷)하고, 이후 티베트와 중국 서남쪽의 운남 대리국을 거쳐 강남을 경유하여 마침내 원나라의 수도인 대도(大都, 지금의 북경)에 이르렀는데, 이 과정에서 총 21개국을 거친 것으로 기록은 전한다. 지공의 유력 기록은 현재로서는 자료가 극히 미비한 인도불교와 티베트불교에 대한 내용을 알게 해준다는 점에서 의미가 크다. 이런 점에서 볼 때, 지공은 마르코 폴로나 이븐 바투타와 더불어 몽골제국 시대의 3대 여행가라고 해도 과언이 아니라고 하겠다.

인도불교의 마지막과 고려의 금강산

지공은 붓다 당시의 마가다국을 계승, 건국되어 동일한 이름을 한 소국의 셋째 왕자로 1300년에 탄생했다. 8세에 나란다사*의 율현(律賢, Vinaya-bhadra)에게 출가하여, 계율을 익히고 반야 사상을 배우게 된다. 그리고 스리랑카의 보명(普明, Samanta-Prabhāsa)에게 선불교를 수학해서 깨달음을 얻고, 보명의 권유에 따라 동아시아로 가서 불교를 전파할 것을 결심하게 된다. 인도불교에서 확인되는 지공에 대한 진술은 현재 인도불교사의 마지막이라고 말해지는 1203년 비크라마시라 사원이 이슬람에 의해 파괴된 지 100년도 더 지난 뒤의 것이다. 이런 점에서 볼 때, 이 부분은 인도불교사에서는 외전에 속하는 중요한 부분이라고 하겠다.

　지공은 시계 방향으로 인도를 유력하게 되는데, 계율을 중시하는 지공은 이 과정에서 후기밀교와 힌두교 탄트리즘과 같은 성적인 성향

/ 당시 나란다사는 이미 이슬람에 의해서 파괴된 후이기 때문에, 여기에서의 나란다는 파괴된 나란다사를 계승하는 잔존 세력으로 추정된다.

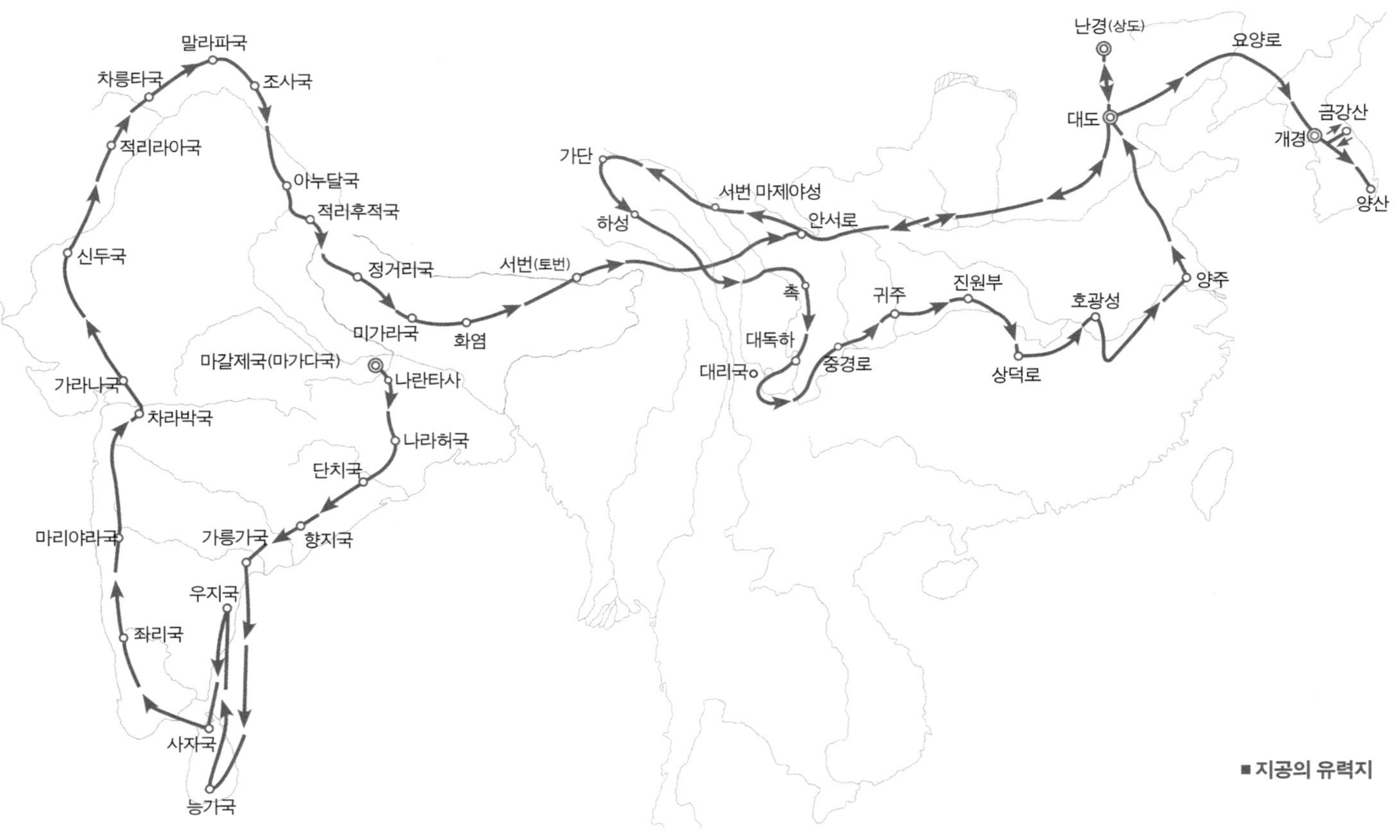
난경(상도)
요양로
대도
금강산
개경
양산
가단
서번 마제야성
안서로
하성
양주
말라파국
차릉타국
조사국
적리라아국
아누달국
적리후적국
신두국
정거리국
서번(토번)
촉
귀주
진원부
호광성
미가라국
화염
대독하
마갈제국(마가다국)
나란타사
대리국
중경로
상덕로
가라나국
차라박국
나라허국
단치국
마리야라국
가릉가국
향지국
우지국
좌리국
사자국
능가국

■ 지공의 유력지

이 강한 종교와 충돌하게 된다. 또 서북인도에서 티베트로 들어간 뒤에도 계율 문제로 인해 티베트불교 및 본교와 누차에 걸쳐 갈등 관계를 형성한다. 실제로 지공은 티베트의 영역인 마제야성(摩提耶城)과 가단(伽單) 및 하성(蝦城) 세 군데에서 본교의 주술사들에게 생명을 위협 당하는 처지에 놓이게 된다. 이것은 지공의 계율 중시와 당시 티베트불교의 비윤리적인 측면에 따른 문제로 이해된다.

이후 원나라로 들어온 지공은 계율과 반야 사상으로 강남지역을 교화하고, 1324년 대도에 도착한다. 당시는 제6대 황제인 진종(晉宗, 泰定帝, 재위 1323~1328) 때였다. 1325년 진종을 만난 지공은 진종의 요청으로 고려의 금강산인 담무갈(법기)보살 도량에 향을 올리는 어향사(御香使)의 임무를 맡게 된다. 이로 인하여 1326년 3월부터 1328년 9월까지 2년 7개월간 고려에 머물며, 양주 회암사와 금강산 및 통도사와 송광사 등을 참배한다. 이 과정에서 티베트불교의 영향으로 문란해진 고려불교의 계율 정신을 바로 세우고, 인도의 선불교를 바탕으로 한 새로운 가르침을 전한다. 이 덕분에 원 간섭기였던 고려 말의 불교는 티베트불교의 영향에 따른 혼탁을 여의고 새롭게 거듭날 수 있는 상황을 맞이하게 된다. 이후 지공은 원의 대도로 돌아가게 되는데, 이때는 지공을 후원한 진종이 사망하고 제8대인 문종(文宗, 재위 1328~1332)이 즉위해 있을 시기였다.

티베트불교에 의해서 무너지는 중국불교

대도로 돌아간 지공은 이후 10여 년 동안 일종의 금고 상태에서 제대로 먹지도 못하는 등 극심한 핍박을 당한다. 지공이 이러한 처지에 놓이게 되는 이유는 바로 지공이 황제의 지지를 받고 있던 티베트불교 세력과 충돌했기 때문이다. 이 문제는 제11대 혜종(惠宗, 재위 1333~1368)의 등장과 함께 정계가 개편되는 과정에서 구세력이 몰락함으로써 해결된다. 이를 통해서 우리는 그 당시 티베트불교에서 계율적인 문제가 심각했고, 비판자를 공격할 정도로 스스로 회복되기 어려운 상황에 있었다는 것을 짐작해 볼 수 있다. 이것은 티베트불교가 초래한 중국불교의 또 다른 몰락의 한 단면이라고 하겠다. _❀

061

중국의 일부가 된 불교

홍건적의 난과 승려 출신의 주원장

원나라 몰락기에는 몽골인의 고압적인 지배방식에 대한 불만과 티베트불교에 대한 반감이 극심했다. 이러한 상황에서 1351년 홍건적의 난이 발발한다. 홍건적이라는 이름은 관세음보살을 통한 극락정토를 염원하는 백련교(白蓮教)와 미륵불의 하생을 통해서 새로운 이상 세계가 구현되기를 희망하는 미륵교도(彌勒教徒)들이 머리에 붉은 띠를 두르고 반란에 참여한 데서 유래한다. 즉 홍건적의 난은 불교가 배경이 되는 종교반란인 것이다. 물론 홍건적의 모두가 충실한 불교신자는 아니었지만, 티베트불교가 세력을 과시하고 있는 상황에서 불교 세력이 주축이 된 반란이 일어났다는 것은 티베트불교에 대한 당시 백성들의 지지가 형편없었다는 것을 의미한다.

홍건적의 난은 황하의 제방이 터져서 이를 보수하기 위해 인력을 징발하는 과정에서 촉발된다. 그러나 원나라 군대에 의해서 진압되면서 백련교의 교조 격이었던 한산동(韓山童, ?~1351)은 전사하게 된다. 이후 홍건적은 분열하여 유복통 등은 1355년 한산동의 아들인 한림아(韓林兒, ?~1366)를 내세워 안휘성 박주를 도읍으로 한 송나라를 건국한다. 또 호북의 서수휘(?~1360)와 안휘성의 곽자흥(郭子興, ?~1355?) 역시 자체 세력을 확보하면서 두각을 나타내게 된다.

후일 명 태조가 되는 주원장은 안휘성 출신으로 1345년 17세의 나이로 일찍이 황각사(皇覺寺)에서 출가하여 승려가 되었다. 이후 홍건적의 난을 만나 곽자흥의 휘하로 들어가서 두각을 나타내면서 곧장 2인자까지 올라간다. 1355년 무렵 곽자흥이 사망하자 주원장은 곽자흥의 홍건적 세력을 장악하고, 장사성(1321~1367)과 진우량(1316~1363)이 이끄는 2세대 홍건적 군벌들을 물리친 뒤 1368년 남경을 수도로 명나라를 건국하게 된다. 이후 20만 대군을 이끌고 강북으로 진군하니, 원나라의 마지막 황제인 혜종은 수도인 대도를 버리고 만리장성 밖 몽골 초원으로 쫓겨 가기에 이른다. 이렇게 해서 1271년부터 1368년까지 유지되던 원나라 시대는 막을 내리고, 1368년에서 1644년에 걸쳐 한족 왕조인 명나라의 통일 시대가 전개된다.

주원장의 불교 옹호

주원장(재위 1368~1398)은 승려 출신이었기 때문에 스스로 『반야경』이나 『능가경』 등을 강의하며 불교에 대해 호의적인 모습을 보였다. 그러나 자신이 홍건적 출신이었으므로 불교의 신앙 결사에 대해서는 철저하게 금지시켰다. 주원장의 후원으로 1372년 57,200명이 출가하게 되고, 그 이듬해인 1373년에는 다시 92,328명이 출가하기도 하였으나 티베트불교에 대해서는 비판적이어서 결혼한 승려들을 환속시키기도 했다. 주원장의 입장에서는 원과 결부되어 있던 티베트불교를 중국불교로 견제할 필요가 있었던 것이다. 이 때문에 티베트불교는 중국에서 세력이 약화되는 모습을 보이게 된다. 그러나 주원장이 죽고 난 뒤에 과도한 출가자 수가 국가 문제로 대두되면서, 출가자에 대한 제한 조치가 취해지기에 이른다.

색깔을 잃고 통합하려는 불교

명나라 불교에서 가장 중요한 인물은 명나라 말기의 4대 고승이라고 평가받는 운서 주굉(雲棲株宏, 1532~1612)·자백 진가(紫柏眞可, 1543~1603)·감산 덕청(憨山德淸, 1546~1623)·우익 지욱(藕益智旭, 1599~1655)이다. 이들의 공통적인 특징은 유불도 삼교의 합일을 추구했다는 점이다.

명나라 때의 중국불교는 정토종과 임제종이 그나마 활발한 모습을 보일 뿐 주체적으로 이렇다 할 발전이 없었다. 이런 상황에서 유교의 불교 비판에 맞서는 방법으로 삼교합일이라는 총체적인 관점을 제시하는 것이다. 그러나 이러한 시도는 변별력과 주도적인 힘을 잃은 중국불교의 나약함을 나타낼 뿐이다. 특히 신유교의 성리학과 4대 고승에 앞서 양명학을 완성하는 왕수인이 모두 불교에 대해서 비판적이었다는 점에서 더욱 그렇다. 즉 명대의 중국불교에서 강조되는 삼교합일은 약자였던 불교가 신유교와 조화하려는 노력 정도로 여겨질 수밖에 없는 것이다. 이는 중국불교와 신유교의 차이가 상당히 벌어졌다는 것을 의미한다는 점에서 주목된다.

명말4대 고승 중 한 명인 운서 주굉은 31세에 출가하였으며, 1571년에 강남 항주의 운서산(雲棲山)으로 들어가 이 산에 주로 주석하였다. 주굉은 정토신앙을 중심으로 선종을 결합하여 선정일치를 주장했으며, 도교적인 요소를 수용하여 교화하기도 하였다. 당시 천주교 제수이트파(Jesuit)의 마테오 리치(Matteo Ricci, 利瑪竇, 1552~1610)가 1582년 중국으로 들어와 1607년 『천주실의』를 간행하면서 불교를 비판하자, 이에 대한 대응으로 주굉은 「천설(天說)」 4편을 통해 불교를 옹호하고 천주교의 신은 범천보다 하열한 존재일 뿐이라고 주장하였다. 저술로는 『왕생집(往生集)』(3권)과 『선관책진(禪關策進)』(1권) 등 30여 종이 있는데, 이를 모아서 재편찬한 것이 『운서법휘(雲棲法彙)』(34권)이다.

자백 진가는 17세에 출가하여 감산 덕청 등과 함께 대장경을 간행하여 불교의 수준을 높이기 위해 노력하였다. 진가는 모든 종파의 주장을 상호 보완적인 관점에서 통합하려고 하였으며, 불교를 중심으로 유교와 도가 등도 아우르려는 모습을 보인다. 그러나 성격이 강직하였기 때문에 잘못된 정책을 비판하였다가 투옥되어 61세에 옥사했다. 저술을 모은 『자백존자전집(紫柏尊者全集)』(30권)이 전한다.

감산 덕청은 11세에 남경의 보은사(報恩寺)에서 출가의 뜻을 세우고 공부하다가 19세에 정식으로 출가하였다. 덕청은 선의 가르침과 정토가 다르지 않음을 주장하며, 화엄과 선 사상의 일치를 역설하고 삼교가 하나로 돌아갈 뿐임을 강조했다. 1595년 무고에 의해서 강남의 뇌주(雷州)로 유배를 가게 되었는데, 이때 인근에 육조 혜능이 주석한 조계산 남화선사(南華禪寺, 보림사寶林寺)가 이미 쇠락해 있는 것을 보고 유배된 동안 조전(祖殿)을 비롯해서 사찰을 일신하였다. 덕청은 생의 마지막에 다시금 조계산으로 가서 입적했는데, 입적 후에도 시신이 썩지 않았으므로 육조 혜능의 진신과 더불어 조전에 함께 모셔지게 되었다. 저술이 매우 많은데, 불교 관련 저술로는 『화엄경강요(華嚴經綱要)』(80권)와 『관능엄경기(觀楞嚴經記)』(8권) 및 『대승기신론직해(大乘起信論直解)』(2권), 『원각경직해(圓覺經直解)』(2권) 등이 있다. 또 유교와 도가 관련 서적으로는 『대학중용직해지(大學中庸直解指)』(1권)와 『춘추좌씨심법(春秋左氏心法)』(1권) 그리고 『도덕경해(道德經解)(老子解)』(2권)와 『장자내편주(莊子內篇註)』(4권) 등이 있으며, 삼교의 조화를 논한 것으로 『관노장영향론(觀老莊影響論)(三教源流異同論)』(1권)이 있다. 이외에도 문인들이 그의 글을 모은 『감산몽유집(憨山夢遊集)』(55권)과 『감산어록(憨山語錄)』(20권)이 있는데, 그의 단편 글들은 모두 이 책에 재수록되어 있다.

끝으로 우익 지욱은, 일찍이 유교를 공부하였으며 불교를 비판할 목적으로 『벽불론』을 찬술한 인물이다. 그러다가 주굉의 저술을 접한 뒤 24세에 주굉의 제자인 설영(雪嶺)에게 출가한다. 이후 정토를 중심으로 모든 종파를 아우르는 원융한 견해를 제시했다. 또 불교와 유교의 종합과 일치점을 강조하는 노력과 저술을 남겼다. 이러한 저술로 『주역선해(周易禪解)』(10권)와 『사서만익해(四書澫益解)』(4권)가 있다. 또 불교를 논한 것으로는 『능엄경문구(楞嚴經文句)』(10권)와 『비니사의집요(毘尼事義集要)』(10권) 그리고 대장경을 간취한 『열장지진(閱藏知津)』(48권) 등 총 40여 종에 이르는 많은 저작을 남겼다. _⊗

조전은 육조 혜능을 모신 조사전(祖師殿)을 의미한다. 혜능은 입적 후에도 시신이 부패하지 않았으므로 옻칠을 하여 모시게 되는데, 그 장소가 바로 조전이다. 혜능의 시신은 1,300년이 지난 현재에도 그대로 남아 있으며, 좌우에는 역시 입적 후에도 모습을 유지하고 있는 명나라의 덕청과 단전(丹田) 선사가 모셔져 있다.

062

유교의 옷을 입은 불교

왕수인의 마음주의와 양명학

남송 말기부터 사상계의 주류로 부각하기 시작하는 성리학은 점차 정치적인 이념으로 자리매김을 하게 된다. 이는 원나라 시대에 다소 주춤하지만, 대체로 명나라 초기까지 유지된다. 그러다가 명나라 중기에 왕수인이 등장하면서 신유교의 사상계는 새롭게 변모한다.

왕수인은 어린 시절 성리학을 배웠지만, 여기에 만족하지 않고 선종과 도가 등 자유롭게 학문을 익혔다. 그러다 35세 때인 1506년에 당시 정권을 농락하던 환관 유근(劉瑾)을 비판했다가 귀주의 용장(龍場)으로 유배 겸 좌천되는 처지에 놓이게 된다. 이 시기, 아무것도 갖추어지지 않은 황막한 현실 속에서 왕수인은 진정한 진리는 마음 밖에 있는 것이 아님을 깨닫게 된다. 나에게 본래부터 갖추어져 있는 것이 아닌 부가된 것은 모두 헛될 뿐이라는 것이다. 이것이 36살 때의 일인데, 이를 용장오도(龍場悟道)라고 한다. 이러한 왕수인의 주장은 성리학과 달리 마음을 중심에 두고 있기 때문에 성리학과 대비하여 '심리학'이라고도 하지만, 일반적으로는 왕수인, 즉 양명이 집대성하였다고 해서 양명학이라고 한다. 또 왕수인 이전에 이와 유사한 생각을 한 인물이 남송의 육구연(상산)이므로 양자를 합쳐 육왕학이라고도 일컫는다.

왕수인은 치양지(致良知), 즉 최초의 본마음으로 돌아갈 것과 앎과 실천은 하나라는 지행합일(知行合一)을 강조한다. 또 일과 실천 위에서 갈고 닦는 공부법인 사상마연(事上磨練)을 천명했다. 즉 본래 마음의 활달함에 입각한 실천주의를 제창한 것이다. 이후 중국 유교는 성리학보다도 양명학이 주류가 된다. 또한 왕수인은 명나라 말기의 지방 반란들을 효율적으로 진압하면서 실천가의 면모를 유감없이 발휘하기도 하였는데, 1528년 지방의 반란을 진압하다가 돌아오는 길에 병사하는 것으로 생을 마치게 된다.

중국불교가 성리학에 끼친 영향

성리학은 화엄 사상의 이사(理事)의 논리를 차용해서 이기론(理氣論)을 만들어 낸다. 또 『대승기신론』의 일심이문(一心二門)이라는, 한 마음 안에 존재하는 본래의 청정한 측면과 오염된 측면의 이중 구조를 차용해서, 본연지성(本然之性)과 기질지성(氣質之性)이라는 이원론적인 심성론의 체계를 구축한다. 이렇게 사상적인 구조와 내용에서 불교를 차용하고는 있지만, 성리학은 성(誠, 진실)과 경(敬, 공경)을 강조하는 실천과 수양론에서 불교와는 변별점을 가진다. 실제로 화엄종과 선종에서는 마음과 본성을 구분하지 않고 동일한 용어로 사용한다. 즉 '심(心)=성(性)'인 것이다. 그러나 성리학에서는 '마음은 미진한 것이며, 본성이 핵심'

임을 강조한다. 이것이 이들이 가장 중점적으로 주장하는 성즉리(性卽理), 즉 성리(性理)인 것이다.

양명학의 옷을 입은 선종

불교의 영향을 받았지만 변별점이 존재하는 성리학과는 달리 양명학에서는 화엄종이나 선종과 마찬가지로 마음과 본성을 하나로 본다. 즉 인간에게 두 마음은 있을 수 없다는 관점을 공유하고 있는 것이다. 왕수인의 사상적인 근원이 되는 남송의 육구연은, "우주가 바로 내 마음이고 내 마음이 곧 우주(宇宙便是吾心 吾心卽是宇宙)"라고 했으며, 또 "유교의 모든 경전은 내 마음에 대한 주석일 뿐(六經皆我注脚)"이라고도 했다. 왕수인 역시 "일체 성인의 도가 내 마음에 갖추어져 있다."거나, "대인(大人)은 천지만물과 일체가 된 사람(大人者以天地萬物爲一體者也)"이라고 하는 등 마음을 통한 전체 합일을 주장한다. 실제로 왕수인은 "마음 밖에 일이 없고, 마음 밖에 진리는 존재하지 않는다(心外無事, 心外無理)."고 하였으며, 마음의 본질을 밝혀서 통하는 것이야말로 "공자의 심인(孔子之心印)"이라는 표현까지 사용하고 있다. 이는 선종에서 마음을 중심으로 일체를 파악하고, 스승이 제자에게 마음에서 마음으로 가르침을 전했다는 것과 일치한다.

또 왕수인이 말하는 지행합일과 사상마연의 행동주의는, 선종이 '돈오돈수'라고 결론을 낸 뒤에 평상심이 도라고 하여 전체작용(全體作用), 즉 모든 것은 깨달음의 작용일 뿐이라고 주장한 것과 합치한다. 이런 점 때문에 성리학에서는 양명학을 사선(似禪), 즉 선과 같다고 비판하기도 하였다. 하지만 양명학은 현실을 긍정하는 세속주의를 전개한다는 점에서 불교의 출가주의와는 차이가 있다. 그러나 그 물꼬를 튼 것 역시 출가주의를 넘어 출출세간을 말하는 선종의 현실 긍정이라고 할 수 있다. 즉 선종의 발전은 정체되어 있었지만, 그 에너지가 신유교의 양명학이라는 결실을 맺고 있는 것이다. 실제로 왕수인의 제자들은 "길거리를 가득 메운 것이 모두 다 성인일 뿐(滿街都是皆聖人)"이라고 말한다. 이것은 곧 선종의 언어와 일치한다.

중국불교가 더 이상 새로운 흐름을 만들어 내지 못하고 정체되어 있는 상황에서, 그 에너지가 신유교로 넘어 갔다는 것은 두 가지를 의미한다. 첫째는 중국불교 내부에서 추동 에너지가 부족했다는 점이며, 둘째는 양명학이 선종을 대체함으로써 선종이 발전할 수 있는 가능성이 존재하기 어렵게 되었다는 것이다. 이는 사실상 '동아시아불교의 종언'을 의미한다고 할 수 있다.

실제로 명말의 4대 고승은 새로운 에너지를 추동해 내는 인물이라기보다는 기존의 가치들을 종합 지양하는 인물들이었다. 시대에 맞게 변화를 이끌어 내면서 사회를 계몽해 나가기에는 당시 중국불교가 너무 허약해져 있었던 것이다.

이지에게서 보이는 선사의 기질

명말의 4대 고승보다 조금 이른 시기를 산, 유교와 불교에 걸쳐 있는 인물 중 주목할 만한 사람이 이지(李贄, 1527~1602), 즉 이탁오(李卓吾)이다. 이지는 글을 배우고 있던 12세에 「노농노포론(老農老圃論)」이라는 글을 써서 공자를 비판하고, 26세 때인 1552년에는 과거에 급제하여 이후 국자감 박사 등을 역임한다. 그러나 유교와 현실에 갑갑함을 느끼고 비판적인 글들을 발표하는데, 요즘으로 치면 베스트셀러 작가 겸 선동가라고 할 수 있다. 그 시기 중국에는 자본주의가 태동하고 있었고, 상업적인 출판문화가 조성되어 있었다. 이 때문에 이지의 글이 세상에 파급력을 행사할 수 있었던 것이다.

40세부터는 양명학에 심취하였으나, 62세가 되는 1588년에 돌연 마성(麻城)의 유마암(維摩庵)에서 출가하였다. 이후 자유롭게 세상을 비판하고 풍자하다가 76세에 위험인물로 탄핵을 받아 투옥되고, 결국 옥중에서 장삼을 입은 채 자살로 생을 마감한다.

이지는 남녀평등을 주장하고, 본마음의 순수성을 강조하며 그것에 따를 것을 주장하는 동심설(童心說)을 제창했다. 이지의 대표적인 저작으로는 62세에 쓴 유교 비판서인 『초담집(初潭集)』(4권)과 불에 태워 버릴 책이라는 의미의 『분서(焚書)』(6권), 그리고 감춰 둘 책이라는 의미의 『장서(藏書)』(68권) 및 『속장서(續藏書)』 (27권) 등이 있다.

이지는 우리나라로 치면 허균과 같은 인물이다. 중국불교 안에서 이지와 같은 역동적인 인물이 나오지 못한 것은 이미 한계에 봉착한 명대 불교의 현실을 잘 나타내 준다. 이런 점에서 이지와 제도화된 명말의 4대 고승은 너무나도 극명하게 대비된다고 하겠다. _❀

063

출가하는 황제, 무너지는 중국

이자성의 난으로 천하를 얻은 청나라

명나라 말기인 1627~1628년 섬서성에 닥친 대기근을 시작으로 명나라는 농민 반란의 혼란기로 빠져든다. 13가(家)로 칭해지는 많은 반란군의 우두머리들은 결국 고영상(高迎祥, ?~1636)을 계승한 이자성(李自成, 1606~1645)을 중심으로 마무리된다. 이것이 바로 1630년대에 시작되어 1640년대까지 이어진 이자성의 난이다.

당시 명나라는 1616년 만주족의 누르하치가 여진족의 금나라를 계승해서 세운 후금을 견제하기 위해, 만리장성의 동북쪽 관문인 산해관을 지켜야 했다. 후금은 태종 홍타이지(황태극皇太極, 재위 1626~1643)가 등장하면서, 1635년에 내몽골을 평정하고 국호를 청으로 삼았으며, 1636년에는 황제를 칭하기에 이른다. 동북쪽에서 외부 세력인 청나라가 이렇게 세력을 확장하고 있었기 때문에, 명나라는 이자성이 이끄는 내부의 농민반란군에 효과적으로 대처하지 못하였다.

1644년 서안(장안)을 점령한 이자성은 국호를 대순(大順)으로 정하고 점점 세력을 키워 같은 해 명의 수도인 북경을 함락시킨다. 이때 명나라의 마지막 황제인 제16대 숭정제(崇禎帝, 재위 1628~1644)는 자금성 뒤의 경산(景山)에서 자살로 생을 마감하는데, 이로써 277년간 이어지던 명 왕조는 멸망하게 된다.

그러나 이자성이 산해관을 지키는 오삼계와 충돌하면서, 오삼계는 청나라 제3대 황제인 순치제(順治帝, 재위 1644~1661)와 섭정 도르곤(多爾袞, 1612~1650)을 만리장성 안으로 끌어들인다. 청은 명 황제를 죽음에 이르게 한 반란군을 토벌한다는 명목으로 중국에 진출하여 이자성의 군대를 물리치고 지배를 정당화한다. 이렇게 해서 중국은 1636년부터 1912년에 이르는 약 260년간 다시금 이민족의 지배를 받게 된다.

유교의 한계와 새로운 불교의 부재

명나라 중기에 등장한 양명학은 선종과 같은 마음 중심의 철학을 주장했다. 이로 인하여 명나라 말기가 되면 현실적인 측면이 취약해지는 문제가 발생하게 된다. 이 때문에 청나라에 들어서면서 양명학을 비롯한 신유학에 대한 비판이 강조되고, 실증적인 성향이 강한 고증학과 실학으로 사상계가 기울게 된다. 여기에는 또한 이민족인 만주족이 지배하고 있는 상황에서, 한족의 구심점이 될 수 있거나 비판 의식이 강한 학문보다는 고증학과 같은 순수학문이나 현실적인 측면이 지배층에 유리하다는 판단도 작용하였다.

청나라 초의 사상계는 양명학의 황종희(1610~1695)와 고증학과 실학의 고염무(1613~1682) 그리고 유물론적인 관점을 취한 기철학자 왕부지(1619~1692)가 주도한다. 이들을 '청초 3대가'라고 한다. 그러나 이들에게는 강력한 유교적인 측면은 발견되지 않는다. 유교의 한계 역시 목도되는 것이다.

중국을 지배하기 전 만주족은 몽골과 접촉하면서 티베트불교를 받아들인다. 이로 인하여 청나라 때가 되면, 중국 고유의 불교보다는 티베트불교가 다시금 발전하게 된다. 물론 여기에는 이민족 지배 시기에 나타나는 중국불교에 대한 견제도 존재했을 것이다. 그러나 청나라 때에는 중국불교와 티베트불교 모두 이렇다 할 두각을 나타내지는 못한다. 다만 양명학의 붕괴와 함께 선종 역시 정토종으로 대체되는 현상이 나타날 뿐이다. 즉 정토종과 티베트불교의 약진 정도만이 존재하는 셈이다.

순치제의 출가에 관한 미스터리

청나라 초기 불교와 관련해서 가장 주목할 만한 사건은 제3대 황제이자, 명나라를 점령하고 최초로 자금성에서 황제가 된 순치제의 출가이다. 순치제는 1638년 5세에 즉위하였기 때문에 숙부인 도르곤이 섭정을 하게 된다. 이후 14살이 되는 1653년 도르곤이 사망하자 친정 체제를 정비한다. 그리고 개국 초의 청나라를 안정시키지만, 1660년 총애하던 현비(賢妃) 동악씨가 죽자 정치에 뜻을 잃고 1661년 황태자(강희제)에게 양위한다. 정사에서는 순치제가 양위 직후 24세의 나이로 천연두에 걸려 사망했다고 하지만, 중국의 불교 문헌에는 이때 순치제가 산서성의 문수성지 오대산으로 출가했다고 기록되어 있어 차이가 존재한다. 실제로 순치제가 출가할 때 남겼다는 출가시가 지금까지 남아 있는

데, 이를 요약해 보면 다음과 같다.

황금과 백옥이 귀하다고 하지만

(黃金白璧非爲貴 황금백벽비위귀)

최고의 존귀함은 출가하여 가사를 입는 것이라네.

(惟有袈裟被最難 유유가사피최난)

짐이 천하와 산하의 주인이 됨에

(朕乃大地山河主 짐내대지산하주)

나라와 백성을 위한 번뇌가 치성했네.

(憂國憂民事轉煩 우국우민사전번)

황궁의 100년이라 해도 3만 6천 일인데,

(百年三萬六千日 백년삼만육천일)

이는 산사의 한가한 반나절에도 미치지 못한다네.

(不及僧家半日閒 불급승가반일한)

당초에 한 생각 잘못하여 회한을 남겼으니,

(悔恨當初一念差 회한당초일념차)

가사를 입지 못하고 곤룡포를 입은 것이라네.

(黃袍換却紫袈裟 황포환각자가사)

나는 본래 인도의 승려였는데,

(我本西方一衲子 아본서방일납자)

어떠한 인연으로 제왕가에 떨어졌는가?

(緣何流落帝王家 연하류락제왕가)

100년의 세상살이도 하룻밤 꿈일 뿐이며,
(百年世事三更夢 백년세사삼경몽)
만리의 강산이라는 것도 한 판의 바둑일세.
(萬里江山一局碁 만리강산일국기)

유구한 역사 속 크고 작은 영웅들도
(古來多少英雄漢 고래다소영웅한)
천하의 흙이 되어 누워 있을 뿐이로다.
(南北東西臥土泥 남북동서와토니)

황제로 재위한 18년에 자유란 없었으니,
(十八年來不自由 십팔년래부자유)
잔혹한 정복전쟁은 언제나 그칠 건가?
(山河大戰幾時休 산하대전기시휴)
나는 이제 손을 털고 오대산으로 들어가니,
(我今撤手歸山去 아금철수귀산거)
천만가지 근심걱정도 이제는 내 것 아니라네.
(那管千愁與萬愁 나관천수여만수)

태평천국의 난과 중국의 몰락

청나라는 순치제의 아들인 제4대 강희제(재위 1661~1722)와 제5대 옹정제(재위 1722~1735) 및 제6대 건륭제(재위 1735~1795)의 3대에 걸쳐 최고의 전성기를 맞이하게 된다. 이 130여 년의 기간을 중국사에서는 강건

성세(康乾盛世) 또는 강옹건성세(康雍乾盛世)라고 한다. 티베트를 포함한 오늘날의 중국 영토는 이 시기에 틀이 갖추어지게 된다. 건륭제 때인 1792년 당시 영국 무역 대표단의 메카트니가 건륭제를 만나 무역 개방을 요청하자, 건륭제가 '중국에는 나지 않는 것이 없으니, 교역할 이유가 없다'라고 했다는 일화는 번성한 청나라의 자신감을 유감없이 드러내 준다. 그러나 중국으로부터 차와 도자기를 수입해야만 했던 영국은, 당시 화폐였던 은(은본위제)이 계속해서 중국으로 유출되자 아편의 수출을 비약적으로 늘리게 된다. 영국은 1780년에는 1,000여 상자의 아편을 수출하지만, 불과 50년 뒤인 1830년에는 1만 상자를 수출하였으며 이로 인해 청나라의 아편 중독자는 무려 500만 명에 달했다. 이것이 아편전쟁 직전에는 무려 4만 상자로까지 증가한다. 이를 좌시할 수 없었던 청과 영국의 충돌이 바로 1840년부터 1842년까지 이어진 아편전쟁이다. 아편전쟁에서 청나라는 영국군 4,000명에 무너지게 되고, 이후 광동성을 중심으로 중국 동남 지역에 대한 청나라의 지배권이 위축된다. 이렇게 행정력이 느슨해진 상황에서 발생하는 사건이 1850년부터 1864년까지 이어진 홍수전(洪秀全, 1814~1864)의 태평천국(太平天國)의 난이다.

왕조 말기에 민란이나 반란이 일어나는 것은 역사에서 수차례 확인할 수 있다. 또 중국사에서는 이러한 반란이 종교와 관련되고는 한다. 도교에서 비롯된 황건적의 난이나 불교와 관련이 있는 홍건적의 난, 백련교의 난이 그것이다. 그러나 태평천국의 난은 예수의 동생을 표방한 홍수전이 주축이 되어 일으킨 기독교의 난이라는 점에서, 이전과는 상황이 달랐다. 당시에는 불교와 도교 내지 유교가 사회적인 주된 기능을 담당할 정도의 역량이 없었던 것이다. 태평천국의 난이 기독교를 표방한다는 점에서 태평천국의 난에 휩쓸린 중국 동남쪽의 불교는 법난에 버금가는 막대한 피해를 입게 된다. 여기에 1856년부터 1860년에 걸쳐 2차 아편전쟁이 발발하면서 중국은 몰락의 길을 걷게 되며, 불교 역시 이렇다 할 변화를 만들어 내지 못하고 무너지게 된다. 그러나 중국불교의 쇠퇴는 단기간에 일어난 것이 아니라 당나라 이후 1천년 동안 뚜렷한 반전의 계기를 만들지 못한 결과라는 점에서, 새로운 변화를 주체적으로 모색하지 못한 안일함의 대가였다고 하겠다. _❀

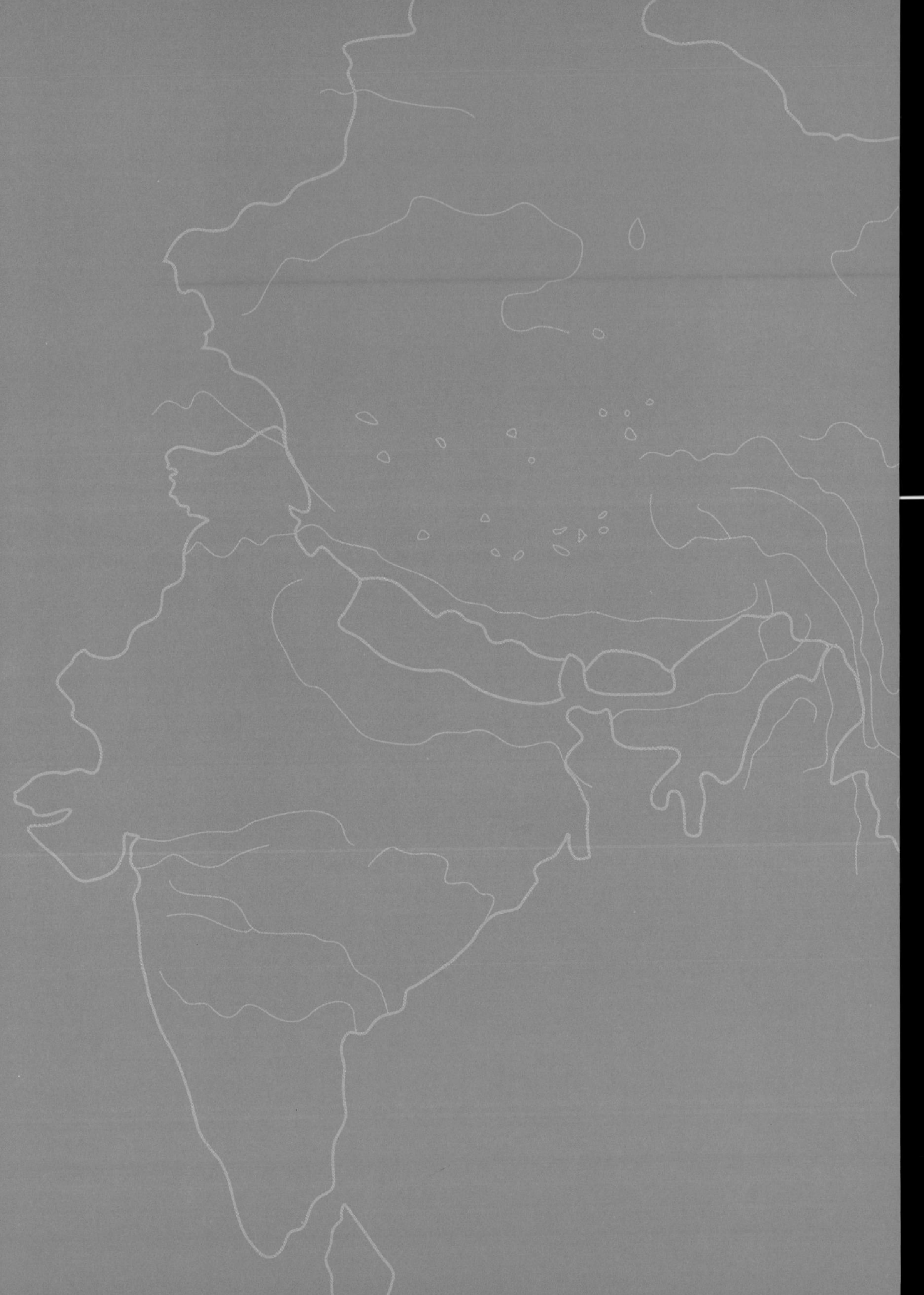

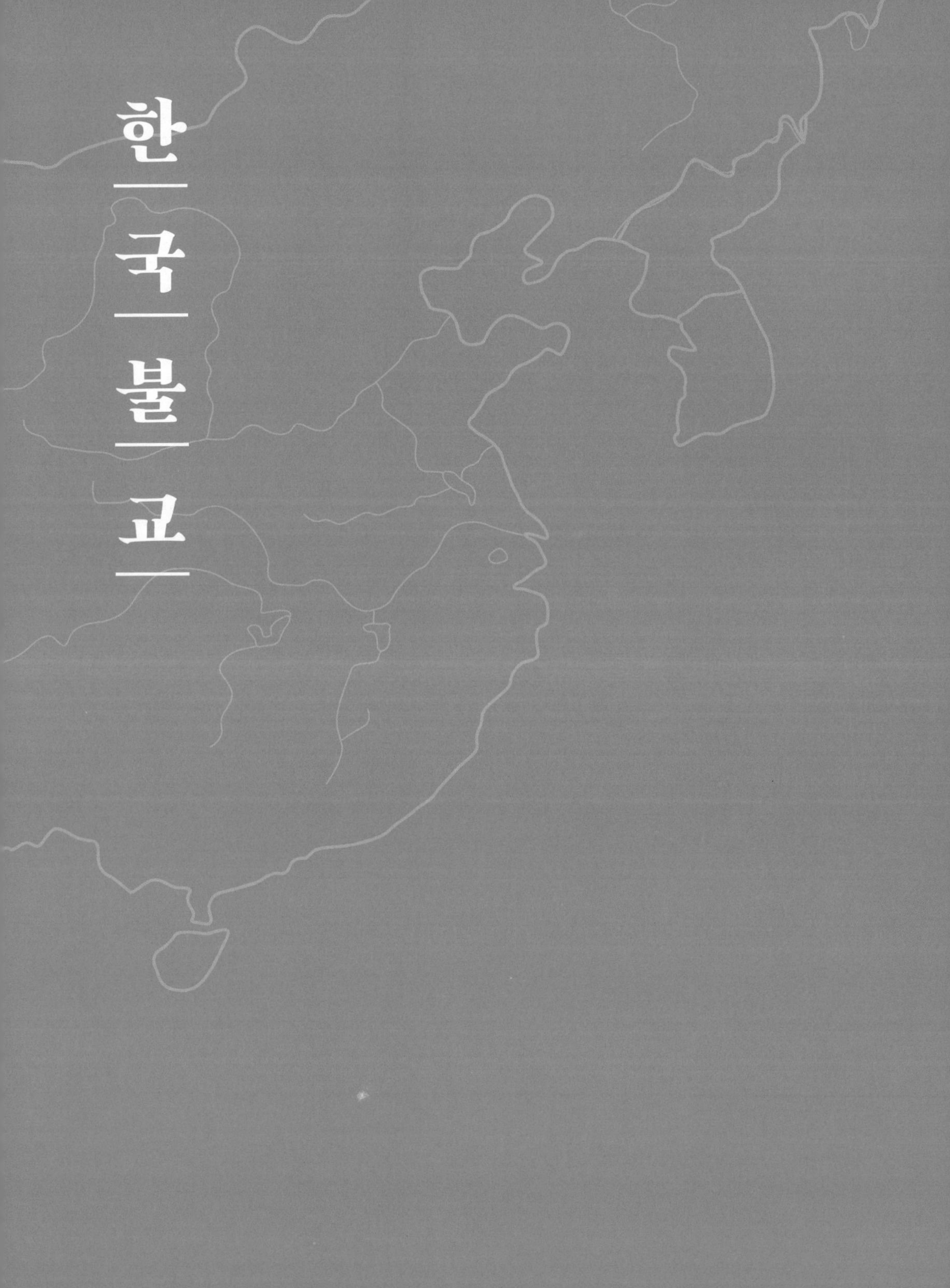

한국불교

Ⅰ.

불교의 유입과 삼국의 발전

삼국 시대

인도·중국	연도	한국
경전의 문자화 대승불교운동이 시작됨	BCE 100년경	
	BCE 57년	신라 건국
	BCE 37년	고구려 건국
	BCE 18년	백제 건국
	42년	가야 건국
	48년	인도 아유타야에서 허황옥이 금관가야로 옴
후한으로의 불교 전래 인도 승려 가섭마등, 축법란 낙양에 도착	67년	
간다라·마투라에서 불상이 만들어지기 시작함(1세기경) 제4차 결집 일어남	100년경	
안식국 출신의 승려 안세고, 낙양에 도착	147년	
찬불승 마명이 활동	150년경	
지루가참 낙양에 도착	160년경	
황건적의 난 발발	184년	
용수와 그 제자 제바가 활동	200년경	
둔황석굴 건설 시작	353년	
	372년	전진의 승려 순도가 고구려에 불교를 전함
도안 『종리중경목록』 편찬	374년	
	384년	동진의 승려 마라난타가 백제에 불교를 전함
미륵과 무착, 세친이 활동, 유식학파가 등장함	400년경	
구마라집 장안 도착	401년	
북위 태무제의 폐불	446~452년	
중관학파가 확립됨	500년경	
인도 승려 보리달마 중국 도착	526년	
	527년	이차돈의 순교로 신라가 불교를 공인
	527~544년	흥륜사 창건
	553~569년	황룡사 창건
북주 무제의 폐불	574~579년	
지의가 천태산 화정봉에서 깨달음을 얻음(화정오도)	576년	
	589~600년	원광의 유학과 귀국
현장의 서역 방문	629~645년	
	638~643년	자장의 유학과 귀국
	645~646년	황룡사 구층목탑 건립
	654년	태종무열왕 즉위
	660년	백제 멸망
	668년	고구려 멸망
의정의 서역 방문	671~695년	
	676년	나당 전쟁 종료, 신라의 삼국 통일

064

한반도로 전래된 불교

한국불교사의 시작

현존하는 기록 중 한국으로의 불교 전래에 대한 가장 오래된 기록은 『삼국사기』와 『삼국유사』이다. 『삼국사기』와 『삼국유사』의 기록은 한국불교가 중국을 거쳐 수입된 것이라는 인식을 만들었는데, 두 사료에 나오는 기록을 정리해 보면 아래와 같다.

> 고구려 372년(소수림왕 2년) : 위진남북조 시대 북조 전진의 왕 부견이 사신과 함께 승려 순도를 고구려에 파견해 불상과 경문을 전함.
> 백제 384년(침류왕 원년) : 위진남북조 시대 남조 동진의 승려 마라난타가 백제로 들어왔고, 왕이 그의 말을 따라 불사를 일으킴.
> 신라 제19대 눌지왕(재위 417~458) : 고구려에서 묵호자가 신라의 일선군(현 경북 구미 지역)으로 들어와 왕의 병을 치료하고, 왕이 흥륜사를 지어 묵호자에게 불법을 펴게 함.

이 기록들을 보면 고구려와 백제에는 각각 전진의 강북불교와 남조의 강남불교가 육로와 해로를 통해 들어왔음을 알 수 있다.

고구려에 불교를 전한 전진의 왕 부견은 구마라집을 모셔 오기 위해 전쟁까지 불사했던 호불왕이다. 이런 그가 고구려에 불교를 전하고자 했으니 응당 사신과 함께 승려를 파견했음이 분명하다. 이에 반해 백제에 온 마라난타는 동진이 국가 차원에서 보낸 승려는 아닌 것으로 보인다. 그러나 『삼국사기』 권24 「백제본기」에 이때 "침류왕이 직접 맞이하고 왕궁에 모셨다."라고 기록된 것을 보면, 적어도 선진 문화 수용 차원에서 백제가 불교의 전래를 요청한 것으로 보인다.

그러나 신라의 경우에는 고구려나 백제와 상황이 다르다. 고구려와 백제에 의해 육로가 차단된 신라가 중국과 소통하기 위해서는 해로를 이용하여 먼 길을 돌아가는 수밖에 없었다. 결국 신라에는 고구려에 불교가 유입된 지 한참 후, 고구려를 통해 불교가 전해지게 되었다.

이와 같은 삼국의 불교 전래 기록은 '중국을 거친 한국불교'라는 인식을 만들어 내었다. 즉 이 관점을 따르게 되면, 한국불교는 기원에서부터 중국불교를 능가할 수 없는 종속 구조 속에 존재하는 셈이 된다.

가야로의 불교 전래와 남방 기원설

우리는 '삼국 시대'라는 말에 익숙하다. 그러나 삼국 시대로 불리는 시기의 대부분은 가야를 포함한 '사국 시대'였다. 가야는 42년부터 562년까지 존속했던, 500년이 넘는 역사를 가진 나라이다. 또 신라의 삼국 통일이 676년이라는 점을 고려한다면, 삼국 시대라고 칭할 수 있는 실질적인 기간은 고작 110여 년에 불과하다는 것을 알 수 있다.

가야 역시 신라와 마찬가지로 백제에 가로막혀 중국과 직접적으로 교류하는 데 어려움이 있었다. 그런데 『삼국유사』의 권2 「가락국기」에는, 가야불교가 인도에서 전래되었다는 기록이 있다. 내용인즉슨, 인도 아유타국(아요디야)의 공주 허황옥(?~188)이 48년에 해로를 통해 가야로 들어와 금관가야의 시조인 김수로왕의 왕비가 되었고, 이 과정에서 불교가 전래되었다는 것이다. 그리고 이와 관련한 유물로 허황옥이 해로를 이용한 여정의 안전을 기원하기 위해서 모셔 왔다는 파사석탑이 있다. 파사석탑의 파사는 유제(有諦), 즉 진리가 드러났다는 의미이다. 이 석탑은 후일 호계사에 모셔졌으며, 현재 이 탑의 일부가 김해시 구산동에 보존되어 있다.

해로를 통해 불교가 전래했다고 보는 견해를 '남방 기원설'이라고 한다. 당시 남방 해로의 중심지였던 인도네시아 자바 섬의 유물이 우리 역사의 이른 시기부터 확인된다는 점에서 나름의 설득력이 있다. 하지만 이는 후대에 가야에서 불교가 발전하는 과정에서, 가야불교의 정통성을 강조하기 위해 윤색된 것일 가능성도 배제할 수는 없다.

한국불교의 남방 기원설로 가야불교의 전래와 더불어 주목되는 기록이 고려 중후기의 대표적인 문신인 민지(閔漬, 1248~1326)가 1297년에 작성한 금강산「유점사사적기(楡岾寺事蹟記)」이다. 여기에 신라 제2대 남해왕 원년인 4년에 인도에서 해로를 통해 금강산으로 불교가 전래한 기록이 존재하기 때문이다. 그러나 중국으로의 불교 전래가 67년이라는 점에서, 이 기록을 얼마나 신뢰할 수 있는지는 의문이다. 다만「유점사사적기」의 기록이나 허황옥을 통한 불교 전래가 각각 4년과 48년으로 중국불교보다 빠르다는 점에서, 불교의 한반도 전래와 관련해 남방 기원설이 매우 자주적인 관점을 취하고 있었다는 점만은 분명하게 인지된다.

고구려로의 또 다른 불교 전래, 북방 전래설

남방 기원설과 대당하는 또 다른 불교 전래 기록으로 북방 전래설도 있다. 이는 『삼국유사』 권3 「요동성 육왕탑(遼東城 育王塔)」의 기록에 따른 것으로, 실크로드의 가장 북쪽 길인 천산북로보다도 위쪽에 위치한 유목민들의 교통로 '초원의 길'을 통해 불교가 전래되었음을 암시한다. 이 길은 고구려에서 중앙아시아의 우즈베키스탄 사마르칸트까지 연결되어 있는데, 이 초원의 길을 통해 불교가 전래했을 가능성이 있다는 것이다.

「요동성 육왕탑」은 요하의 동쪽 요동성에 있었다는 아소카 왕의 탑에 대한 내용으로, 고구려의 성왕(재위연도 미상)이 국경 지역을 순행하다가 요동성에 이르러 이 탑의 옛 자취를 보고 신앙심이 생겨 7층 목탑을 세웠다는 기록이다. 그러므로 후한 시기 초원의 길을 오가던 유목민에 의해서 불교가 전래되었을 가능성을 생각해 볼 수 있다. 즉 고구려에는 중국을 거치지 않고 중앙아시아에서 직접 불교가 전래하였다는 주장이 북방 전래설이다.

남방 기원설과 북방 전래설은 모두 『삼국유사』를 통해 확인해 볼 수 있다. 이는 『삼국사기』가 중국 중심적인 불교 전래만을 기록하고 있는 것과 달리, 『삼국유사』에는 다원적인 가치가 담겨 있음을 의미한다. 『삼국유사』의 두 가지 설 모두 불교가 중국을 거치지 않고 인도에서 직접 전래되었다고 언급하고 있다는 점에서, 한국불교의 주체적이고 자주적인 시각을 확인해 볼 수 있다는 점에서 주목된다. _❀

065

불교를 적극적으로 받아들인 고구려와 백제

외교 통로를 통해 불교를 공인한 고구려

한반도에 불교가 어떻게 전래되었는지에 대한 최초의 기록은 『삼국사기』 권18 「고구려본기」에 담겨 있다. 이 기록에 따르면 372년 6월, 전진의 왕 부견이 사신과 함께 승려 순도를 파견하였으며 이때 불상과 경전이 함께 전해졌다. 이때 소수림왕(재위 371~384)은 전진으로 사신을 보내 사례한다. 2년 뒤인 374년에는 동진의 승려 아도가 왔으며, 고구려에서는 375년에 성문사(省門寺, 혹 肖門寺)와 이불란사(伊弗蘭寺)를 순도와 아도가 각각 머물도록 했다고 한다. 그러나 『양고승전』 권4에는 동진의 승려 지도림(支道林, 314~366)이 고구려의 승려에게 편지를 보냈다는 내용이 기록되어 있다. 이 기록에 따르면 순도가 고구려에 오기 전 이미 고구려에는 불교가 전래되어 있었다는 것, 그리고 고구려불교가 동진이 있는 중국 강남의 불교와 교류를 하고 있었다는 점이 드러난다. 다르게 말하면 『삼국사기』에 나타난 기록은 고구려가 공식적으로 불교를 받아들였다는 뜻이며, 또한 이는 중국 특정 지역에서 발전한 강북 불교와 관련한 것일 수 있다는 해석도 가능하게 한다.

불교를 통한 강국으로의 비상

372년 고구려에 불교가 전래되었다는 기록이 중요한 것은 이것이 민간에 의한 불교 전래와는 달리 국가적인 문화 교류를 상징한다는 점 때문이다. 백제 제13대 근초고왕(재위 346~375)이 평양을 공격해 고구려 제16대 고국원왕(재위 331~371)이 사망하자 뒤를 이어 왕위에 오른 17대 소수림왕은 위기를 맞은 고구려를 안정시키고 번영의 기반을 확립했다. 이 과정에서 전진과의 협조가 필요했으며, 그 협조의 한 면이 바로 사신단과 함께 고구려에 온 승려 순도였다.

실제로 불교가 전래한 372년, 고구려에 국립 교육 기관인 태학이 설립되었고 373년에는 율령, 즉 국법을 정비해서 반포한다. 당시 불교는 오늘날과 같은 단순한 '종교'가 아니었다. 동아시아로 전파된 기독교가 단순히 종교만을 뜻하는 게 아니라 서양의 과학 기술과 연관된다는 점을 생각할 필요가 있다. 마찬가지로 불교를 공식적으로 받아들이는 일 또한 국가 번영과 직결되는 문제였고, 그로써 발전된 문화가 대규모로 전래될 수 있었던 것이다. 그렇기 때문에 소수림왕의 아우이자 광개토대왕의 아버지인 제18대 고국양왕(재위 384~391)은 391년 3월에 "불교를 믿어 복을 구하라(崇信佛法求福)."고 교서를 내리기에 이른다. 불교 진흥책으로 고구려의 문화가 융성해지는 와중에 고국양왕의 뒤를 이은 광개토대왕(재위 391~412) 또한 밖으로는 영토를 넓히고 안으로는 평양에 사찰 아홉 곳을 창건하는 등 불교 진흥책을 펼친다.

불교를 이용해 고구려를 견제한 백제

백제의 불교 전래와 관련한 공식적인 기록은 『삼국사기』의 권24 「백제본기」이다. 384년 9월에 동진에서 승려 마라난타가 백제로 오고 이때 침류왕(재위 384~385)이 왕궁으로 모셔 예를 극진히 한 것으로 되어 있다. 또 『해동고승전』 권1에는 국왕이 교외에까지 나가서 맞이했다는 기록도 있다. 이때 마라난타가 상륙한 곳이 현재 굴비로 유명한 법성포(法聖浦)이다. 법성포란, 성스러운 진리 즉 불교가 전래한 포구라는 의미이다.

마라난타가 백제로 온 것은 순도가 사신과 함께 공식적으로 고구려에 들어온 것과는 상황이 다르다. 그런데도 백제 침류왕이 마라난타를 친히 마중하여 모셨다고 하는 것은, 소수림왕이 등장하면서 안정된 고구려를 견제하기 위해 남조와의 교류를 강화할 필요성이 있었기 때문으로 이해할 수 있다. 『양고승전』의 기록처럼 고구려의 불교가 동진에까지 알려져 있었다면, 백제가 이때 처음으로 불교를 접했다는 것은 타당하지 않다. 그러므로 침류왕이 마라난타를 모셔 극진히 예를 표한 것은, 적국인 고구려를 견제하고 불교를 통해서 백제의 발전을 꾀한 것 외에는 달리 생각해 볼 수 있는 부분이 없다.

불교를 통한 국력 경쟁

백제는 불교가 전래한 공식 기록인 384년의 바로 다음해인 385년, 한산에 사찰을 창건하고 10인이 출가하도록 허락했다. 백제불교는 고구려보다 더 빠른 속도로 전개된 것이다. 백제의 제17대 아신왕(재위

392~405)은 392년 2월(혹 12월)에 "불교를 믿고 복을 구하라(崇信佛法求福)."는 교서를 내린다. 이보다 조금 앞선 시기인 391년 3월 고구려의 고국양왕이 내린 교서의 내용도 이와 같은 것임을 볼 때, 당시 고구려와 백제는 불교를 통해서 서로 국력을 신장시키는 경쟁을 하고 있었던 것으로 이해할 수 있다.

백제가 율령을 반포하고 국가 체제를 정비한 것은 제8대 고이왕(재위 234~286) 때로, 고구려보다 이른 시기였다. 덕분에 근초고왕(재위 346~375)에 의한 팽창이 고구려의 광개토대왕(재위 391~413) 때보다 빠를 수 있었다. 그러나 고구려가 전진의 왕 부견의 도움으로 불교를 통해 나라를 급속히 안정시키자, 백제 역시 남조와의 불교 교류를 확대하면서 불교를 통한 국가 발전을 도모했다. 특히 근초고왕이 고구려 수도인 평양을 공격하고 고국원왕을 사망하게 했다는 점에서 고구려의 안정은 곧 백제의 위험과 직결되는 상황이었다. 그러므로 당시 백제에 있어서 불교를 통한 발전은 매우 절실했다고 하겠다._❀

066

삼국 가운데 가장 늦게 불교를 수용한 신라

중국과의 교류가 막힌 신라

고대 동아시아의 문화 중심지는 중국이었다. 따라서 중국과 얼마나 활발하게 교류했는지에 따라 각 나라의 문화 발전 정도에도 차이가 나게 된다. 한반도 오른쪽에 위치한 신라는 가야와 백제의 해상 세력에 막혀 중국과의 교류가 상당히 어려웠다. 그래서 신라 제24대 진흥왕(재위 540~576) 때에는 현재의 경기도 화성 지역인 당항성을 확보하기 위해 줄기차게 노력했고, 확보한 이후에도 이 지역을 지키기 위해 무척이나 애썼다. 이는 뒤늦게 삼국 경쟁에 뛰어든 신라가 중국과의 교류에 얼마나 집착했는지에 대한 방증이다. 여하튼 여러 가지 지리적 입지 때문에 신라로의 불교 전래는 삼국 가운데 가장 늦을 수밖에 없었다.

또 하나 주목할 점은 신라가 민족적으로 중앙아시아 유목민인 스키타이나 흉노족과 관련이 있다는 것이다. 이는 박혁거세 등 초기 왕들이 거서간(칸)이나 마립간(칸)이라고 불린 점, 또한 한 무제 때 흉노의 휴도왕이 곽거병에게 패한 뒤 장남 김일제(BCE 135~BCE 86)가 전한에 포로로 끌려갔고, 이후 무제의 신임을 받아 김씨 성을 하사받았는데 경주 김씨가 김일제의 후손과 관련이 있다는 것을 '문무왕비'의 비문을 통해 확인할 수 있다는 점 등이 이런 사실을 뒷받침한다. 즉 신라는 부여에서 갈라져 나온 고구려와 고구려의 방계인 백제와는 다른 민족적 기원을 가지고 있는 것이다.

신라에서는 한반도에 자리하고 있던 여러 나라들과 달리 산천 숭배나 샤머니즘 같은 전통 신앙이 강력한 영향력을 발휘했다. 이는 불교가 신라에 진출하는 데 어려운 요소로 작용했으며, 불교의 전파 또한 백제나 고구려와는 다른 양상을 띠었다.

신라불교의 시원을 연 묵호자와 아도

신라의 불교 공인은 527(혹 528)[/] 년 이차돈의 순교를 기점으로 한다. 527년은 고구려나 백제에 불교가 전래된 시기보다 무려 150여 년이나 늦은 때이다. 이차돈의 순교 사건은 불교가 신라에 정착하는 일이 순탄치 않았음을 의미한다. 불교 전래 이전부터 존재했던 전통 신앙과의 충돌 때문이었다.

신라불교의 시원과 관련해서는 527년보다 월등히 빠른 기록이 존재하고 있어 주목된다. 『삼국사기』의 권4 「신라본기」의 '법흥왕' 조와 『삼국유사』의 권3 「아도기라(阿道基羅)」에 따르면, 신라 제19대 눌지왕(재위 417~458) 때 묵호자(墨胡子)가 고구려에서 현재의 구미시에 해당하

[/] 『삼국유사』에는 527년이라고 기록되어 있지만, 『삼국사기』에는 법흥왕 15년인 528년으로 되어 있어 차이가 있다.

는 일선군으로 왔다는 기록이 있다. 묵호자란 '검은 옷을 입은 외국인 선생'이라는 의미로, 특정 인물의 이름이 아니라 검은색 계통의 승복을 입은 승려를 지칭하는 표현이다. 이때 모례(毛禮)라는 사람이 자기 집에 굴을 파고 방을 만들어서 묵호자를 머물게 했다고 한다.

또한 이때 남조의 양나라에서 사신을 통해 신라에 향을 보냈는데, 향의 사용처를 알지 못해 두루 물으니 묵호자가 가르쳐 주고 중병에 걸린 왕녀의 병을 치료했다는 내용도 있다. 향은 불교와 함께 중국으로 전파된 인도의 물품으로, 당시 신라에서는 향의 사용법을 알지 못했기 때문에 이와 같은 사건이 발생한 것이다. 그러나 묵호자에 대한 기록은 그가 모례의 집을 떠나는 것으로 끝이 난다.

『삼국사기』와 『삼국유사』의 기록은 신라불교에 대한 가장 오랜 기록인 동시에 불교와 신라 왕실과의 관련을 나타내기도 하는 기록이다. 그러나 이후 불교의 전개에 대한 내용이 나타나지 않는 것은, 전통 신앙의 위력에 불교가 밀려났기 때문으로 이해된다.

불교와 전통 신앙의 충돌

묵호자에 대한 기록 말미에는 묵호자가 떠난 뒤 제21대 소지왕(재위 479~500) 때에 모례의 집에 묵호자와 행색이 비슷한 아도가 3인과 더불어 와서 살다가 죽었다는 기록이 있다. 이는 모례의 집이 최초의 사찰 역할을 했다는 점을 분명히 해준다. 또한 아도가 고구려 출신이라는 내용이 있는데, 이는 묵호자 역시 고구려에서 온 승려였다는 점과 함께

한국에서 사찰을 절이라고 하는 건 최초의 사찰 역할을 했던 모례의 집과 관련되어 있다는 주장이 있다. 모례는 훈독하여 '털례'로 읽는데, 이 단어가 전화되어 절례가 되고 절이 되었다는 것이다.

고구려의 불교가 신라에 영향을 미쳤음을 의미한다. 또 아도에 대한 기록에는 아도가 공주의 병을 치료하고, 국왕의 허락하에 천경림에 홍륜사를 창건했다는 내용도 있어 주목된다. 그러나 이 기록을 얼마나 신뢰할 수 있을지는 의문이다.

또 소지왕 대의 불교와 관련해서는 『삼국유사』의 권1 「사금갑」에 실려 있는 이야기도 있다. 소지왕이 488년 까마귀를 따라가다가 후에 서출지(書出池)가 되는 남산의 피리촌 연못에서 사금갑(射琴匣), 즉 '거문고 갑을 쏘라'는 글을 받게 된다. 이후 왕궁에 돌아온 소지왕이 거문고 갑을 활로 쏘니, 내전의 승려와 궁주가 함께 있었고 그들이 결국 죽임을 당하게 되었다는 내용이다.

여기에서 까마귀는 태양 숭배와 관련된 전통 신앙을 상징한다. 또 '사금갑'이라는 제목의 '사(射)'는 '쏘다'라는 의미로 정벌을 나타내며, 한자 금(琴)을 파자(破字)해 보면 두 임금이(王+王) 현재(今) 다투고 있는 것을 상징한다. 그리고 갑(匣)이란, 안쪽의 갑(甲)은 첫째라는 의미로 왕을 뜻하며, 밖의 방(匚)은 왕궁을 상징한다. 즉 「사금갑」은 왕위 쟁탈전과 관련되어 있던 전통 신앙과 불교 중 전통 신앙이 승리하고 불교가 밀려 났음을 상징적으로 보여 준다고 할 수 있다.

이차돈의 순교와 불교 공인

이차돈[/]의 순교는 제23대 법흥왕(재위 514~540) 때인 527년에 일어난 사건이다. 이 내용은 『삼국유사』 권3 「원종흥법 염촉멸신(原宗興法 厭髑滅

[/] 이차돈의 이름은 박염촉(朴猒髑)인데 신라 방언으로 '염촉'이 이차돈이기 때문에 일반적으로 이차돈이라고 불린다.

身)」을 통해 확인해 볼 수 있다. 이 기록에 따르면 법흥왕이 불교를 일으키려 했지만 신하들의 반대로 운신이 어렵게 되자 반전의 계기를 만들고자 하였다. 이때 이차돈이 자청하여 왕명을 사칭해서 전통 신앙의 성지인 천경림에 사찰 창건을 추진하게 된다. 하필 천경림이 선택된 것은 과거 아도가 이곳에 사찰을 창건했기 때문이다.

천경림의 사찰 창건 추진이 엄청난 문제를 촉발하자 법흥왕은 왕명을 사칭한 교명죄로 이차돈을 참수하게 한다. 이때 이차돈은 상서로운 일이 발생할 것을 예고하고 죽는데, 그의 목을 베자 흰 피가 솟구치면서 하늘이 어두워지고 하늘에서는 꽃비가 내리며 이차돈의 머리는 멀리 날아가 경주 북쪽의 금강산에 가서 떨어진다. 이곳에 후일 자추사(刺楸寺)가 창건되는데, 현재의 백률사(栢栗寺)이다. 이와 같은 기이한 일이 발생하자 여론은 급반전되어 불교가 공인된다. '법흥'은 불법을 일으켰다는 의미로, 법흥왕의 이름인 원종(原宗)의 시호이다. _㉘

067

불교를 통해 고대 국가의 초석을 확립하다

고대 국가의 초석을 확립한 법흥왕

신라의 불교 공인은 고구려나 백제보다 훨씬 늦지만, 이후 불교의 진흥과 전개 및 불교에 대한 선호는 두 나라가 감히 따라올 수 없을 정도로 강렬하다. 이것은 법흥왕이 만년에 출가해서 법운(法雲)과 법공(法空)이라고 불렸다는 『삼국유사』 권3의 기록을 통해서도 확인할 수 있다. 법흥왕은 불교를 공인한 왕인 동시에 스스로도 불교에 심취하여 출가를 단행했으며, 법흥왕의 왕비인 파조부인(巴刁夫人) 역시 출가하여 법명을 법류(法流)와 묘법(妙法)이라 하였다는 기록이 있다. 법흥왕 부부가 모두 출가한 것을 놓고 볼 때, 불교에 대한 신라의 열정이 아주 강력했음을 알 수 있다.

법흥왕 내외의 출가는 신라에서 불교가 공인된 527년 이전에 불교가 이미 왕가에 두루 알려져 있었다고 판단할 수 있는 근거가 된다. 왜냐하면 법흥왕의 재위 기간은 514년부터 540년까지이므로, 만일 이차돈이 순교한 527년을 전후해서 비로소 불교에 관심을 가지게 된 것이라면 불과 10여 년 만에 국왕 내외가 출가하는 상황이 발생한 것이기 때문이다. 그러므로 그 이전부터 신라에 불교가 널리 퍼져 있었고 법흥왕 내외 또한 불교에 심취해 있었으나, 전통 신앙과의 충돌로 불교를 국가 차원에서 공인하는 일이 늦어졌다고 이해하는 것이 더 타당하겠다.

흥륜사의 창건에서 확인되는 전통 신앙과의 갈등

527년 이차돈의 순교를 계기로 천경림(天鏡林)에 지어지기 시작한 흥륜사는 진흥왕(재위 540~576) 때인 544년에야 비로소 완공된다. 이는 이차돈의 순교로 불교가 공인되었음에도 불구하고, 전통 신앙의 반발이 여전히 적지 않았음을 의미한다.

흥륜사가 자리한 천경림은 '하늘이 거울처럼 비치는 곳'으로 전통 신앙의 최대 성지 중 한 곳이다.⁄ 즉 전통 신앙의 메카에 사찰인 흥륜사가 들어섰다는 것은 전통 신앙이 불교에 의해 정복되었음을 상징한다.

실제로 흥륜사라는 명칭 역시 법륜이 일어난다는 의미로 불교가 크게 융성한다는 뜻이다. 이런 곳에 사찰을 짓는다면 마찰이 컸을 것이라는 점을 짐작해 보는 것은 어렵지 않다.

⁄ 천경림은 천신의 뜻을 받는 신탁(神託)의 성소(聖所)로 추측된다.

법흥왕은 불교만 공인한 것이 아니라 율령을 반포하는 등 고대국가의 초석을 확립한 군주이다. 법흥왕이 다져둔 기반 덕분에 등장하는 왕이 신라 최대의 정복군주인 진흥왕이다. 진흥왕은 법흥왕의 딸과 법흥왕의 동생 사이에서 탄생한 인물이다. 즉 법흥왕의 손자이자 조카인 셈인데, 족내혼이 일반화되어 있던 신라에서는 크게 이상한 일은 아니다.

진흥왕은 백제의 근초고왕, 고구려의 광개토대왕과 더불어 삼국시대 3대 정복군주로 꼽히는 영군이다. 실제로 '진흥왕순수비(眞興王巡狩碑)'에는 '진흥태왕(眞興太王)'이나 '제왕(帝王)'이라는 명칭이 사용되고 있다. 그런데 진흥왕이 두 임금과 다른 것은, 그가 전륜성왕(轉輪聖王)을 추구했다는 점이다. 전륜성왕이란 불교에서 말하는 이상적인 군주로, 덕치로써 대제국을 건설하는 군사력을 겸비한 불교적인 대제왕이다. 실제로 진흥왕(眞興王)이라는 시호는 국가를 흥왕시켰다는 의미인 동시에, 흥륜사의 흥륜을 완성하는, 불교적인 흥성을 상징하는 것이기도 하다.

진흥왕의 불교 진흥 정책이 가장 단적으로 드러나는 것은 황룡사(皇龍寺) 창건이다. 551년 법흥왕의 딸인 태후의 섭정이 끝나고 진흥왕 친정 체제가 들어서자, 진흥왕은 나라를 열었다는 의미의 '개국(開國)'으로 연호를 바꾼다. 그리고 553년 2월 군주의 위상을 혁신하기 위해 새로운 왕궁을 건설하는데, 이 과정에서 황룡이 출현하는 상서로운 일이 발생한다. 황룡의 출현이란, 『주역』「건괘」의 '나는 용이 하늘에 있다'는 "비룡재천(飛龍在天)"을 의미하는 것으로 곧 황제를 상징한다. 조선 시대 세종의 명으로 지어진 「용비어천가(龍飛御天歌)」의 '용비어천'이라는 표현 역시 이를 차용한 것이다. 즉 왕궁의 건축 과정에서 황룡이 출현했다는 일화는 황제, 곧 전륜성왕을 꿈꾸었던 진흥왕의 이상을 나타낸다. 진흥왕은 황룡이 출현한 뒤 왕궁 대신 사찰을 짓기 시작하는데, 장장 17년간 공사한 끝에 569년 완공된 사찰이 황룡사이다.

황룡사에는 이후 574년에 아소카 왕이 주조하다가 실패했다는 전설을 간직한 석가모니의 장육존상을 모시게 된다. 장육존상이란, 높이가 1장 6척이라는 의미로 약 4.8미터에 이르는 입상을 가리킨다. 그런데 이 황룡사 장육존상의 조성과 관련해서 동축사(東竺寺)와 가섭불에 대한 내용이 기록되어 있다. 동축사의 동축이란, 인도가 서쪽에 있는 천축(天竺)인 것에 필적해서 신라가 동쪽에 있는 천축, 즉 동천축이라는 의미이다. 즉 불교에 있어서 중국을 넘어 인도와 상응한다는 자신감이 드러나고 있는 것이다. 또 석가모니는 인도의 붓다이지만, 석가모니보다 앞선 가섭불은 신라와 인연이 있다는 주장을 전개해서 인도보다도 신라가 더 불교적인 국가임을 나타내고 있다. 법흥왕 대에 공인된 불교가 진흥왕에 의해 국가의 흥성과 더불어 만개하고 있는 것이다.

진흥왕의 첫째 아들은 동륜이며 둘째는 금륜(혹 사륜·철륜)/ 이다. 동륜과 금륜이란 모두 전륜성왕을 의미한다. 즉 전륜성왕을 추구한 진흥왕에 의해 전륜성왕의 계통이 확립되고 있는 것이다. 그러나 동륜태자가 572년 사망하자 왕위는 태자의 동생인 금륜에게로 넘어가게 된다. 그가 바로 제25대 진지왕(재위 576~579)이다. 진지왕은 용수와 용춘이라는 아들을 낳았고, 용춘의 아들이 바로 태종무열왕 김춘추이다. _ ⊗

/

『삼국사기』 권4 「신라본기」의 '진지왕' 조에는 진지왕의 이름이 "사륜(舍輪) 혹 금륜(金輪)"이라고 되어 있으며, 『삼국유사』 권1의 「도화녀비형랑(桃花女鼻荊郎)」에는 사륜으로만 나타난다. 그러나 전륜성왕은 금륜·은륜·동륜·철륜만 존재하며 사륜은 없다. 그러므로 '사(舍)' 자를 '금(金)'의 오기라고 보는 주장과 사의 예전 발음이 쇠와 통하며, 또 동륜의 아우이므로 철륜이 되어야 한다는 관점이 존재한다. 이 책에서는 『삼국사기』에 금륜에 대한 언급이 있으므로, 금륜의 표기를 일반화하여 사용하였다.

068

정반왕과 마야 부인이 다스리는 나라

왕가와 전통 신앙에 미친 불교의 영향력

진지왕은 재위 4년 만에 국인(國人), 즉 귀족들에 의해 왕위에서 쫓겨나게 된다. 신라는 공화제적 성격을 가진 화백 제도가 운영되던 나라였다. 그렇기 때문에 왕의 폐위도 귀족들에 의해서 가능했던 것이다. 진지왕 다음에 왕이 되는 인물은 동륜태자의 아들인 제26대 진평왕(재위 579~632)이다. 진평왕은 전설적 인물인 박혁거세(재위 BCE 57~4) 다음으로 긴 재위 기간을 가진 군주인 동시에, 진흥왕에 이어 신라의 안정과 번성을 이룩한 국왕이다.

그런데 『삼국사기』의 권4 「신라본기」 등에 따르면, 진평왕의 이름은 백정(白淨)이고 부인은 마야 부인이다. 백정은 석가모니의 아버지인 정반(淨飯)의 다른 이름이다. 즉 진평왕 부부의 이름은 석가모니의 부모인 정반왕과 마야 부인과 일치하는 것이다. 이외에도 『삼국유사』의 권3 「황룡사 구층목탑」에 따르면, 신라 왕족은 석가모니와 같은 인도의 찰

제리 종족, 즉 크샤트리아 계급이라는 내용이 기록되어 있다. 이는 왕권신수설과 같은 측면에서, 신라 왕가의 불교화를 붓다와의 연관성 속에 배치하여 불교적인 정통성과 당위성을 확보하려는 것으로 이해할 수 있다.

신라 왕가가 석가족의 이름을 빌려 쓰고, 브라만과 함께 인도를 통치하는 최상위 계급인 크샤트리아에 신라 왕가를 관련지음으로써 신라는 왕권을 안정시키고 국가 발전을 도모하려는 시도를 했던 것이다. 이처럼 신라 왕족이 석가모니의 씨족이라는 사상을 '석가진종설(釋迦眞種說)'이라고 한다.

또 진평왕의 오랜 재위는 진평왕계를 신라 왕족 안에서도 더욱 특수한 위치로 신성화하도록 했다. 이러한 과정에서 특화되는 신분이 바로 성골이다. 신라의 신분제인 골품제는 그 혈통에 따라 성골과 진골의 골제와 1~6두품까지의 품제로 나뉜다. 그런데 사실 성골은 처음부터 존재했던 것이 아니라, 진평왕의 왕계와 관련해서 더 특화되는 구조라는 뜻이다. 즉 진평왕계는 불교적으로는 석가족이며 신라의 신분제 안에서는 성골인 것이다. 이러한 신분제의 특화는 이후 진평왕에게 아들이 없자, 성별보다는 혈통이 우선 요소로 작용하면서 여성 군주가 등장하는 배경을 형성하게 된다.

진평왕 대는 신라의 전통적인 신분 제도에 '석가족'이라는 불교의 요소를 받아들인 것 외에도, 전통 신앙인 하늘 숭배 역시 불교의 영향을 크게 받았다. 이 시기에 우리 전통 신앙 속 하느님이 불교의 제석천과 동일시되는 현상이 나타나는 것이다. 제석천은 인도 신화 속 신들의 왕인 인드라가 불교식으로 변형된 것이다. 일연이 『삼국유사』에 기록한 단군 신화에서 환인을 제석천의 다른 표현인 '석제환인(釋提桓因)'이라고 언급한 것도 마찬가지이다. 법흥왕 때 공인된 불교는 진흥왕과 진평왕을 거치면서 마침내 전통 신앙을 완전히 압도하게 된 것이다.

불교에 대한 간절한 열망의 시대

불교의 약진은 성골이라는 신분제의 특화와 함께 불교적인 여성에 대한 관용을 더하게 된다. 이로 인하여 제27대 선덕여왕(재위 632~647)의 재위라는, 한국사에 있어서 특기할 만한 사건이 발생하기에 이른다.

『삼국유사』 권1에는 선덕여왕의 세 가지 예지력에 대한 이야기인 「선덕왕지기삼사(善德王知幾三事)」가 기록되어 있다.

세 가지 중 첫 번째 이야기는 당 태종이 선덕여왕에게 모란꽃의 그림과 씨앗을 보냈는데, 이것을 본 선덕여왕은 저 꽃은 심어도 향기가 없을 것이라고 미리 알았다는 내용이다. 이는 당 태종이 당시 남편이 없었던 선덕여왕을 희롱한 것으로, 선덕여왕은 그 대응으로 황룡사 남쪽에 분황사(芬皇寺)를 창건하고, 그 안에 9층으로 된 벽돌 석탑(모전석탑)을 건축한다. 분황사의 분황(芬皇)이란 말은 황제, 즉 선덕여왕에게는 향기가 있다는 의미로, 당 태종의 희롱을 정면으로 돌파하는 동시에 9층탑 건축을 통해 왕권의 안정을 내외에 과시하기 위한 것이었다. 실제로 1915년 탑을 해체, 발굴하는 과정에서 금은제 바늘과 바늘통 등 여성이 사용하는 물품이 발견되면서, 이 탑이 선덕여왕과 관련되어 있음이 밝혀지기도 했다.

두 번째 이야기는 선덕여왕이 영묘사 앞 연못의 개구리들이 한겨울에 깨어나 우는 것을 보고, 백제군의 침략을 예측해 대비했다는 내용이다. 이는 삼국이 끊임없이 전쟁을 하는 상황에서, 여성 군주에게 필연적으로 제기될 수밖에 없는 군사와 관련된 문제를 신성한 예지력으로 극복했다는 상징적인 의미를 가진다.

마지막 이야기는 선덕여왕이 죽기 전에 자신의 죽음을 예언하고 도리천에 묻어 달라고 했다는 것이다. 도리천은 제석천이 사는 수미산의 꼭대기에 위치한 신들의 세계이다. 그리스 신화에서 제우스가 열두 명의 신과 함께 살았던 올림포스 산과 마찬가지로 도리천은 실재하는 공간은 아니다. 그래서 신하들이 도리천이 어디인지 알지 못하자 선덕여왕은 낭산(狼山)을 지목한다. 후일 제30대 문무왕(재위 661~681) 때인 679년, 낭산 아래에는 사천왕사가 들어서게 된다. 불교의 세계관에 따르면 도리천은 사천왕천 위에 존재한다는 점에서, 선덕여왕이 낭산을 도리천이라고 지목한 것은 타당성을 지닌다. 또한 이는 선덕여왕이 사망한 647년에 이미 679년의 일을 예지했다는 의미이기도 하다.

또 불교적으로 볼 때, 사후 도리천으로 가는 군주는 곧 전륜성왕이다. 이런 점에서 본다면 이 이야기는 선덕여왕이 진흥왕이 추구한 전륜성왕의 이상을 완성하는 인물이라는 평가도 가능하다. 제23대 법흥왕에서 제27대 선덕여왕까지 신라는 불교로 살고 불교로 죽어서 재탄생하는, 불교에 대한 간절한 열망의 시대였다. _ ※

069

미륵 신앙을 바탕으로 백제 부흥을 열망하다

백제 부흥의 노력

백제가 가장 큰 영토를 확보한 시기는 근초고왕(재위 346~375) 무렵이다. 근초고왕은 371년 벌어진 평양성 전투 때 평양성을 함락한 것은 물론 고구려의 고국원왕을 전사케 해 그 위세를 떨쳤다. 하지만 고구려는 비교적 빠른 시일에 안정을 되찾는다. 불교를 받아들여 국가의 안정을 이룬 소수림왕(재위 371~384)과 이후 등장하는 광개토대왕(재위 391~413)에 이어 권좌를 이어받은 장수왕(재위 413~491)은 475년 백제의 수도인 한성을 함락하고 한강 유역을 점령한다. 설상가상으로 백제는 이 전쟁에서 제21대 개로왕(재위 455~475)마저 전사해 절체절명의 위기에 봉착한다. 이를 수습하는 과정에서 제22대 문주왕(재위 475~477)은 475년 10월 수도를 현재의 충남 공주인 웅진으로 천도한다. 하지만 왕이 된 지 불과 2년 만에 내부 분열로 문주왕이 시해된 뒤, 백제는 제23대 삼근왕(재위 477~479) 때까지 혼란이 계속된다. 이후 제24대 동성왕(재위

479~501)에 의해 나라가 안정을 되찾고, 제25대 무령왕(재위 501~523)이 등극하면서 중흥의 기틀을 마련한다. 이와 같은 상황에서 백제 중흥의 열망을 한몸에 받은 군주가 바로 성왕(聖王, 재위 523~554)이다. 『삼국사기』 권26 「백제본기」에 따르면 성왕이라는 호칭은 왕이 사망한 뒤 주어진 시호가 아니라, 즉위와 함께 백성들의 열망에 의해서 불린 이름임을 알 수 있다. 즉 즉위에서부터 성스러운 왕, 명군의 등장인 셈이다.

새로운 백제 건설을 통한 국력의 강화

이능화의 『조선불교통사』에 인용된 「미륵불광사사적(彌勒佛光寺事蹟)」에 따르면, 성왕은 인도로 건너가서 율장을 공부하고 526년에 귀국한 겸익(謙益)을 대대적으로 후원하여 율장 관련 문헌 72권을 번역하게 하고 친히 서문을 작성하기도 한다. 이는 계율을 통해 불교 승단을 정비함으로써 국력을 강화하려는 것이었다. 계율을 통한 승단의 정비는 신라의 선덕여왕과 자장 율사 대에도 있었다. 이런 점에서 본다면, 백제 성왕과 겸익의 노력은 신라에 비해 120년 정도 앞서 있다는 것을 알 수 있다.

이처럼 성왕이 백제를 부흥시키기 위해 시도한 노력의 핵심에는 불교가 있었다. 성왕은 종교 정책을 통해 나라를 안정시키고, 538년 수도를 사비로 옮긴 뒤 나라 이름을 남부여로 바꾼다. 또한 이 해에 일본에 불교를 전하는 등 성왕은 백제의 중흥을 넘어서 새로운 백제 건설을 시도했다. 실제로 성왕은 542년 중국 남조의 양나라에 사신을 보내 『열반경』 등의 불교 경전을 수입해 오게 하는 것과 동시에, 장인과 화가 등을 초빙해 백제의 불교문화를 발전시킨다. 545년에는 장육존상을 조성했으며, 552년에는 일본에 불교문화를 대대적으로 전파하기도 했다. 실제로 13세기경 편찬되어 호류지에 전해지고 있는 기록인 「성예초(聖譽抄)」에는 일본 나라의 호류지 몽전에 봉안되어 있는 구세관음상은 성왕의 형상을 본뜬 등신불로, 성왕의 아들인 제27대 위덕왕(재위 554~598)이 제작해서 일본으로 보낸 것이라고 적혀 있다. 또한 이 문서에는 일본불교의 초석을 확립한 쇼토쿠 태자(聖德太子, 574~622)가 백제의 성왕이 죽은 뒤 환생한 인물이라는 기록까지 존재한다. 이는 일본불교에 백제가 미친 영향을 말해 주는 대목이라고 하겠다.

전륜성왕 경쟁에서 패한 성왕

불교를 기반으로 삼국을 통일하고자 했던 성왕의 염원은 551년 나제 동맹을 통해 백제가 한강 유역을 차지하면서 실현되는 듯했다. 그러나 553년 진흥왕이 배신하면서 한강 유역의 지배권은 신라로 넘어가게 된다. 이로써 고구려 장수왕의 남진 정책에 맞서 433년 백제와 신라 사이에 체결된 나제 동맹은 120년 만에 무너졌으며, 두 나라는 결국 양립할 수 없는 적국이 된다. 이 적대 관계에 분수령이 되는 것이 바로 충북 옥천에서 벌어진 관산성 전투이다. 백제는 신라의 핵심 거점인 관산성을 공격해 전세를 역전시키려고 했지만, 이 과정에서 김유신의 조부인 김무력(金武力)의 매복군의 공격에 성왕이 전사하면서 백제는 대패하고 만다.╱ 이 사건으로 신라는 한강 유역의 지배권을 확립하고 전투에

╱

당시 백제군의 총사령관은 후일 위덕왕이 되는 성왕의 아들 창(昌)이었다. 성왕은 창을 위로하러 소수의 병력으로 움직이다가 김무력에게 생포되어 처형된다. 이로 인해 백제는 대패하며, 성왕의 시신마저 수습하지 못하는 상황에 봉착한다.

공이 컸던 김유신 가문이 신라 내에서 크게 부각되기에 이른다. 전륜성왕을 추구한 성왕과 진흥왕이라는 두 군주의 격돌에서 진흥왕은 승자로, 그리고 성왕은 패자로 남게 된 것이다. 이후 백제는 제27대 위덕왕(재위 554~598)과 제28대 혜왕(재위 598~599) 그리고 제29대 법왕(재위 599~600)을 거치는 동안 극심한 혼란기를 겪게 된다. 이후 전륜성왕의 이상을 향해 도전하며 백제를 강국으로 부상시키는 마지막 군주, 제30대 무왕(재위 600~641)이 등장한다.

백제의 마지막 전륜성왕을 꿈꾼 무왕

『삼국사기』의 권27 「백제본기」에 따르면 무왕은 법왕의 아들이라고 한다. 하지만 『삼국유사』 권2에는 일찍이 과부가 되어 사비의 남쪽 못가에 살았던 어미가, 못의 용과 관계해 아들인 무왕을 낳은 것으로 기록되어 있다. 두 사서가 기록하고 있는 무왕의 출신은 극과 극인데, 무왕의 부인과 관련한 기록도 두 가지가 맞서고 있다. 지모를 써서 적국인 신라 진평왕의 셋째 딸인 선화 공주를 데려왔다는 『삼국유사』의 기록, 그리고 2009년 익산 미륵사지석탑을 해체 수리하면서 발견된 사리장엄구의 탑지(塔誌)에 기록된 사택적덕의 딸이라는 것이 그것이다. 이렇게 신비에 쌓인 인물이 바로 무왕이다.

무왕은 재위 기간 내내 신라 및 고구려와 전쟁을 치렀다. 이 과정에서 강력한 백제의 위상을 회복하게 되는데, 이와 동시에 불교 진흥을 통한 왕권 강화책의 일환으로 백제 최대의 국찰인 미륵사를 창건한다. 미륵사의 다른 이름이 왕흥사(王興寺), 즉 왕의 흥성함이라는 점은 바로 이와 같은 상황을 나타내 준다.

『삼국유사』 권2에 의하면 미륵사는 무왕이 왕비와 함께 용화산 밑을 지나가다 연못에서 미륵삼존이 출현하는 이적을 경험하고 지은 사찰이다. 미륵삼부경 에 따르면, 미륵불은 용화수라는 나무 아래에서 깨닫고, 이후 세 차례 설법을 해서 수많은 중생을 바른 길로 인도한다. 이러한 경전 내용을 배경으로 미륵사는 세 개의 탑과 세 개의 불전을 모신 3탑 3금당 형식으로 만들어지게 된다. 미륵불이 출현하는 시대는 전륜성왕이 다스리는 번영한 시기이다. 그러므로 미륵 신앙의 신봉은 곧 해당 군주가 전륜성왕이라는 것을 의미한다. 이로 인하여 삼국의 통일기와 후삼국 시대에 특히 미륵불과 관련된 미륵 신앙이 유행하게 되는 것이다.

무왕은 이러한 미륵 신앙을 바탕으로 강력한 통일 전쟁을 수행한다. 그러나 무왕의 이상은 그의 사후 의자왕의 실정과 당나라의 개입으로 끝이 나고 만다. 삼국 통일 직전 전륜성왕을 추구한 두 명의 군주인 무왕과 선덕여왕이 충돌했을 때 승리한 이는 무왕인 것처럼 보였지만, 최후의 승자는 도리천에 묻힌 선덕여왕이었던 것이다. _❀

미륵과 관련된 세 가지 경전, 『불설관미륵보살상생도솔천경(미륵상생경)』, 『불설관미륵보살하생도솔천경(미륵하생경)』, 『불설미륵대성불경(미륵성불경)』을 말한다.

070

화랑도에 결합된 미륵 신앙과 원광의 세속오계

유목 문화와 선 문화가 융합된 화랑 제도

진흥왕 때인 576년, 신라는 화랑 제도를 체계화한다. 화랑 제도의 체계화에 대해서는 『삼국사기』 권4 「신라본기」나 『삼국유사』 권3 등에서 확인된다.

최치원의 「난랑비서(鸞郎碑序)」에 따르면, 화랑도(花郎徒)의 근원은 전통 신앙인 풍류도(혹은 풍월도·풍교)이며 유·불·도 삼교의 가치를 포함하는 동시에 변별점이 존재한다는 점을 분명히 하고 있다. 화랑도는 선(仙) 사상과도 관련이 있는데, 선이란 발해만을 중심으로 전개된 고대의 신선과 연관된 산악 숭배 신앙이다. 화랑의 우두머리를 국선(國仙)이라고 한 것도 화랑도에 선 문화가 융합되어 있음을 방증한다. 또 화랑은 무예만을 수련한 것이 아니라, 음악이나 예술 같은 기예도 함께 교육받았다. 이는 화랑이 풍류도에 기반을 두었다는 역사적 기술과 일치한다. 즉 화랑은 샤먼 문화와 관련이 있으면서 종합적인 문화 역량을 갖춘 전투 가능 인력이라고 하겠다.

과거 전 세계적으로 전사 집단을 교육할 때 전쟁터에서 전사하는 것은 최고의 영예이며, 이렇게 죽음을 맞이하면 사후에 최상의 보상을 받는다는 점을 강조하였다. 이와 같은 종교적인 보상이 있어야만 전쟁의 두려움을 극복하고 더욱 용감하게 전투에 임할 수 있기 때문이다. 660년 백제의 장군 계백과의 전투에서 신라 장군 품일의 아들인 관창이 전투에 임하며 보여 준 자세는, 이러한 전사 집단의 종교성을 잘 드러내 준다.

미륵 신앙을 통한 변혁의 시도

진지왕(재위 576~579) 때가 되면 화랑도는 불교의 미륵 신앙과 결합한다. 즉 종래 화랑과 결합되어 있던 선 사상이 불교의 미륵 신앙으로 점차 대체되는 모습이 확인되는 것이다. 미륵 신앙은 새로운 이상 세계를 현실에서 구현하는 메시아 신앙과 통하는 측면이 있다. 이런 점 때문에 세상을 지키고 바꾸고자 하는 전사 집단인 화랑도와 결합될 개연성이 존재하는 것이다.

『삼국유사』 권3에 수록된 「미륵선화 미시랑 진자사(彌勒仙花 未尸郎 眞慈師)」는 이와 같은 변화를 잘 보여 준다. 여기에는 진자(眞慈)라는 승려가 언제나 흥륜사의 미륵상 앞에서 미륵이 화랑으로 나타나 주기를 기원하다가 경주 영묘사 동북쪽에서 미시랑으로 나타난 미륵선화(彌勒仙花)를 만난다는 이야기가 기록되어 있다. 그런데 미륵선화라는 명칭에는 미륵(彌勒) 신앙과 선(仙) 문화 그리고 화랑(花)이 결합되어 있으며, 선보다 앞서 미륵이 등장한다. 이는 화랑도의 정신적인 배경이 선에서 미륵 신앙으로 옮겨 가고 있음을 보여 준다.

이는 609년에 김유신이 화랑이 되는 과정을 보면 잘 알 수 있다. 김유신이 거느린 낭도 집단의 이름이 용화향도(龍華香徒)인데, 용화향도라는 명칭은 미륵이 이 세상에 출현하여 이룩하는 용화 세계를 구현하는 집단이라는 의미이다. 이런 점에서 진지왕 이후 약 1세대 사이에 미륵 신앙은 화랑도의 정신적인 배경으로 확고하게 자리 잡았음을 알 수 있다. 이와 함께 김유신 역시 미륵 신앙을 통해 세상을 바꾸려 했던 인물이라는 점도 인지된다.

원광의 세속오계에 나타나는 신라불교의 발전 방향

화랑도와 관련해서는 화랑에게 세속오계를 가르친 원광(圓光, 555?~638?)을 빼놓을 수 없다. 원광에 대한 내용은 『삼국유사』의 권4「원광서학(圓光西學)」과 『속고승전』 권13 등을 통해서 확인해 볼 수 있다.

원광은 진골 출신으로 589년 남조의 진나라로 유학하였다. 이후 11년 동안 『성실론』, 『열반경』, 『섭대승론』 등을 연구하여, 당시 남조 불교계에 이름을 떨쳤다. 이후 진평왕 때인 600년에 귀국하여 국왕과 신하들의 스승이 되었다. 이는 613년 황룡사에서 『인왕반야경』을 강설하는 백고좌법회(百高座法會), 즉 백 명의 승려들이 차례로 설법하는 행사에서 원광이 최고의 위치에 있었던 것 등을 통해 확인된다. 원광은 최고의 위치에서 신라 불교를 크게 진작시키는데, 삼국 통일 이전 신라 불교가 성숙할 수 있는 기초는 그를 통해서 확립된다.

원광은 진골 출신이었으므로 국가적인 위기를 더욱 좌시할 수 없었다. 이 때문에 원광과 관련해서는 국가 불교적인 요소들이 존재하게 된다. 그 처음으로 언급할 수 있는 것이, 608년 진평왕이 고구려를 정벌하려고 할 때 수나라에 군사를 동원해 주기를 청하는 「걸사표」를 작성한 것이다. 이를 통해서 원광이 유교적인 표문에도 능했다는 것을 알 수 있지만, 승려가 이런 글을 썼다는 것은 국왕의 요청에 의한 것이라 하더라도 바람직한 것은 아니다. 이는 원광이 불교를 국가권력으로부터 독립된 것으로 보지 않고, 국가권력에 예속된 것으로 판단했다는 점을 보여 준다.

원광의 이러한 생각은 진나라에서 귀국한 뒤 얼마 지나지 않아 화랑인 귀산과 추항의 요청으로 가르침을 준 세속오계(世俗五戒)를 통해서도 분명하게 엿볼 수 있다. 세속오계란, 충성으로 군주를 섬기며(사군이충事君以忠) 효로써 부모를 섬기고(사친이효事親以孝) 믿음으로 벗과 사귀며(교우이신交友以信) 전쟁에서는 물러나지 않고(임전무퇴臨戰無退) 생명을 죽임에는 가림이 있어야 한다(살생유택殺生有擇)는 것이다. 이 중 살생유택은 불교의 재계를 하는 날과 봄과 여름의 번식기에는 동물을 죽이는 일을 피하라는 의미이다.

세속오계의 내용 중 흥미로운 항목은 전쟁터에서 물러나지 않는다는 임전무퇴이다. 이는 불교적이라기보다는 국가 시책인 화랑 제도에 맞추어진 가르침이기 때문이다. 귀산과 추항에게 세속오계를 준 것은 원광이 귀국한 지 얼마 되지 않았을 때인 600년대 초의 일이다. 그런데 『삼국유사』의 권3 「법왕금살」에 따르면, 백제 제29대 법왕(재위 599~600)은 즉위한 599년에 곧바로 살생을 일체 금지하는 조칙을 반포하고 고기잡이나 사냥 도구를 불태우도록 하고 있다. 이것은 신라와 백

측면을 가미하여 창안한 새로운 계율이다. 마지막의 살생유택은 불교의 육재일(六齋日), 즉 매달 8일, 14일, 15일, 23일, 29일, 30일에 살생하지 않는 것과 가축인 말, 소, 닭, 개는 죽이지 않는 것, 그리고 작고 어린 것은 죽이지 않는다는 의미이다.

제가 지향하는 불교의 발전 방향이 어떠한 성격의 것인지를 극명하게 대비해 보여 준다. 즉 신라가 국가 안에서의 불교를 지향했다면, 백제는 불교 안에서의 국가를 지향하고 있었던 것이다. _

071

신라불교의 토대를 완성한 자장

재상의 길을 거부하고 출가를 택한 자장

원광에 의해 토대를 확립한 신라불교는 선덕여왕 때에 활약한 자장(慈藏, 594~599 사이 출생, 653~655 사이 입적)이 계율을 중심으로 교단을 정비하면서 보다 강력한 체계를 완성하게 된다. 자장은 진골 출신인 소판무림(蘇判茂林)의 아들이다. 후사가 없었던 무림공은 1,000구의 관세음보살상을 조성하고 '아들이 태어나면 출가시키겠다'고 발원했다. 자장은 무림공의 발원 속에 4월 8일 태어난다. 이후 자장은 양친을 여의고 출가하는데, 당시 조정에는 마침 재상 급의 자리가 비어 자장이 물망에 올랐다. 이에 자장에게 사신을 보내 출사를 종용하지만 자장은 누차 거부한다. 분노한 왕이 사신에게 명을 받지 않으면 자장을 죽이라고 하니, 자장이 사신에게 목을 내밀면서 "하루라도 계율을 지키다가 죽을지언정, 100년 동안 파계하고 살기를 원치 않노라."라고 했다는 일화는 지금도 널리 회자되고 있다. 일반적으로는 이때 재위하고 있던 왕이 선덕여왕이라고 알려져 있지만, 이는 자장이 선덕여왕 때 주로 활동했기 때문에 빚어진 오해이다. 선덕여왕의 재위 기간을 고려한다면 진평왕 때로 보는 것이 타당하다. 출가한 자장을 진평왕이 굳이 관직에 임명하고자 했던 이유는, 자장의 인품이 훌륭했던 것도 있지만 골품제 사회였던 당시에는 재상에 오를 수 있는 신분의 사람이 극히 한정되어 있었기 때문이기도 하다.

신라불교 최초의 율사

자장은 신라불교 최초의 율사인 동시에 문수 신앙의 전파자이고, 또한 불사리 신앙을 확립한 인물이다. 자장은 신라에서 도리천의 신에게 수계를 받아(서상수계瑞祥受戒) 율사가 되었으며, 계율로 신라인들을 교화한다. 그러다가 638년 사신과 함께 당나라 유학길에 오르게 된다. 이때 장안에서 당 태종의 예우를 받은 후, 장안의 남쪽에 위치한 종남산에서 중국 남산율종의 개조인 도선(道宣, 596~667) 등과 교류하며 계율에 대한 이해의 폭을 넓히게 된다.[1] 이 과정에서 도선은 자장에게 산서성의 오대산이 문수보살의 성지로서 이적이 빈발하는 곳임을 가르쳐 준다.[2] 이는 자장이 642년 중국의 성지들을 순례하다가 오대산을 방문하

1. 자장에 대한 종래의 연구에서는 자장을 도선의 제자로 묘사하였다. 그러나 자장이 도선을 만나기 이전인 신라에서부터 율사로 존경받고 있었다는 점, 또 자장이 높은 신분으로 당 태종과 태자의 존숭을 받는 인물이라는 점, 끝으로 두 사람의 나이가 엇비슷하다는 점 등을 고려하여, 사제 관계가 아닌 교류 관계라는 설이 제기되어 일반화되고 있다.

2. 도선의 전기를 검토해 보면, 도선은 630년부터 640년까지에 이르는 만 10년간 중국불교의 성지들을 답사하면서 신이영응담을 채록한다. 이렇게 해서 찬술되는 책이 644년의 『광홍명집(廣弘明集)』(30권)·『도선율사감통록(道宣律師感通錄)』(1권)·『집신주삼보감통록(集神州三寶感通錄)』(3권)과 667년의 『율상감통전(律相感通傳)』(1권) 등이다. 이러한 영향이 자장에게도 미치게 되어 자장의 오대산 순례가 이루어지게 된다.

게 되는 계기가 된다.

자장은 오대산의 동대에서 30일간 정좌한 채 기도를 하게 되는데, 이 과정에서 꿈에 북대로 가 10일간 정진하다가 문수보살을 친견하라는 계시를 받게 된다. 그렇게 해서 북대로 가서 문수보살을 뵙고 『화엄경』의 가르침과 석가모니불의 사리와 가사를 전해 받는다. 이때 문수보살은 신라의 동북방에도 중국 오대산과 기운이 통하는 오대산의 문수 성지가 있으니, 귀국한 뒤에 찾아보라는 지시를 한다. 자장은 이후 장안으로 오게 되는데, 이때 선덕여왕의 귀국 요청을 받게 되고 당 태종에게 신라불교 발전에 필요한 불교 경전과 문화용품 등을 구해서 643년 신라로 귀국한다.

신라불교의 혁신과 왕권의 강화

선덕여왕은 총명한 왕이었지만 당시는 삼국이 치열한 통일 전쟁을 벌일 때였다. 또 백제의 무왕은 근초고왕과 성왕을 잇는 최고의 정복 군주였다. 이와 같은 상황에서 여성 군주인 선덕여왕은 전쟁을 효율적으로 수행하는 데 적잖은 문제점을 노출하게 된다. 선덕여왕이 자장의 귀국을 촉구한 것도 이와 같은 문제에 대해 도움을 받기 위한 것이었다. 선덕여왕은 귀국한 자장을 대국통(大國統)으로 임명한다. 대국통이란, 후대의 국사와 같은 지위로 신라불교를 총괄하는 위치이다.

자장은 불교적인 신념으로 국론을 결집하여 흔들리는 왕권을 안정시키기 위한 대불사를 준비한다. 645년에 착공해서 646년에 완공되는 황룡사 구층목탑 건립을 제안한 것 등이 여기에 해당한다. 황룡사 구층목탑은 높이가 80미터에 이르는 당시 세계 최고의 목조 건축물로서, 신라의 삼국 통일과 세계 제패를 염원하는 기원의 탑이었다. 또 자장은 계율을 통해 승단을 정비하는 동시에 시험을 거쳐 승려의 자질을 재고하고 철저히 관리하게 한다. 이러한 과정에서 만들어진 사찰이 바로 647년의 통도사이다. 통도사는 청정한 승단에 출가하려는 사람들이 너무 많아지자, 양질의 승려들을 배출하기 위해 불사리를 모셔 놓고 단체로 출가할 수 있도록 창건한 사찰이다.

자장의 이와 같은 노력 덕분에 당시 신라 백성 가운데 열에 아홉은 불교를 믿었다는 기록이 있을 정도로 신라 땅에는 불교가 만개한다. 이런 공로로 도선은 『속고승전』에 자장의 전기를 포함시키기도 했다. 『속고승전』에서 도선은 자장을 가리켜 '호법보살(護法菩薩)', 즉 부처님의 가르침을 보호하고 밝힌 보살이라고 깊이 존숭하기에 이른다.

선덕여왕의 죽음과 불사리 신앙의 정립

자장에 의한 불교 발전과 이를 통한 왕권 안정의 노력에도 불구하고, 만년의 선덕여왕은 후계를 노리는 상대등, 즉 현재의 국무총리 격인 비담 세력과 김춘추-김유신 세력 간의 충돌이 일어난 와중에 죽음을 맞이한다. 이것이 바로 647년에 발생하는 비담과 염종의 난이다.

비담과 염종의 난 과정에서 선덕여왕이 죽게 되고, 비담과 염종 세력은 김춘추-김유신 세력에 의해 진압되면서 신라는 김춘추와 김유신 체제로 변모하게 된다. 이러한 과도기 정부 시절의 군주가 바로 제28대 진덕여왕(재위 647~654)이다. 이때 자장은 정국을 주도하는 김춘추와 김유신 세력에 의해 구세력으로 몰려 물러나고, 수도인 경주를 떠나 동북방인 강원도에서 문수보살의 유지를 받들어 신라 오대산을 찾게 된다. 그리고 강릉의 수다사(水多寺)에 주석하다가 한송정(寒松汀), 즉 강릉의 한송사지를 거쳐 태백산 석남원(현재의 정암사)에서 입적한다. 오늘날 오대적멸보궁이라고 하는 오대산 중대, 태백산 정암사, 사자산 법흥사, 설악산 봉정암, 양산 통도사 중 통도사를 제외한 네 곳이 모두 강원도에 위치하는 것은 자장의 이와 같은 행보 때문이다. 불사리는 자장 이전에 이미 신라를 비롯한 삼국에 들어와 있었지만, 이 불사리 신앙이 정립되어 오늘에까지 이른 것은 자장의 영향이 지대하다. 이런 점에서 자장은 한국 사리 신앙의 시원자라고 할 수 있겠다. _ⓢ

072

김춘추의 등장과 출렁이는 불교

신라의 기류 변화에서 확인되는 유교

김춘추는 왕이 된 지 4년 만에 폐위된 진지왕의 아들인 김용춘, 그리고 선덕여왕의 동생인 천명부인 사이에서 태어났다. 얼핏 보면 김춘추는 성골/로 보인다. 그러나 진지왕이 폐위되면서 그 아들인 김용춘이 족강(族降), 즉 신분이 한 단계가 떨어져 진골이 되었으므로 김춘추 역시 진골이 된다.

『삼국사기』는 성골 왕조였던 진덕여왕 때까지의 상대 신라와 구분하여, 김춘추의 진골 왕조부터를 신라의 중대라고 지칭한다. 그런데

/ 성골이 어떤 집단을 의미하는 것인지는 불분명하다. 『삼국유사』 권1의 「왕력(王歷)」에는 선덕여앙의 즉위와 관련해서 "성골남진(聖骨男盡)" 즉 성골인 남성이 없어서 성골 여성이 등극하게 된 것이라고 적고 있다. 그러나 진지왕의 아들인 용춘과 용수, 그리고 용춘의 아들인 김춘추는 혈통으로만 본다면 모두 성골이어야 한다. 이 문제로 인하여, 진지왕이 폐위되면서 가계가 족강되었기 때문에 진골이라는 주장이 만들어지게 된다. 그러나 폐위되었다고 해서 족강된다는 논리는 석연치 않은 구석이 있다. 성골은 혈통을 지칭하는 것이며, 또 왕이 아닌 사람 가운데에서도 성골이 존재하는 상황에서 폐위되었다고 성골이 아닐 수는 없기 때문이다. 이런 문제점으로 인해 성골은 진평왕계만을 지칭하는 특칭이라는 관점이 제기된다. 앞의 '68 정반왕과 마야 부인이 다스리는 국가'에서 이런 내용을 설명한 바 있다.

중대 신라는 시작부터 사상적으로 변화의 조짐을 보이고 있어 주목된다. 신라 시대라고 하면 당연히 불교를 떠올리지만, 이 시기부터는 유교의 영향이 살펴지기 때문이다.

이 시기의 가장 큰 특징은 진덕여왕 때까지 불교식이었던 왕명이 김춘추의 시호인 태종무열왕부터 유교식으로 바뀌게 되고, 이것이 문무왕과 신문왕 등을 통해 계승된다는 점이다. 이러한 변화는 순전히 신라 안에서 대두하는데, 이는 『삼국사기』 권8과 『삼국유사』 권1의 「태종춘추공」을 보면, 당나라 고종이 692년 신문왕에게 사신을 보내 김춘추를 태종이라고 시호한 것은 당 태종을 능멸한 것이라고 추궁하는 사실을 통해서 알 수 있다.

유교를 통해 왕권 강화를 꾀한 김춘추

이 시기, 유교의 약진과 관련해서 주목되는 것 가운데 하나가 바로 김춘추의 이름이다. '춘추(春秋)'는 공자가 집필한 노나라의 역사책 이름으로, 기원전 722년에서 기원전 481년까지 총 242년 동안의 노나라 역사를 편년체로 다루고 있다. 『춘추』의 저술은 중국 역사에서 우리가 잘 아는 '춘추 시대'라는 명칭의 유래가 되기도 하였다. 중국은 전통적으로 농경을 중심으로 한 문화였기 때문에 봄의 파종과 가을의 추수를 매우 중요시했다. 따라서 춘추, 즉 봄과 가을이라는 세월의 흐름을 대변하는 측면이 역사라는 의미를 띠게 되었고, 인간의 나이 역시 춘추라고 하게 되었다. 다시 말해 '춘추'는 국가의 역사를 뜻하는 동시에 개인의 역사를 뜻하는 말로 사용되는 것이다.

또한 『춘추』는 유교의 다섯 경서인 『시경』, 『서경』, 『역경(주역)』,

『예기』와 더불어 오경(五經) 가운데 하나이다. 이런 대표적인 유교 경전이 김춘추의 이름으로 등장하고 있는 것이다. 앞서 언급한 바와 같이 김춘추의 백부의 이름은 용수로, 인도 중관학파의 시조인 용수보살을 의미하는 대단히 불교적인 이름이다. 그런데 한 세대 아래의 춘추는 완전히 유교적인 이름이라는 점에서 차이가 매우 크다. 이를 통해 진평왕과 선덕여왕 대의 불교 발전이, 오히려 불교에 대한 일부의 반발을 불러일으킨 것은 아닐까 추측해 볼 수 있다.

특히 김춘추는 자장으로 대표되는 당시 불교계의 주류와 충돌하면서, 자신의 입지를 강화하는 모습을 보인다. 이는 진덕여왕 때 신라의 관복이 당나라와 같이 개편되었다는 기록을 통해서 판단해 볼 수 있다. 『속고승전』 권24와 『삼국유사』 권1 등에는 이것이 자장의 건의에 의한 것이라고 되어 있는 반면, 『삼국유사』 권5의 「신라본기」에는 김춘추의 의견이었다고 나타나기 때문이다. 신라에 있어서 대당 외교권을 가진다는 것은 매우 중요한 의미를 가지는데, 이 대당 외교권이 자장에게서 김춘추로 옮겨진 것이다. 이는 자장에서 김춘추로의 권력 이동을 의미하는 것이며, 이 과정에서 불교를 견제하기 위한 방법으로써 유교에 대한 진흥이 이루어졌을 개연성은 충분하다.

김춘추는 결국 김유신의 군사적인 후원하에 마침내 왕위에 오르게 된다. 최초의 진골 출신 왕이었던 김춘추는 불교의 힘을 기반으로 왕권을 강화했던 기존의 성골 출신 신라 왕가와는 다른 방법으로 왕권을 강화할 필요성이 있었을 것이다. 중국에서 여성으로는 유일하게 황제의 지위에 오른 측천무후 역시 김춘추보다 조금 늦은 690년, 국호를 주(周)로 고친 뒤 스스로 황제가 되어 중국을 통치하면서 과거제를 발전시켜 왕권 강화를 꾀했다는 점을 상기할 필요가 있다. 중대 신라를 연 김춘추 또한 마찬가지로 유교적인 정치 이념을 진흥시킴으로써 왕권을 강화할 필요가 있었을 것이다.

김춘추의 유교 진흥 정책은 국가와 유기적인 관계를 유지하면서 안정적으로 번성하던 불교에 찬물을 끼얹는 행위였지만, 당시 유교는 아직 불교를 대체할 만한 역량을 갖추지는 못했다. 그러므로 이 충격은 당시 신라불교의 주류였던 자장계가 무너지는 결과 이상을 초래하지는 않았다. 이러한 신라불교의 변화와 공백기에 등장하는 인물이 바로 비주류였던 원효이다. 원효는 김춘추에 의해 신라불교의 주류인 자장계가 제거되는 과정에서 영웅으로 떠오르게 된다.

신라불교와 삼국 통일의 기틀을 마련한 자장

국가와 연계하여 불교를 확장한 자장의 시도는 두 가지 결과를 낳게 된다. 첫째는, 원효와 의상 같은 걸출한 고승이 나타나는 배경을 만들었다는 점이고, 둘째는, 신라가 삼국을 통일할 수 있는 기반을 확립했다는 점이다.

자장은 진흥왕 때부터 확인되는, 불교를 통한 신라인의 선민의식을 총 정리해서 완성한다. 이는 신라가 석가모니 이전에 가섭불이 머물면서 가르침을 설한 곳으로 인도보다도 더 불교적인 국가라는 주장이다. 이를 증명하는 장소가 바로 황룡사이며, 이러한 불연국토설(佛緣國土說)을 총괄하는 기념비적인 유물이 바로 황룡사 구층목탑이다. 오늘날의 관점에서 보면 비약적인 요소가 다분한 엉성한 종교적 주장에 불과하지만, 당시에는 이러한 선민의식이 백성들을 통합하고 국가의 권위를 부여하는 데 아주 유효했다. 바로 이런 정신력 때문에 신라가 삼국을 통일하는 것을 넘어, 당나라 군대와 거리낌 없이 충돌(나당 전쟁,

670~676)하여 한반도에서 당나라 세력을 몰아낼 수 있었던 것이다.

당시 당나라는 동아시아 최고의 강대국으로 막강한 군사력을 보유하고 있었다. 그런데 삼국의 통일 전쟁 과정에서 신라는 당나라 군대를 선제공격하는 과감성을 보인다. 이는 불교와 관련한 신라인들의 강력한 선민의식이 적잖은 영향을 끼쳤으리라 짐작해 볼 수 있다. 신라가 통일 전쟁을 치르는 과정에서 불교가 큰 역할을 한 것은 앞선 세대의 자장이 구축해 놓은 불교적인 관점과 제도에서 기인한다. 비록 김춘추에 의해 밀려나게 되지만, 자장이 불교를 국가와 연계시켜 전개한 사상이나 제도의 혜택은 김춘추와 그의 아들인 문무왕에게 이어진 것이다.

신라가 삼국을 통일하는 데 든든한 뒷받침이 된 불교 국가의 기틀을 완성한 자장은 몰락한 뒤, 신라 하대에 이르면 화려하게 부활한다. 마치 정몽주가 이방원에 의해서 죽임을 당하지만 이후 중종에 의해 조선 시대 최고의 영예인 문묘에 배향되기에 이르는 것과 유사하다고 하겠다. 이 때문에 『삼국유사』에서 자장이 언급되는 기사의 수나 내용은 원효나 의상을 훨씬 압도한다. _❀

Ⅱ.

화려하게 꽃피는 불교

통일신라 시대의 불교

중국	연도	연도	한국
		661~671년	의상의 당나라 유학
현장이 장안의 옥화사에서 입적	665년		
법장이 태원사에서 출가	670년		
		676년	신라의 삼국 통일, 의상의 부석사 창건(화엄종의 시작)
당 고종 사망	683년		
		686년	원효가 혈사(穴寺)에서 입적
측천무후의 주나라 창건과 황제 즉위	690~705년		
		696년	원측이 낙양 불수기사에서 입적
『대일경』 형성과 밀교의 번성 법장의 『화엄오교장』 저술	700년경		
		705년	성덕왕의 오대산 상원사 창건
당 현종 즉위	712년		
혜능이 광주 국은사에서 입적	713년		
당 현종의 '개원의 치'	713~741년		
선무외가 당나라에 옴	713년		
금강지가 당나라에 옴	719년		
		727년	혜초가 인도 여행기 『왕오천축국전』을 집필
		728년	무상의 당나라 유학
신회가 활대의 종론을 통해 북종선을 비판	732년		
선무외가 입적	735년		
		751년	석굴암과 불국사 창건
안사의 난 발발	755~763년		
시불(詩佛) 왕유 사망	759년		
시선(詩仙) 이백 사망	762년	762년	무루가 장안의 황궁에서 입적
시성(詩聖) 두보 사망	770년		
		780년	혜초가 중국 오대산 건원보리사에서 입적
		794년	김지장이 구화산에서 99세로 입적

073

신라불교의 아웃사이더들, 새로운 시대를 열다

삼국의 사상적 통일을 위한 불교의 과제

7세기 중후반, 동아시아는 역사상 유래를 찾아볼 수 없는 전운에 휩싸이게 된다. 종으로는 고구려와 백제, 그리고 일본이 연합하고 있었고, 횡으로는 당과 신라가 동맹을 맺고 있었다. 이 거대한 십자대전에서 당과 신라 연합이 승리하면서 동아시아는 또 다른 국면에 접어든다.

660년 백제가 신라에 항복하고, 이후 668년 신라 문무왕이 고구려를 무너뜨리면서, 한반도는 삼국 통일이라는 새로운 변화에 직면하게 된다. 이 통일이라는 과제를 사상적으로 해소하면서, 신라를 통일신라의 가치로 한 단계 끌어올리는 문제는 당시 불교가 풀어야 할 난제였다. 김춘추가 유교를 진흥시킨 부분이 존재하지만, 이는 왕권 강화와 관련된 제한적인 부분에 지나지 않는다. 당시 유교의 역량은 불교에 필적할 만한 수준이 아니었기 때문이다. 그러나 신라불교는 자장계의 몰락으로 주도 세력이 공백 상태에 처해 있었는데, 이는 예기치 않게 비주류의 활성화를 초래하게 된다. 한국불교사, 아니 한국 사상사 전체를 통틀어 가장 특이한 시대인 '비제도권의 시대'가 열린 것이다.

세속에서 세속에 물들지 않고 교화한 혜공과 혜숙

당시 불교계의 비주류로는 원효를 필두로 혜공, 혜숙, 사복, 대안과 같은 이들이 있다. 이들의 특징은 규정되지 않는 자유로움과 신이함을 지니며 민중과 함께한다는 점이었다.

먼저 노비 출신이었던 혜공(惠空, 생몰연도 미상)은 만취한 채 삼태기를 등에 지고 노래하고 춤을 추고 다녀 부궤화상(負簣和尙)이라고 불렸다. 비가 와도 젖지 않고 화재가 날 것을 미리 알았으며, 죽기 직전에도 허공에 떠서 입적하여 사리를 많이 남기는 등 신이한 행적이 매우 많았다. 하지만 원효나 명랑과 같은 당대 최고 지식인과 교류할 정도로 불교 경전에 대한 이해 수준이 매우 높았다. 민중 교화와 신이한 행적 및 불교 교학적인 면에서 모두 특출한 면모를 보인 혜공은 사후에 흥륜사(興輪寺)에 모셔지는 열 명의 성인 안에 들게 된다.

혜숙(惠宿, 생몰연도 미상) 역시 혜공과 비슷한 성향의 인물이다. 죽음을 희롱하여 무덤에 짚신 한 짝만 남겨 놓은 채 구름을 타고 떠났다는 이야기가 전한다. 혜숙에게서는 동아시아의 신선 사상과 습합된 면모가 강하게 나타나는데, 혜공처럼 흥륜사에 모셔진 신라 10대 성인 가운데 한 사람이다. 일연은 『삼국유사』의 권4 「이혜동진(二惠同塵)」에서, '혜공과 혜숙이 세속에서 속세에 물들지 않고 교화했다'고 기록하고 있다.

현실 긍정의 해법을 제시한 사복과 대안

사복(蛇福, 생몰연도 미상) 역시 신라 10대 성인 가운데 한 사람으로, 과부인 그의 어머니가 홀로 임신하여 낳았다고 전해진다. 또한 '뱀 소년'이라는 의미를 가진 사복이라는 이름은 어린 시절 그가 말도 못하고 걷지도 못해 붙여진 이름이다.

사복의 기이한 탄생과 어린 시절 이야기는 세속의 더러움 속에도 물들지 않는 완전성을 상징한다. 실제로 사복은 원효와 함께 이 세상이 그대로 불교의 이상 세계와 다르지 않다는 점을 보여 주는데, 이는 죽음을 초월하고 현실을 긍정하는 관점을 제시하는 것이다.

마지막으로, 대안(大安, 생몰년도 미상)은 『송고승전』의 권4 「원효전」에서 확인된다. 대안은 당시 새롭게 발견되어 순서가 뒤섞여 있던 『금강삼매경』의 순서를 맞춰서, 원효가 논서(『금강삼매경론』)를 지을 수 있도록 해준 인물이다. 또 저잣거리에서 동으로 된 발우를 땡땡 치고 다니며, 주위를 환기시키고는 "대안, 대안(편안하고 편안하다)." 하고 외치며 다녔다고 한다. 이 때문에 대안이라 불리었던 것이다. 대안 역시 사복과 마찬가지로, 이 세계가 그 자체로 이상 세계이며 장애될 것이 없음을 말하였다.

새로운 시대를 향한 해법과 신라불교 10대 성인

삼국을 통일한 신라는 나라를 통합하기 위해 지금까지와는 다른 새로운 세계의 이상을 제시할 필요가 있었다. 그러나 자장으로 대변되는 제도권 불교가 김춘추에 의해 무너지면서, 비제도권에 있던 혜공, 혜숙,

사복, 대안과 같은 이들이 전면으로 등장하게 된다. 이들은 자장이 주도하는 제도권 불교의 발전이라는 혜택을 받으면서도 스스로 아웃사이더의 길을 선택했다.

그들은 첫째, 신이한 행적으로 사회를 풍자하고 세상을 새롭게 바라보고자 했다. 이는 계속된 통일 전쟁의 과정에서 민중들이 겪은 고통스러운 현실에 대한 비판으로 해석될 수 있다. 둘째, 죽음과 같은 비극적인 현실을 위로하고 극복하고자 했다. 모든 인간은 본질적으로는 죽임을 당하지도 않고, 죽일 수도 없는 완성체이기 때문에 슬퍼할 필요가 없다. 이는 숱하게 전쟁을 치르는 과정에서 죽어간 이들과 남은 이들을 위로하는 존재론적 관점에서의 해법 제시라고 할 수 있다. 마지막으로 셋째는, 마주한 현실이 그 자체로 불교적인 이상 세계임을 말하고자 했다. 비록 전쟁이라는 고통스러운 현실이 부정과 비판의 대상이기는 하나, 그조차도 외면하지 않고 긍정적으로 바꾸고자 하는 현실주의에 대한 천명이다.

이들 비제도권 승려들은 모두 민중 친화적인 면모를 띠는데, 이 역시 삼국의 진정한 통합이라는 새로운 세계에 대한 완성을 지향하는 것으로 볼 수 있다. 현실을 긍정하고 사회를 개혁하려는 이들 비제도권 승려들은, 시대적인 요청을 반영하는 동시에 제도권 불교의 공백을 메워 줄 수 있는 창조적인 대안을 제공하고 있는 것이다. 그것이 바로 혜공, 혜숙, 사복의 3인이 흥륜사에 모셔진 신라 10대 성인에 들어가게 되는 이유라고 하겠다.

이들 신라 10대 성인은 흥륜사 주불전인 금당에 진흙 소상으로 모셔져 있었다. 이들은 동쪽 편에 모셔진 아도(我道, 阿道), 염촉(厭髑, 이차돈), 혜숙(惠宿), 안함(安含, 안홍), 의상(義湘)과, 서쪽 편의 표훈(表訓), 원효(元曉), 혜공(惠空), 자장(慈藏), 사파(蛇巴, 사복)이다. 이 중 아도와 염촉은 신라불교의 시원적인 인물이며, 안함은 진흥왕 때의 인물로 중국에 유학했다 귀국한 후 『동도성립기』를 찬술한 승려이다. 또 표훈은 의상의 10대 제자 중 가장 대표적인 인물이다. 아도와 염촉은 불교의 시원에 관련된 상징적인 인물이므로 제외하면, 제도권 승려인 안함, 자장, 의상, 표훈의 네 사람과 비제도권 승려인 혜숙, 혜공, 사복, 원효 네 사람이 각각 배치되어 있는 셈이다. 비제도권 승려가 제도권 승려와 같은 비중을 차지하고 있는 것은, 통일 초기의 시대적인 요청을 이들이 잘 해소해 냈고, 신라 하대의 진정한 자유에 대한 갈망이 이들에 의해 상징화되었기 때문으로 이해된다. _

074

화쟁 사상으로 분열과 갈등을 해결하려 한 원효

새로운 시대의 불교를 집대성한 원효

그리스 철학의 다양성 속에 소크라테스가 있고 제자백가 중에 공자가 있다면, 통일신라 초기 새로운 시대에 대한 요청 속에서 단연 돋보이는 인물은 원효(元曉, 617~686)이다. 만일 원효가 없었다면 혜공, 혜숙, 사복, 대안 같은 이들도 제대로 평가받기 어려웠을 것이다. 이들을 하나로 묶고 집대성한 인물이 바로 원효이다. 실제로 원효는 혜숙을 제외한 세 사람과 직접적으로 연관된 기록도 가지고 있다.

『삼국유사』의 권4 「원효불기(元曉不羈)」에 따르면, 원효는 육두품 출신으로 불지촌(佛地村)의 사라수 아래에서 태어났다. 불지촌은 붓다의 마을이라는 의미이며, 사라수는 붓다가 입적한 나무 이름과 발음이 같다. 또 원효가 나무 아래에서 탄생했다는 것은, 붓다가 룸비니의 무우수 아래에서 태어난 이야기와도 일치한다. 이와 같은 이야기는 원효가 유명해진 이후, 그의 생애가 전체적으로 붓다의 생애에 맞춰 윤색되었다는 것을 의미한다. 이런 양상은 자장에게서도 일부 확인되는데, 이는 고대 불교의 존중을 표현하는 한 형식이었을 것으로 추정된다.

원효는 자신의 집을 초개사(初開寺)라는 사찰로 바꾸고 스스로를 '원효'라고 칭했다. 초개사의 '초개'는 처음으로 열었다는 의미이며, '원효'는 새벽이라는 뜻이다.⁄ 이는 원효가 스스로를 새로운 불교를 연 인물로 자임한 것으로써, 그가 자신감에 찬 당찬 인물임을 알게 해준다.

해골 물로 재탄생한 마음의 철학

원효가 활동한 당시 동아시아불교 최대의 사건은 인도에서 불교를 연구한 당나라 고승 현장이 645년에 중국으로 귀국한 일이었다. 이 소식을 듣고 원효와 의상은 현장 문하에서 수학하기 위해 650년과 661년, 두 차례에 걸쳐 당나라 유학길에 오르게 된다. 650년의 1차 유학 시도가 실패하고, 2차 유학길에 올랐던 661년에 우리에게도 널리 알려진 '해골 물 사건'으로 원효는 큰 깨달음을 얻게 된다. 사건의 내용은 이렇다. 원효와 의상이 반쯤 허물어진 무덤을 동굴로 알고 유숙하게 되었는데, 그 사실을 몰랐던 첫날은 아무런 문제가 없었지만, 그곳이 무덤임을 안 둘째 날 밤에는 악몽에 시달렸다는 내용이다. 이때 원효가 지은 시가 『송고승전』 권4의 「의상전」에 수록되어 있는, '심생고종종법생 심멸고감분불이(心生故種種法生 心滅故龕墳不二)'이다. 이는 '마음이 생하면 일체가 생하게 되고, 마음이 멸하면 토굴과 무덤은 둘이 아니다'라는

⁄ 원효는 향언에 대한 후대의 한자화된 명칭일 뿐이다. 원효라는 말의 의미는 새벽이고, 이에 대한 고어는 새복→새부(塞部)이다. 현재로서는 새부 이전으로 올라가는 단어를 알지 못하므로 새부가 원효의 원 이름 발음에 가장 가까운 정도로 추정해 볼 수 있을 뿐이다.

뜻이다. 즉 일체는 마음에 달린 것이니 마음 밖에서 따로 구할 것이 없다는 자각인 셈이다. 이 일로 원효는 현장 문하에서 수학하려는 계획을 바꿔 다시 경주로 돌아오게 된다.

이 이야기는 후대에 '무덤'이 '해골 물'로 바뀌어 유행하게 된다. 원효가 살았던 당시 고구려와 백제의 무덤은 먼저 돌이나 벽돌로 동굴과 같은 형태를 조성한 뒤, 관을 안치시키는 방식(널방무덤)으로, 이와 같은 묘제 방식은 앞의 전실이 무너지면 어두운 곳에서는 굴이라고 착각할 가능성이 많았다. 그래서 원효 당시에는 '무덤'과 '토굴'이라는 장소의 설정으로 이야기가 전개되어도 이해가 가능했다. 그러나 이후 무덤을 쓰는 방식이 달라져 후대인들이 그 의미를 깨닫기 어려울 수 있어 이야기의 효율적 전달을 위해 설정이 바뀐 것으로 추측된다.

대립과 갈등을 봉합하기 위한 화쟁 사상

일체는 마음에 달려 있고 그것은 완전한 것이니, 그곳에는 출가나 신분이라는 형식이 존재할 수 없다는 원효의 자각은 '파계'라는 파격적인 행동으로까지 연결된다. 그는 태종무열왕 김춘추의 딸인 요석공주와의 사이에서 아들 설총을 낳는다. 설총은 훗날 신라의 10대 현인 가운데 한 명으로 꼽힌다. 원효의 행동은 당시 사회의 뿌리 깊은 출가주의와 신분제를 뒤흔들 수 있는 충격적인 행보였다. 이는 제도적인 형식은 인간을 속박하는 걸림돌일 뿐, 모든 인간은 완전한 마음을 가진 평등한 존재라는 주장에 대한 실천 행위라고 할 수 있다.

실제로 원효는 60권 『화엄경』의 권5 「보살명난품(菩薩明難品)」에 나오는 "일체무애인 일도출생사(一切無礙人 一道出生死)", 즉 '일체에 걸림이 없는 사람은 단번에 생사를 벗어난다'라는 구절에 입각해서, 〈무애가(無碍歌)〉를 짓고 저잣거리에서 박을 두드리며 백성들을 계몽했다고 한다. 원효는 모두에게 있는 마음을 통해 인간 개개인이 완전하다는 자각을 촉구했다. 원효의 마음 철학은 모든 구속으로부터 자유로운 완전한 인간에 대한 환기인 동시에, 그처럼 완전한 마음을 가진 모든 인간의 평등함을 강조한 것이다. 이는 승전국인 신라, 패전국인 백제·고구려라는 차이와 차별 없이 본질적인 화엄과 일심 사상에 입각해서 진정한 통일과 화해의 가치를 지향한 것이다. 원효는 현실적인 대립과 충돌이 본질적인 관점에서 볼 때 모두가 맞는 동시에 모두가 틀린 것이라고 지적한다. 이것이 바로 모든 대립과 갈등을 조화롭게 할 수 있다는 원효의 화쟁(和諍) 사상이다.

원효의 주장은 삼국 통일이라는 새로운 세계가 열린 상황에서 삼국을 통합하는 대안으로 작용하게 된다. 물론 원효의 본체론에 입각한 이상주의적인 관점이 그 당시 현실에서 그대로 받아들여질 수는 없었다. 그러나 원효의 사상은 분열과 갈등을 해소하는 신선한 해법을 제공해 주었다는 점에서, 지식인들의 공감대를 불러일으키기에는 충분했다.

신라불교의 위상을 세계에 떨친 원효

원효가 활동하던 시기는 삼국 통일이라는 통합의 시대적인 요청과 함께, 불교적으로는 다양한 경전들이 번역된 후 이를 토대로 천태종, 법상종, 화엄종 등의 중국불교에 대한 이해가 확산되던 시기이다. 이로 인하여 불교 내적으로도 여러 경전과 사상들을 한데 조화시켜야 할 필연성이 있었다. 이러한 해법으로 제시된 것이 바로 원효의 일심(一心)과 화쟁 사상이다.

원효는 신문왕(재위 681~692) 대의 경흥과 경덕왕(재위 742~765) 대의 태현과 더불어 통일신라 3대 저술가로 알려져 있다. 그는 현재까지 확인되는 것만 해도 100여 종, 240여 권에 달하는 방대한 저술을 남겼다. 『화엄경』, 『법화경』, 『반야경』, 『대승기신론』을 비롯해, 유식 · 중관 사상 및 정토 사상에 대한 것까지 당시 유행하던 대부분의 불교 사상에 대한 작업을 하였는데, 대표적인 주석으로는 『대승기신론소(大乘起信論疏)』(2권)과 『금강삼매경론』(3권)이 있으며, 찬술로는 『십문화쟁론』이 있다. 특히 『금강삼매경론』은 중국에까지 유명세를 떨쳤고, 『십문화쟁론』은 인도에서 인정받으며, 원효는 불교논리학을 정립한 진나(陳那, 480~540)가 다시 태어난 것이라는 평가까지 듣게 한다. 이런 점에서 원효는 신라를 떠나지 않고서도 신라불교의 위상을 세계에 떨친 부동의 세계인이라고 이를 만하다. _❀

075

계몽을 통해 개혁을 실천한 의상

당나라 유학과 화엄 사상의 완성

원효와 혜공 등 파격적인 아웃사이더들은 매우 인상적이며 멋이 있다. 문제는 이들이 비판자는 될 수 있지만, 결코 주류가 될 수는 없다는 점이다. 그렇기 때문에 신라불교는 자장계의 공백을 메우는 새로운 인물을 필요로 하게 되는데, 그 사람이 바로 의상(義湘, 義相, 625~702)이다.

원효가 일체에 통하는 유심에 입각한 평등주의를 제창했다면, 의상은 본질의 관점에서 현상의 차이를 인정하는 관점을 취했다. 원효가 꿈이 허상이라는 본질에 집중했다면, 의상은 꿈은 허상이지만 그럼에도 존재한다는 현실적인 관점을 아울러 개진하고 있는 것이다. 원효가 제도권 밖에 있는 자유인이라면, 의상은 제도권 안에서 자유를 추구한 자유인이라고 하겠다.

의상은 진골 출신으로, 원효와 함께 당나라 유학길에 올랐다가 원효는 다시 경주로 돌아가고 의상 혼자 당나라 장안에 이르게 된다. 의상의 당초 목표는 현장 문하에서 수학하는 것이었지만, 의상이 안주한 곳은 종남산 화엄종의 지엄 문하였다. 현장은 중국이 안정되지 않았던 당나라 초기에 불교를 연구하기 위해 인도로 떠났으나 그곳에서 문화적으로 강대국이었던 인도에 무시당하는 중국의 현실을 알게 된다. 이 때문에 현장은 중국의 발전에 이바지하는 국수주의자가 되는데, 이것이 외국인이었던 의상과 맞지 않았던 이유로 추정된다. 결국 의상은 또 다른 대안을 모색하게 되었고, 그렇게 해서 찾게 된 것이 당시 시작 단계에 있던 화엄종의 지엄 문하였다.

『삼국유사』의 권4「의상전교」에 의하면, 지엄은 의상이 오기 전날 밤 상서로운 꿈을 꾸고 의상이 올 것을 미리 알았다고 한다. 이는 의상이 현장 문하에서 불교를 연구할 목적으로 당나라에 갔으나, 지엄에게 가서 수학한 사실을 후대에 종교적으로 미화한 것으로 이해할 수 있다.

의상은 지엄 문하에서 60권『화엄경』을 수학하는데, 이때 아직 출가하기 전이었던 현수 법장과 함께 공부를 하게 된다. 법장은 지엄이 입적하는 668년보다도 늦은 670년에 출가하고, 의상이 671년에 신라로 귀국하므로 의상은 법장의 동문이라기보다는 선배라고 할 수 있을 것이다. 이 두 사람의 관계는 이후 법장이 화엄종을 완성하고 중국불교의 1인자로 성장하면서 흥미롭게 발전한다. 법장은 책을 저술한 뒤에 신라에 있는 의상에게 공손히 편지를 써서 글을 감수해 줄 것을 요청했기 때문이다.╱ 이는 스승의 생존 시에 인정받지 못한 법장으로서는 필연적인 선택이었다. 이 때문에 신라에서 의상의 위치는 비약적으로 상승하게 된다.

╱ 법장이 의상에게 쓴 편지의 내용은『삼국유사』의「의상전교」·「승전촉루」와『원종문류』의 권22「현수국사기해동서(賢首國師寄海東書)」에 수록되어 있다. 또 21행 319자의 실물 편지가 현재 일본의 텐리(天理)대학교 도서관에 보관 중이다.

지엄이 입적하던 해인 668년, 의상은 지금까지 배운 것을 책으로 정리해 스승에게 올린다. 그런데 지엄은 '진실한 것은 불에 타지 않는다'라고 하며, 의상이 지은 책을 불에 던졌다고 한다. 이때 타지 않고 남은 글자들이 있어 그를 재조합한 것이 바로 「화엄일승법계도(華嚴一勝法界圖)」 210자이다. 「화엄일승법계도」는 문자가 조합된 그림 형태로 되어 있기 때문에 이를 문자 만다라라고 하기도 한다. 문자를 가지고 그림과 도표를 만드는 방식은 한국철학의 특징적인 흐름이다. 퇴계의 「성학십도」 등에서도 그런 특징을 확인해 볼 수 있는데, 그 시원을 연 인물이 바로 의상이다.

의상은 「화엄일승법계도」로 스승인 지엄에게 인정을 받았고, 이후 제자들 중 배움을 완성한 이들에게도 「화엄일승법계도」를 그려 주는 것으로 증표를 삼았다. 즉 「화엄일승법계도」는 의상의 화엄 사상의 시작이자 완성인 것이다. 실제로도 의상의 저술은 「화엄일승법계도」 외에 『십문간법관(十門看法觀)』과 『입법계품초기(入法界品鈔記)』 등이 있지만 그중에서도 「화엄일승법계도」가 단연 독보적이다. 그렇기 때문에 일연은 『삼국유사』 「의상전교」에서도 "솥 안의 고기 맛을 알려면 한 점의 고기로도 충분할 것이다"라고 평가했다.

계몽을 통해 개혁을 실천한 의상

의상은 671년 신라로 귀국한다. 스승인 지엄이 668년 입적한 뒤로도 3년이나 더 종남산에 머무른 것이다. 만일 이후에도 의상이 계속 당나라에 머물러 있었다면 화엄종의 3조는 의상이 되었을 수도 있다. 그러나 당시는 668년 고구려가 멸망한 이후 고구려와 백제 영토를 누가 지배할 것이냐의 문제를 놓고 당과 신라의 관계가 파국으로 치닫는 상황이었다. 이때 김춘추의 둘째 아들이자 문무왕의 동생인 김인문이 외교 책임자로 당나라 장안에 있다가 감옥에 갇히는 사건이 발생한다. 의상이 면회를 가자 김인문은 당나라가 서해로 군대를 파견해 신라를 기습하려 한다는 정보를 주었는데, 의상은 이 소식을 전하기 위해서 급히 신라로 귀국한다. 의상이 급히 신라로 귀국하자, 당시 의상을 사모했던 선묘(善妙)라는 중국 여인이 큰 충격을 받아 바다에 투신해서 스스로 목숨을 끊는 일이 발생한다. 일본의 『화엄연기』에 따르면, 이후 선묘는 용이 되어 의상을 최후까지 수호하고, 영주 부석사를 건립하는 데 큰 도움을 주었다는 이야기가 전한다.

원효와 의상을 이해할 때 중요한 점 가운데 하나는 이들의 신분이 각각 육두품과 진골이라는 것이다. 육두품이라는 신분적인 한계에 갇혀 있던 원효가 〈무애가〉를 읊으며 신분제에 대해 비판적이었던 반면, 의상은 진골이었던 자장처럼 국가 문제를 도외시하지 않는다. 당시 신라는 족내혼을 하고 있었기 때문에 진골끼리는 거의 친척 간이라도 이해해도 무방하다. 이런 신분적인 배경 차이는 두 사람이 서로 다른 행보를 보이게 되는 한 이유가 된다.

의상이 귀국하여 신라에 당의 침공을 알려 준 결과로 주목되는 것은, 자장의 조카인 명랑이 문무왕에 의해서 주류로 등장하게 된다는 점이다. 이는 제도권 불교의 필연성이 점차 강조되기 시작했다는 것을 의미한다. 그러나 의상은 그 주류의 핵심으로 들어가지는 않는다. 의상은 676년 문무왕의 협조하에 태백산(현재의 소백산)으로 들어가서 부석사를 창건하기 때문이다. 당시 부석사가 위치한 영주는 수도인 경주와 멀리 떨어진 험지였다. 의상은 이곳에서 제자들에게 화엄 사상을 가르치며, 조화로운 세계라는 화엄의 이상을 점진적으로 전개해 나간다. 이렇게 해서 의상의 10대 제자와 화엄 사찰들이 만들어지게 된다.

원효가 수도를 중심으로 파격적인 행동을 통해 사회 문제를 비판한 실천가라면, 의상은 산간벽지에서 교육을 통해 사회를 계몽한 제도권 안에서의 개혁가였다. 이후 화엄종은 한국불교를 대표하는 교종으로 확고히 자리매김하게 된다. _⑱

076

나라를 수호하고 흩어진 민심을 통합하다

신라를 수호하고 영원한 번영을 발원한 문무왕과 김유신

김춘추가 새로운 시대를 연 인물이었다면, 문무왕(재위 661~681)에게는 이를 완성해야 하는 책무가 있었다. 문무왕은 고구려를 무너뜨리고, 곧바로 이어진 당과의 전쟁에서 승리하면서 통일신라라는 외형적인 틀을 완성한다.

문무왕은 승려 명랑으로 하여금 신유림(神遊林)에 사천왕사를 창건하게 하여 김춘추에게 밀려났던 자장계와의 관계를 일부 회복한다. 그러나 이것으로 모든 것이 해결된 것은 아니었다. 신라 수도인 경주는 동북쪽에 치우쳐 있어 자주 왜구의 위협에 노출되었는데, 『일본서기』에는 백제를 지지했던 일본이 멸망한 백제의 부활을 위해 세 차례에 걸쳐 4만 7천의 군사를 파견한 것으로 기록되어 있다. 이것이 금강 하구에서 펼쳐진 백강구(白村江) 전투인데, 결과는 나당연합군의 압승이었다. 그럼에도 왜의 적대적 불씨는 여전히 남아 있었고, 문무왕은

681년 사망하기에 앞서 호국용이 되어 신라를 수호하겠다는 발원을 하게 된다.

경주와 그 주변 지역에는 불교가 들어오기 이전부터 용을 숭배하는 전통 신앙이 있었고, 문무왕은 이를 호국의 관점으로 받아들인 것이다. 하지만 불교에서의 용은 위력이 강한 축생에 불과했다. 그래서 문무왕이 지의 법사에게 자신은 용이 되어 나라를 지키고자 한다고 말하자, 지의가 '왕은 왜 축생이 되려고 하십니까?'라고 반문했다는 이야기도 전한다. 즉 이를 통해서 우리는 당시 용에 대한 관점이 이중적이었음을 인지할 수 있다.

문무왕은 불교식 장례법인 화장으로 장례를 치른 최초의 왕이기도 하다. 즉 그는 불교와 전통 신앙을 아울러 어떻게든 통일신라의 안정을 기원했던 군주였던 것이다. 이렇게 해서 경주 감포 앞바다에 문무왕 수중릉이 만들어지게 된다.

삼국 통일의 과정에서 주목받는 또 다른 영웅은 김유신이다. 김유신은 제42대 흥덕왕(재위 826~836) 때인 835년에 흥무대왕(興武大王)으로 추증되기에 이른다. 신하가 왕으로 추증된 예는 우리나라 전 역사를 통틀어 김유신이 유일하다. 통일에 기여한 업적이 워낙 특출했기 때문에 당대부터 신격화가 진행된 것으로 보인다. 김유신은 본래 제석천이 거느리는 도리천의 32신들 가운데 한 명이며, 그가 죽은 뒤 도리천으로 돌아갔다는 설화도 전한다. 젊어서는 미륵을 모시는 용화향도를 거느린 화랑이었는데, 도리천의 천신으로 승격한 것이다. 선덕여왕이 죽어 도리천에 묻혔다는 것과, 김유신이 도리천의 천신이 되었다는 등의 이야기는 진평왕 때부터 유행한 제석 신앙의 흔적으로 볼 수 있다. 김유신은 김춘추나 문무왕과는 달리 일관되게 불교적인 관점에서만 다뤄지고 있는 점도 주목할 만하다.

문무왕은 왜구로부터 국가를 수호하기 위해 사찰을 짓지만 완성하지 못한 채 세상을 뜨고 만다. 그러자 뒤를 이은 제31대 신문왕(재위 681~692)이 682년 사찰을 완공하고 문무왕의 은혜를 기린다는 뜻에서 감은사(感恩寺)라 명명한다. 이 절은 현재 절터만 남아 전하는데, 그 절터가 바로 경주 감포에 있는 감은사지이다.

『삼국유사』의 권2 「만파식적(萬波息笛)」에 따르면, 사찰 완공 뒤인 682년에 동해 가운데 있던 작은 섬이 감은사 쪽으로 떠내려 왔다. 왕이 이상하게 여겨 천문 담당 관리에게 점을 치게 하였더니 그가 이렇게 말했다. "선왕께서 바다의 용이 되어 삼한을 지키고 있으며, 김유신 공 또한 천신의 한 분으로 신라를 보호하고 있으니 두 성인께서 폐하께 값으로 매길 수 없는 보물을 내리려 하시기 때문입니다."

왕이 크게 기뻐하며 섬에 사람을 보내 살피게 하니, 산에 대나무 한 줄기가 있는데 낮에는 갈라져 둘이 되었다가 밤에는 하나로 합해졌다. 왕이 대나무가 합쳐졌을 때 이를 베어서 피리를 만들어 불자, 적군이 물러나고 병이 나았으며 가물 때는 비가 오고 장마가 지면 날이 개었으며 바람과 파도가 잔잔해졌다. 그래서 이 피리를 모든 문제를 잔잔히 가라앉히는 피리라는 의미의 만파식적이라 칭하고 국보로 삼았다.

감은사지에 위치하고 있는 국보 제112호 감은사지 동·서삼층석탑은 쌍으로 축조된 석탑 가운데 가장 오래된 것이다. 감은사보다 3년 앞서 완공된 679년의 사천왕사에 쌍으로 된 목탑이 조성되었다는 점을 고려해 보면, 매우 이례적인 변화라고 할 수 있다. 실제로 감은사지 동·서삼층석탑에서는 목탑의 영향으로 이해해 볼 수 있는 둔중함과 여러 부재들을 사용한 모습이 확인된다. 고대에는 중장비가 발달하지 않았으므로 거대한 석탑의 축조는 목탑에 비해서 훨씬 비용과 공력이 더 들어가는 작업이었을 것이다. 그럼에도 불구하고 석탑을 조성했다는 것은, 장중한 석탑을 이용한 왜구의 압진이라는 상징성과 바닷바람에 부식되지 않는 견고함이 요청되었기 때문으로 판단된다.

만파식적은 태평성대를 상징하는 신성한 피리이다. 먼저 호국용이 된 문무왕은 전통 신앙을 대변하며, 도리천의 신이 된 김유신은 불교를 상징한다. 또 바다에 떠서 움직이는 섬은 신선 사상에서 확인되는 봉래(蓬萊)·방장(方丈)·영주(瀛州)의 삼신산에서 차용된 것이며, 대나무가 합쳐졌다는 것은 문무왕과 김유신의 뜻이 모아졌다는 의미이다. 마지막으로 태평을 여는 평화의 피리는 유교의 이상인 '음악을 통한 조화의 정치'를 상징한다. 이는 당시 사람들의 열망을 종교적인 상징으로 나타낸 이야기로 외부 세력으로부터 나라를 수호함과 동시에, 삼국의 통일 이후 흩어진 백제와 고구려 유민들의 민심을 통합해 나라를 안정시키고자 하는 염원이 내포된 것이다.

정토 신앙의 확대와 교종의 발전

만파식적 설화에 전통 신앙과 불교, 신선 사상과 유교의 총체적인 요소들이 결합되어 있다고 하더라도, 당시 사상과 문화를 주도할 수 있는 종교는 불교밖에 없었다. 특히 당나라의 안정과 번영을 기초로 하는 중국불교의 발전은 통일신라에 상당 부분 영향을 미칠 수밖에 없다.

먼저 신앙적인 측면에서의 변화는 미륵 신앙의 퇴조와 아미타 신앙의 확대이다. 미륵에는 메시아적인 요소가 내포되어 있기 때문에 혼란을 타개하고 통일을 완수하는 데 유용한 측면이 존재한다. 그러나 삼국 통일이 완성된 상태에서 이런 개혁적인 신앙 구조는 위정자들의 입장에서 긍정적일 수 없었다. 신앙인들 역시 삼국이 경쟁하던 상황과 같은 절실함을 느끼기 힘들었을 것이다. 그 때문에 통일 직전 가장 강력한 모습을 띠던 미륵 신앙은 점차 축소된다. 김유신이 젊은 시절 미륵을 따르는 모습을 보였지만, 죽음에 이르러서는 도리천으로 갔다는 이야기 역시 이를 반영한 것으로 이해할 수 있다.

반면 삼국 통일 과정에서 발생한 수많은 희생자들과 그와 관련된 이들을 위로할 필요성이 대두되면서, 유행하게 되는 것이 바로 아미타불의 극락정토 신앙이다. 또한 위정자들의 입장에서도 삼국이 통일된 상황에서 백성들이 현실에 너무 주목하여 비판적인 입장을 띠게 되는 것은 바람직하지 않았을 것이다. 그러므로 극락과 같은 이상 세계로 백성들의 관심을 돌릴 필요가 있었다. 이것이 삼국 통일 이후 정토 신앙이 확대된 또 다른 이유라고 하겠다.

불교 사상적으로는 오교(五敎) 즉 율종, 열반종, 법성종, 화엄종, 법상종으로 대표되는 교종의 발전이 나타난다. 통일신라는 당나라의 발전과 축을 같이하면서 불교가 교학적인 발전을 이룩하는데, 그것이 반드시 앞의 다섯 가지만은 아니다. 그러나 오교에 입각해서 대략적인 설명을 하면 다음과 같다. 첫째는 자장에 의해 비롯된 율종, 즉 계율을 중심으로 하는 계율종이다. 둘째는 『열반경』을 중심으로 하는 열반종인데, 고구려의 보덕이 전북 전주로 옮겨 와 발전시킨 것이다. 셋째로 법성종은 원효의 본체론적인 일심 사상에 입각하여 발전한 것이며, 넷째로 화엄종은 의상의 교화에 따른 결과이다. 열반종과 법성종, 화엄종은 인간의 내면에 존재하는 본성의 완전함에 기초한 것으로 이것이 성선설과 연결되는 한국불교 교종의 핵심 사상이다. 다섯째의 법상종은 현장이 인도에서 배워 온 유식학이 통일신라로 전해진 것이다. 유식학에서는 현상적인 차별에 대해 분석하는 부분이 있으므로 이를 법상종이라고 한다. 사상적으로는 경덕왕(재위 742~765) 때의 승려인 태현(太賢, 혹 대현大賢)에 의해서 정립되며, 신앙적으로는 같은 경덕왕 때의 인물인 진표(眞表) 율사에 의해서 널리 알려졌다.

이외에 중국에서 밀교를 수학하고 귀국하여 국가가 위급할 때 문무왕에게 도움을 주었던 명랑의 신인종이 있으며, 비슷한 밀교 계통으로 중국 선무외에게서 수학한 혜통(惠通)의 진언종도 있다. 그러나 이는 밀교이므로 교종과는 또 다른 모습을 띈다. _❀

077

중국불교의 꽃이 된 신라의 왕자들

죽음을 무릅쓰고 당으로 가는 왕자들

귀족 사회는 귀족의 지분에 의해서 관직이 주어진다. 따라서 혈연 집단(가문) 내에서의 위치를 공고히 하는 일이 더 중요하므로 굳이 유학을 선택하는 귀족은 드물었다. 또한 고대에는 서해를 건너 중국으로 가는 것이 상당히 위험한 일이었기 때문에, 이미 안정된 지위를 확보하고 있는 귀족이 죽음을 무릅쓰고 당나라로 유학을 떠날 필요는 없었다.

그러나 승려들은 왕족이나 귀족이라고 하더라도 깨달음과 진리 추구라는 생명을 넘어선 가치를 지향하고 있기 때문에 죽음을 불사하는 유학길에 오르는 것이 가능하다.╱ 또 고려 때까지는 왕족이나 귀족

╱ 귀족주의가 지배하던 통일신라에서는 승려가 아닌 귀족의 당나라 유학에 대해서는 크게 두드러지는 인물이 없다. 그러나 골품제라는 신분제의 제약에 의해서 출세가 제한된 육두품 중에는 입당 유학을 통해서 승부수를 던지는 경우가 존재한다. 가장 대표적인 인물이 12세에 당나라로 건너가 18세에 외국인 특별 시험인 빈공과에 합격해 이후 명성을 떨치게 되는 최치원이다. 그러나 최치원은 당에서 황소의 난(875~884)이 발발하자 「토황소격문(討黃巢檄文)」을 써서 문명(文名)을 떨쳤음에도 불구하고, 신라에 귀국한 이후에는 골품제에 막혀 제대로 활동하지 못한다. 즉 입당 유학으로도 해결되지 못하는 것이 바로 신라의 귀족제였던 것이다.

들은 자발적인 출가 이외에도 권력에서 밀려나 출가하는 경우도 다수 있었다. 조선의 태종 이방원이 세종에게 마음이 있자, 효령대군이 출가하는 것을 생각하면 된다. 고려 때까지만 해도 출가한 왕족은 권력의 밖에 있다고 생각해서 생명을 위협하지는 않는 것이 일반적이었다. 조선에서는 불교가 몰락하면서 이와 같은 원칙이 존재할 여지가 없었다. 이로 인하여 권력집단 내의 당쟁이 첨예화되고 결국 상대를 죽이는 극단적인 상황에 이르게 되는 것이다.

왕족이나 귀족의 신분으로 출가한 사람 중에서 당으로 유학을 떠나는 이들은 불교에 대한 신심이 견고하고 진리를 향한 의지가 강력한 사람들이었다. 당나라 유학은 서해를 건너야 한다는 난관도 있지만, 음식과 언어의 문제도 있었다. 그러나 최고의 신분이었지만 출가하여 의지가 강한 사람만이 당나라로 들어갔기 때문에 이들 가운데에서는 중국불교에서도 괄목할 만한 족적을 남기는 이들이 다수 배출된다. 통일신라 시대에 왕족으로 출가하여 중국에서 일가를 이룬 인물로는 원측, 무상, 무루, 지장과 같은 이들이 대표적이다.

현장 문하의 양대 산맥을 만든 원측

원측(圓測, 613~696)은 신라의 왕손 출신으로 일찍이 출가하여 15세가 되던 해인 627년에 당나라 유학길에 이른다. 당에서 법상(法常, 567~645)과 승변(僧辯, 568~642)에게 『섭대승론』에 입각한 무착 계열의 유식학을 배웠다. 그러다가 665년 현장이 당나라로 귀국하자 현장의 문하로 들어가서, 현장의 세친와 호법 계통의 유식학을 배우게 된다. 이를 구유식과 대비해서 신유식이라고 하는데, 원측은 구유식과 신유식을 모두 배우게 된 것이다.

원측은 어학에 천부적인 재능이 있어 6개 국어에 능통했고, 원전에 대한 이해도 탁월해서 현장 문하에서 두각을 나타내게 된다. 이로 인해 장안의 서명사(西明寺, 현 홍교사)를 중심으로 하는 서명사파를 만들게 된다. 현장의 공식 수제자는 당나라의 귀족 출신으로 17세에 출가한 규기(窺基, 632~682)인데, 그는 당 고종이 어머니를 위해 창건한 자은사에 주석하면서 자은사파를 만든다. 이렇게 해서 현장 문하에는 원측의 서명사파와 규기의 자은사파 두 가지 흐름이 존재하게 된다. 『송고승전』의 권4 「원측전」에는, 현장 문하의 두 학파가 당시 치열하게 경쟁했음을 알 수 있는 기록이 있다. 현장이 규기만을 상대로 특별 강의를 해주면, 원칙이 문지기를 매수해서 가만히 엿듣고는 먼저 서명사로 돌아와 강론을 했다는 내용이다. 이는 두 학파의 경쟁을 말해 주는 동시에, 원측이 규기보다 더 영민한 사람임을 나타내 주는 일화이다. 원측의 유식학 계통은 신라로 전해져 후일 태현이 신라 법상종을 성립하게 된다.

원측은 696년 낙양의 불수기사에서 입적해 용문의 향산사에서 화장된 후 백탑에 모셔졌다가 종남산 풍덕사(豊德寺)로 옮겨져 부도가 조성된다. 그러다가 송나라 때인 1115년에 와서, 669년 조성된 서명사의 현장 부도(당삼장탑唐三藏塔) 좌측에 탑 형식을 한 부도로 모셔지게 된다(측사탑測師塔). 서명사에는 규기의 부도(기사탑基師塔)가 현장 부도의 우측에 모셔져 있는데, 현장의 부도를 중심으로 좌우에 각각 원측과 규기의 부도가 나란히 위치하고 있는 것이다. 원측은 『성유식론소』(20권)를 비롯해 23종 약 108권에 달하는 많은 저술을 남겼는데, 대부분은 유실되어 전하지 않고 『해심밀경소』(10권) 등 일부가 전해질 뿐이다.

중국 선종의 한 획을 그은 무상

『송고승전』의 권19 「무상전」에 의하면 무상(無相, 680~756)은 신라 왕(제33대 성덕왕으로 추정)의 셋째 아들로, 일찍이 출가하여 늦은 나이인 728년에 당나라로 건너갔다. 이후 장안의 선정사를 거쳐 서쪽 촉 땅으로 들어가서 오조 홍인의 손제자인 처적(處寂, 648~734)의 제자가 된다. 이후 바위 아래 등 외진 곳에서 홀로 혹독한 수행을 하며 선의 일가를 이루게 된다.

『역대법보기』에 따르면, 무상이 주장한 선의 핵심은 무념(無念), 즉 현재에서 어떠한 생각도 없게 하는 것이다. 무상은 무념이 계·정·혜 삼학을 두루 갖춘 가장 핵심적인 가르침이라고 주장했다. 무상의 수행법은 『육조단경』의 무념·무상·무주의 삼무와 연결되는 동시에, 같은 촉 땅을 배경으로 하는 도교의 무념·무상의 주장과도 통하는 면이 있어 주목된다.

무상은 사천성 성도에 정중사(淨衆寺)를 창건하고 이곳을 중심으로 활동했기 때문에, 무상의 선종을 정중종(淨衆宗) 혹은 정중선파라고 한다. 무상은 이 지역 출신으로 후일 남종선의 주류인 홍주종을 개창하는 마조 도일의 스승이기도 하다. 이로 인해 마조의 선불교 이해에 많은 영향을 끼치게 된다.

무상이 중국불교에서 대대적인 위상을 확보하게 되는 계기는, 당 현종이 안사의 난을 피해 촉으로 피난을 오던 해인 756년, 무상을 만나 감명을 받기 때문이다. 이후 무상은 중국불교에서 모시는 500나한 중 455번째에 '무상공존자(無相空尊者)'라는 이름으로 편입되기에 이른다.

무상의 정중종은 후에 제자인 무주(無住)에게 전해지지만, 남종선의 발달로 급속하게 쇠퇴하게 된다. 정중종이 쇠퇴하게 된 원인은 중국의 변방인 사천을 거점으로 하고 있다는 점과, 남종선과 같은 현실 긍정의 자세가 아닌 혹독한 수행을 제시했기 때문이다.

정중종의 계보는 다음과 같다.

당나라와 서하불교의 최고가 된 무루

무루(無漏, ? ~762)에 대한 기록은 『송고승전』의 권21 「무루전(無漏傳)」 등에서 확인된다. 무루는 신라 국왕의 셋째 왕자로 왕위 계승이 유력했지만, 이를 피해서 출가해 당나라로 건너간다. 그는 원래 인도로 가서 붓다의 유적을 참배하고자 하였다. 하지만 서역남로를 거쳐 파미르 고원에 이르렀을 때, 그곳 사찰에서 그가 교화할 곳은 당나라라는 조언을 듣고 다시 당나라로 돌아가 서북쪽 변경 지역인 영하(寧夏)의 하란산(賀蘭山)에 머물게 된다. 이곳은 현재 영하 회족 자치구가 있는 곳이다.

하란산에서 혹독한 수행을 하던 무루가 중국불교계에 알려지게 되는 것은, 안사의 난에 의해 현종의 태자인 이형(李亨), 즉 숙종이 영하로 피난을 오면서부터이다. 현종과 태자가 안사의 난을 피해 촉으로 피난을 가던 중 양국충과 양귀비가 제거되고, 태자는 영하의 영무(寧武)에서 즉위하게 된다. 숙종은 즉위 후 꿈에서 금빛의 고승을 보게 되는데, 이 고승이 바로 무루였다. 이 때문에 안사의 난이 평정된 뒤 숙종은 무루를 장안의 황궁으로 모셔오게 된다. 무루는 황궁에서 교화하다가 762년 황제가 보는 앞에서 공중에 떠 입적했다. 무루의 시신은 전혀 부패되지 않았으며, 이후 유언에 의해 하란산의 하원(下院)에 모셔지게 된다.

무루의 불교는 후에 다시금 크게 융창하게 되는데, 이는 영하를 중심으로 서하왕조(1038~1227)가 개창하기 때문이다. 서하는 송나라, 금나라와 함께 당시 천하를 삼분하고 있던 왕조였다. 이 서하의 최대 불교 성지가 무루의 하란산이 되면서 무루의 명성은 또다시 일세를 풍미하게 된다. _ ⊛

078

중국에서 지장보살로 칭송받은 김지장

중국에 널리 알려진 김지장

당으로 간 신라 왕자들 중 원측, 무상, 무루도 중요하지만, 오늘날까지 중국인들 모두가 알고 있는 사람으로 단연 최고라고 할 수 있는 인물은 김지장(혹 교각, 696~794)이다. 김지장에 대한 기록은 813년 비관경이 찬술한 「구화산화성사기(九華山化城寺記)」나 『송고승전』의 권20 「지장전」 및 『구화산지(九華山志)』등을 통해 확인해 볼 수 있다. 특히 『구화산지』 권1에는 김지장의 법명이 교각(喬覺)으로 구체화되고 있어 주목된다. 그러나 이는 후대의 기록에서 확인되는 내용일 뿐이어서 어디까지 신뢰해야 할지는 의문이다.

관련 자료들에 따르면 김지장이 신라의 왕자였다고 하나 분명하

김지장의 이름이 교각으로 등장하는 가장 이른 시기의 문헌은 청나라 때의 『백장총림청규증의기(百丈叢林清規證義記)』의 「지장성탄(地藏聖誕)」 부분이다. 즉 당·송 시대의 문헌에서는 '교각'이라는 호칭이 전혀 발견되지 않는 것이다.

지는 않다. 중국에서는 신라의 왕족 출신도 상황에 따라서는 왕자라고 칭하는 경우가 있기 때문이다. 이는 『속고승전』의 권15 「법상전」에서 자장을 "신라왕자(新羅王子) 김자장(金慈藏)"이라고 칭하는 것을 통해 분명해진다.

일설에는 김지장을 성덕왕의 첫째 아들인 김중경이라고 하지만, 연대상 전혀 맞지 않는다. 실제로 무상 또한 성덕왕의 아들이라는 설이 있고, 무루 역시 성덕왕의 아들이라는 주장이 있다. 성덕왕은 통일신라 최고의 성군으로, 왕위에 오르기 전 신라 오대산에서 수행 생활을 하다가 왕이 되는 인물이다. 수행 생활을 할 때 성덕왕은 문수보살을 친견하는데, 왕이 된 지 4년 후인 705년에 문수보살을 친견했던 그 자리에 상원사를 창건한다. 이와 같은 성덕왕의 긍정적인 이미지로 인하여, 후대에 신라 왕족 출신의 유학승들을 성덕왕과 연관 지으려는 모종의 움직임이 존재하는 것이 아닌가 판단된다.

성덕왕 대에 안팎으로 국력을 떨치고 불교도 흥성함에 따라 이 시기에 왕자 및 왕족의 출가가 많았을 것으로 추정되지만, 현재 전해지는 자료가 부족하기 때문에 성덕왕과 김지장의 직접적인 연결점을 확인하는 것은 쉽지 않다. 더군다나 성덕왕과 김지장의 나이 차이가 열 살이 채 되지 않으므로 두 사람이 최소한 부자관계는 아니었을 것으로 추측된다.

신라 왕자가 신앙 대상이 된 구화산

『구화산지』 권1 등에 의하면, 김지장은 24세에 출가하여 719년 당나라의 안휘성 구화산으로 건너가 밥에 흰 흙을 섞어 먹는 등 청빈하고 엄격한 생활을 한 것으로 되어 있다. 이후 이 지방의 유력자인 민공(민양화閔讓和)의 후원을 받아 화성사(化城寺)를 창건하게 되는데, 김지장의 교화로 780년에는 화성사의 명성이 널리 알려지게 된다. 교화를 펼치던 김지장은 794년 99세의 나이로 입적하였다. 그런데 3년이 지나도 시신이 썩지도 않고 굳지도 않아 유연하므로 육신을 그대로 모셨다고 한다.

이러한 행적 때문에 중국불교에서 김지장은 지장보살이 인간의 몸으로 나타난 것으로 받아들여진다. 그래서 김지장이 머물던 구화산은 지장보살의 성산이 된다. 중국에는 이외에도 문수보살의 성산인 산서성 오대산과 보현보살의 성산인 사천성 아미산, 그리고 관세음보살의 성산인 절강성의 보타산과 낙가산이 있다. 이를 4대 성산이라고 하는데, 이 중 유독 구화산만 실존 인물이 신앙의 중심으로 존재하고 있는 것이다.

지장보살도에 새겨진 신라의 개

중국에서는 지장보살을 특별히 존칭하여 지장왕보살이라고 한다. 지장보살이야말로 대승보살 중에서도 최고의 보살이며, 사후세계의 심판자인 시왕을 주재하는 왕 중의 왕이라는 의미이다. 또 중국의 지장보살상과 지장보살도는 김지장을 모델로 하고 있기 때문에, 좌우로 민공과 민공의 아들이면서 김지장 문하로 출가하는 도명(道明)을 모시고 있다. 전체적으로 김지장과 관련된 인물들을 배치하고 있는 것이다. 도명과 관련해서는 당나라 때인 778년의 문건인 「환혼기(還魂記)」에 사후세계를 경험하고 온 양주 개원사의 승려라는 전승도 있어 다소 불분명한 측면이 있다.

또 김지장의 표현과 관련해서는 반드시 신령한 모습으로 묘사되는 선청(善聽)이라는 개가 있다. 이 개는 김지장이 신라에서 데려간 동물로, 삽살개라는 설이 유력하지만 일각에서는 이를 경주개 동경이로 보기도 한다. 선청에 대한 묘사는 우리나라의 지장보살도 중 고려 불화나 조선 초기의 불화에서도 일부 확인된다. 지장보살도에 그려진 동물과 관련해서, 이를 「환혼기」에 등장하는 문수보살의 화현(化現)인 사자, 속칭 금모사자(金毛獅子)로 보기도 한다. 그러나 사자 치고는 묘사가 빈약하다는 점에서 주목된다.

김지장은 지장 신앙의 현창자라는 의미가 크다. 지장 신앙은 중국 전통의 조상 숭배와 결합되는 부분이 크기 때문에 중국불교뿐만 아니라 민간에서도 폭넓게 지지를 받게 된다. 이것이 김지장이 불교를 넘어서 중국인 전체를 오늘날까지 매료시키고 있는 이유이다. 또 구화산은 현대에까지도 김지장의 수행 방식을 계승하고 있는데, 입적 후 시신이 부패되지 않는 육신불이 계속해서 출현하는 곳으로도 유명하다. _❀

079

동아시아를 넘어서는 신라인들

한국불교 최초의 인도 구법승, 겸익

한국인으로서 인도에 유학한 승려에 대한 기록은 「미륵불광사사적(彌勒佛光寺事蹟)」에 기록된 백제의 승려 겸익(謙益, 생몰연도 미상)과 『대당서역구법고승전』에서 확인되는 9인 등이 대표적이다. 여기에 가장 유명한 혜초와 원표, 오진이 추가될 수 있다. 즉 현존하는 기록만으로도 열 명이 훨씬 넘는 분들의 구법이 통일신라 때까지 존재하는 것이다.

겸익에 대해서 기록하고 있는 「미륵불광사사적」에 대해서는 이능화(1869~1943)의 『조선불교통사』 하(下)권의 「겸익재범본지율문(謙益齎梵本之律文)」에서 확인된다. 이에 따르면 겸익은 해로를 통해 인도의 상가나대율사(常伽那大律寺)에서 5년간 계율학을 공부하고, 백제 제26대 성왕 4년인 526년에 인도 승려 배달다(倍達多)와 함께 인도불교의 다섯 종류 율장인 오부율(5대 광율)을 가지고 귀국한다. 이후 겸익은 전륜성왕에 비견되는 불교 군주였던 성왕의 후원하에 백제의 고승 28인과 함께 계율과 관련된 전적 72권을 번역해서 백제 율학의 비조가 된다.

이렇게 놓고 본다면, 겸익이 백제를 출발한 시기는 성왕 이전인 제25대 무령왕 때임을 알 수 있다. 이는 723년 중국 광주에서 해로로 인도 유학길에 오르는 혜초에 비해 무려 200년이나 앞선 것으로, 삼국 시대에도 '구법'이라는 인도와의 왕래가 존재했음을 알려 준다. 즉 조선과는 사뭇 다른 해양 문화가 우리 고대에 존재하고 있었던 것이다.

신라와 통일신라의 인도 구법승들

중국 당나라 때의 승려인 의정은 해상 실크로드를 통해 인도를 왕복한 8세기 초를 대표하는 인물이자 역경승이다. 그런데 의정의 저술 중에는 『대당서역구법고승전』이라는, 2권으로 된 특이한 책이 있다. 이 책은 인도로 유학한 승려 61명의 전기를 연대 순으로 다룬, 당시까지의 구법승에 대한 종합 기록이다. 이 책에 등장하는 61명 중 중국인은 41명으로 압도적인 숫자를 차지한다. 그런데 다음으로 많은 것은 신라인으로 여덟 명이나 되며, 등장 순서도 네 번째에서 열 번째 등에 위치하고 있어 이들의 구법 여정이 매우 이른 시기부터 시작되었다는 것을 알게 해준다. 또 이외에도 고구려 승려 1인에 대한 내용도 존재한다. 『대당서역구법고승전』에 기록된 구법승들의 면면은 다음과 같다.

① 아리야발마(阿離耶跋摩)

아리야발마는 인도식 이름만 알려져 있으며, 한자 이름은 전하지 않는다. 아리야발마는 당나라 태종 때인 정관 연간(627~649)에 중국의 장안을 출발하여 인도 유학길에 올라 나란다사에서 율장과 논장을 수학하였다. 신라로 귀국할 마음이 있었으나 길이 멀어 뜻을 이루지 못한 채, 70세에 나란다의 샘인 용천 옆에서 입적했다.

② **혜업**(慧業)

정관 연간에 인도로 가서 나란다사에서 수학하다가 60여 세에 입적하였다.

③ **구본**(求本)

자세한 내용은 알 수 없다.

④ **현태**(玄太)

인도식 이름은 살바진야제바(薩婆眞若提婆)로 당나라 고종 때인 영휘 연간(650~656)에 티베트와 네팔을 경유해 북인도로 들어갔다. 현태는 붓다가 깨달음을 얻은 부다가야의 마하보디사, 즉 대각사(大覺寺)를 참배하고, 경장과 논장을 수학한 후 당나라로 귀국하였다. 현태는 인도를 갔다가 중국으로 귀국한 최초의 신라인이다.

⑤ **현각**(玄恪)

정관 연간에 중국 승려 현조와 함께 티베트를 거쳐 북인도로 들어간다. 이후 풍토병에 걸려 40여 세에 입적했다.

⑥⑦ **신라의 두 승려**

이름이 전해지지 않는다. 중국 당나라의 수도인 장안에서 출발하여 해상 실크로드를 타고 인도네시아 수마트라 섬 쪽까지 왔다가 병으로 입적했다. 이들은 채 인도에 도착하지 못한 안타까운 구법승이라고 하겠다.

⑧ **혜륜**(慧輪)

인도 이름은 반야발마(般若跋摩)이다. 중국 승려 현조가 인도에서 귀국한 뒤 당 고종의 칙명으로 665년 재차 인도 행에 나설 때, 시자로 따라나서서 티베트를 거쳐 북인도로 들어간다. 『구사론』에 능통한 인물로, 의정과 만난 674년 채 40세가 되지 않았다고 한다.

⑨ **현유**(玄遊)

고구려인으로 중국의 승려 승철(僧哲)과 동행하다가, 스리랑카에서 승철의 제자로 출가하여 수학한다.

이외에 장흥의 『지제사지(支提寺志)』나 「보림사사적기(寶林寺事蹟記)」 또는 『송고승전』 권30 등에 의하면, 통일신라의 구법승으로 원표(元表, 675?~760?)가 확인된다. 원표는 중국의 복건성에서 해상 실크로드를 따라 스리랑카를 거쳐 인도로 들어간다. 이후 중앙아시아의 우전국에서 80권 『화엄경』을 입수하여 중국을 거쳐 경덕왕 대인 755년경 신라로 귀국한다. 이후 장흥 지제사, 즉 후일의 천관사에서 주석하다가 입적했을 것으로 추정된다.

『화엄경』 권29(혹 권45)의 「보살주처품」에 의하면, 인도의 동남쪽에 지제산이 존재하며, 이곳에 천관보살이 1,000명의 보살들과 함께 머물면서 항상 설법하는 것으로 되어 있다. 원표는 바로 이러한 천관보살의 신앙자였던 것이다.

또 『대당청룡사삼조공봉대덕행장(大唐青龍寺三朝供奉大德行狀)』이나 「금태양계사자상승(金胎兩界師資相承)」에는 통일신라의 구법승 오진(悟眞)에 대한 내용이 있다. 오진은 밀교를 공부하기 위해 781년 당나라로 유학을 떠나 불공금강(不空金剛, 705~774)의 제자인 혜과(惠果, 746~805)에게서 수학한다. 이후 789년에 인도로 가서 『대비로자나경(大毗盧遮那經)』 등을 구해 귀국하다가 티베트에서 입적했다. 오진과 관련해서 특이한 점은 중국불교의 '오백 나한 신앙'에서 오진이 479번째 나한으로 비정된다는 점이다. 오백 나한 신앙은 인도에서 유래하였으나 중국화되는 과정에서 인도 승려 외에도 중국 고승들이 오백 나한으로 비정되는데, 이 과정에 신라 승려인 오진이 포함되는 것이다. 즉 오진은 신라에서 태어나 당나라를 거쳐 인도에 갔다가 티베트에서 입적한 후, 다시금 중국불교에서 나한으로 신앙되고 있는 것이다.

혜초, 20세기에 세계인으로 깨어나다

혜초(慧超, 704~787)는 한국불교에서 인도로 구법 여정에 오른 승려 중 유일하게 기행문을 남긴 인물이다. 이는 혜초가 세계인으로 주목되는 이유이기도 하다.

혜초는 성덕왕 18년인 719년 16세의 나이로 당나라에 유학한다. 이때 마침 광주로 들어온 남인도 출신의 고승인 금강계 밀교의 금강지(金剛智, 671~741)와 스리랑카 출신의 불공금강을 만나게 된다. 이후 혜초는 723년 스승 금강지의 권유에 의해 그가 떠나온 길을 거슬러서 해상 실크로드를 통해 인도로 들어간다. 그리고 4년간 인도의 성지 등을 순례한 다음 727년 파미르 고원을 넘어 중국의 서북쪽에 위치한 구자(龜玆)에 도착하게 된다. 이듬해인 728년 장안에 도착한 혜초는 이 무렵 자신의 인도 기행문인 『왕오천축국전』(3권)을 저술한 것으로 추정된다.

'혜초' 하면 의례히 『왕오천축국전』이 먼저 떠오르지만, 혜초는 당나라 중기 밀교의 최고 고승 중 한 명이다. 실제로 혜초는 733년 금강지의 가르침을 전수받으며 8년간 수학하였으며, 741년 금강지가 입적한 후에는 재차 불공금강의 제자가 되었다. 불공금강의 문하에는 육철(六哲)이라고 하는 여섯 명의 고제(高弟)가 있었다. 그 여섯 명은 ①함광(含光), ②혜초(慧超), ③혜과(惠果), ④혜랑(慧朗), ⑤원교(元皎), ⑥각초(覺超)로, 혜초가 두 번째에 위치하고 있다.

혜초는 780년 4월 15일 산서성 오대산에 위치한 건원보리사(乾元菩提寺)에서 입적한다. 건원보리사는 현재 금각사의 서남쪽에 위치한 청량사(淸凉寺) 남쪽에 있었던 보리지암(菩提之菴)으로 추정되고 있다.

그동안 불교사 속의 혜초는 『왕오천축국전』을 쓴 세계인이라기보다는 밀교의 고승이라는 이미지가 강했다. 그러던 것이 1905년 프랑스의 동양학자인 펠리오(Paul Pelliot)가 돈황의 문서들을 입수하는 과정에서, 앞뒤가 떨어져 나가 정체를 알 수 없는 총 6,000여 자의 두루마리 단편을 발견한다. 펠리오는 1908년이 되어서야 당나라 승려 혜림(慧琳)이 817년에 찬술한 『일체경음의(一切經音義)』의 내용을 통해서, 이 문서가 혜초의 『왕오천축국전』임을 밝혀낸다. 이후 1915년에는 일본의 다카구스 준지로(高楠順次郎)에 의해 이 문서를 쓴 혜초가 신라인이며, 밀교의 고승이라는 것이 드러나게 되었다. 즉 혜초가 신라 출신의 밀교 고승이자 『왕오천축국전』의 저자라는 사실은 불과 1세기 전에 밝혀진 새로운 사실인 셈이다. 이후 혜초는 밀교의 고승보다는 8세기의 인도 문화를 알 수 있는 기행문의 저자로 유명세를 떨치게 된다. 혜초가 남긴 기록이 혜초의 삶을 재규정하고 있는 것이다. _

080

불국토를 통해 대통합을 실천하다

진정한 통일의 필연성에 대한 시대적 요청

신라는 문무왕 대에 이르러 당나라를 몰아내고 삼국 통일을 완성했으며, 신문왕 대에 나라를 안정시켜 통일신라의 황금시대를 열게 된다. 이후 신문왕의 아들인 제33대 성덕왕(재위 702~737)부터 성덕왕의 둘째 아들인 제34대 효성왕(재위 737~742)과 셋째 아들인 제35대 경덕왕(재위 742~765) 때까지를 전성기로 볼 수 있다. 이 시기 대표적인 건축물이 바로 경덕왕 10년(751)에 착공되는 불국사와 석굴암이다.⁄ 불국사와 석굴암은 오늘날까지도 우리나라를 대표하는 건축물로 손꼽히는데, 이러한 건축물은 경제적 풍요로움과 문화적 역량이 균형을 이루는 동시에 정점에 이르러야만 가능한 시대적 산물이다.

⁄ 김대성은 불국사 공사를 시작한 후 24년 되는 해인 774년에 사망한다. 그리고 나라에서 이를 완성하였다고 『삼국유사』에는 기록되어 있다. 즉 최종적인 완성에 몇 년이 걸렸는지에 관한 정확한 기록은 전하지 않는 것이다. 다만 이종상(1799~?)의 「등불국범영루(登佛國泛影樓)」라는 시에 39년 만에 완공되었다는 기록이 있을 뿐이다. 그러나 이종상이 조선 후기의 인물이라는 점에서 이를 신뢰하기는 쉽지 않다.

신라는 676년에 삼국 통일을 완수하였으니, 불국사가 축조되기까지 약 70~80년의 시차가 있다. 삼국 통일 직후 원효와 의상의 화엄 사상을 통해 평등과 원융의 가치가 제시되었지만, 그럼에도 정복민이었던 신라인과 망국민이었던 고구려인, 백제인이 같을 수는 없었다. 그 때문에 화엄 사상과 더불어 내세를 통해 위안을 얻는 극락정토 신앙이 유행하게 된다.

그러나 2세대 이상이 경과하게 되면, 전쟁을 직접 경험한 세대들은 대부분 사라지고 고구려인과 백제인이 아닌 신라인만이 남게 된다. 이 시점에서는, 국토의 통합을 넘어서 정신적으로도 삼국을 완전히 통합해야 하는 과제가 요청된다. 이렇게 해서 건축된 것이 바로 불국사이다.

불국토를 통한 통합과 화엄불국사

불국사에서 '불국'은 부처님의 나라라는 의미이다. 신라라는 나라 안에서는 김유신이 옳고 계백은 그르며, 이 두 사람은 결코 양립할 수 없다. 그러나 붓다의 세계 속에서는 김유신과 계백이 모두 자신의 당위성을 가지며 올바를 수 있다. 이러한 대통합과 조화를 상징하는 건축물이 바로 불국사이다.

불국사의 본래 이름은 '화엄불국사'이다. 화엄이라는 본질적인 완전함 속에서 두루 평등하고 원융한 가치를 통해서 불국을 완성하겠다는 의미이다. 『삼국유사』 권5 「대성효이세부모(大城孝二世父母)」에는 불국사의 초대 주지로 의상의 손제자인 신림(神琳)이 언급되어 있다. 또 『십구장원통기(十句章圓通記)』 권하(下)에는, 불국사를 건축한 김대성이 의상의 출가 사찰이기도 한 황복사(皇福寺)에서 의상의 제자인 표훈(表訓)에게 가르침을 받는 내용이 수록되어 있기도 한다. 이는 불국사가 화엄 사상에 입각해 삼국의 정신을 하나로 통합하고 진정한 통일신라의 완성을 추구하고자 했다는 해석을 가능하게 한다.

불국사는 불교 사상적으로도 당시의 모든 불교적인 내용을 통합하려는 시도를 하고 있다. 이는 다른 사찰과 달리 진입로가 석가모니불과 아미타불의 각기 다른 두 영역으로 되어 있는 것을 통해서도 알 수 있다. 이같은 내용은 최치원이 「아미타불상찬 (병)서」에서, "화엄(華嚴)에 눈이 머물면 연화장(蓮華藏) 세계를 보게 되고, 불국(佛國)으로 마음을 치닫게 하면 안양(安養, 극락)으로 연결된다."라고 한 글을 통해서 분명해진다. 즉 석가모니불을 중심으로 하는 기본 구조에 통일신라 이후 유행하는 아미타불의 세계를 병행해서 받아들이고 있는 것이다. 그리고 그 후면으로 화엄종의 중심 부처님인 비로자나불과 대승불교에서 가장 영향력이 큰 관세음보살을 독립시켜 모시고 있다. 또 대웅전의 앞쪽에는 『법화경』 권4 「견보탑품(見寶塔品)」에 입각하여, 석가모니불과 다보불을 상징하는 석가탑(서탑)과 다보탑(동탑)이 배치된다.

이와 같은 가람 배치 구조는 불교 전체를 원융하게 통합하려는 의지가 잘 발현된 것으로 볼 수 있다. 불국사는 붓다의 세계인 불국토를 이상으로 제시함으로써, 불교의 통합과 민족의 통합, 그리고 정신의 통합을 이루고 더욱 진일보한 삼국의 완성을 지향한 것이다.

성덕왕과 오대산의 문수화엄 사상

화엄 사상을 통해 모든 불교적인 가치를 통합하려는 시도는 성덕왕에게서도 확인할 수 있다. 성덕왕은 자신이 왕위에 오르기 전 수행 생활을 한 오대산의 사찰을 후원하는데, 함께 수행 생활을 하다가 오대산에 계속 남아 승려로 사는 형 보천의 청을 들어준다. 보천이 제시한 것은 오대산의 다섯 산봉우리에 각각 다음과 같은 신앙 체계를 만드는 것이었다.

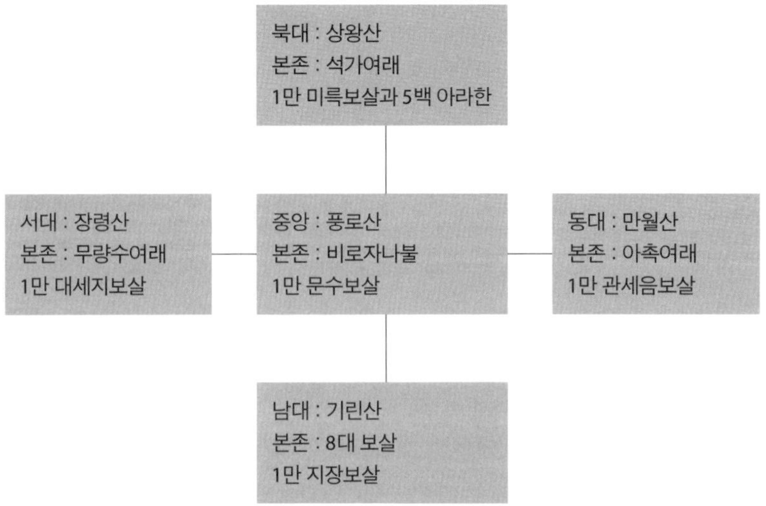

이 구조는 자장이 이식한 오대산의 문수화엄 사상을 바탕으로 모든 불교 사상과 신앙을 통합하고자 한 것이었다. 하지만 오대산이 수도 경주 근처가 아닌 강원도에 위치했다는 점, 그리고 삼국 통일의 상흔이 아물기에는 이른 시기였던 705년에 시도되었다는 점 때문에 실현되기에 어려움이 있었다. 결국 이 원대한 구상은 후일 경덕왕 대에 이르러 수도 경주에 불국사를 건립하는 것으로 완성된다. 불국사 건립은 김대성에 의해 시작되었지만 김대성이 역사를 마치지 못하고 죽자 국가에서 이를 완성했다는 기록은, 불국사의 창건이 국가가 주도적으로 참여한 위대한 역사였다는 점을 분명히 해준다. _ ⌘

Ⅲ.

신라불교의 새로운 흐름

선종의 발달과 후삼국 시대

821년 당나라에서 도의 귀국

당 무종의 폐불 842~846년

847년 범일이 당나라에서 귀국

860년경 체징이 보림사를 세우고 가지선문을 엶

황소의 난 발발 875년

892년 견훤이 왕을 칭함

900년 견훤의 후백제 건국

901년 궁예의 후고구려 건국

904년 궁예가 국호를 마진으로 변경

당나라 멸망, 오대십국 시대 시작 907년

911년 궁예가 국호를 태봉으로 변경

거란족의 요나라 건국 916년

918년 왕건이 추대되어 고려를 건국, 궁예 피살

927년 견훤이 신라 경애왕을 피살하고 경순왕을 옹립함

935년 경순왕 김부가 고려로 귀부함
견훤이 신검 등에 의해 금산사로 유폐됨

936년 견훤의 고려 투항과 고려의 후삼국 통일

081

산중 사찰과 선 수행, 선종이 발달하다

신라 하대 선종의 유입과 구산선문

당나라 중기 이후 선종이 점차 중국불교의 주류로 부각되면서 9세기 초 통일신라에도 그 영향이 미치게 된다. 여기에는 귀족적이고 권위적이 된 교종의 문제점과 함께, 신라 하대에 국가 기능이 약화되면서 지방의 신흥 세력들이 단도직입적이며 인간 평등을 주장하는 선종에 관심을 보인 측면이 존재한다. 마음의 본질을 자각하면 누구나 붓다가 될 수 있다는 주장은, 신분에 관계없이 누구나 귀족이나 군주가 될 수 있다는 것과 통할 수 있기 때문이다.

신라 하대 선종의 발달을 흔히 '구산선문(九山禪門)'으로 표현한다. 구산선문이란, '아홉 개의 산을 중심으로 하는 선종 승려 집단'이라

9란 동아시아 전통문화에서는 '완전함', '충만함'이라는 의미로도 사용된다. 그러므로 구산선문이란, 단순히 아홉 곳의 선문만을 가리키는 것이라기보다는 선불교의 번성과 백가쟁명의 상황을 상징한다고 이해하면 되겠다.

는 의미이다. 자료에 따라서는 11산 선문이나 13산 선문이라는 기록도 있는 것으로 보아 구산선문이라는 표현이 모든 시대에 일정하게 통용되는 것은 아니었다. 개창되지만 유지되지 못한 산문도 있었으며, 시대에 따른 이합집산도 존재한다는 말이다.

또 시기적으로도 구산선문 가운데 성립 시기가 가장 빠른 도의의 가지산문이 821년에 시작되는 반면, 가장 늦은 수미산문은 911년에 시작된다. 즉 동일한 시대가 아니라 90여 년의 시차가 있는, 나말여초에 중국 선종의 유입과 약진을 나타내는 말이 바로 구산선문인 것이다.

신흥 세력의 후원과 구산선문의 발전

통일신라는 9세기 중후반이 되면 국가 통제 기능의 상당 부분을 상실하고 큰 혼란을 겪게 된다. 이 때문에 892년 견훤이 후백제를 건국하고, 900년에는 궁예가 후고구려(태봉泰封)를, 이후 918년에 왕건에 의해 고려가 건국된다. 그리고 935년, 신라의 마지막 임금인 경순왕 김부가 왕건에게 귀부(歸附)하고, 936년에 후백제가 무너지면서 고려가 후삼국을 통일하게 된다. 이렇게 본다면, 구산선문의 정착과 발전은 신라 하대의 혼란과 후삼국의 성립 및 통일 전쟁 시기와 상당 부분 겹쳐 있다는 것을 알 수 있다.

각 산문은 모두 '산'을 중심으로 발전하였는데, 여기에는 두 가지 이유가 있다. 첫째는 이미 도시 안에 있는 좋은 곳들이 교종에 점유되어 있기 때문에 후발주자인 선종 입장에서는 산으로 갈 수밖에 없었다는 점, 둘째는 선종은 명상 수행을 중시하기 때문에 수행처로 산이 더 적합하며, 또 중국 선종에서부터 자급자족의 문화가 존재했다는 점이 그것이다.

또한 각 산문이 위치하는 곳은 경주와 같은 수도나 수도권이 아닌 변방 지역이었다. 이는 지방 신흥 세력의 후원을 바탕으로 선종이 정착하고 발전했음을 의미한다. 지방 신흥 세력 입장에서는 수도를 중심으로 하는 교종의 인정을 받을 수 없다는 한계가 있었는데, 이는 불교의 권위를 빌릴 수 없다는 의미가 된다. 이 문제는 당나라에서 새롭게 전래한 선종이 상당 부분 해소해 줄 수 있었기 때문에, 지방 세력들이 선종을 지지하는 이유가 되기에 충분하다. 이러한 상황들이 바탕이 된 덕분에 선종은 1세기 만에 뿌리 깊은 교종과 대등할 정도로 성장할 수 있었던 것이다.

산문 중에서는 본거지가 옮겨진 경우도 찾을 수 있는데, 이는 후원 세력의 유무 및 변화에 따른 경우가 많다. 또한 구산선문의 확립과 관련해서는 왕실이나 중앙 정부가 관련되는 경우도 있지만, 이는 특정 산문이나 선사에만 관련되어 있는 등 제한적인 측면일 뿐이다. 또 일부에서는 후대에 산문의 권위를 강조하기 위해서 작은 사건을 부풀리는 경우도 존재한다.

선종의 인가 문화와 당나라 유학

선종의 특징 가운데 하나는 깨달음에 대해서 스승에게 승인, 즉 인가(印可)를 받는다는 점이다. 교종은 교학적인 공부가 주된 것이기 때문에 그 사람이 아는 것을 객관화할 수 있는 측면이 존재한다. 그러나 선종의 핵심은 마음의 수양이었으며, 이것은 별도로 객관화시킬 수 있는 방법이 없다. 그러므로 먼저 깨달은 스승에게 인가를 받는 것이다. 인가를 받는 것 역시 주관적이라는 점에서 문제가 완전히 해소되는 것은 아니지만, 이를 통해서 최소한 기준이 없는 상황은 면할 수 있게 된다.

그러나 인가를 얻기 위해서는 반드시 스승에게 가서 수학해야 한다. 그러므로 구산선문의 개창자들은 모두 당나라에서 유학을 한 승려가 된다. 스승에게 인가를 받는 방식은 조직의 결속력을 강화하게 된다는 점에서, 선종이 교종을 따라잡기 수월한 구조를 만들어 낸다. _❀

082

구산선문의 발달과 신라에서 고려로의 전환

구산선문의 성립 순서와 홍주종의 약진

구산선문은 통일신라 말에 ①가지산문, ②실상산문, ③동리산문, ④성주산문, ⑤사굴산문, ⑥사자산문, ⑦봉림산문의 일곱 곳이 갖춰지고, 이후 고려 초에 ⑧수미산문이 개창되고 ⑨희양산문이 진정 긍양에 의해서 재차 추스려짐으로써 비로소 완성된다.

구산선문은 모두 남종선 계통으로, 특히 마조 도일의 홍주종 계의 약진이 두드러진다. 통일신라 말에 갖춰진 일곱 산문은 모두 홍주종 계에 해당하는데, 이렇게 되는 이유에는 홍주종 계가 당시 중국 선종을 대표하였다는 측면도 있지만, 홍주종의 현실 긍정적이고 활발발(活發發)한 행동주의가 당시 사람들의 심성 구조에 부합하였다는 측면도 존재한다. 고려 초의 수미산문은 조동종에 속하며 희양산문은 계통이 다소 불분명하다.

구산선문 가운데 중요한 산문 네 곳

구산선문을 순서에 따라서 나열하는 것은 보기에 복잡하다. 그러므로 후대 한국불교 선종의 발전과 관련해서 중요한 가지산문과 사굴산문을 먼저 정리해 보면 다음과 같다. 참고로 가지산문과 사굴산문은 현대 한국불교의 주류인 조계종의 근원이 되기도 한다.

① **가지산문**(迦智山門)

도의(道義, 생몰연도 미상)가 784년 당나라에 들어가 홍주종 마조 도일의 제자인 서당 지장(西堂智藏)에게 인가를 받고, 821년 귀국하여 설악산 진전사(陳田寺)에 머물면서 시작된다. 도의의 가르침이 염거(廉居, ?~844)에게 전해지고 이것이 보조 체징(普照體澄, 804~880)에게 전해진다. 체징은 837년에 입당했다가 840년에 귀국하여 장흥 가지산에 보림사(寶林寺)를 창건하게 되는데, 이로 인하여 가지산문이 완성된다. 가지산문에서 고려 중후기의 일연과 고려 말의 태고 보우가 나타나게 된다.

⑤ **사굴산문**(闍崛山門)

범일(梵日, 810~889)은 831년 당나라에 들어가, 마조 도일의 제자인 염관 제안(鹽官齊安)의 인가를 받는다. 그러나 당에서 수학하는 과정에 847년 회창법난이 일어나면서, 외국 승려의 강제 추방 조치에 따라 신라로 귀국하게 된다. 이후 강릉의 명주군왕(溟洲郡王) 김주원 세력의 후원하에 사굴산에 굴산사(崛山寺)를 창건하면서 사굴산문이 성립된다. 강릉이 속한 고대의 명주는 민족적으로나 문화적으로 신라와는 이질적인 성향이 있었다. 이로 인하여 중앙정부와 연계되지 않는 지방에 적

■ 구산선문의 성립 지역

합한 발전을 도모하면서, 10대 제자를 배출하며 크게 세력을 확대했다. 사굴산문에서 고려 중후기의 보조 지눌과 고려 말의 나옹 혜근이 나타나게 된다.

다음으로 구산선문 중 나말여초에 가장 번성한 성주산문과 수미산문을 정리해 보면 다음과 같다.

④ **성주산문**(聖住山門)

낭혜 무염(朗慧無染, 800~888)이 821년 당나라에 들어가 마조 도일의 제자인 마곡 보철(麻谷寶徹)의 인가를 받고, 845년에 귀국하여 보령

성주산 성주사를 창건하면서 완성된다. 무염은 경문왕과 헌강왕의 국사가 되는 등 신라 하대의 왕실과 밀접한 연결 관계를 구축하면서, 제자를 2천 명이나 배출하며, 성주산문을 크게 발전시켰다. 이후 고려가 들어서면서 성주산문은 왕건과 돈독한 관계를 형성하면서 나말여초 가장 번성한 선문을 만들게 된다.

⑧ **수미산문**(須彌山門)

진철 이엄(眞澈利嚴, 876~936)이 896년에 당나라에 건너가 동산 양개(洞山良价)의 제자인 운거 도응(雲居道膺)의 인가를 받고, 911년에 귀국하여 왕건의 절대적인 지지하에 해주 수미산 광조사(廣照寺)를 창건하면서 완성된다. 수미산문이 해주에 위치한다는 것은, 처음부터 수미산문이 고려 왕건과의 관계를 바탕으로 성립되었다는 것을 알 수 있게 해준다.

구산선문 중 덜 중요한 선문 다섯 곳

구산선문 중 실상산문, 동리산문, 사자산문, 봉림산문, 희양산문은 상대적으로 중요도가 떨어진다. 이들 선문들을 정리해 보면 다음과 같다.

② **실상산문**(實相山門)

홍척(洪陟, 생몰연도 미상)이 당나라에 들어가 마조 도일의 제자인 서당 지장의 인가를 받고, 826년 귀국하여 지리산에 실상사(實相寺)를 창건해서 완성된다. 홍척은 제42대 흥덕왕(재위 826~836)의 지지를 얻으며 실상산문을 발전시킨다. 홍척의 가르침은 이후 수철(秀澈, 817~893)에게로 이어지며, 수철의 제자인 편운(片雲)이 후백제 견훤의 지지를 확보하면서 실상산문을 번성하게 한다.

실상산문은 도의가 개창한 가지산문보다 시기적으로 늦으나 본격적으로 산문을 연 것은 도의보다 빠르다. 그러므로 실질적으로는 실상산문이 구산선문 중 가장 먼저 개창된 선문이라고 하겠다.

③ **동리산문**(桐裏山門)

혜철(惠哲, 785~861)이 814년 당나라에 들어가 서당 지장의 인가를 받고, 839년 귀국하여 곡성 동리산에 태안사(泰安寺)를 창건해서 완성된다. 혜철의 제자 중 유명한 인물로 고려 왕건의 스승인 도선(道詵, 827~898)이 있는데, 도선은 광양의 백운산(白鷄山) 옥룡사(玉龍寺)를 중심으로 활동하였다.

⑥ **사자산문**(師子山門)

철감 도윤(澈鑑道允, 798~868)은 825년 당나라에 들어가 마조 도일의 제자인 남전 보원(南泉普願)의 인가를 받고, 847년 당 무종의 회창법난으로 인한 외국 승려들의 강제 추방 조치에 의해 신라로 귀국하게 된다. 이후 경문왕의 지지를 얻어 무주 쌍봉사(雙峰寺)를 창건하면서 사자산문의 맹아가 시작된다. 도윤의 가르침이 징효 절중(澄曉折中, 826~900)에게 전해지고, 절중이 영월 사자산에 흥녕사(興寧寺)를 창건하면서 완성된다. 흥녕사는 지금의 법흥사인데, 고려 왕건의 지지를 받으며 사자산문은 일신하게 된다.

⑦ **봉림산문**(鳳林山門)

원감 현욱(圓鑑玄昱, 787~868)은 당나라에 들어가 마조 도일의 제자인 장경 회휘(章敬懷暉)에게 인가를 받고, 837년 귀국하면서 봉림산문의 맹아가 시작된다. 원감 현욱은 제48대 경문왕(재위 861~875)의 지지를 받아 혜목산 고달사를 중심으로 활동한다. 원감 현욱의 가르침이 진경 심희(眞鏡審希, 855~923)에게 전해지고, 진경 심희가 창원 봉림산에 봉림사를 창건하면서 비로소 완성된다. 창원의 봉림사는 경주와 비교적 가까웠기 때문에, 제52대 효공왕(재위 897~912)과 제54대 경명왕(재위 917~924)의 지지를 확보하면서 봉림산문을 발전시켰다.

⑧ **희양산문**(曦陽山門)

지증 도헌(智證道憲, 824~882)이 신라 안에서 4조 도신의 문손인 혜은(慧隱)에게 인가를 받아, 희양산에 봉암사(鳳巖寺)를 창건하면서 시작된다. 그러나 혜은은 남종선에 속하는 인물은 아니기 때문에 도헌의 손제자인 정진 긍양(靜眞兢讓, 878~956)은 900년 당에 들어가, 석두 희천 문하의 곡산 도연(谷山道緣)의 인가를 받고 924년에 귀국하여, 935년 스러져 가던 봉암사를 중창하여 희양산문을 완성하게 된다. 정진 긍양은 고려의 왕건과 이후의 군주인 혜종, 정종, 광종의 지지를 확보하면서 희양산문을 발전시키게 된다.

조동종을 전수받은 사무외대사

통일신라 말에는 홍주종 계가 주도하는 구산선문 외에도, 조동종의 시조인 동산 양개의 제자인 운거 도응(853~902) 문하에서 891~896년에 수학한 네 선승들도 주목할 수 있다. 이들을 사무외대사(四無畏大師) 즉 '네 명의 두려움이 없는 큰 스승'이라고 일컫는다. 사무외대사는 귀국

후에 왕건을 지지해서 종교적인 권위를 부여해 줌으로써, 새 왕조의 기틀이 안정될 수 있도록 도움을 준다. 사무외대사라는 명칭은 중국에서는 확인되지 않으며, 경유의 비문인 「오룡사법경대사비(五龍寺法鏡大師碑)」에서 살펴진다. 이는 이들이 왕건을 지지한 공으로 고려 초에 크게 존숭되었음을 알려 준다. 사무외대사의 왕건 선택에는 앞선 홍주종 계에 대한 후발주자로서의 조동종 계의 약진이 필요했기 때문인 측면도 분명 존재했을 것이다.

사무외대사는 각각 ①891년에 입당하여 905년에 귀국하는 선각대사(先覺大師) 형미(逈微, 864~917)와 ②형미와 함께 입당하여 908년에 귀국하는 법경대사(法鏡大師) 경유(慶猷, 871~921), 그리고 ③909년에 귀국하는 대경대사(大鏡大師) 여엄(麗嚴, 862~930)과 ④896년에 입당하여 911년에 귀국하는 진철대사(眞澈大師) 이엄(利嚴, 870~936)이다. 이 중 여엄은 성주산문 무염의 제자이기도 하며, 이엄은 앞서 설명한 왕건의 후원하에 수미산문을 개창하는 인물이다.

사무외대사가 조동종의 가르침을 잇고 있다는 것은, '통일신라 말의 홍주종 계'와 '후삼국과 고려 초의 조동종 계'에 따른 변화가 존재한다는 것을 알 수 있다. 이는 기본적으로 당 말과 오대십국 시대 초에 중국 선종이 홍주종 계 중심에서 조동종 계로 기류가 변화했다는 것을 의미한다. 또 후삼국과 고려 초의 선종에 대한 시대적인 요청 역시 변모했다는 것을 나타내 준다.

홍주종이 남성적이고 행동적이라면, 조동종은 여성적이고 잔잔한 선풍을 가지고 있다. 이는 통일 신라 말의 혼란기와, 후삼국 전란기의 요구가 달라졌음을 의미한다. 그러나 후발의 조동종 계는 왕건의 절대적인 후원을 입은 이엄을 제외하고는 독자적인 선문을 개창하지 못한다. 이는 우리나라 사람들의 심성 구조와 조동종의 선풍이 잘 맞지 않았다는 것을 의미한다. 실제로 일본불교에서의 선종은 홍주종보다는 조동종의 영향이 강하다. 즉 선종의 전파에는 민족에 따른 기질적인 특징도 작용하는 것이다. 결국 우리나라에서는 이후에도 홍주종 계가 조동종 계를 압도하게 된다. _ ⁂

083

후삼국, 미륵을 깨어나게 하다

흔들리는 신라

신라는 기원전 57년에서 935년까지 56명의 임금이 992년간 이어 온 왕조이다. 그래서 신라를 천년 왕국이라고 일컫기도 한다. 그러나 신라 역시 왕조가 오래되다 보니, 신라 하대가 되면 통치력에 문제가 발생하게 된다.

『삼국유사』의 권2 「표훈대덕」에는, 성덕왕의 셋째 아들인 제35대 경덕왕(재위 742~765)이 아들이 없자, 표훈에게 부탁해서 딸이 태어날 것을 아들로 바꿔 달라고 천상의 하느님(천제天帝)에게 요청했다는 내용이 있다. 하느님은 딸을 아들로 바꾸면 나라가 혼란스러워질 것이라고 충고하지만 경덕왕은 아들을 원했고, 이렇게 해서 태어난 이가 제36

세계에서 가장 오래 유지된 국가는 이집트(약 2,900년) → 로마(약 2,200년) → 일본(약 1,600년) → 프랑스(약 1,030년) → 신라(992년) 순이다. 이 중 수도를 바꾸지 않고 시작부터 끝까지 유지한 나라는 신라가 유일하다.

대 혜공왕(재위 765~780)이다. 혜공왕은 8세에 즉위하는데 원래 딸로 태어날 예정이었던 것을 아들로 바꾼 것이라 여성처럼 행동했고, 국가 장악력에 문제가 생겨 혼란이 발생한다. 결국 혜공왕은 780년 상대등 김양상에게 시해당한다. 김양상은 김씨 세습을 확립하는 제17대 내물왕(재위 356~402)의 10대 후손으로, 제37대 선덕왕(재위 780~785)으로 즉위한다. 성골이 즉위했던 진덕여왕 때까지를 상대 신라라고 한 것에 견주어 태종무열왕부터 혜공왕까지를 중대 신라라고 칭한다.

「표훈대덕」에서는 신라 하대의 혼란이 국가 안정보다 아들을 중시한 경덕왕의 무리한 욕심 때문에 시작되었다고 보고 있다. 그러나 역사적인 자료에 따르면, 태후의 섭정 시기 문제를 극복하고 왕권을 강화하려는 혜공왕의 노력이 귀족 세력에 의해 차단당하고 도리어 죽음에 이르는 결과를 초래한 것으로 해석된다.

표훈은 의상의 10대 제자 중에서도 단연 최고로 꼽는 인물로, 흥륜사에 모셔진 신라 10대 성인 중 한 명이기도 하다. 일연은 "표훈 이후로는 신라에 더 이상 성인이 나타나지 않았다."라고 기록하고 있다. 이는 신라 하대에 국가가 안정되지 못하고 내부 권력 다툼이 끊이지 않았다는 의미로도 해석할 수 있다.

미륵불을 자칭한 궁예

900년에 후백제, 901년에 후고구려(태봉)가 건국되면서 통일신라 시대는 후삼국 시대로 접어들게 된다. 그러나 후삼국 시대는 견훤과 궁예, 왕건이 주도권 다툼을 할 뿐, 신라에는 이렇다 할 부분이 없다. 즉 당시 신라는 전통의 권위로 유지되는 국가일 뿐, 정상적으로 기능을 하는 나라는 아니었던 것이다.

후삼국이 전쟁 상황에 돌입하자, 삼국 시대 말기에 유행했던 미륵 신앙이 다시 전면에 대두한다. 미륵 신앙을 전폭적으로 내세운 인물은 세달사 승려 출신이었던 궁예이다. 『삼국사기』의 권51 「궁예」에 따르면, 궁예는 스스로를 미륵불이라 칭하고 장남을 청광보살, 차남을 신광보살이라 하였다. 청광보살과 신광보살은 미륵의 좌우보처 보살이다. 궁예는 또 스스로 20여 권의 경전을 찬술하기도 했다.

통일신라 이전의 미륵 신앙과 후삼국의 미륵 신앙에는 차이가 있다. 통일신라까지의 미륵 신앙에서는 군주가 미륵이 되는 것이 아니라 미륵을 모시는 전륜성왕, 즉 덕치의 대제왕이 되고자 했을 뿐이다. 그러나 후삼국 시기 궁예는 스스로가 미륵이 되어 티베트와 같은 제정일치 국가를 만들고자 했다. 하지만 견제 세력이 존재할 수 없는 궁예의 독주는 결국 신하들의 반발을 불러일으키게 되었고, 마침내 918년 신하들의 신망이 깊었던 시중 왕건에 의해 무너지고 만다. 이후 왕건은 정치적인 안배와 배분을 통해서 정권을 안정시키는 방향으로 정책을 추진한다. 이는 종교를 끌어들여 왕권 강화에만 치중하다가 몰락한 궁예와, 신하들에 의해 추대된 왕건 간의 입장 차이에 따른 행보로 판단된다.

견훤의 미륵 신앙과 불교적인 다양성

궁예만큼은 아니지만 견훤 역시 불교적인 인물이다. 이는 견훤의 아들 이름에 금강(金剛)이나 수미강(須彌康)과 같은 불교식 표현이 보이는 것을 통해서 알 수 있다. 견훤 또한 미륵 신앙과 관련이 있는데, 이는 『신증동국여지승람』의 권34 「금구현(金溝縣)」에 견훤이 금산사를 창건했다는 기록으로 판단해 볼 수 있다. 금산사는 진표(眞表, 생몰연도 미상) 율사 이전부터 존재했던 곳으로, 미륵을 신앙하는 법상종 사찰이다. 그러므로 금산사는 견훤이 창건한 것이 아니라 대대적으로 중창한 것으로 이해할 수 있다. 견훤은 넷째 아들인 금강을 후계로 삼지만, 첫째 아들인 신검에 의해 금산사에 유폐되어 4년을 보내게 된다. 또 견훤은 922년에는 익산의 미륵사 탑을 개보수하기도 했다.

그러나 궁예와 달리 견훤은 미륵 신앙만 추종한 것은 아니었다. 견훤은 지리산 화엄사를 중심으로 화엄학의 일가를 이룬 남악파의 종장 관혜(觀惠)나, 구산선문 중 곡성 태안사를 중심으로 한 동리산문 도선의 제자인 경보(慶甫)를 중시했다. 즉 견훤은 당시 유력한 화엄종과 선종 및 미륵 신앙의 법상종 등을 활용하며 국가 기반을 다졌던 것이다.

■ 고려 건국 전 후삼국의 영토

왕건이 후삼국을 통일하는 과정에서 가장 주목되는 것은, 신라의 마지막 왕인 제56대 경순왕(재위 927~935) 김부가 935년에 자진해서 고려로 귀부한다는 점이다. 따라서 왕건은 신라의 정통성을 그대로 계승하게 된다. 즉 훗날 조선이 건국되는 때와는 사뭇 다른 상황이 연출되는 것이다. 『삼국사기』의 권12 「경순왕」에 따르면, 왕건은 귀순한 경순왕을 정승공(正承公)에 봉하고 태자보다 높은 지위인 상보(尙父)로 삼아 위로하였다고 되어 있다. 신라와 고려의 이와 같은 계승 관계는 불교가 고려에서도 그대로 유지되도록 하는 한편, 신라 왕족인 경주 김씨 역시 막강한 세력으로 잔존할 수 있도록 했다. 이는 고려가 몰락하고 조선이 성립하는 과정에서, 불교에서 유교로 지배 이데올로기가 교체되고 고려 왕족인 왕씨가 몰살당한 것과는 완전히 다른 결과였다.

왕건이 박술희를 통해 후손에게 전한 통치 지침인 「훈요십조」 중 1조, 2조, 6조가 불교에 대한 내용인데, 그중 가장 중요한 제1조는 "우리 국가의 대업은 반드시 모든 부처님들께서 보호해 주시는 힘을 근본으로 하고 있다. 그러므로 선종과 교종의 사원을 창건하고 주지를 임명하여 수행과 기도를 하게 함으로써, 국가와 불교가 잘 발전할 수 있도록 해야 한다."라는 것이다. 이는 불교가 신라를 넘어서 고려에서도 계속 순항하게 된다는 것을 의미한다. _慧

Ⅳ.

고려불교의 변화와 흐름

고려 시대의 불교

	936년	고려의 후삼국 통일
후주 세종의 폐불	955~958년	
송나라 건국	960년	
	973년	균여 입적
	993년	거란의 1차 침입
이슬람 세력의 인도 침입	1000년경	
	1010~1011년	거란의 2차 침입
	1011년	초조대장경 판각 시작
비크라마시라의 최고 고승 아티샤의 티베트 방문	1042년	
	1087년	초조대장경 완성
	1091년	의천의 교장 판각 시작
	1097년	국청사 완공과 교장 판각 중단
	1170년	무신정권 시대 시작
	1190년	지눌의 정혜결사 조직
이슬람 세력의 비크라마시라 사원 파괴	1203년	
인도 최초의 이슬람 정권인 노예 왕조가 시작 칭기즈 칸이 몽골족을 통일	1206년	
	1231년	몽골의 1차 침략
	1232년	고려의 강화 천도 몽골의 2차 침략 초조대장경이 화재로 소실(12월)
	1235~1239년	몽골의 3차 침략
	1236년	재조대장경 판각 시작
	1238년	몽골군에 의해 황룡사 소실
	1251년	재조대장경 완성
	1270년	무신정권 시대 종료, 고려의 개경 환도
쿠빌라이 칸, 국호를 '원'으로 고침	1271년	
	1273년	삼별초의 항쟁 종료
	1281년경	일연의 『삼국유사』 저술
	1326~1328년	인도 승려 지공이 고려에서 활동함
홍건적의 난 발발	1351년	
	1356년	보우가 왕사가 됨
	1365년	신돈이 공민왕의 신임을 얻은 신돈의 개혁 정책이 시작됨
주원장, 명나라 건국	1368년	
	1371년	나옹이 왕사가 됨
	1377년	청주 흥덕사에서 금속활자로 『직지심체요절』을 인쇄
	1392년	무학이 왕사가 됨, 이성계의 조선 건국

084

불교를 국교로 삼은 나라, 고려

왕건, 통합의 리더십을 말하다

왕건은 새로운 왕조를 개창한 창업 군주이긴 하지만, 고려는 모든 것을 새롭게 창업한 국가라고는 할 수 없다. 이는 궁예가 고구려를 계승한다고 천명한 태봉을 이은, 혹은 궁예의 창업 초심이기도 한 고구려를 재천명한 국가이기 때문이다. 주지하다시피 왕건은 자신이 섬기던 군주인 궁예를 제거하고 왕위에 오르는 인물이다. 그럼에도 궁예가 천명한 고구려를 계승하고 있다는 것은 매우 이례적이다.

물론 여기에는 당시 군주였던 궁예를 왕건으로 대체하여도 큰 문제가 없는 상황이었음은 재론의 여지가 없다. 즉 왕건은 통합적인 리더십의 관점에서, 이전의 전통과 변별되는 각을 세우기보다는 이를 감싸 안는 계승과 승화의 측면을 강조했던 것이다. 이는 신라의 마지막 왕인 경순왕이 고려로 신라를 귀부시키게 되는 이유인 동시에, 고려 안에서 신라의 전통과 왕족이었던 경주 김씨 일족이 그대로 유지되는 부분에 대한 이해도 가능하게 한다.

불교의 시대, 불교의 나라

왕건의 집안은 왕건의 조부인 작제건 대부터 본격적인 체계를 갖추기 시작하는 지방 호족이었다. 특히 그의 집안은 무역과 관련된 해상 세력을 바탕으로 성장하였는데, 상업은 이윤 추구라는 목적을 위해서는 수단의 정당성을 가리지 않으며 방법의 변화 역시 주저하지 않는다. 이와 같은 출신 세력의 특징은 왕건이 통합적인 리더십을 갖출 수 있게 해주는 한 배경이 된다.

불교는 인도에서 발생할 당시부터 상업에 종사하는 사람들의 지지를 얻으며 성장한 종교인 동시에, 통일신라 시대부터 중앙귀족만이 아니라 지방 세력까지 모두의 지지를 받고 있었다. 왕건 시대의 화두가 지방 호족 세력의 지지를 보다 많이 확보하는 것이었다는 점에서 볼 때, 왕건은 이념적으로나 전통적인 측면에서나 불교를 계승할 수밖에 없었다. 이는 「훈요십조」의 제1조에서 고려가 불교 국가임을 천명한 것을 통해서도 매우 분명해진다.

물론 불교 안에는 선발주자인 귀족적인 교종과 후발로서의 평민적인 선종의 대립양상이 존재했다. 이 중 새로운 왕조의 창업 군주인 왕건이 '누구나 자신의 마음만 밝히면 붓다가 될 수 있다'는 인간 평등을 주장한 선종에 경도되는 것은 당연한 일이었다. 선종에서 자신의 마음을 밝혀 붓다가 되는 것처럼, 왕족이 아닌 왕건이 각고의 노력을 통해 창업군주가 되는 것을 변증할 수 있기 때문이다. 즉 선종은 왕건의 군주로서의 당위성을 확립하기 유리한 이념을 제공하고 있었던 것이다. 이는 왕건이 불교와 관련해서 구산선문 중 동리산문 출신의 도선에게 의지한 것을 통해서도 분명해진다.

풍수지리설에 입각한 도선의 비보사찰설

왕건의 「훈요십조」 제2조에는 "고려의 모든 사찰은 도선이 산수의 형세를 감안하여 조율해 놓은 것이니, 함부로 추가하면 지기가 훼손되어 왕조가 길지 못할 것이다."라고 되어 있다. 뒤이어 "신라가 망하게 된 원인이 신라 하대에 함부로 사찰을 짓다가 지기가 손상되었기 때문이니 경계해야 한다."라고 언급하고 있다.

이 내용은 도선이 왕건과 고려 왕조를 위해, 전국의 산천을 대상으로 산천의 형세에 맞춰 지기가 잘 통하도록 사찰의 위치를 조율했다는 의미로 이해된다. 풍수지리란 사람이 살기 좋은 터에 대한 오랜 경험을 토대로 한 이론이다. 특히 중국과 같은 평지 국가와 달리 우리나라는 산지가 많기 때문에 좋은 터에 대한 인식이 더 민감하게 작용한다. 그런데 풍수지리설에 따르면, 천연의 자연에는 본래부터 완전히 좋은 땅은 있을 수 없으므로 부족한 것을 보충하고 남는 것은 덜어 내는 작업이 이루어지게 된다. 그리고 이 역할을 산사를 통해서 했다는 것이다. 이를 비보사찰설(裨補寺刹說)이나 비보사탑설(裨補寺塔說)이라고 하는데, 사찰이나 탑을 통해 산천의 기운을 보충한다는 의미이다. 마치 사람의 몸에 침이나 뜸을 놔서 혈액과 기운이 잘 통하도록 하는 것처럼, 산사 또한 그런 역할을 한다는 것이다.

비보사찰설의 유행은 국가의 유지와 발전을 위해 산사가 필요하다는 당위성을 만들었다. 이는 산사는 외진 곳에 위치한 수행처로서의 역할만이 아니라 국가를 위해서도 중요한 시설임을 강조하는 것으로, 이후 산사에 대해 국가적인 위상을 부여하고 지원 또한 확대해 나가게 된다. 즉 도심 사찰과 달리 산사가 입지적으로 신도들과 접촉하기 힘든 불리한 환경이라는 것을 극복할 수 있는 요소가 갖춰진 것이다. 선종을 중심으로 하는 산사는 이후 교종이 중심이 되는 도심 사찰의 번잡함과는 달리, 수행처에 적합하다는 공간적인 신성함과 정화의 이미지를 갖춤으로써 차별성을 확보한다. 이 역시 선종이 발전하는 한 계기로 작용하게 된다.

그러나 왕건이 「훈요십조」에서 산수의 형세를 감안해 산사의 위치를 조율해 놓았다는 것은, 이후 산사가 함부로 들어설 수 없다는 점에서 제한적인 의미를 내포한다. 이 때문에 이미 성립된 홍주종 계의 선종은 후발의 조동종이나 법안종 등에 비해 유리한 위치를 점령하게 된다. 즉 비보사찰설은 홍주종 계가 독주하는 한 배경이 되기도 하는 것이다. _❀

승과 제도의 시행과 불교 종파의 통합

광종의 왕권 강화와 안정되는 고려

태조 이후 제2대 혜종(재위 943~945)부터 제3대 정종(재위 945~949), 제4대 광종(949~975)까지는 모두 왕건의 아들이다. 이런 일이 가능했던 이유는 혜종과 정종의 재위 기간이 각각 2년과 4년으로 짧았기 때문이다. 이는 고려 초기에 왕권의 안정이 쉽지 않았음을 나타내는 동시에 광종 때에 이르러 고려의 기틀이 갖춰진다는 것을 의미한다.

왕건은 부인이 29명이나 된다. 그는 결혼 정책을 통해 지방 호족들을 끌어들인 다음 그들에게 지분을 안배해 왕권을 안정시켰지만, 왕건 사후에는 오히려 이들을 다스리기가 쉽지 않았다. 이러한 시대적 과제를 해소한 이가 바로 광종이다. 광종은 고려 성립 과정에서 대두한 호족 세력을 혁파하고 왕권을 강화시키는데, 958년에 실시한 과거제 또한 그 연장선상에서 이해될 수 있다. 과거제 시행은 지분에 따른 관직 안배가 아니라, 국왕이 선출한 국왕을 보필하는 신하 집단이 존재하게 된다는 것을 의미하기 때문이다.

또한 광종은 신라 하대부터 방만해진 불교를 정비하기 위해 승과 제도를 시행한다. '보원사법인국사보승탑비(普願寺法印國師寶乘塔碑)'에 따르면, 광종이 921년에 해회(海會)라는 명칭으로 승과를 시행한 것으로 확인된다. 이를 보면 광종은 승과제를 먼저 실시한 뒤 과거제를 도입하고, 과거제가 정비된 958년 이후 체계적인 승과를 실시한 것으로 추측된다. 승과 실시는 지방 호족들과 연결되어 있는 승려들을 견제하고, 국교로서 불교의 기틀을 확립하는 데도 일조하게 된다. 그리고 이와 같은 불교 안정을 바탕으로 과거제를 통해 왕권을 강화시키는 방식을 사용하고 있는 것이다.

승과는 3년에 한 번씩 열렸는데, 교종과 선종으로 나누어 시험을 보게 했다. 그 구조와 위계의 차등, 즉 승정 제도(僧政制度)를 간략히 제시해 보면 다음과 같다.

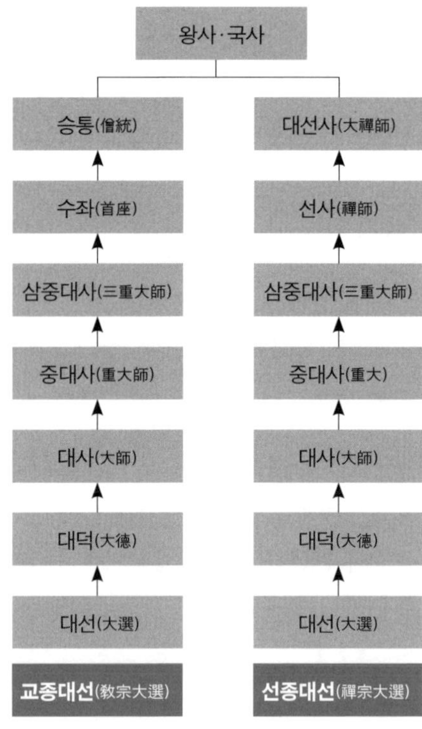

이러한 승과 체계를 보면 우리가 흔히 듣는 대사나 선사 같은 호칭이 사실은 승과의 높은 직급과 관련됨을 알 수 있다. 승과의 시행은 승려의 수준을 높이고 안정시킨다는 긍정적인 요소도 있지만, 그와 동시에 국가가 불교 교단을 통제한다는 단점도 내포한다. 그러나 광종은 능력 있는 승려들이 빠르게 진급할 수 있는 구조인 승과제의 시행을 통해 안정을 확보하고, 이를 바탕으로 968년에는 이사제도(二師制度), 즉 국사와 왕사 제도를 완비한다. 이로써 고려의 승정 제도는 광종에 의해서 일단락된다.

불교 교단의 통합과 화엄종의 균여

왕권을 강화하고 국가 체제를 정비한 광종의 정책은 불교 교단의 통합과도 관련이 있다. 이 중 먼저 확인되는 것이 교종의 통합으로, 이 과정에서 대두되는 인물이 바로 화엄종의 균여(均如, 923~973)이다.

『균여전』에 따르면, 후삼국 시대 화엄종은 가야산 해인사를 중심으로 활동하는 희랑과 지리산 화엄사를 중심으로 하는 관혜로 나뉘게 된다. 이들은 각각 왕건과 견훤의 지지를 받으면서 희랑의 북악파(후에 부석사까지 확대됨)와 관혜의 남악파로 완전히 결별하게 된다. 균여는 북악파와 남악파를 통합하기 위해 노력했으며, 더 나아가 성상융회(性相融會)를 주장했다. 성상융회란, 당시 교종 가운데 세력이 가장 강력했던

출가한 승려를 시험으로 평가하는 것이 타당하냐는 지적은 어제오늘의 일이 아니다. 그러나 붓다 시대부터 화상과 아사리라고 해서, 출가한 햇수를 기준으로 선후배를 나누는 측면과 능력에 따른 변별의 두 가지가 불교 안에는 존재했었다. 이 중 보다 비중이 큰 것은 능력에 따라 구분한 아사리에 대한 부분이다. 이 아사리에 대한 존중은 인도문화 속에서 후발의 불교가 다른 종교들을 압도하게 되는 결과를 초래한다. 이런 점에서 볼 때, 동아시아의 승과 제도는 붓다의 의지를 계승하는 한 방식이라는 판단도 가능하다.

화엄종과 법상종을 융합하자는 주장이다. 이와 같은 균여의 주장은 지방 호족을 견제하고 통합함으로써 왕권을 강화하려는 광종의 의지와 부합하는 동시에, 광종의 정치적 판단에 사상적인 배경을 제공해 주는 것이었다.

광종은 963년 개경의 송학산에 귀법사(歸法寺)를 창건하여 균여를 후원한다. 귀법사의 귀법(歸法)이란, 모든 것이 진리로 돌아간다는 의미로 광종의 통합 의지를 상징한다고 하겠다. 그러나 967년 무렵 귀법사의 승려 정수(正秀)의 모함으로 균여가 불교계 전면에서 물러나고, 973년 입적하게 되면서 광종의 교종 통합 노력도 한풀 꺾이게 된다.

균여의 저술은 현재 『법계도원통기』(2권), 『십구장원통기』(2권), 『화엄삼보장원통기』(2권), 『석화엄교분기원통초』(10권), 『석화엄지귀장원통초』(2권)가 전해진다. 균여의 모든 저술에는 원통(圓通)이라는 표현이 들어가 있는데, 이는 교종의 통합에 대한 의지인 동시에 균여가 원통대사(圓通大士)로 불리게 되는 이유가 된다.

광종의 법안종 도입과 선종의 통합 노력

광종은 선종에 대해서도 여러 선문들을 통합하기 위한 다양한 노력을 시도한다. 그중 대표적인 것이 중국의 남종선에서 새롭게 성립한 법안종을 도입해 선종을 통합하려 한 것이다.

법안종은 석두 희천 계열의 법안 문익(法眼文益, 885~958)에 의해 시작되어 선종 가운데 가장 늦게 발흥한 종파로, 남종선과 화엄 사상을 융합한 관점을 제시했다. 법안 문익의 수제자가 법안종의 제2조인 천태 덕소(天台德韶, 891~972)이며, 천태 덕소의 제자가 제3조가 되는 영명 연수(永明延壽, 904~975)이다. 영명 연수는 선종과 교종의 일치를 주장하는 『종경록(宗鏡錄)』(100권)과, 선과 염불을 합한 염불선을 제창한 『만선동귀집(萬善同歸集)』(6권) 등 60여 종을 책을 찬술하며 교종과 선종, 그리고 염불까지 아우르는 대통합을 주장하였다.

『경덕전등록(景德傳燈錄)』 권26에 따르면, 광종은 『종경록』과 『만선동귀집』을 읽고 크게 감동하여, 문서를 통해 제자의 예를 표하기에 이른다. 또한 고려의 승려들을 영명 연수의 문하로 보내 법안종을 배워오도록 한다. 이후 광종은 영명 연수에게 수학하고 돌아온 36명과 함께 선종의 통합을 적극 지원한다. 이때의 핵심적인 인물이 970년에 귀국하는 지종(智宗, 930~1018)이다. 남종선과 화엄 사상을 융합하는 관점은 균여에 의한 고려 불교의 사상적 배경과도 적절하게 맞아 들어가는 것이었다. 이로 인하여 법안종은 일시에 활기를 띠게 되지만, 법안종이 채 자리를 잡기도 전에 975년 광종이 사망함으로써 선종 통합 노력은 결국 실패로 돌아가고 만다.

의천의 송나라 행과 천태종의 개창

불교 종파를 통합하려는 광종의 노력이 비록 실패로 돌아갔지만, 이후에도 통합을 위한 노력은 계속된다. 광종 이후 주목할 만한 인물은, 고려 최대의 성군으로 평가받는 제11대 문종(재위 1046~1083)의 넷째 아들인 대각국사(大覺國師) 의천(義天, 1055~1101)이다. 『대각국사문집』의 권1에 따르면, 의천은 전생에 신분이 낮은 중국 승려였지만 염불을 많이 한 공덕으로 고려 왕 문종의 아들로 태어나게 된다. 이후 문종이 아들 중 한 명이 출가하기를 원하자, 당시 열한 살이었던 의천이 자원하여 화엄종 사찰인 개경의 영통사(靈通寺)에서 경덕국사(景德國師) 난원(爛圓, 999~1066)의 문하로 출가한다. 의천과 관련된 가계에서 주목되는 점은, 문종 사후 제12대 순종(재위 1083)과 제13대 선종(재위 1083~1094), 그리고 제15대 숙종(재위 1095~1105)이 모두 의천의 형이라는 점이다. 이는 의천이 고려불교와 관련된 다양한 사업을 추진할 수 있는 좋은 배경이 된다.

의천은 송나라에 가서 불교적인 안목과 역량을 키우기를 원했지만, 문종과 선종은 해로의 위험 등을 염려하여 이를 허락하지 않았다. 하지만 의천은 1085년 상선을 타고 몰래 송으로 건너가 화엄종, 천태종, 법상종, 선종, 율종의 승려 등 50여 명을 만나 교류하며 가르침을 받았다. 또 이때 절강성 천태산 국청사(國淸寺)에서 천태 지의가 묻혀 있는 지자탑원(智者塔院)을 참배하고 천태종의 도입과 유포를 발원한다. 당시 천태종은 통일신라 시대에 전래되었으나, 하나의 독립된 종파로 발전하지 못한 상태였다. 이것이 결국 의천에 의해 가능하게 된 것이다. 이후 의천은 선종과 태후의 간곡한 요청으로 송나라로 떠난 지 14개월 만에 고려로 귀국한다.

1089년부터는 의천의 요구와 태후의 발원으로 개경에 국청사 공사가 시작되어 1097년에 완성된다. 국청사는 천태종의 본산인 천태산의 중심 사찰이었던 국청사의 이름을 따온 것으로, 고려 천태종의 확립을 위한 거점 사찰이었다. 의천은 국청사의 낙성과 더불어 천태종을 진작하게 되는데, 이때 1,000여 명의 승려가 운집하였다. 이들 중 대다수는 선종의 승려들이었으며 화엄종과 관련된 승려들도 있었다. '운문사

국청사는 천태산의 총본산으로 601년 당시 진왕이었던 양광에 의해서 건립된다. 지의는 597년에 입적하였으므로, 국청사의 창건은 장안 관정과의 관계를 통해서 이루어진다. 604년 양광이 수 양제로 등극하면서 천태종은 더욱 강력한 후원을 받게 된다.

원응국사비(雲門寺圓應國師碑)'에 따르면, 당시 선종에서 천태종으로 전향한 이들이 60~70퍼센트나 된다고 개탄하는 내용이 기록되어 있다. 이는 천태종과 선종의 연결 관계를 알 수 있게 해준다는 점에서 주목된다. 또 이때를 한국불교 천태종의 시작이라고 보는데, 천태종이 이와 같이 일시에 흥하게 되는 것은 의천의 강력한 의지와 더불어 국가 차원의 막대한 지원이 있었기 때문이다.

의천의 불교 통합 노력과 교관겸수

의천 당시 고려불교에서 강력한 영향력을 확보한 종파는 화엄종과 법상종, 그리고 선종이다. 의천은 이들 가운데 어느 한 종파로 불교를 통합하는 일이 어렵다고 판단하고, 선과 교가 조화를 이루고 있다고 생각되는 천태종을 도입해 고려불교의 융합을 꾀했다. 그래서 교와 선을 함께 수행해야 한다는 교관겸수(敎觀兼修)를 주장하게 된다. 이는 균여의 교종 통합과 지종의 선종 통합 노력에 이은 것인 동시에, 좀 더 확대된 교와 선의 통합을 제시한 것이다.

교종과 선종이 통합되어야 한다는 주장은 의천이 처음 제기한 것은 아니다. 관점과 강도의 차이만 있을 뿐, 종파 불교가 확립되는 수·당 시기부터 이와 같은 요구는 언제나 있어 왔다. 그러나 의천 당시 고려불교는 종파 간의 대립이 심각해 국론 통합을 저해하고 국가 역량에 악영향을 미치고 있었다. 그렇기 때문에 왕자 신분으로 출가한 의천은 통합의 문제를 강력하게 제기하였고, 이에 대한 국가적인 지원도 가능했다. 그러나 국청사가 완공된 4년 뒤인 1101년에 의천이 사망하게 되면서 고려불교를 통합하려는 의천의 노력 역시 빛을 잃고 만다. _⑱

086

팔만대장경의 판각과 의천의 교장 간행

거란의 1차 침략과 고려의 실리 외교

북방에 대한 통치가 약해진 당나라 말기, 내몽고를 중심으로 선비족의 한 갈래인 거란족 야율아보기(耶律阿保機)는 907년 여러 부족을 통합해 나라의 기틀을 확립한다. 이렇게 해서 탄생한 나라가 요나라(916~1125)이다. 요나라는 당나라가 망한 뒤부터 송나라가 중국을 통일하기 전까지 계속된 오대십국 시기(907~979)에 강력한 세력으로 성장한다. 960년에 건국된 송나라가 979년에 중국을 통일하자, 송나라와 요나라 간의 긴장감이 높아진다. 이때 고려는 송나라와 돈독한 외교 관계를 맺고 있었는데, 요나라의 제6대 황제인 성종(재위 982~1031)은 후방을 안정시키기 위해 993년 소손녕을 대장으로 삼아 80만 대군을 이끌고 고려를 침공하게 한다. 이것이 거란의 1차 침입이다. 이때 고려의 서희는 송과의 외교를 단절하고 거란을 섬긴다는 조건을 내세워, 거란 군사를 물러나게 하고 오히려 강동 6주 300리를 할양받는다. 요나라 입장에서는 후방의 문제를 빨리 해결하고 송을 상대하는 것이 유리했기 때문이다.

거란의 2차 침략과 초조대장경의 탄생

고려는 강동 6주를 할애받았음에도 거란과 한 약속을 지키지 않았다. 송과의 관계를 정리하지 않은 상태에서 이중적인 실리 노선을 취했던 것이다. 그럼에도 요나라가 고려의 행태를 묵과한 것은 송과의 주도권 다툼에서 고려가 필요했기 때문이다. 그런데 성종이 1004년에 송나라를 제압하고 전연의 맹약(澶淵之盟)을 체결하면서, 동아시아의 국제 정세는 급변하게 된다. 즉 송이 굴복하면서 고려의 이용 가치가 떨어진 것이다. 이런 상황에서 강조가 고려의 제7대 목종(재위 997~1009)을 폐위해 죽이고, 제8대 현종(재위 1009~1031)을 즉위시킨 '강조의 정변'이 발생한다. 이 사건을 명분으로 거란의 성종이 40만 대군을 이끌고 1011년에 고려를 침략하는데, 이것이 거란의 2차 침입이다. 이때 강조는 패하여 죽고 개경이 함락되어 현종은 남쪽으로 피난을 가게 된다.

이와 같은 극단적인 상황 속에서, 고려 조정은 오직 부처님만이 나라를 보호해 줄 수 있다고 생각하고 대장경 판각을 발원한다. 이규보가 쓴 『동국이상국집』 권25 「대장각판군신기고문(大藏刻板君臣祈告文)」에 기록된 "(고려) 현종이 여러 신하들과 함께 최고의 큰 원력을 발하여 대장경을 판각해 이루니, 거란의 병사들이 스스로 물러났다(於是乃與群臣發無上大願 誓刻成大藏經板本 然後丹兵自退)."라는 구절은 당시의 정황을 잘 나타내 주고 있다.

이렇게 해서 1011년 무렵부터 현종이 사망하는 1031년까지 송나라의 개보칙판 대장경(971~983, 1,076종 5,048권)과 그동안 우리나라에 전래되어 왔던 경전을 바탕으로 판각한 대장경 5,000여 권이 완성된다. 이후 고려의 대장경은 새로 전래된 거란의 대장경 등을 참고, 추가하여 선종 때인 1087년에 6,000여 권의 대장경이 완성된다. 이때의 대장경을 처음으로 만들었다고 해서 초조대장경(初雕大藏經)이라고 한다.

몽골의 침략과 재조대장경의 역사

1231년 몽골이 고려를 침략해 개경을 압박해 오자, 제23대 고종(재위 1213~1259)은 1232년 강화도로 수도를 옮겨 가면서 대몽 항전 태세를 취한다. 그런데 이때 대구 부인사에 보관되어 있던 초조대장경 판이 몽골군에 의해 소실되고 만다. 그래서 이후 국난을 극복하기 위한 방법 가운데 하나로 1236년 대장도감을 설치해 다시금 대장경 만드는 작업에 착수하게 된다. 이 대장경을 다시 만들었다고 해서 재조대장경(再雕大藏經)이라고 부른다. 초조대장경은 몽골 침입 당시 경판이 소실되어 당시 간행된 인쇄본만이 국내와 일본에 남아 있지만, 재조대장경은 현재까지 해인사 장경각에 보존되어 있다. 그래서 재조대장경을 고려대장경이라고 부르기도 한다.

재조대장경은 초조대장경의 구조를 기본으로 해서 1251년까지 총 16년에 걸쳐 판각되었는데, 수록된 경전은 1,562종에 6,778권이다. 이 모든 경전을 담은 경판이 총 8만 1천여 개이기 때문에 팔만대장경이라는 별칭이 만들어지게 된다. 재조대장경은 전란 중에 여러 지역에서 동시에 만들어 완성한 뒤, 강화도 도성 서쪽문 밖에 건립된 대장경판당(大藏經板堂)에 봉안되었다. 그러다가 강화도 선원사로 옮겨지게 되고, 조선 태조 때인 1398년에는 해인사로 이운되기에 이른다.

재조대장경과 관련해서 흥미로운 것은, 조선 초에 일본에서 계속 이 대장경판을 요청하였다는 사실이다. 그 이유인즉, 일본은 여전히 불교를 믿지만 조선은 이제 아니니 일본으로 경판을 넘겨주었으면 좋겠다는 것이었다. 실제로 조선왕조실록의 『세종실록』에는 일본이 여러 차례에 걸쳐 집요하게 경판을 요구했다는 기록이 있다. 이때 세종은, '대장경판은 한 벌뿐이고, 또 선조로부터 전래된 물건이므로 줄 수 없다'는 입장을 표한다. 이런 입장의 이면에는 대장경을 주게 되면 일본이 이후 더 큰 요구를 해올 것이라는 우려도 존재했다.

의천의 원대한 이상과 고려의 찬란한 문화

대장경이란, 경·율·론 삼장을 모은 불교의 전체를 포괄하는 총서를 의미한다. 불교가 전래된 이후 이 삼장을 바탕으로 동아시아에서는 다시금 여러 가지 주석서들이 만들어지게 되는데, 이 주석서의 분량 역시 삼장에 필적할 정도로 방대하다. 이를 모두 모아서 편찬해야겠다고 발원하는 인물이 바로 의천이다.

의천은 19세가 되던 1074년, 부왕인 문종에게 동아시아 전체에 유통되던 삼장의 주석들을 모아서 하나의 총서로 만들자고 건의한다. 그 내용을 담은 글이 『대각국사문집』의 권14 「대세자집교장발원소(代世子集教藏發願疏)」이다. 이것을 대장경에 이은 작업이라고 해서 흔히 속장경(續藏經)이라고도 하지만, 본래 명칭은 의천의 글에 나오는 것처럼 '교장(教藏)'이다. 당시 고려에는 초조대장경이 있었기 때문에 대장경을 만들 필요는 없었으며, 또 속장경이라고 하면 대장경에 연이은 작업이라는 의미이므로 재조대장경보다도 늦다고 생각할 수도 있다. 그러나 초조대장경과 재조대장경의 제작연도는 200년의 시차가 존재하며, 교장은 초조대장경의 대부분이 완성되는 1031년 이후 증보 과정에서 바로 이어진 사업이었다. 즉 간행 순서가 '초조대장경 → 교장 → 재조대장경'인 것이다.

1085년부터 1086년까지 송나라에 머물다 귀국하던 의천은 1074년에 발원했던 일을 실천하고자 3천여 권의 주석서를 가져왔다. 이후로도 국찰인 개경의 흥왕사 주지로 있으면서, 계속 중요한 주석서들을 수집했다. 그리고 이를 바탕으로 1090년에는 전체 구성에 대한 목록집인 『신편제종교장총록』(3권)을 완성하는데, 여기에 수록된 주석서는 1,010종의 4,857권에 달한다. 이 중 경에 대한 주석서가 561종 2,703권이며, 율에 대한 주석서는 142종 467권이다. 그리고 논에 대한 주석서가 307종 1,687권이 된다. 교장을 만드는 작업은 의천이 사망하는 1101년에 일단락된다. 그러나 의천이 47세에 급작스러운 발병으로 입적했다는 점과 10여 년 만에 교장을 완료할 수 없다는 점. 그리고 현존하는 교장의 인쇄물이 너무 적다는 점 때문에, 작업이 진행되던 중에 중지되었을 가능성도 제기되고 있다.

의천의 교장 간행은 동아시아 대장경 역사에서도 그 유래를 찾을 수 없는 일이다. 또 대장경의 간행은 방대한 양의 불교 총서를 만드는 일일 뿐만 아니라, 경전을 모으는 과정에서 다른 나라와의 문화 교류를 통해 문화 역량을 극대화하는 작업이다. 이런 점에서 교장 간행이라는, 의천이 기획한 국가 프로젝트는 동아시아 문명사와 기록 문화사에 일대 획을 긋는 사건이라고 하겠다. _

087

지눌, 교학을 포함한 선종을 천명하다

한국 선종의 중흥조 지눌

지눌(知訥, 1158~1210)은 한국 선종사에서 가장 주목할 만한 인물이다. 지눌 이전의 한국 선종은 중국 선종의 영향을 강하게 입고 있었으나, 지눌 대에 이르러 중국 선종을 넘어서는 한국적인 재해석을 완성하게 된다. 즉 한국 교종에 원효가 있다면 선종에는 지눌이 있는 셈이다.

지눌이 활동하던 시기, 고려는 1170년부터 1270년까지 무신 정권의 시대가 이어지면서 국가 통치가 상대적으로 안정되지 않았다. 당시 고려 왕실은 화엄종과 함께 신흥 종파인 천태종과 연결되어 있었고, 선종은 천태종의 수립으로 인해 큰 타격을 입고 주춤하던 상태였다. 이런 상황에서 무신 정권은 집권이 장기화되면서 자신들의 정권 안정을 위해 선종을 주목하게 된다. 이와 같은 시대 상황 속에서, 한국 선종을 일신시키며 중흥을 이루어 내는 인물이 바로 보조국사 지눌이다.

지눌은 1161년 10세의 나이로 구산선문 중 하나인 사굴산문으로 출가하였다. 이후 1182년 보제사(普濟寺)에서 개최된 승과에 합격한 뒤, 선을 논하는 담선법회(談禪法會)에서 선정과 지혜 수행을 아우르는 결사 모임인 정혜결사(定慧結社)를 제안한다. 1182년부터 1185년까지 전남 담양에 위치한 청원사(淸源寺)에 머물며 수학하던 지눌은 혜능의 『육조단경』「정혜제사(定慧第四)」에 나오는, "진여의 본래 청정한 본성이 생각을 일으키는 것이므로, 어떤 것에도 더럽혀지지 않고 항상 자재하다(眞如自性起念 六根雖有見聞覺知 不染萬境 而眞性常自在)."라는 구절을 읽다가 첫 깨달음을 얻었다. 이후 1185년 경북 예천의 하가산 보문사(普門寺)에서 대장경을 공부하던 중 이통현의 『신화엄경론』을 보고 원돈(圓頓), 즉 완전함에 대해 자각하게 된다.

지눌은 1188년 대구 팔공산 동화사의 거조암으로 거처를 옮겨 이곳에서 정혜결사(定慧結社)를 시작한다. 정혜결사란, 선종의 수행과 화엄 사상 중심의 교종을 아울러 수학해서 깨달음을 증득하자는 수행결사운동이다. 이는 의천이 교관겸수, 즉 교종과 선종을 아우르려고 했던 것과 대비되는, 선종을 중심으로 교종을 융합하려는 노력인 셈이다. 이후 1190년에는 「권수정혜결사문(勸修定慧結社文)」을 작성해 두루 동참할 것을 촉구하게 된다. 결사가 점차 활성화되자, 전남 순천의 송광산 길상사(현 송광사)에 새 터전을 마련하기 위해 제자인 수우를 파견하여 정비하도록 한다. 이 과정에서 지눌은 1197년에 지리산 상무주암(上無住庵)에서 은거, 수행하며 대혜 종고의 『대혜어록』 권19 「시묘증거사(示妙證居士)」에서 완전한 깨달음을 증득한다. 그 내용은 "선은 고요한 곳이나 시끄러운 곳에 있지 않으며, 생각의 판단과 일상생활 속에 있지 않다. 그럼에도 이와 같은 조건을 여의지 않고 참구해야만, 홀연히 눈이 뜨이게 된다. 그러고 나면 모든 것은 집안일일 뿐이다(禪不在靜處 不在鬧處 不在思量分別處 不在日用應緣處 然雖如是 第一不得捨却靜處鬧處日用應緣處思量分別處參忽然眼開 都是自家屋裏事)."라는 것이었다.

9년간에 걸친 길상사의 중창이 1205년에 비로소 완성되자, 제21대 희종(재위 1204~1211)이 이를 축하하며 송광산 길상사를 조계산 수선사로 명칭을 바꾸어 준다. 조계산이란 육조 혜능이 주석하던 중국의 산 이름을 딴 것이며, 수선사란 선을 부지런히 닦는다는 의미이다. 지눌은 이곳에 머물며 정혜결사에 더욱 매진하면서, 선에 대한 저술 활동을 하다가 1210년 입적하게 된다.

저술에는 『수심결(修心訣)』(1권), 『원돈성불론(圓頓成佛論)』(1권), 『간화결의론(看話決疑論)』(1권), 『법집별행록절요병입사기(法集別行錄節要竝入私記)』(1권), 『화엄론절요(華嚴論節要)』(3권) 등이 있다.

지눌의 삼종문에 담긴 뜻

'송광사보조국사비'의 비문에 의하면, 지눌은 대중을 지도할 때에 "암송은 『금강경』을 법도로 삼고, 선종의 가르침을 펼 때에는 『육조단경』을 강설하며, 이통현의 『신화엄경론』으로 자신의 주장을 전개하고, 『대혜어록』을 활용해 보완하였다."라고 기록되어 있다. 이는 지눌이 깨달음을 얻은 과정을 그대로 답습하도록 한 것이다.

지눌의 저술 중 『원돈성불론』과 『간화결의론』은 지눌이 입적(1210)한 뒤 5년 후 혜심에 의해 발견되어 간행(1215)된 것이다. 이로 인해 이를 온전히 지눌의 저작으로 볼 수 있는 지에 대한 의문이 존재한다. 또 지눌의 저술이라고 일반적으로 알려져 있는 『진심직설(眞心直說)』 또한 지눌의 것이 아니라는 연구가 우세하다.

또 이들 경론을 통해 삼종문(三種門)의 가르침을 열었는데, 삼종문이란 성적등지문(惺寂等持門)과 원돈신해문(圓頓信解門), 그리고 간화경절문(看話徑截門)이다.

먼저 성적등지문은 수행 방법에 대한 가르침(修行門)이다. 여기에서의 성적은 밝음과 고요함, 즉 지혜와 선정을 의미하며 등지는 평등하게 닦는다는 뜻으로, 지혜와 선정을 아울러 수행하는 것이 바로 성적등지의 가르침이다. 지혜로 무지를 밝히고 선정으로 산란한 마음을 안정시켜 공부로 나아가야 한다는 의미이다.

다음의 원돈신해문은 깨달음의 원리를 이해하게 하는 가르침(解悟門)이다. 원돈은 화엄 사상에서 말하는 '모든 존재에 내포하는 무한의 완전성을 자각하는 것'이고, 신해는 이 구조를 완전히 터득해서 의심이 없어지는 것을 말한다. 이것은 이치적인 판단에 따른 것으로, 이해를 통한 깨달음으로써 지눌이 화엄 사상을 선으로 받아들이는 부분이다.

마지막으로 간화경절문의 간화란, 화두를 관조한다는 것이며, 경절은 모든 것을 완전히 끊어 버린다는 의미이다. 즉 성적등지문를 통해 수행의 기본을 확립하고 원돈신해문을 통해 이치를 깨달은 뒤에, 간화경절문으로 최종 완성한다는 것이다.

진각국사 혜심과 주류가 되는 선종

지눌의 정혜결사는 천태종에 의해 타격을 받았던 선종을 화려하게 부활시키는 초석이 된다. 이후 지눌의 가르침은 혜심(慧諶, 1178~1234)에게 전해지는데, 지눌을 현양하고 수선사의 선풍(禪風)을 고려불교 안에서 최고로 끌어올리는 데에는 혜심의 역할이 지대하다. 이는 혜심이 당시

권력자였던 무신 정권의 최우(崔瑀, ?~1249, 후에 최이로 개명함)의 막대한 후원을 이끌어 내면서, 선종을 재편하는 역할을 하기 때문이다. 이러한 과정에서 혜심에 의해 1226년 편찬되는 책이 『선문염송(禪門拈頌)』(30권)이다. 『선문염송』은 모든 선어록을 수선사의 관점에서 재정리하여, 선종 승과의 교재로 삼기 위해 만들어진 책이다. 이후 지눌의 수선사 계는 선종의 주류를 형성하면서, 지눌과 혜심을 포함해 16국사가 배출되는 기염을 토하게 된다.

수선사 계의 약진은 사굴산문 출신인 지눌과 달리 가지산문에 속하는 일연까지도 '인각사보각국사정조탑비(麟角寺普覺國師靜照塔碑)'에서 '지눌의 가르침을 계승했다'고 표현할 정도로 선문(禪門)을 넘어 막대한 지지를 받게 된다. 고려 후기의 불교가 선종이 되는 것에는 지눌과 혜심의 영향이 존재하는 것이다. 실제로 고려 말에 이르면, 수선사는 '동방제일도량(東方第一道場)' 즉 고려를 대표하는 최고의 수행 사찰로 불리게 된다.

지눌 주장의 문제점과 과제

지눌은 선종의 입장에서 교종을 융합하고, 중국과는 다른 한국 선불교의 재해석을 시도했다. 이는 시대적인 요청에 부흥하는 지눌의 해법이었다. 그러나 지눌이 주장하는 돈오점수(頓悟漸修), 즉 단번에 깨닫고 난 후 닦아 간다는 주장은, 홍주종에서 단번에 깨달아 더 이상 닦을 것이 없다는 돈오돈수설과는 차이가 있다. 이 부분에서 지눌은 하택 신회와 규봉 종밀의 영향을 받고 있기 때문이다. 또 지눌이 보고 깨달음을 얻었다고 하는 『신화엄경론』을 쓴 이통현 역시, 화엄 사상에서는 적통이 아닌 방계로 치부되는 인물이다. 이는 지눌이 사상적인 편견 없이 깨달음의 문제를 고민했고, 그 결과 한국적인 선불교의 해법을 도출했음을 의미한다. 그러나 이는 동시에 지눌이 '과연 남종선의 정통인가?'에 대한 문제 역시 제기한다. 즉 시대에 부응해서 고려불교적인 해법을 제시한 부분이, 다른 한편에서는 사상의 순일성이라는 관점에서 문제가 되고 있는 것이다. _❀

088

혼란의 시대에 불교를 기록한 일연

대몽항쟁기의 시대 상황

『삼국유사』로 유명한 일연(一然, 1206~1289)은 본래 가지산문을 대표하는 선승이었다. 일연은 고려 제23대 고종(재위 1213~1259) 때인 1227년 승과의 상상과(上上科)에 합격한다. 그러나 이 시기는 몽골족이 급격하게 세력을 확장하던 때였기 때문에, 고려 역시 1231년부터 1270년까지 38년간 길고 긴 대몽항쟁기를 거치게 된다. 결국 일연의 생애는 대부분이 대몽항쟁기와 겹쳐 있고, 그렇지 않은 시기 역시 전란의 수습기에 해당한다.

몽골족의 침략은 우리의 전 역사를 통틀어 가장 강력한 파장을 미쳤다. 특히 고려 왕실과 조정이 강화로 천도하면서 본토가 방치되었기 때문에, 본토의 유린 상황은 더욱 심각했다. 일연은 이와 같은 참상을 지켜보면서 승려로서 할 수 있는 일을 해나가게 된다. 그것은 '파괴되는 불교 기록을 보전'하고 '민족의식을 고취시켜 국민들을 단합시키는 것'이었다.

일연은 『삼국유사』(5권) 외에도 『선문염송사원(禪門拈頌事苑)』(30권), 『조정사원(祖庭事苑)』(30권), 『중편조동오위(重編曹洞五位)』(3권, 혹 2권) 등 100여 권에 달하는 많은 저술을 남겼다. 하지만 이 중 현존하는 것은 『삼국유사』와 『중편조동오위』뿐이다.

『중편조동오위』는 조동종의 승려인 동산 양개의 편정오위설(偏正五位說)을 주해한 것이다. 이를 통해 일연이 자신이 속한 가지산문의 홍주종뿐만 아니라, 조동종 등 다양한 종파에 관심이 있었음을 알 수 있다. 또한 일연은 『중편조동오위』에서 편정오위를 군신오위(君臣五位)에 빗대어 설명하면서 군신의 합치를 주장하고 있다. 이는 대몽항쟁기를 극복하기 위해 불교적인 관점에서 단합을 강조한 것으로 이해된다.

일연은 당시를 대표하는 선사로, 1283년에 제25대 충렬왕으로부터 국존의 칭호를 받고 입적 후에는 '보각국사(普覺國師)'라는 시호가 내려지기도 한다. 그럼에도 일연이 가장 많은 공을 들여 썼다고 하는 『삼국유사』에는 선사들에 대한 내용이 존재하지 않는다. 이는 선종이 『삼국유사』에서 다루고 있는 삼국 시대가 아닌 통일신라 말에 전래된 데다, 또 다른 저술인 『선문염송사원』이나 『조정사원』에서 별도로 선종에 대해 언급하고 있었기 때문이다.

『삼국유사』의 저술 목적

일연의 대표작이자 가장 가치 있는 저술은 『삼국유사』이다. 일연 당시까지만 해도 경전이 아닌 사찰의 전통 기록물들은 향언(鄉言)이라고 하는, 한자가 아닌 방언으로 기록되어 있었다. 당시 향언의 기록들은 고려의 정치가이자 학자인 김부식처럼 유교와 한문을 강조하는 이들에게 천시받으며 사라지고 있었다. 김부식은 『삼국사기』를 편찬하는 과정에서 괴력난신(怪力亂神), 즉 비이성적인 기록을 삭제하거나 축소하는 유교 사관을 채택하는데, 이 과정에서 불교 기록들은 대폭 빠지거나 생략될 수밖에 없었다. 아마도 일연은 『삼국사기』를 읽으면서 이와 같은 문제점을 파악했을 것이다.

또한 몽골족과의 전란 과정에서 수많은 문화 유산과 사찰들이 소실되어 불교와 관련한 내용들이 멸실되는 상황에 직면한다. 이 문제들을 해결하기 위해 일연은 전국을 답사하며 자료들을 수집하는데, 이를 바탕으로 신이한 내용까지 그대로 기록하여 『삼국유사』를 편찬하게 된다. 『삼국유사』의 '유사(遺事)'란, 빠진 것을 보충한다는 의미이다. 즉 『삼국사기』를 보완하는 또 다른 한문 기록이 바로 『삼국유사』인 셈이다.

대몽 항쟁과 호국 불교

『삼국유사』는 불교와 관련된 내용 이외에도 향가 14수가 수록되어 있는 등 매우 귀중한 고대의 정보들을 담고 있다. 이 중에서도 우리 민족과 관련해서 가장 중요한 기록이 바로 『삼국유사』의 권1 「기이(紀異)」 '고조선(古朝鮮)'에 수록되어 있는 단군 신화이다. 흔히 단군이라고 하면, 옛날부터 우리 민족의 시조로 여겨졌다고 생각하기 쉽다. 그러나 사실 단군 신화가 기록으로 나타난 것은 일연의 『삼국유사』와 이승휴(1224~1300)의 『제왕운기』, 단 두 가지뿐이다. 일연과 이승휴는 비슷한 시기를 산 인물이다. 즉 단군 신화와 관련해서 이들은 공통의 시대적인 요청과 문제의식을 공유하고 있었던 것이다. 이들이 단군에 대한 이야기를 기록한 까닭은 대몽항쟁기를 겪으며 국토가 초토화된 상황에서, 삼국 공통의 조상인 단군의 이야기를 통해 민족을 단합하고 외세를 물리치고자 하였기 때문으로 이해된다.

단적으로 말해 신라와 백제는 같은 민족이 아니다. 하지만 이를 통합하기 위해 훨씬 고대부터 존재하는 단군을 끌어들여 삼국의 민족적인 공통분모를 만들게 되면 이것이 이민족인 몽골족과의 싸움에서 백성들이 단합하게 하는 데 유리하게 작용하기 때문이다. 이처럼 일연은 불교를 넘어서 외세 극복과 민족의 문제까지도 고민하던 고승이었던 것이다.

대몽항쟁기에 만들어지는 금강산

대몽항쟁의 시기가 지난 뒤 1270년부터 1356년까지 원나라의 본격적인 간섭이 시작된다. 즉 원 간섭기인 것이다. 원 간섭기는 제25대 충렬왕 때부터 제31대 공민왕 초까지로, 공민왕을 제외하고는 임금의 이름에 모두 '충(忠)' 자가 들어간다는 특징이 있다. 이 시기 불교와 관련해서 가장 중요한 것은 금강산이 불교의 성산(聖山)으로 완성된다는 점이

/

단군이 오랜 기원을 가진 신화가 아니라는 점은 부계씨족제의 남성주의 문화가 단군 신화 속에 존재한다는 점과 단군이 우리나라 최초의 남성 산신이라는 점, 그리고 불교와 습합된 결과인 석제환인(제석천의 의미)이나 태백산과 같은 지명이 등장한다는 점 등을 통해서 인지해 볼 수 있다. 즉 부계보다 먼저 존재하는 모계 문화가 전혀 목도되지 않는다는 점과 불교적인 요소의 존재는 단군 신화가 최소한 후대에 재편된 가치라는 점을 분명히 해준다. 대몽항쟁기 외에 한국사에서 단군 신화가 부각되는 시기는 일제강점기도 있다. 즉 나철의 대종교 운동과 같은 것들이다. 대몽항쟁기와 일제강점기는 강력한 이민족의 외세에 대응해서 백성들을 단합시켜야 할 필연성이 대두할 시기라는 점에서 공통된다.

다. 이는 원이라는 초거대 세계제국의 등장과 함께, 원제국 안에서 새로운 불교 성지를 찾으려는 노력에 따른 결과이다. 원나라에 앞서 당나라가 세계제국이 되었을 때, 신라의 오대산이 문수보살의 성산으로 확정되는 것과 마찬가지라고 이해하면 되겠다.

그러나 원 간섭기에는 이미 불교가 상당히 발전해 있었기 때문에 문수보살, 보현보살, 관세음보살, 지장보살과 같이 중요한 보살들은 이미 성지를 확보하고 있었다. 그래서 이들보다는 상대적으로 덜 유명하지만, 『반야경』의 핵심 보살인 담무갈보살(법기보살)이 조명되면서, 금강산은 담무갈보살의 거주처로 확정된다. 이것이 가능한 이유는 『화엄경』 권45 「보살주처품(菩薩住處品)」에, 담무갈보살이 바다 가운데 금강산에서 1만 2천의 보살들을 대동하고 가르침을 설하고 있다고 묘사되기 때문이다.

금강산과 담무갈보살을 연결하는 구조는 태조 왕건에게까지 연결된다. 1307년 노영이 그린 〈담무갈·지장보살현신도(曇無竭·地藏菩薩現身圖)〉를 보면, 태조 왕건이 금강산에 가서 담무갈보살을 만나는 장면이 나타나 있기 때문이다. 그러나 이 그림은 1307년의 것이므로, 이 그림을 통해서 태조 왕건 때에도 금강산을 담무갈보살이 머무는 곳이라고 여겼는지는 판단할 수 없다. 그런데 1295년 '인각사보각국사정조탑비'에 담무갈보살이 머무는 장소에 대한 언급이 있으므로, 일연의 만년에는 이미 담무갈보살과 금강산이 연결되어 있었음이 분명해진다.

금강산과 관련해서 주목되는 기록은 고려 중후기의 문신인 최해(崔瀣, 1287~1340)의 「송승선지유금강산서(送僧禪智遊金剛山序)」이다. 여기에 "세상 사람들은 풍악산이라고 하는데 승려들이 금강산이라고 한다."라는 기록이 있기 때문이다. 이는 금강산의 원래 이름은 풍악산이었지만 불교의 담무갈보살과 결합하면서 금강산이 되었고, 그것이 얼마 되지 않은 일이라는 점을 알려 준다. 즉 일연과 노영이 살았던 대몽항쟁기에 금강산과 담무갈보살이 연결되고, 원 간섭기에 확정되면서 완성되는 구조인 것이다._

089

선종을 중심으로 자정 노력이 이루어지다

원 간섭기와 티베트불교의 영향

고려의 무신 정권과 대몽항쟁기 이후 시작된 원 간섭기는 원종 때인 1270년부터 1356년 공민왕 초까지 7대 임금에 걸쳐 장장 86년간 계속된다. 이때 고려불교는 원나라의 강력한 후원을 받고 있던 티베트불교의 영향을 받기에 이른다.

당시 티베트불교에서는 결혼이 허용되는 홍모파가 주류였기 때문에 그 영향을 받은 고려불교는 극도로 혼탁한 양상을 보이게 된다. 실제로 『고려사』 권39의 1281년 충렬왕 대의 기록에는 “결혼한 승려가 절반이나 되었다.”라는 내용이 등장할 정도이다. 이 기록에 나타난 때가 원 간섭기의 초기였다는 점을 고려하면, 이런 혼란은 대몽항쟁기부터 시작된 것이며, 이후 문제가 더욱 심각해졌을 것이라고 짐작해 볼 수 있다. 고려불교의 세속화는 ‘비단선사(羅禪師)’와 ‘비단수좌(綾首座)’라는 말이 유행했다는 데서도 짐작해 볼 수 있다. 이는 비단을 바쳐 선사가 되고 수좌가 되는 당시의 현실을 풍자하는 표현이다. 선사와 수좌는 대선사와 승통 아래의 고위 승직인데, 이런 고위 승직이 뇌물에 의해 좌지우지되고 있었던 것이다. 이는 당시 승과 역시 유명무실해졌다는 것을 의미한다.

선종을 통해 다시금 청정성을 회복하는 불교

당시 중국불교는 원나라의 지지를 받는 티베트불교와 한족 중심의 강남을 중심으로 하는 선종으로 양분되어 있었다. 원나라는 유목 민족인 몽골족이 무력으로 건설한 제국이었기 때문에, 문화력은 고려나 한족이 세운 국가에 비해 상대적으로 떨어졌다. 그렇다 보니 원의 지배력이 약해지는 중기 이후가 되면, 중국의 강남불교와 고려불교의 전통이 되살아나면서 선종을 중심으로 자기비판과 자정 노력이 나타난다. 이와 같은 변화의 동인을 제공하는 인물이 앞선 송원교체기의 승려인 몽산 덕이(蒙山德異, 1231~1308)와 고봉 원묘(高峰原妙, 1238~1295)이다. 이들은 홍주종 계통의 임제종 양기파에 속하는 선승들로 강남에서 활동했으며, 시대 배경상 반원적인 관점을 가지고 있었다. 이들에 의한 흐름이 티베트불교에 대한 비판적인 인식을 가능하게 하는 배경이 된다. 이 중 몽산은 깨달은 뒤에는 반드시 인가를 받아야 한다는 오후인가(悟後印可)를 강조한다. 그리고 몽산의 영향으로 14세기 고려의 선승들이 깨달음을 얻은 뒤에는 원나라로 들어가 임제종 계통 승려의 인가를 받는 것이 유행하게 된다. 이는 태고 보우, 백운 경한, 나옹 혜근, 무학 자초, 축원 지천(竺源智泉, 1324~1395) 등을 통해서 확인해 볼 수가 있다.

고려 후기 불교계에 충격을 던진 또 다른 인물은, 인도 출신의 승려이면서 원나라 진종(晉宗, 태정제)의 어향사(御香使) 신분으로 1326년부터 1328년까지 고려에 머물렀던 지공(指空, 1300~1361)이다.

계율에 투철한 선승이었던 지공은 당시 고려불교에서 존경받는 인물이 되기에 충분했다. 당시 부마국이었던 고려는 자치권을 가지는 나라였지만, 중국의 한족은 피정복 민족으로 원나라 내에서 지위가 낮았다. 그래서 고려에서도 한족의 위상이 낮아지는데, 이는 한족이 아닌 인도 출신이었던 지공의 권위가 높아지는 요인이 된다. 또한 원나라가 능력 위주로 다양한 민족을 우대하였던 것도, 고려에서 지공의 권위가 높아진 요인 중 하나이다. 이 때문에 당시 다수의 고려 선승들은 지공이 원나라로 돌아가자, 대도(大都) 법원사(法源寺, 혹 고려사)로 지공을 찾아가 인가를 받은 뒤 다시금 중국 강남의 선승을 찾아 인가를 받는 이중 인가의 방식을 취하게 된다.

원 간섭기가 끝나는 고려 말이 되면, 원나라에 가서 인가를 받고 귀국한 승려들에 의해 고려불교는 신속하게 청정성을 회복한다. 이때 활약한 대표적인 승려가 여말삼사(麗末三師)라고 불리는 세 명의 선승으로, 태고 보우(太古普愚, 1301~1382), 나옹 혜근(懶翁惠勤, 1320~1376), 백운 경한(白雲景閑, 1298~1374)이다.

이 중 보우는 가지산문 출신으로 1346년 원나라로 들어가서 강남 임제종의 석옥 청공(石屋淸珙, 1272~1352)에게 인가를 받고, 1348년에 귀국해서 1356년에 공민왕의 왕사가 된다. 이후 공민왕의 후원하에 광명사에 원융부를 설치하여 구산선문을 통합하려는 시도를 한다. 그러나 공민왕과 함께 개혁을 주도한 신돈의 대두로 인해 물러나게 된다.

다음으로 사굴산문 출신의 나옹은 1347년에 원나라로 가서 지공과 강남 임제종의 평산 처림(平山處林, 1279~1361)에게 인가를 받고, 1358년 귀국해 1371년 공민왕의 왕사가 된다. 이후 신돈의 몰락과 함께 공민왕이 만년에 주도한 불교 개혁 및 선종과 교종의 통합을 위해 시행한 공부선(功夫選)에서 주맹(主盟), 즉 총괄자로 활약한다.

끝으로 백운은 보우와 같은 가지산문 출신으로, 1351년 원나라로 들어가서 지공과 석옥 청공의 인가를 받고 1352년에 귀국한다. 나옹이 지공의 수제자였다면 백운은 석옥의 수제자였다. 또 백운은 권력으로부터 벗어난 수행승의 본분에 충실했던 인물로, 세계 최초의 금속활자 인쇄물인 『직지심체요절』은 백운이 스승인 석옥의 뜻을 받들어 1372년 선어록의 핵심을 추려서 편찬한 책이다.

여말삼사 외에 여말삼화상(麗末三和尙)이라고 칭하는 세 명의 선사도 있다. 여말삼사가 고려 말, 비슷한 시기에 활동한 선승을 지칭하는 것이라면, 여말삼화상은 지공에서 나옹 그리고 무학 자초(無學自超, 1327~1405)로 이어지는 고려 말, 조선 초의 선종을 주도한 스승과 제자 관계인 세 사람을 가리킨다. 이 중 태조 이성계의 왕사이기도 한 무학은 1353년 원나라로 가서 지공에게 수학하고 1356년에 귀국한 인물이다. 그러나 당시 중국은 홍건적의 난이 일어나는 등 원나라 말의 혼란기였기 때문에, 무학은 강남 임제종의 인가를 받는 데는 실패한다. 즉 무학은 원나라에 유학했음에도 지공과 임제종의 인가를 모두 받지 못한 것이다. 이는 무학이 나옹의 계승자가 되는 이유가 된다.

여말삼화상은 조선 시대 불교 의식과 관련해서 등장하는 증명삼화상(證明三和尙)이기도 하다. 즉 여말삼화상은 불교의 모든 중요 의식이 여법하게 이뤄지고 있음을 증명하는 신격화된 증명 법사의 역할을 담당하는 것이다.

여말삼사와 여말삼화상에 의해 고려불교는 티베트불교의 영향에서 신속하게 벗어나면서 청정성을 회복하게 된다. 즉 고려 말이야말로 한국 불교사 중에서 선종이 가장 빛나는, 선의 황금시대였던 것이다. 그러나 공민왕이 측근에 의해 돌연 시해되고 고려가 조선으로 교체되면서, 이 황금시대는 너무나도 아쉽게 끝이 나고 만다. _֍

090

꺼져 가는 불교 부흥의 등불과 고려

공민왕과 불교계 세 명의 파트너

공민왕[/]은 고려의 임금 가운데 태조 왕건 다음으로 널리 알려진 인물이다. 이는 공민왕이 통치하던 시대가 고려와 조선의 명운을 가르고 있기 때문이다. 이로 인해 공민왕은 고려의 군주임에도 불구하고 조선의 왕실 사당인 종묘에도 모셔지게 된다.

공민왕 대의 불교는 크게 3기로 나누어 볼 수 있다. 첫째 시기는 1356년에서 1367년까지로, 1356년에 보우를 왕사에 임명하고 광명사(廣明寺)에 원융부(圓融府)를 설치해서 구산선문을 통합하려고 시도하

[/] 군사 쿠데타에 의해서 정권을 잡은 이성계에게는 고려를 부정할 명분과 당위성이 없었다. 이 때문에 공민왕의 훙거 이후 이인임 계에 의해서 왕위에 오르는 제32대 우왕은 신돈의 자식이라고 주장하게 된다. 이는 우왕의 아들인 창왕을 폐위시키는 배경이 되는 동시에, 성씨가 다른 이성계도 고려의 왕이 될 수 있는 근거가 된다. 결국 이성계는 스스로 옹립한 제20대 신종의 후손인 34대 공양왕의 양위를 받아 고려의 왕으로 등극한다. 그리고 고려 왕씨의 마지막 왕이라고 할 수 있는 공민왕의 추모 사업을 전개한다. 이는 우왕 계를 부정하는 동시에 이성계 자신은 고려를 무너트린 것이 아니라, 이미 무너져 있는 고려를 바로 세우는 차원에서 양위를 받아 조선을 개국했다는 변증이 된다. 이와 같은 이유 때문에 조선의 종묘 한편에 공민왕이 모셔지게 되는 것이다.

는 시기이다. 둘째 시기는 1367년에서 1370년까지로, 화엄종 승려인 편조(신돈)를 재가인이 되도록 하여, 신돈과 함께 공민왕이 일련의 개혁 정책을 시행하는 시기이다.

보우에서 신돈으로 중심이 전환되는 과정에서 두 사람은 충돌하게 되고 결국 보우는 속리산에 금고되기에 이른다. 이때 신돈은 1367년 화엄종의 천희(千熙, 1307~1382)를 국사가 되도록 하고 고려 승단을 관리하는 기구인 승록사(僧錄司)를 통해 고려불교를 장악한다. 천희는 화엄종의 승려였음에도 꿈에 몽산을 뵙고 원나라로 가서 몽산이 주석하던 휴휴암의 영당인 몽산사당에 참배했다는 인물이다. 즉 당시 이미 고려불교는 선종으로 완전히 기울어져 있었던 것이다.

신돈이 추진한 개혁 중 흥미로운 부분은, 그가 승려 출신이었음에도 왕권을 강화하기 위해서 유교를 진흥했다는 점이다. 이는 이후 신진사대부가 성장할 수 있는 한 배경을 형성하게 된다. 그러나 신돈의 개혁 정치는 권문세가의 반발과 신돈에게 권력이 집중되는 것을 경계한 공민왕이 1370년 직접 통치를 선언하면서 실패로 돌아가고, 신돈 역시 죽음을 맞는다. 신돈이 죽은 해인 1371년에 국사 역시 천희에서 보우로 바뀌지만, 보우가 국사의 자리에 오른 것은 상징적인 의미일 뿐 실질적인 권한은 왕사로 임명된 나옹에게로 옮겨 간다.

셋째 시기는 공민왕이 나옹과 함께한 때로 1370년에서 1374년까지이다. 1370년, 공민왕은 직접 통치를 선언한 뒤 선종과 교종의 통합 승과이자 이전에 승과에 합격했던 승려들도 응시할 수 있는 초고위 승과인 공부선을 개최한다. 이때 증명은 당시 국사였던 천희가 맡았으나, 실질적인 모든 권한은 나옹에게 부여되어 있었다. 공부선이 시행된 이듬해인 1371년에 나옹은 왕사에 임명되었는데, 그러면서 그는 실질적으로 고려불교의 핵심 인물이 된다. 이러한 상황에서 나옹은 당시에도 송나라의 선종 구조를 유지하고 있던 강남 임제종(오산불교)의 사원 체계를 중심으로, 티베트불교를 완전히 걷어내 고려불교를 일신하고자 한다.

나옹의 돌연한 입적과 반전

나옹은 여말삼사와 여말삼화상, 두 곳 모두에 속해 있는 유일한 고승이다. 이는 그가 고려 말 선종의 가장 핵심 인물이었다는 것을 의미한다. 실제로 계율에 엄격하였던 지공을 계승하였다는 청정함과 임제종의 활발발한 변화의 생기를 내포한 나옹은, 공민왕 외에도 매우 많은 사람들의 지지를 받고 있었다. 이는 나옹이 중심이 되어 시작한 양주 회암사 중창(수조)이 자발적인 모연을 통해 이루어지는 것으로도 확인해 볼 수 있다.

그러나 1374년 공민왕이 측근에 의해 돌연 시해되자, 고려의 정치세력은 급박하게 요동치게 된다. 결국 우왕을 옹립한 이인임 계가 정권을 장악하게 되는데, 이들은 나옹의 세력에 두려움을 느껴 그를 유배보내게 된다. 『고려사』 권133 「신우(辛禑)」에서는 나옹이 유배된 이유에 대해 '회암사의 낙성식에 너무 많은 사람들이 몰렸다'고 하고 있다. 이 대목에서 당시 나옹의 인기와 이인임 계의 두려움을 한 번에 읽어볼 수 있다. 결국 나옹은 1376년 여주 신륵사에서 석연치 않은 최후를 맞게 된다. 그러나 나옹이 입적한 뒤 이적이 속출하면서 나옹에 대한 추모 열기는 고려를 휩쓸게 되고, 나옹은 생불(生佛), 즉 살아 있는 부처님이었다고까지 신격화되기에 이른다. 이 때문에 고려 말과 조선 초 불교는 나옹의 문도들이 장악하게 된다. 또 회암사는 여말선초의 최대 사찰이자, 조선 중기까지 조선불교를 대표하는 사찰의 위상을 유지한다.

나옹의 두 걸출한 제자, 혼수와 무학

나옹은 매우 많은 제자들을 배출했는데 그중에서도 대표적인 두 인물이 무학 자초와 환암 혼수(幻菴混修, 1320~1392)이다. 무학은 나옹이 원나라의 지공 문하에 있을 때 받은 제자이며, 혼수는 나옹이 귀국한 후 강원도 오대산에 주석할 때 맞은 제자이다.

무학은 안변의 석왕사(釋王寺)에서 이성계가 왕이 될 꿈을 해석해 주면서 이성계와 가까워지고 1392년 조선 건국과 함께 왕사가 된다. 이에 비해 혼수는 나옹이 총괄한 공부선의 유일한 합격자로 실력을 인정받는다. 이 때문에 혼수는 1382년 태고 보우가 입적하자 1383년에 우왕에 의해 국사가 된다. 흥미로운 것은 혼수가 조선이 개국하는 해인 1392년에 입적한다는 점이다. 이런 점에서 혼수는 고려의 마지막 고승이라고 하겠다.

무학은 이성계의 후원을 받으며, 조선이 건국된 다음해인 1393년부터 나옹 계승 작업을 본격적으로 진행한다. 회암사의 주지가 된 무학은 회암사를 중심으로 나옹의 추모 사업을 전개하는데, 과거에는 스승의 추모 사업을 주재하는 사람이 곧 계통을 잇는 수제자라는 의미였기 때문에 사람들 사이에서 무학이 나옹의 수제자라는 인식이 굳어진다. 무학의 수제자는 『금강경오가해』의 편집자이기도 한 함허 득통(涵虛得通, 1376~1433)이고, 함허의 제자는 세조의 존경을 한몸에 받은 신미(信眉, 1455~1468)이며, 신미의 제자로는 학열(學悅)과 학조(學祖)가 있다. 즉 조선 초기 불교는 무학계가 완전히 장악한 것이다. 그러나 무학계의 제자들은 이후 이렇다 할 인물이 나오지 않으면서 결국 단절되고 만다.

이에 비해 혼수 계열은 계속해서 명맥을 이어나가다가, 조선 중기로 넘어가면서 조선불교 계통은 혼수 계열만 남게 된다. 혼수는 당시 나옹 이외에 보우에게도 수학했는데, 무학이 나옹의 계승자라는 위치가 확고해지자, 혼수 계는 보우의 계승자라는 인식이 강해지게 된다. 결국 '나옹-무학'과 '보우-혼수'라는 관점이 확립되는 것이다. 이 때문에 오늘날 대한불교조계종은 태고 보우를 중흥조로 인식하고 있다. 그러나 보우에게는 목암 찬영(木庵粲英, 1328~1390)이라는 확실한 계승자가 존재한다. 즉 '나옹 → 무학'과 '보우 → 찬영' 그리고 나옹과 보우를 모두 수학한 혼수가 존재하는 것이다. 그런데 조선 중기 이후가 되면 무학과 찬영 계열은 단절되고 혼수의 계통만이 남게 되는데, 당시에는 혼수를 보우와 연결시켜 이해하는 관점이 보다 일반적이었다. 이 때문에 보우의 위상은 크게 높아지고 나옹은 주류에서 밀려나게 된다. 즉 오늘날 조계종의 법계(法系, 법맥)와 관련된 핵심은 아이러니하게도 나옹이나 보우가 아닌 혼수에게 있는 셈이다. _❀

Ⅴ.

억눌린 불교와 민중의 염원

조선 시대의 불교

중국·인도	연도	한국
주원장의 명나라 건국	1368년	
	1392년	이성계, 조선 건국
	1446년	세종, 훈민정음을 반포
	1485년	성종, 『경국대전』을 공포
무굴제국 성립	1526년	
왕수인(왕양명) 사망	1528년	
	1542~1552년	문정왕후의 수렴청정
	1545년	을사사화 발생
	1548년	보우, 문정왕후의 후원으로 봉은사 주지가 됨
	1551년	선교양종의 승과 부활
	1565년	허응 보우 입적
	1592~1598년	임진왜란 발발
이지(탁오) 사망	1602년	
자백 진가 입적	1603년	
	1604년	서산대사 휴정 입적
	1610년	사명 유정 입적
운서 주굉 입적	1612년	
누르하치, 후금 건국	1616년	
감산 덕청 입적	1623년	
이자성의 난 발발	1630~1640년	
홍타이지, 후금을 대청으로 변경 청나라 건국	1636년 / 1636~1637년	병자호란 발발
백련교의 난 발발	1796년	
제1차 아편전쟁 발발	1840~1842년	
태평천국의 난 발발	1850~1864년	
제2차 아편전쟁 발발	1856년	
영국의 인도 지배	1857~1947년	
	1852년	백파 긍선 입적
	1856년	김정희 사망
	1866년	초의 의순 입적
	1884년	갑신정변 발생
	1894년	동학농민운동 발발
	1895년	승려의 도성 출입 금지 해제
	1902년	원흥사가 대법산(大法山)이 됨
	1906년	명진학교(현 동국대학교) 개교
	1908년	원종의 성립
	1910년	각황사 창건
	1911년	사찰령 반포, 임제종 성립
	1937년	각황사를 현 조계사 자리로 이전
	1941년	조선불교조계종 성립
간디 사망	1948년	
암베드카르, 인도불교협회 조직 및 신불교 운동 전개	1955년	
나그푸르에서 수십만 명이 불교에 귀의	1956년	
	1962년	대한불교조계종 성립

091

불교 교단의 통폐합과 사찰 수의 축소

조선의 개국과 표적이 된 불교

원 간섭기에 유입된 티베트불교의 영향으로 변질되었던 고려불교는 고려 말 선종의 황금시대를 이루어 내면서 청정성을 회복하게 된다. 그러나 곧바로 여말선초의 격동기가 전개되면서 불교계에 산적해 있던 문제들이 모두 해소되지는 못했다. 또한 고려 말 안향(安珦, 1243~1306)에 의해 성리학이 전래되면서 불교에 대한 비판이 점차 거세지게 된다. 여기에 이성계가 위화도회군으로 권력을 장악한 뒤 명분이 부족한 상태에서 조선을 건국했고, 고려의 기득권층과 연결되어 있던 불교는 '고려-불교'와 '조선-성리학'의 구조 속에서 한순간 개혁과 배척의 대상으로 전락해 버리고 만다.

건국의 명분이 부족한 조선으로서는 고려와 관련되어 있는 것이라면 위협적인 세력으로 인식했고, 이 때문에 조선 개국 초에 고려 왕족이었던 왕씨는 무참히 살육된다. 이중환의 『택리지』 「팔도총론-경기도」에는 세종 때에 조선의 정치가 안정되자, 고려 왕족의 제사를 받들게 하기 위해 국가에서 왕씨를 찾았는데 오직 왕순례(王循禮) 한 사람이 있었을 뿐이라는 기록이 있다. 왕씨의 이와 같은 비극적인 운명이 당시 불교에도 그대로 닥친 것이다.

태종·세종 대의 불교 교단 통합

태조와 정종이 불교에 호의적이었던 것과 달리 태종은 종파들을 통합하고 사찰들을 대거 철폐한다. 『태종실록』 권11의 1406년 기록에 의하면, 의정부에서 "조계종(曹溪宗)과 총지종(摠持宗)을 합하여 70곳의 사찰만 남기고, 천태소자종(天台疏字宗)과 천태법사종(天台法事宗)을 합하여 43곳의 사찰만 남기며, 화엄종(華嚴宗)과 도문종(道文宗)을 합하여 43곳의 사찰만 남기고, 자은종(慈恩宗, 법상종)은 36곳의 사찰을 남기며, 중도종(中道宗)과 신인종(神印宗)은 합하여 30곳의 사찰을 남기며, 남산종(南山宗)과 시흥종(始興宗)은 각각 10곳의 사찰을 남기자."는 의견을 제출한다. 태종이 이 의견을 수락하면서 당시 유력했던 11종파는 조계종, 천태종, 화엄종, 자은종, 중신종, 총남종, 시흥종의 7종파로 강제 통합되고, 사찰 또한 대부분 파괴되어 242곳만 남게 된다. 또한 이 과정에서 사찰에 속해 있던 농토와 노비도 몰수되었다.

조선 초기 불교의 통폐합과 축소는 7종파 242개의 사찰만 남기는 데 그치지 않는다. 태종의 뒤를 이은 세종은 집권 중기를 넘어가면 불교에 우호적이 되지만, 집권 초기에는 비판적이었다. 이 때문에 1424년에 예조에서 7종파를 다시금 통폐합하여, 조계종, 천태종, 총남종을 합하여 선종으로, 화엄종, 자은종, 중신종, 시흥종을 합해서 교종으로 하자는 의견을 올리자 그렇게 하였다는 기록이 『세종실록』 권24에 남아 있다. 태종 때 11개의 종파를 7개로 줄인 데 이어 다시금 선종과 교종 두 가지로 축소한 것이다. 또한 242곳 사찰을 36곳으로 축소했으며, 1429년에는 부녀자의 사찰 출입을 금지하기까지 한다.

■ 태종·세종 대에 통폐합된 교단

민중과 유리된 불교의 한계

조선 초기 불교 종파가 통폐합되는 등 탄압받는 과정에서 주목할 만한 부분은, 고려 말까지 번성했던 불교가 너무 무기력하게 무너진다는 점이다. 불교가 조선 시대 동안 정책적으로 탄압받았지만 현재까지도 우리나라를 대표하는 종교로 남아 있는 것을 보면, 이 시기 불교의 몰락이 국가의 탄압 때문에 이루어진 것만은 아님을 알 수 있다. 즉 당시 불교의 몰락에는 외부적인 충격 이외에도 불교 내적인 요인 역시 존재하는 것이다.

그 가장 큰 원인은 불교가 민중과 유리되어 있었다는 점이다. 불교가 전래된 삼국 시대부터 고려 시대까지, 불교는 왕과 귀족들의 경제적인 후원 등으로 보호받고 있었다. 이러한 상황이 천 년이 넘게 지속되자 불교는 점점 더 민중과 동떨어지게 된다. 만일 당시 불교가 민중의 확고한 지지를 받고 있었다면, 위정자의 입장에서도 불교를 좌지우지하기는 어려웠을 것이다.

두 번째 원인은, 불교의 힘을 하나로 결집하고 구심점이 되어 줄 고승이 존재하지 않았다는 점이다. 『태종실록』 권30에 의하면, 태종은 불교를 싫어함에도 "우리나라에 지공과 나옹 이후로, 내가 보고 아는 바로는 어떤 승려도 도에 정통한 이가 없다(我國自指空 懶翁之後 予所見知者 無一僧精於其道者)."라고 말하였다. 이는 나옹 이후 무너지고 있었던 불교의 한 단면을 여실히 보여 준다. 즉 당면 과제를 주도적으로 해결할 수 있는 진정한 고승이 부재했던 것이다.

또한 당시 승려들은 이미 주어져서 있는 것에 길들여져 있었기 때문에, 어려운 상황이 닥쳐도 극복하려는 의지가 약했다. 이로 인해 사찰이 무너지고 승려들이 죽임을 당하는 상황에서도 결연히 떨치고 일

어나지 못한 것이다. 이는 구심점이 되어 줄 고승이 없었다는 문제와 연결되는 부분이기도 하다. _⁂

092

성리학의 비판에 직면한 불교

고려 말 신진 사대부들의 불교 비판

고려 말에 대두한 신진 사대부 세력은 불교에 대해 비판적인 시각을 가지고 있었다. 이는 세 가지 이유 때문이다.

첫째는, 고려 말에 들어온 주희의 성리학이 국수적이고 외래문화에 대한 비판적인 측면을 가지고 있었기 때문이다. 이는 주희가 살던 남송의 왕조가 여진족의 금나라에 중심 지역인 강북을 빼앗기고 도망하여 성립된 피난 왕조이기 때문이다. 이 때문에 주희의 성리학 사상에는 이민족과 외래문화에 대한 피해 의식이 강하게 존재한다. 그리고 바로 이 부분이 주희를 배우는 성리학자들에게도 무의식적으로 복제되는 것이다. 이 문제는 이후 성리학이 지배 이데올로기가 되는 조선이 소중화(小中華)를 자처하며, 청나라를 배척해 병자호란을 초래하는 상황을 촉발하기도 한다.

둘째는, 성리학이 위진남북조부터 당나라까지 불교가 국가의 지배 이데올로기였던 시대를 거쳐 완성되면서 자연스럽게, 종교적인 부분을 내포한 정치 철학으로 변모하였다는 점이다. 신유학 이전, 유교와 불교는 각각 정치 철학이라는 외적인 영역과 개인의 수행을 위한 내적인 영역으로 나뉘어 있었기 때문에 크게 충돌하지 않았다. 그러나 불교의 영향을 받으며 발전한 신유학은 수양을 통한 정신의 완성을 추구하는 철학 사상으로 변모한다. 이러한 유교의 변화는 유교와 불교가 상보적인 관계가 아닌 상호 경쟁 관계가 되었음을 의미한다. 성리학과 불교의 충돌이 불가피한 상황이 된 것이다.

마지막은 권력 및 재산과 관련된 현실적인 부분이다. 고려 말에는 불교가 권력과 장원의 다수를 확보하고 있었다. 그렇기 때문에 신진 사대부들이 성장하고 이권을 확보하기 위해서는 불교에 대한 비판과 함께 불교 해체가 불가피했다. 즉 당시 성리학의 불교 비판에는 현실 권력과 자본의 확보라는 문제도 존재하고 있는 것이다. 사실 이 부분이 앞의 두 가지보다 더 큰 비중을 차지했다고 보는 것이 옳다.

정도전의 『불씨잡변』

여말선초에 있었던 불교 비판의 특징 가운데 하나는 신진 사대부들이 불교의 문제점을 논리적으로 비판하고 있다는 점이다. 흔히 신진 사대부들은 조선의 수립과 더불어 정치와 군사 권력을 통해서 불교계를 정리했다고 생각하지만, 그 이면에는 논리와 철학의 문제가 존재한다.

'조선의 설계자'라고 할 수 있는 정도전은 불교 비판에 가장 앞장섰던 인물이다. 당시 문자를 아는 지식인은 신진 사대부 아니면 승려였는데, 정도전의 입장에서 보면 상대편 지식인 집단을 비판해 개혁의 정당성을 확보할 필요성이 있었을 것이다. 이러한 의식 속에서 여러 불교 비판론을 집대성해 불교 무용론을 제기하는 저술이 바로 1397년에 지은 『불씨잡변(佛氏雜辨)』이다. 『불씨잡변』은 불씨, 즉 붓다의 잡스러운 변설이라는 의미이다. 『불씨잡변』은 정도전이 1375년의 『심문천답(心問天答)』과 1394년의 『심기리편(心氣理篇)』을 통해 드러낸 불교 비판을 잇는 완결판이라고 할 수 있다. 그러나 이 책은 1398년에 일어난 1차 왕자의 난 과정에서 정도전이 죽임을 당함으로써 간행되지는 못한다. 『불씨잡변』이 간행된 것은 이후 약 50년이 경과한 1446년이다. 이처럼 정도전은 이방원과 경쟁하는 급박한 상황 속에서도 불교 비판서를 찬술할 정도로 이 문제가 조선의 안위와 관련하여 중요한 일이라고 판단했던 것이다.

『불씨잡변』의 관점과 성리학에 입각한 이론적 비판

『불씨잡변』에서 비판하고 있는 부분은 크게 세 가지로 나눠 볼 수 있다.

첫째는 윤회론이나 출가, 또는 천당(천상)과 지옥과 같은 인도 문화에 대해 중국 문화를 배경으로 한 비판이다. 이는 중국에 불교가 전래되던 초기부터 존재하던 비판으로, 요즘으로 치면 문화상대주의에 대한 이해가 부족해서 생긴 일이다. 예컨대 출가를 충과 효 같은 기본적인 인륜을 저버리는 행위로 보는 관점이다. 이런 부분들은 현대적인 관점에서는 유치한 비판에 지나지 않지만, 당시 동아시아 문화 배경 속에서는 상당한 설득력을 확보하였다.

둘째는 불교 이론의 문제점을 성리학의 관점에서 비판하는 부분이다. 대표적인 예로, 마음과 본성을 동일시하는 불교의 관점을 오류로 여기고 성리학처럼 양자의 차이를 구분하는 것이 옳다는 주장이다. 또한 선종에서는 작용을 그대로 본성이라 여기지만, 작용은 형이하의 현상적인 측면이므로 잘못 본 것이라는 주장 등이다. 이러한 비판은 첫 번째로 꼽은 현상에 대한 비판과는 성격이 다른데, 이는 성리학이 그들의 사상에 입각한 논리 구조를 가지고 비판하는 것이기 때문이다.

마지막 셋째는 비판을 위한 비판으로, 불교를 믿으면 재앙을 받거나 국가의 존속 기간이 단축된다는 것 등이다. 이런 부분은 감정적인 것으로 오늘날의 관점에서 보면 저열하게 설득력이 떨어진다.

불교적 반론의 한계와 불교의 몰락

고려 말부터 일기 시작한 신진 사대부들의 불교 비판은 정도전의 『불씨잡변』으로 체계화되었다. 이 말은 곧 여말선초 당시 불교가 이미 많은 비판 여론에 직면해 있었다는 것을 의미한다. 이런 비판에 대해 불교계 내부에서도 상당한 반론이 제기되는데, 이를 무학의 수제자인 함허 득통의 『현정론(顯正論)』과 저자 미상의 『유석질의론(儒釋質疑論)』을 통해서 엿볼 수 있다. 『현정론』이란, 불교의 올바름을 드러낸다는 의미이고 『유석질의론』은 유교와 불교의 논점을 정리한다는 뜻이다.

그런데 『현정론』과 『유석질의론』의 논점은 『불씨잡변』과는 사뭇 다르다. 『불씨잡변』이 불교가 필요 없다는 불교 무용론이나 불교를 믿으면 재앙만 있다는 불교 해악론을 제기하고 있다면, 『현정론』과 『유석질의론』은 불교와 유교가 본질적으로는 차이가 없다는 조화론을 주장을 하고 있을 뿐이다. 예컨대 유교에서 말하는 기본적 덕목인 인·의·예·지·신 오상(五常)은 불교에서 살·도·음·망·주를 금지하는 오계(五

戒)와 같은 것으로 큰 차이가 없다는 것 등이다. 이러한 주장은 조선 중기 청허 휴정이 지은 '삼가귀감(三家龜鑑)'[1] 등에서도 계속된다.

그러나 이런 식의 대처는 불교를 해악으로 규정해서 없애려는 성리학에 대응하는 방법으로 너무 안일했다. 성리학을 바탕으로 한 신진 사대부들의 비판에 대해 독자적인 주장을 내세워 극복하려 하지 않고, 근본적으로 다르지 않음을 밝혀 융합하려는 시도 정도로 대응하고 있는 것이다. 이런 점에서 볼 때 『현정론』과 『유석질의론』은 『불씨잡변』의 주장을 극복하기에는 한계가 있다. 불교의 이와 같은 대응 자세가 조선의 전 시대에 걸쳐 유지되고 있다는 점은 조선 시대 불교가 반전 기회를 가지지 못하고, 계속해서 배척받을 수밖에 없었던 이유에 대해 생각해 보게 한다.[2] _❀

1. 유·불·도 삼가(三家)의 사상 가운데 귀감이 될 만한 요긴한 내용을 엮은 세 권의 책, 『유가귀감』, 『선가귀감』, 『도가귀감』을 말한다. 불교의 입장에서 유교·불교·도교가 결국 근본적으로 다르지 않음을 밝히고 조화시키고자 저술하였다.

2. 신유교와 달리 불교가 융합과 조화론으로 일관하는 데는 두 가지 이유가 있다. 첫째는 인도불교에서부터 존재하는 불교의 목적주의 때문이다. 불교는 목적만 맞으면 수단의 정당성에 관해서는 크게 문제 삼지 않는 측면이 있다. 이러한 면은 긍정적으로는 불교의 전파 과정에서 선주문화를 존중하며 융합되는 모습으로 나타난다. 그러나 부정적으로는 신유교와의 관계에서처럼, 강력한 비판 세력과도 조화하려는 모습을 보인다는 점이다. 이는 현대 한국 사회 속에서 확인되는 기독교와 불교의 관계를 통해서도 확인해 볼 수 있다. 둘째는 명말 4대 고승에게서도 확인되는 삼교조화론의 영향이다. 실제로 신유교의 강도 높은 불교 비판 역시 중국 신유교의 특징이라는 점에서 본다면, 신유교의 공격과 불교의 대응은 중국의 영향으로부터 완전히 벗어났다고 보기에는 어려움이 있다.

093

한글 창제에 힘을 모은 왕실과 승려

집현전이 아닌, 별도의 조직이 창제한 한글

한글은 인류의 문자 역사상 유일하게 창제 원리와 목적이 분명하게 남아 있는, 가장 과학적이고 합리적인 문자이다. 이와 같은 특출한 우수성 때문에 『훈민정음해례본』은 1997년 유네스코 세계기록유산으로 등재되기에 이른다. 한글이 등재될 마땅한 방법이 없기 때문에, 대신 제자원리(制字原理)와 용법이 실린 『훈민정음해례본』이 등재된 것이다.

흔히 한글은 세종이 발의하고 집현전 학자들이 창제하였다고 알려져 있다. 그러나 『세종실록』 권103의 1444년 기록에는 이러한 생각이 잘못되었음을 분명히 하고 있다. 여기에는 당시 부제학이었던 최만리가 글자 제작을 극렬하게 반대했다는 내용이 기록되어 있다. 부제학은 집현전의 실무를 담당하는 대표적인 직위였기 때문에, 당시 최만리의 주장이 집현전의 입장을 대변한다고 보아도 큰 문제는 없다.

최만리가 반대한 이유는 '중국을 섬기고 사모함에 부끄러움이 있다', '독자 문자를 갖는 것은 오랑캐나 할 짓'이라는 것이었다. 또 한글을 '야비하고 상스러운 무익한 글자(鄙諺無益之字)'로 정의하고 있다. 이에 대한 세종의 반론이 매우 놀랍다. 세종은 "너희가 운서(韻書)를 아느냐? 사성(四聲)·칠음(七音)에 자모(字母)가 몇이나 있는지 아느냐? 만일 내가 그 운서를 바로잡지 않으면 누가 이를 바로잡을 것이냐."라고 말한다. 이는 음운학에 대한 세종의 이해와 지식이 집현전 학자를 넘어설 정도로 뛰어났다는 것과, 한글 창제와 관련해서 집현전과는 다른 특수한 조직이 있었다는 것을 추론하게 한다.

인도 문자와 관련한 한글 창제

세종은 문자 창제에 대해 강력한 의지를 가지고 있었다. 세종이 표면적으로 공표한 한글 창제의 목적은 애민(愛民)이다. 그러나 실질적인 이유는 조선 건국 세력인 훈구공신들을 억누르고 민중을 계몽해 왕권을 강화하려는 것이었다. 당시 유학자들은 한문에 능숙했고, 또 사대주의적인 관념에 빠져 있었기 때문에 그들에게는 새로운 문자가 필요하지 않았다. 이와 같은 상황에서 '문자 창제'라는 세종의 비밀 프로젝트를 담당한 인물은 동궁이었던 후일의 문종과 수양대군이다. 즉 한글 창제와 관련해서 국왕과 왕실을 중심으로 하는 왕권과 훈구공신이라는 신권의 대립이 목도되는 것이다.

한글 창제와 관련한 실무 책임자라고 할 수 있는 인물은 수양대군으로, 수양 대군은 김수온의 형이자 함허 득통의 제자인 상원사의 승려 신미에게 도움을 구한다. 수양대군이 승려에게 도움을 요청한 이유는, 당시 한문과 필적할 수 있는 문자 체계는 불교를 타고 전래한 인도 문자 외에는 달리 없었기 때문이다. 이렇게 해서 신미와 제자인 학열이 중심이 되어 우리 전통의 이두와 인도 문자의 특징들이 합해져 한글 창제가 이루어지게 된다.

성현(成俔, 1439~1504)이 『용재총화(慵齋叢話)』에서, "(한글의) 글자체는 인도 글자를 본받았다(基字體依梵字爲之)."고 한 것은, 이러한 한글 창제의 역사를 드러내고 있는 것이다. 『용재총화』는 1525년에 발행되지만, 그 찬술 시기는 1499~1504년이다. 즉 한글이 반포된 1446년으로부터 약 반세기가 지난 시점의 기록인 셈이다. 또 이수광(李睟光, 1563~1628)의 『지봉유설』에서도 "우리나라 언서(諺書)는 글자 모양이 전적으로 범자를 모방하였다(我國諺書字樣全倣梵字)."라고 하였다. 이외에도 이긍익(李肯翊)의 『연려실기술(燃藜室記述)』 권3의 「세종조고사본말(世宗祖故事本末)」이나 이유원(李裕元)의 『임하필기(林下筆記)』 권18의 「문헌지장편(文獻指掌編) - 훈민정음(訓民正音)」, 그리고 허봉(許篈) 『해동야언(海東野言)』 권1의 「세종」 등에서도 살펴볼 수 있다. 즉 한글의 문자 체계가 인도의 것을 모방했다는 것은 조선의 유생들 안에서도 광범위하게 퍼져 있었던 내용인 셈이다.

불교 문헌에 기초한 초기 한글

초기 한글은 세종의 「월인천강지곡」과 수양대군의 『석보상절』과 같은 불교 문헌으로 시작된다. 「월인천강지곡」의 '월인천강'은 함허 득통의 『금강경오가해』 중 한 구절에서 따온 제목이다. 1461년에 간경도감이 설치되고, 신미가 이를 주관하면서 불경을 한글로 번역하는 일에 매진하게 된다. 간경도감에서 진행한 불교 경전의 언해는 한글의 정착과 보급에 있어 중요한 역할을 한다. 당시 조선이 성리학을 신봉하는 국가임에도 한글 번역이 유교 경전이 아닌 불경 언해로 시작되었다는 것은, 당시 유학자의 한글 배척과 불교계가 한글 창제에 협조적이었다는 측면을 단적으로 드러내 준다.

『세조실록』 권38에 따르면, 세조는 1466년 신미의 주청으로 자신의 원찰로 중건된 오대산 상원사의 낙성식에 참석한다. 이때 금강산에서는 담무갈보살을 친견하고 오대산에서도 문수보살의 이적을 체험하게 된다. 세조는 조선의 임금 중 최고의 불교 군주인데, 그 증거가 되는 것이 바로 「오대산상원사중창권선문(五臺山上院寺重創勸善文)」이다. 손으로 쓰인 것 가운데 현존하는 최고(最古)의 한글본이자, 국보 제292호인 이 기록은 상원사의 중창과 관련된 내용을 담은 문서이다. 여기에는 "불제자 조선국왕 이유(李瑈)"라는 세조의 이름과 수결(手決), 즉 사인이 담겨 있다. 이 '어첩(御牒)'이 최고의 한글본이 될 수 있는 이유 역시 세조와 신미의 관계 때문이라고 하겠다.

고려불교의 마지막 불꽃, 세조의 삼화상

세조는 신미와 그의 두 제자인 학열과 학조를 삼화상(三和尙)이라고 해서 매우 극진히 대우했다. 삼화상이라는 표현은 지공·나옹·무학을 여말삼화상이라고 한 것에서 연유하는데, 신미와 두 제자를 여말삼화상의 예로서 존중한 것이다.

신미는 나옹이 중창한 사찰인 양주 회암사에서 함허 득통의 제자가 된 승려이다. 이런 점에서 나옹을 중심으로 하는 불교가 조선 초 한국불교의 중심이라는 것을 알 수 있다. 신미와 학열·학조는 고려불교를 계승한 조선의 마지막 승려들이다. 이것이 가능했던 이유는 세조의 불교 옹호 정책 때문이다. 이들을 끝으로 고려불교의 승려들이 귀족과 지식인이었던 것과는 달리, 조선불교는 평민과 문자를 아는 정도의 수준으로 전락하고 만다. 즉 불교의 위치 하락으로 인하여, 더 이상 높은 신분과 지식인들의 유입이 어려워진 것이다.

그 예로, 율곡은 1551년 신사임당이 사망한 이후 1555년 3년상을 마치고 19세의 나이로 금강산의 마하연으로 입산하여 의암(義庵)이라는 이름으로 수행 생활을 하게 된다. 이때 율곡은 '살아 있는 부처님'이라는 뜻의 활불이라는 칭찬까지 듣지만 불과 1년 만에 하산하고 만다. 율곡 시대의 불교는 문정왕후의 후원하에 회복의 기운을 추스르고 있었지만, 그럼에도 조선불교의 한계를 노출하고 있었다. 즉 당시 불교는 율곡을 수용할 정도의 그릇이 되지 못했고, 이는 이후 불교와 유교의 명암을 더 한층 분명하게 가르게 된다.

094

『경국대전』이 결정한 조선불교의 그늘

불교 차별을 조문화한 『경국대전』

이 땅에 들어온 후 국가의 전폭적인 지원을 받으며 꽃길만을 걷던 불교는 유교 국가인 조선을 만나면서 그 지위가 급락한다. 상업이 상당한 비중을 차지했던 고려와 달리, 조선은 '농자천하지대본'을 주장하는 농업 사회를 표방했다./ 이는 '사농공상(士農工商)'이라는 직업의 서열화를

/

고려 때에는 상업(무역)이 국가 경제에 있어서 상당 부분을 차지했다. 상업은 많은 노동 인구를 필요로 하지 않고, 고급문화에 따른 고품질의 기술 개발을 필요로 한다. 고려의 출가 정책에는 인구 수를 조절하는 산아 제한의 효과가 있고, 문자를 아는 고급 지식인으로서의 승려들은 선진 문화의 수용과 전파 및 창달자 역할을 했다. 이는 상업의 발달을 초래하는 원동력이 되어 선순환 구조를 유지하게 된다. 이것이 고려에서 불교가 용인되던 이유이다.

그러나 조선이 되면서 상업 비중은 약화되고 농업비중이 압도적으로 증대한다. 농업에는 많은 일손이 필요하고 이는 다산의 장려와 승려가 설 위치를 사라지게 했다. 그러나 농업은 인간만의 일이 아닌 하늘의 역할도 막대한 비중을 차지한다. 이렇다보니 흉년라도 들면 많은 인구수를 감당할 수 없어 집단으로 아사하는 문제가 발생하게 된다. 즉 다산과 아사라는 숙명적인 반복양상이 되풀이 되는 것이다. 또 농업이라는 수익이 적은 구조가 국가의 주된 산업이 되면서, 후대가 되면 다수의 지배층을 부양할 수 없는 문제가 발생한다. 이것이 조선 중기부터 나타나는 유생들끼리의 죽고 죽이는 싸움인 당쟁이다. 고려 때까지는 출가하면 정치권에서 물러나는 것으로 이해해 목숨을 부지했지만, 조선에는 이런 탈출구가 없었다. 그러므로 당쟁은 더욱 첨예한 대립관계로 치달을 수밖에 없게 된다. 이는 정치 일선에서 패한 지식인들이 출가 후에 문화 창달을 통해서 새로운 방식으로 국가 발전에 이바지하는 고려와는 완전히 다른 모습이다. 즉 조선 중후기의 정치인들은 집권에서 패배해면 오직 죽음에 내몰릴 수밖에 없었으며, 결국 더욱더 첨예하고 잔인한 선택을 할 수밖에 없도록 내몰리게 되는 것이다.

통해서 단적으로 드러난다. 사농공상 체계에서 정신과 문화의 창달자인 승려는 위치할 곳이 없다. 즉 신유교의 관점에서 불교는 사족과 같은 불필요한 군더더기일 뿐이었던 것이다.

또한 신유교의 불교 탄압에는 당시 승려가 유생과 더불어 문자를 아는 유일한 지식 계층이었다는 점도 작용한다. 즉 과거 주류였던 지식 계층을 철저하게 옥죄지 않으면, 불교가 신유교에 당하는 식의 역전 현상이 다시금 발생할 수 있다고 판단한 것이다.

조선의 불교 억압은 『경국대전』이라는 조선의 법전을 통해서 분명해진다. 『경국대전』 편찬은 국가의 기틀이 완성되는 세종 이후의 세조 때부터 추진된다. 그러나 여러 시행착오를 거치면서 최종 반포와 시행은 성종 16년인 1485년 1월 1일에 와서야 비로소 이루어진다.

『경국대전』「형전」의 '금제(禁制)' 조에 의하면, 유생과 부녀자가 절에 가면 장 100대에 처하고, 승려가 도성 안에서 말을 타면 장 60대로 징벌한다는 조항이 있다. 또 사찰에 노비나 토지를 시주할 경우에는 이를 국가에 귀속시킨다는 내용도 존재한다. 즉 신도와 수입원의 두 가지를 모두 차단해서 불교를 옥죄겠다는 내용이 수록되어 법제화된 것이다. 이는 『경국대전』의 내용을 기반으로 나라를 운영한 조선 시대 내내 지속적인 불교 억압이 가능하다는 것을 의미한다.

그러나 「예전」의 '도승(度僧)' 조에는 승려가 된 사람은 3개월 안에 시험을 본 후 정포 20필을 내고 도첩을 발급받아야 한다는 규정이 있다. 또 3년마다 선종과 교종으로 분리된 선시(選試), 즉 승과를 치러 30인을 선발하도록 하였다. 이는 불교를 국가 통제 안에 둔다는 의미로, 불교를 억압하기는 하지만 말살하지는 않는다는 것으로 해석될 수 있다. 즉 시험을 통해서 일정 수준 이상의 승려가 소수나마 존재할 수 있도록 하고 있는 것이다.

그러나 불과 7년 뒤인 1492년에 이르면 성종은 『경국대전』의 내용을 넘어 금승법(禁僧法), 즉 승려가 되는 것을 금지하는 법령을 제정하기에 이른다. 즉 도첩제가 폐지된 것이다. 도첩제는 승려의 수를 국가가 관리한다는 차원에서 억불 정책에 해당한다. 그러나 도첩제의 폐지는 이마저도 인정하지 않는다는 측면에서 말살 정책이라고 할 수 있다.

성종 때 불교 탄압이 강화되는 것은 개국 초의 훈구 대신들을 견제하고 왕권을 강화하기 위해서 사림을 대거 등용했기 때문이다. 사림은 신유학 중에서도 보다 불교에 비판적이었고 이념적인 성리학(주자학)자들이다. 이들에게 있어서 불교는 오직 말살의 대상일 뿐이었다. 또 성종 역시 사림의 지지를 획득하기 위해서 이들의 기호에 맞춰야 한다는 필연성도 존재했다. 그러나 성종 때까지만 해도 당시 정권의 주류는 사림이 아니었다. 그렇기 때문에 『경국대전』에는 성종이 사망(1494)하기 2년 전까지 도첩제와 승과에 대한 조항이 유지될 수 있었고, 이에 따라서 불교 역시 다소간 숨을 돌릴 수 있었다.

새로운 인재의 유입을 막은 연산군

연산군은 조선의 역사에서 폭정으로 기억되는 인물이다. 성종 대에 성장한 사림이 훈구파의 공격으로 숙청당하는 사화(士禍)가 시작된 것도 이때의 일이다. 4대 사화인 무오사화(1498년, 연산군 4년), 갑자사화(1504년, 연산군 10년), 기묘사화(1519년, 중종 14년), 을사사화(1545년, 명종 즉위년) 중 두 번의 사화가 연산군 대에 발생한다. 즉 연산군 대는 훈구와 사림이 충돌하는 가운데, 정치를 혐오한 군주가 광기와 쾌락에 절어 있던 때인 것이다.

연산군의 광기는 불교에도 예외를 두지 않았다. 연산군은 왕실의 원찰을 제외한 모든 사찰의 노비와 토지를 조사하여 몰수하고, 성종 때 제정된 출가 금지법을 더욱 엄격히 적용하도록 하였다. 또 선종과 교종의 총괄 사찰인 홍천사(興天寺)와 홍덕사(興德寺)를 폐지하였으며, 승과 역시 시행하지 않는다.

이러한 조치를 통해 불교의 관리 체계가 무너지고 새로운 인재의 유입이 차단되었다. 이는 선종과 교종으로 나뉘어 특화되었던 측면과 교육에 의한 변별력이 사라지면서 승려들의 질적 수준이 급작하게 저하되는 결과를 가져왔다.

중종의 즉위와 『경국대전』에서 사라진 불교

연산군은 1506년 9월 2일 중종반정에 의해 조선 역사상 최초로 신하에 의해서 폐위된 왕이 되었다. 그러나 중종반정은 신하가 주도하여 현재의 왕을 폐위하고 신왕을 옹립한 사건이라는 점에서 새롭게 즉위한 왕, 중종은 태생적으로 신하들에게 휘둘릴 수밖에 없었다.

결국 중종 2년인 1507년에는 명목상으로만 존재하던 승과가 완전히 폐지되고, 중종 11년인 1516년에는 『경국대전』「예전(禮典)」의 '도승(度僧)' 조가 삭제된다. 이로써 법적으로 존재하던 불교의 최소한의 권리마저도 사라지게 된 것이다.

물론 성종에서 중종에 이르는 동안, '억불'만 있었던 것은 아니다. 성종의 어머니인 인수대비와 성종의 계비인 정현왕후 등 불교 신자였던 왕실 여성들의 홍포 노력과 후원이 존재했기 때문이다. 그러나 이들의 노력은 암흑기로 치닫는 불교의 시대상을 반전시킬 정도는 아니었다._⊛

095

문정왕후의 불교 후원과 허응 보우의 불교 중흥

문정왕후가 피워낸 조선불교의 불꽃

조선의 제7대 군주인 세조는 스스로 불제자라고 칭하는 불교적인 임금이었다. 그러나 제9대 성종과 10대 연산군, 그리고 11대의 중종을 거치면서 불교는 극심한 상황에 내몰리게 된다. 이때 조선불교의 구세주처럼 등장한 인물이 바로 중종의 두 번째 정비인 문정왕후이다.

문정왕후는 중종의 첫 번째 정비 장경왕후의 아들인 제12대 인종이 즉위 8개월 만에 사망하고, 자신의 아들인 제13대 명종이 1543년 12세로 즉위하자 수렴청정에 나서게 된다. 즉 이 시기 조선의 실권은 문정왕후에게 있었던 것이다. 특히 문정왕후는 명종이 20세가 되는 1553년에 명목상으로는 수렴청정을 거두지만, 실질적인 전권을 가지고 있었다. 그렇기 때문에 이 당시 불교는 문정왕후가 사망하는 1565년까지 견실한 지지 기반을 확보하게 된다.

문정왕후는 조선 역사상 가장 불교를 옹호했던 왕실의 여성이다.

이러한 문정왕후의 신앙심은 회암사의 허응 보우(虛應普雨, 1509~1565)와 만나면서 불교 중흥의 일대 사건이 벌어지게 된다. 문정왕후의 신임을 얻은 보우는 연산군과 중종 때에 폐지된 승과를 부활한다. 앞서도 언급한 바와 같이 승과의 폐지는 선종과 교종이라는 두 종파의 구분도 사라지고, 양질의 인재가 들어올 수 없게 된다는 것을 의미한다. 즉 불교의 정체성과 승려의 질을 담보할 수 없는 상황으로 내몰리는 것이다. 이러한 승과를 보우가 1550년 복구시키는데, 승과는 문정황후가 사망하는 1565년까지 유지된다. 이 시기에 승과에 합격한 인물이 바로 청허 휴정(淸虛休靜, 1520~1604)과 사명 유정(四溟惟政, 1544~1610)이다.

문정왕후의 대대적인 불사 흔적

문정왕후는 불교를 옹호한 것만이 아니라 대대적인 불사를 후원하기도 하였다. 이는 현재 문정왕후가 후원하였다는 많은 수의 불교 회화, 즉 불화(탱화)로 남아 있다.

문정왕후는 1562년 삼각산(북한산) 향림사에 〈나한도〉 200점을 모시는데, 여기에는 명종의 무병장수와 자손 번창을 기원하는 마음이 담겨 있다. 그리고 1565년에는 회암사의 중수를 기념하여 〈석가삼존도〉, 〈미륵삼존도〉, 〈약사삼존도〉, 〈아미타삼존도〉를 각각 금선으로 그린 것과 채색으로 그린 것 50점씩, 도합 400점을 제작해서 회암사에 모셨다가 전국 사찰에 봉안하게 한다. 이는 1563년 세자가 죽은 뒤 명종의 건강과 새로운 왕자의 탄생을 기원하기 위한 것이었다. 이렇게만 놓고 보아도, 문정왕후는 최소 600점 이상 되는 불화가 제작되는 데 직접적인 후원자로서의 역할을 하였음을 알 수 있다. 그러나 1565년 문정왕후가 사망하면서, 불교는 다시금 탄압의 역사 속으로 빠져들게 된다. 그리고 문정왕후는 유학자들에게 조선 역사상 가장 비판받는 여성으로 내몰리게 된다.

불교 중흥을 시도한 보우

『명종실록』 권13에는 1552년 "일찍이 문정왕후가 불교를 중흥하려고 했으나 책임을 맡을 적임자를 찾지 못하고 있었는데, 이때 금강산에서 온 보우를 만나게 되었다."라고 기록되어 있다. 이후 1550년에 강남의 봉은사를 선종의 총괄 사찰로 삼고, 광릉 봉선사를 교종의 총괄 사찰로 하여 선종과 교종, 그리고 승과를 부활시켰다. 『허응당집』 권하(下)의 「선종판사 계명록」에 따르면, 1551년 보우는 선종의 책임자가 되고 수진(守眞)은 교종의 책임자이 되었으며, 300곳의 사찰을 국가의 공인을 받은 정찰(淨刹)이 되도록 하였다. 또 1550년에서 1551년 사이에만 4,000여 명의 승려에게 도첩을 주어 공식적인 안전장치를 만들어 주었다.

상황이 이렇게 되자, 유학자들의 반발이 극심해진다. 이 당시는 중종 대에 사약을 받고 죽은 조광조가 신원되는 등 사림(士林)이 힘을 얻고 있을 때였다. 이로 인하여 보우는 사림의 공적으로 지목되어, 보우를 죽여야 한다는 상소가 빗발치게 된다. 실제로 1550년부터 1551년 사이 불교를 비판하는 상소가 423건이 올라왔고, 보우를 죽이라는 장계 역시 75종이나 확인된다. 그러나 보우는 불교 중흥을 자신의 사명으로 여기고 죽음을 불사하며 매진하였다. 그러나 1565년 문정왕후가 65세로 사망하게 되자, 상황은 급격히 악화된다. 결국 보우는 조선불교 중흥이라는 원대한 이상을 완수하지 못하고, 문정왕후가 죽은 그해 제주도로 귀양 보내졌다가 제주목사 변협에 의해 살해된다.

불타는 회암사와 사라지는 조선불교의 불꽃

보우는 문정왕후의 후원하에 1563~1565년에 회암사를 중건했다. 선종과 교종을 총괄하는 사찰로 각각 봉은사가 봉선사가 있었음에도, 당시 최고사찰은 단연 고려 말 나옹과 관련된 회암사였던 것이다. 이 때문에 회암사는 유학자들이 반드시 무너트려야 하는 사찰로 여겨지게 된다.

『명종실록』 권32의 1566년 기록에는 당시 유생들이 회암사를 불태우려 한다는 내용이 있다. 이후 회암사에 대한 기록은 사라졌다가 『선조실록』 권64에 1595년 화재로 소실된 회암사 터에 있는 거대한 종으로 조총을 주조하는 데 쓰려 한다는 내용이 나타난다. 즉 회암사는 1566년에서 1595년 사이에 결국 유생들의 방화에 소실되고 만 것이다. 이로써 조선불교의 유형적인 중심 역시 사라지게 된다./ _

/ 1446년 회암사에서는, 세종의 형으로 출가한 효령대군의 주재하에 석가모니의 불사리를 모셔 놓고 『원각경』을 강의하는 『원각경』 법회가 개최된다. 이때 밤하늘에 석가모니가 출현하고, 2과의 사리가 800과로 늘어나는 이적이 나타나게 된다. 이 사건을 효령대군이 왕궁의 세조에게 전하고 다시 사리 몇과를 모시고 예불을 드리자, 사리는 다시 400과로 증과하는 이적이 발생한다. 이러한 내용은 『세조실록』과 김수온의 『사리영응기』를 통해서 확인해 볼 수 있다. 이 이적에 감명을 받아, 세조의 명에 의해 1464~1466에 창건되는 사찰이 바로 종로의 원각사이다. 원각사라는 명칭은 사리이적이 있었던 『원각경』 법회에서 유래한 것이다. 즉 원각사는 세조의 원찰인 동시에 조선불교에서 건축된 최고의 사찰인 셈이다. 그런데 이 원각사 역시 1504년 연산군에 의해서 황폐화되고 결국 사라지게 된다.

096

국가의 위기 속에서 타오르는 불교

농업을 중시한 조선의 한계와 임진왜란

조선은 성리학을 통치 이념으로 삼은, 중국문화를 바탕으로 하는 농업 국가이다. 이는 신라와 고려가 불교를 배경으로 상업을 중시했던 것과는 차이가 있다. 흔히 신라 → 고려 → 조선 순으로 경제력과 문화가 발전했을 것이라고 생각하기 쉽지만, 유물과 역사가 전하는 사실은 통일신라가 가장 번성했고 그 다음이 고려이며 조선은 마지막이 된다. 그 이유는 한반도는 지형적으로 산지가 많은데, 조선은 중농주의를 선택했기 때문이다.

신라가 삼국을 통일한 직후 670~676년까지 일어났던 당나라와의 전쟁에서 승리할 수 있었다는 것은 경제력이 바탕이 되었기 때문이다. 상업을 통해 축적된 통일신라의 경제력은 이후 불국사와 석굴암 같은 세계적인 문화유산을 남기게 된다. 고려 역시 1231~1270년까지 대몽항쟁기를 이어갈 수 있었던 것은, 해안선을 따라서 유지되던 상선에 의한 상업 활동 때문이었다. 즉 임시수도인 강화도로 자본이 흘러들고 있었던 것이다. 고려의 상업 활동이 얼마나 활발했는지는 이때 우리나라가 유럽에 알려지게 되고, 현재까지도 우리나라를 고려, 즉 코리아로 불리는 것을 통해서 인지해 볼 수 있다. 또 고려의 경제력은 문화적으로도 빛을 발해서, 고려 3대 명품이라고 불리는 고려청자·고려불화·나전칠기가 탄생하기도 한다.

그러나 농사를 중심으로 하는 조선에 오면 상황이 완전히 달라진다. 초기에는 사찰의 토지를 몰수하고 토지개혁을 진행하는 등 경제 확충을 위한 노력이 있었다. 그러나 200년이 흐르자 한정된 토지만으로 늘어나는 인구를 감당할 수 없는 지경에 이른다. 이렇게 조선이 안에서부터 무너져 내리고 있을 때, 외부의 충돌로 발생하는 사건이 바로 임진왜란이다. 그런데 이때 조선에는 제대로 된 군대가 없었다. 즉 당시 조선은 국가의 기능 가운데 상당 부분이 이미 작동하지 않고 있었던 것이다.

국가와 민중을 위해서 전쟁터로 뛰어든 불교

임진왜란은 1592년 5월 23일에 발발하는데, 왜군은 6월 11일 한양을 점령하고 7월 21일에 평양을 함락한다. 일본군이 조선의 지리에 익숙하지 않았다는 점을 감안한다면, 이렇다 할 저항 세력이 없는 파죽지세의 행보라고 할 수 있다. 이때 선조는 자발적으로 한양을 떠났고, 분노한 민중에 의해 정궁(正宮, 법궁法宮)인 경복궁이 불타게 된다. 수도가 단 한 차례의 전투도 없이 적의 손에 넘어가는 사건이 발생한 것이다.

풍전등화와 같은 당시 조선의 운명에 전환점을 마련한 것은 의병과 승병이었다. 이 중 승병과 관련해서 주목되는 인물이 청허 휴정과 사명 유정이다. 불교는 조선에 들어와 모진 억압을 받고 있었지만, 국가적인 환란과 민중이 고통받는 상황에서 결코 좌시하지 않고 국난타개를 위해서 적극 앞장섰던 것이다.

서산대사의 승군 독려와 사명당의 활약

휴정과 유정은 보우와 문정왕후가 부활시킨 승과가 배출한 최고의 인물이다. 이 중 휴정은 개성의 서쪽에 위치한 묘향산 보현사에 머물렀기 때문에 묘향산의 별칭인 서산을 따서 서산대사라고 한다. 휴정은 승과에 합격하면서 능력을 인정받아, 빠르게 당시 최고의 승직인 선교양종판사에까지 오르게 된다. 그러나 이러한 지위는 출가의 진정한 모습이 아니라고 생각하여 모두 떨치고 문도를 지도하는 데 전념하게 된다. 1589년에 발생한 정여립의 반란 사건인 기축옥사에 연루되어 유정과 함께 고초를 겪기도 하였는데, 조사 과정에서 무고라는 것이 밝혀지면서 방면된다. 그리고 3년 뒤인 1592년에 임진왜란이 발발하자, 선조는 피난 중에 휴정에게 팔도도총섭이라는, 모든 승려를 총괄하는 지위를 부여하고 국난을 타개하는 데 앞장서 줄 것을 부탁한다. 당시 73세의 고령이었던 휴정은 전국의 사찰에 격문을 띄워 승군을 독려하였고, 5,000명이 일시에 거병하게 된다. 이후 1592년 12월 명나라가 참전하자 명군과 함께 제자인 사명의 주도로 1593년 1월 평양성을 탈환하는 등 혁혁한 전공을 세우게 된다. 이는 선조가 휴정에게 지속적으로 무게를 실어주는 계기가 된다. 이로 인하여 휴정의 문도는 당시 1,000여 명에 이르렀으니, 조선불교의 흐름이 휴정을 통해서 한 번 재편되었다고 해도 과언이 아닐 정도이다.

임진왜란이라는 국난을 극복하는 과정에서 당시 고령이었던 휴정이 승군의 총괄자 역할을 했다면, 실질적인 임무는 제자인 유정이 했다. 유정은 1561년 시행된 승과 중 선과에 합격하고, 이후 묘향산의 휴정의 문하에서 가르침을 받는다. 유정은 오대산에 머물다가 휴정과 함께 1589년의 기축옥사를 당하게 되고, 이후 유정이 승군의 궐기를 독려하자 800명을 모아 이들 승병을 이끌면서 많은 전투에 참여하여 승리한다.

유정의 공로는 임진왜란에서뿐만 아니라, 전후 수습 과정에서 더욱 빛을 발한다. 1598년 정유재란까지 마무리되고 난 뒤, 전쟁의 후속 조치와 관련해 일본에 건너가 강화를 체결하고 조선의 포로가 송환될 수 있도록 협상할 사람이 필요하게 되었다. 그러나 당시 조정의 유생들은 일본을 두려워해 나서지 못하고 유정을 천거하였다. 결국 선조의 명에 따라 1604년/ 일본으로 건너간 유정이 강화를 체결하고, 1605년 조선인 포로 3,000명을 데리고 귀국한다. 조선의 유생들은 언제나 승려를 억압했으나, 막상 문제가 터지자 결국 일을 담당할 사람은 유정밖에 없었던 것이다. 당시 조정에 『징비록』으로 유명한 유성룡, 또 오성과 한음으로 알려져 있는 이항복과 이덕형, 그리고 이산해 같은 인물들이 있었다는 점에서 유정의 그릇이 얼마나 컸는지 짐작해 볼 수 있다.

유정 이외에도 임진왜란 때 활약한 승병장으로는 임진왜란 당시 조선 최초의 승리라고 할 수 있는 청주성 탈환 전투의 승병장 영규, 권율을 도와 행주대첩을 가능하게 했던 처영 등이 있다.

/ 1604년은 유정의 스승인 서산대사가 입적한 해이다. 유정은 평창 오대산에 주석하고 있다가, 2월에 스승의 부음을 듣고 묘향산으로 가는 도중 선조의 긴급한 요청을 받게 된다. 이로 인해 묘향산으로 가던 길을 바꿔서 한양으로 들어가 일본과의 강화를 위한 사신으로 임명받는다. 즉 스승의 장례보다도 국가를 위한 행동에 주저함이 없었던 것이다.

불교의 계율 중에 산목숨을 죽이지 않는 불살생이 있고, 살생 중 가장 위중한 것이 살인이다. 이런 점에서 임진왜란 당시 활약한 승군은 불교의 계율과 정면으로 상치하는 행동을 했음을 알 수 있다. 그럼에도 당시 불교는 계율보다 국가와 민족을 선택하였다. 조선의 천주교가 순조에 의해 탄압받자, 황사영이라는 인물이 1801년 중국 북경의 구베아 주교에게 서양의 함대와 군대 5, 6만 명을 파병해서 조선을 침공해 달라고 요청하려 한 것(황서영 백서사건)과는 완전히 다르다.

그러나 승군의 임진왜란 참전은 이후 전혀 엉뚱한 방향으로 전개된다. 일본은 불교가 강한 국가였기 때문에 승군이 참전하지 않았을 때는 상대적으로 사찰을 파괴하지 않았다. 그러나 승군이 강력한 적으로 대두하면서부터는 무차별적인 사찰 파괴가 단행되게 된다. 또 임진왜란 이후 조선 조정은 승려들을 남한산성과 북한산성을 축조 및 관리하는 데 이용한다. 이외에도 전쟁 과정에서 보여 준 승려들의 전투 능력은 조선 정부로 하여금 승려들이 위험할 수 있다는 판단을 하도록 만들었다. 이로 인해 이들의 힘을 빼기 위한 방법으로 승려들은 국가 재건과 관련된 강제노역 등에 무차별적으로 동원되었다. 즉 승군은 조선을 위해서 싸웠지만 조선은 그 후로도 성리학만의 나라였던 것이다. _ ⊛

097

통제되지 않는 국가와 불교의 발전

불교에 대한 견제 약화와 민중에게 다가가는 불교

전쟁 초기의 연이은 패배에도 불구하고 임진왜란에서 조선이 멸망하지 않은 이유는, 명나라의 참전과 승군과 의병에 힘입은 바 크다. 이렇게 임진왜란의 극복 주체가 왕실과 조정 등 지배층이 아니었다는 점은, 이후 조선이 국가로서 제 기능을 하기 어렵게 만들었다.

조선 후기의 국가 기능 약화는, 조선불교가 민중불교로 거듭나는 계기가 된다. 조선 후기의 성리학은 조선 전기와는 달리 불교를 강하게 배척하지 않았다. 이는 당시 승려들이 유생들과 지배 이데올로기 자리를 놓고 경쟁을 할 수 있는 상황이 아니었기 때문이다. 즉 조선 전기의 불교 억압이 불교를 경쟁 상대로 보았기 때문이라면, 조선 후기의 방임은 불교가 성리학과 대립할 수 없는 상황이라는 것을 의미한다.

이 시기 불교는 산중사찰들을 중심으로 서서히 민중들에게 파고들어가기 시작한다. 고려 시대까지 불교는 국가적인 지원과 보호를 받고 있었기 때문에 민중에게 다가가야 할 필연성이 없었다. 그러나 조선 후기의 불교는 민중의 마음을 보듬어 안는 세력으로 점차 변모하는 것이다.

유교의 영향을 받으며 발전하는 조선 후기의 불교

영정조 시대에 이르러서야 불교는 임진왜란에서 입은 피해를 회복할 수 있었다. 현존하는 불교 건축과 유형 문화유산의 대부분은 바로 이 시기에 건립된 것이다. 또한 이 시기의 불교는 선교통합적인 측면을 바탕으로 철학적이나 수행적이라기보다는 민중적인 색깔을 띠면서 발전한다. 즉 사상이나 수행 면에서 치열한 자세는 목도되지 않지만, 견실하고 우직한 모습이 확인되는 것이다.

무엇보다도 이 시기에 불교는 유교의 영향을 강하게 받게 된다. 이는 크게 세 가지로 정리해 볼 수 있다.

첫째는 문집의 발간이 늘어난 데 비해 연구서 발간은 저조했다는 점이다. 문집은 유생들이 일생 동안 찬술한 시문이나 편지와 같은 기록물을 종합, 분류해서 묶은 것으로 체계적인 저술이 아니다. 이러한 문집은 고려 시대 승려들에게서도 일부 확인되기는 하지만, 조선 후기에 오면 이러한 문집이 유교의 영향으로 크게 번성하는 것이다. 이와는 달리 불교에 대한 새로운 연구서는 이렇다 할 만한 것이 없다. 유교에는 공자가 제창한 '술이부작(述而不作)의 정신'이라는 것이 있는데, 이는 주석은 하지만 창작은 하지 않는다는 의미이다. 이로 인하여 『사기(私記)』와 같은 일종의 참고서 형식은 발전하지만, 창의적인 관점의 저술은 존재하지 않게 된다.

둘째는 조상 숭배와 관련된 부분이 강조되었다는 점이다. 동아시아불교 특유의 조상 숭배는 중국불교에서부터 확인된다. 그러나 조선 후기의 불교에서 이 부분은 핵심을 이루게 된다. 이는 조상 숭배와 관련된 지장전·시왕전·삼장단·감로단·영단 등의 다양한 관련 기재(忌齋)의 발전을 통해서 확인해 볼 수 있다. 또한 사찰이나 승려와 관련해서도 조사전이나 개산조각, 또는 영각 등 조상 숭배 유풍을 확인해 보는 것은 어렵지 않다.

셋째는 상명하복의 서열 구조가 엄격해졌다는 점이다. 불교 전통에서는 출가한 햇수를 기준으로 차례를 존중하기는 하지만, 의견이나 관점을 개진할 때는 수평적인 열린 구조를 가지고 있다. 그러나 조선 후기가 되면, 유교의 수직 구조의 영향에 의해서 폐쇄된 서열 구조만이 강조될 뿐이다. 이상과 같은 측면들은 유교의 영향에 따른 조선불교적인 변모 양상인 동시에 조선불교의 대표적인 특징이라고 하겠다. _❀

098

초의와 추사, 차와 불교를 논하다

우리나라 차문화의 완성자 초의

조선 후기의 승려 중 사상과 문화, 양 방면에 걸쳐서 두각을 나타내는 인물이 초의 의순(艸衣意恂, 1786~1866)이다. 초의는 풀 옷이라는 의미인데, '초의대종사의순탑비명(艸衣大宗師意恂塔碑銘)'에 따르면, 붓다의 제자인 마하가섭의 청정한 두타 수행과 관련된 이름이라고 한다(草衣其拈花之號也).

일반적으로 초의는 차와 관련해서 널리 알려져 있다. 실제로 1830년에 지은 『다신전(茶神傳)』과 1837년에 찬술한 『동다송(東茶頌)』은 한국 차 문화에 있어 금자탑과 같은 저술이다. 초의는 전남 대둔산 대흥사 옆에 일지암을 창건하고 이곳을 중심으로 차와 다선일미(茶禪一味), 즉 차와 선은 한 맛일 뿐이라는 사상을 발전시켰다. 이로 인하여 일지암은 오늘날까지도 차와 관련된 성지로 인식되고 있다.

다산에게 수학하고 추사와 교류하다

초의는 일찍이 1809년 강진으로 유배를 와 있던 다산 정약용을 찾아가 유교 전적과 시문을 배우게 되는데, 이때 다산 역시 초의를 통해 대둔산의 차에 깊이 빠져들게 된다. 다산이 강진에서 차를 접하게 되는 것은 아암 혜장(兒庵惠藏, 1772~1811)을 통해서였다. 실제로 다산은 1805년 혜장에게 「걸명소(乞茗疏)」, 즉 차를 보내 주기를 청하는 글을 보내기도 한다. 이 같은 차의 깊이가 초의를 통해서 확대되는 것이다.

초의는 또 1815년에는 한양에서 동갑의 천재 추사 김정희(金正喜, 1786~1856)를 만나게 된다. 당시 추사는 1809년 당시 동지부사였던 아버지 김노경이 청나라에 갈 때 동행하면서 크게 명성을 떨친, 촉망받는 지식인이었다. 이 만남을 주선한 것은 다산으로 추정되는데, 이때부터 두 사람은 오랫동안 교류하게 된다. 초의가 추사에게 차를 선물하자 추사가 써준 '명선(茗禪)'이라는 글씨는 추사의 대표작이기도 하다. 조선 후기 최고의 지식인들이 차라는 공통점을 통해서 하나의 연결고리를 형성하고 있는 것이다.

초의와 백파의 선에 대한 논쟁

초의는 단순히 차만 연구한 인물이 아니라 선에 매진했던 선사이기도 하다. '초의대종사의순탑비명'에는 초의가 40년간 일지암에서 홀로 지관 수행을 하였다고 되어 있다. 이는 초의가 홍주종 계열의 임제종만 수행한 것이 아니라, 천태종의 지관법도 수용했다는 것을 의미한다.

초의 당시 임제종을 강력하게 주장한 선사로 백파 긍선(白坡亘璇,

1767~1852)이 있다. 백파는 『선문수경(禪門手鏡)』을 찬술하여 임제종만이 최고의 가르침임을 천명하고, 그 외의 방식에 대해서는 비판한다. 초의는 이러한 백파의 관점에 문제를 제기하고, 『선문사변만어(禪門四辨漫語)』를 지어 반박했다. 그 핵심적인 내용은 백파가 선을 조사선과 여래선 그리고 의리선의 세 가지로 차등해서 조사선, 즉 임제종 제일주의를 주장하자, 이를 비판하고 선교의 원융한 관점의 타당성을 제기하는 것이다.⁄ 이는 초의가 "깨달으면 교가 선이 되고, 미혹하면 선이 교가 된다."는 글을 남긴 것을 통해서 분명해진다. 초의는 다산에게 유교까지 배운 승려이며, 또 수행에 있어서도 지관까지 수용하는 인물이다. 이런 점에서 선만을 강조하는 백파와는 관점이 달랐다는 것을 알 수 있다.

천재였던 추사의 패기와 신심

초의와 백파의 관점 차이에 의한 논쟁은 이후 추사가 가세하면서 가열된다. 추사는 백파의 오류를 지적하는 서신을 보내게 되고, 백파 역시 자신의 당위성을 13가지로 논증하여 답신하였다. 이에 추사는 '백파망증십오조(白坡妄證十五條)', 즉 '백파의 망령됨 15가지'라는 제목의 공격적인 편지를 보내기에 이른다.

⁄ 백파와 초의의 논쟁을 '이종선(二種禪)과 삼종선(三種禪) 논쟁'이라고 하는데, 이 논쟁은 20세기 중기까지 100여 년간 호남을 중심으로 전개되는 조선 후기 최대의 불교 논쟁이다. 이종선이란, 전통적인 선의 구분인 조사선과 여래선을 의미한다. 그런데 백파가 임제의 설을 근거로 조사선과 여래선에 의리선을 첨가하는 삼종선설을 주장하며, 조사선 제일주의를 강력하게 천명한다. 이를 전통적인 이종선의 관점에서 비판하는 것이 초의이며, 이러한 초의의 견해에 동조해서 논변에 참여하게 되는 것이 바로 추사이다.

추사는 어려서부터 이름난 천재로, 청나라에 갔을 때는 당시 동아시아 최고의 학자였던 옹방강(翁方綱, 1733~1818)과 완원(阮元, 1765~1848)의 인정을 받으며 문명을 날렸다. 이때 옹방강은 추사의 비범함에 놀라 '경술문장해동제일(經術文章海東第一)'이라 하였고, 완원은 추사에게 '완당(阮堂)'이라는 호를 주었다는 일화가 있다. 이런 일을 겪으며 쌓인 추사의 자신감이 백파의 반론에 대한 분노로 표출되었던 것이다.

백파와의 일화와 비슷한, 추사의 교만을 알 수 있는 일화는 또 있다. 추사는 제주도로 귀양을 가는 길에 해남 대흥사에 들리게 되는데, 이때 동국진체의 완성자인 원교(圓嶠) 이광사(李匡師, 1705~1777)가 쓴 '대웅보전'이라는 현판을 보고 글씨의 기본도 모른다고 하면서 떼어내게 하고 자신의 글을 대신 걸도록 했다. 그러나 9년간의 유배(1840~1849)가 끝난 뒤에 다시 선운사에 들른 추사는 원래의 현판으로 다시금 되돌리도록 한다. 천재로서의 교만함이 시간이 흘러 원숙해지면서 변모하게 된 것이다.

추사의 백파에 대한 관점 역시 제주도 유배 이후 바뀌게 된다. 추사는 백파 문도의 부탁으로 현재 선운사에 전해지는 백파의 비인 '화엄종주백파대율사대기대용지비(華嚴宗主白坡大律師大機大用之碑)'의 비문(碑文)을 지었는데, 그 속에는 백파와의 일화와 백파에 대한 깊은 존중의 마음이 잘 녹아 있어 주목된다.

추사는 『법화경』의 「관세음보살보문품」을 써서 작은 책으로 만들어 언제나 휴대하면서 독송했다. 이 유물은 현재 동국대학교 박물관에 소장되어 있다. 또 죽음에 이르러서는 강남의 봉은사에 머물면서 매일같이 향으로 팔을 태우는 연비를 하면서, 참회하고 기도하는 삶을 살았다. 이러한 인연으로 현재 봉은사에는 추사가 죽기 3일 전에 쓴 "판전(板殿)"이라는 편액이 남아 있다. _❀

099

구한말의 불교와 불교로 모인 지식인들

유령국가가 된 조선과 벼랑 끝의 불교

조선 말기가 되면 조선은 국가적인 최소한의 기능마저도 멈춘 식물인간과 같은 상태에 처하게 된다. 조선의 권력은 조선 중기를 거치면서 사림으로 넘어가고, 사림 안에서 율곡을 따르는 서인으로, 그리고 다시금 서인 안에서 송시열에 의한 노론으로 좁혀진다. 이는 붕당(朋黨), 즉 소수의 기득권자들에 의한 패거리 정치의 시대가 펼쳐짐을 의미한다. 그러나 19세기 들어 강력한 외척이 등장하면서 국가가 한 집안에 의해 사유화되는 초유의 사건이 발생한다. 순조 대의 김조순을 시작으로 헌종, 철종의 3대에 걸친 안동 김씨의 세도정치 시대가 열린 것이다. 국가의 권력이 국왕에게 있지 않고 한 집안에 의해 좌우된다는 것은 국가와 백성에게는 대재앙일 수밖에 없다. 특히 당시는 외세의 야욕과 개항의 요구가 거세던 격변의 시대였다는 점에서 더욱 그렇다.

1894년 일어난 동학농민운동을 스스로 통제하지 못하고 일본군을 끌어들이거나, 청일전쟁(1894~1895)과 러일전쟁(1904~1905)을 통해 주변 국가들이 조선의 지배권을 놓고 조선 안에서 전쟁을 하는 상황에도 주체적인 개입 한 번 못하는 등 당시 조선은 극심한 무기력에 빠져 있었다. 즉 오래된 껍질만 남은 국가였던 것이다.

그러나 이런 상황에서도 양반의 수탈은 지방에서까지 극에 달했다. 사찰 역시 양반의 수탈 대상에서 예외가 아니었다. 당시 양반들이 사찰 재산을 빼앗는 방식은 백지 편지를 봉인해서 주지에게 보낸 다음, 얼마가 지나면 고문하여 그 백지가 차용증이라는 자백을 받는 것이었다. 이 때문에 사찰의 주지들은 양반에게 백지 편지를 받게 되면, 그날로 야반도주를 하는 일까지 발생했다고 한다. 국가 통치 체제의 붕괴에 따른 경제 궁핍에 양반의 가혹한 수탈까지 더해지면서, 조선 불교는 영정조 시대의 화려한 부활을 뒤로한 채 벼랑 끝으로 내몰리게 된다.

개화파의 이념으로 새롭게 부각한 불교

조선 말기 켜켜이 쌓인 유교의 적폐는 지방의 토호세력 집단인 서원을 중심으로 이루어졌다. 이 때문에 국가의 지배 이데올로기가 바뀌지 않은 상황에서 고종 1년인 1864년 흥선대원군은 서원 철폐를 단행한다. 이때 서원 600여 곳이 사라지며 47곳만 남게 되는데, 명나라 마지막 황제를 제사하는 충북 괴산의 만동묘(萬東廟)도 파괴된다. 만동묘는 임진왜란 때 조선을 도와준 명나라의 신종(神宗)과 의종(毅宗)의 신위를 모신 노론 최고의 상징적인 장소였다. 즉 조선 초기 사찰이 정치권력에 의해서 36개만 남고 모두 헐린 것처럼, 서원 역시 같은 길을 걷게 된 것이다. 다만 서원 철폐는 유교에 의한, 유교 안에서의 자체 정리였다는 점이 다를 뿐이다. 이는 당시 유교의 문제가 유교 국가인 조선 안에서도 용납될 수 없을 정도로 심각했다는 것을 의미한다는 점에서 주목된다.

홍선대원군의 개혁 노력에도 불구하고 대원군과 고종·민비 사이에 있었던 개혁에 대한 관점의 차이와 갈등은 결국 이렇다 할 결과 없이 조선을 표류하게 만든다. 이렇게 점차 문제점만을 노출하는 상황에서 시대 변화를 주체적으로 수용할 수 없었던 조선의 적폐를 일시에 끊고 가자는 급진 개화파의 시도가 바로 1884년 김옥균의 3일 천하, 즉 갑신정변(甲申政變)이다. 불교와 관련해서 개화파가 주목되는 것은 당시 조선 정부의 무능함과 성리학에 한계를 느낀 지식인들이 인간 평등을 주장하는 불교에서 새로운 대안을 찾으려고 했기 때문이다. 이와 같은 판단이 가능했던 것은 불교가 발전한 일본의 영향과 함께 조선 승려가 일본에서 활동하며 정보 수집에 유용했기 때문이다.

이능화의 『조선불교통사』 하권 등의 자료에 의하면, 김옥균·서광범·박영효 등의 개화파 사람들은, 대치(大致) 유홍규(劉鴻逵, 1831~?)

조선 후기에 유행한 말 가운데 "정승판서 위에 도승지, 도승지 위에 만동묘지기"라는 것이 있다. 정승보다 도승지 즉 비서실장의 권세가 강하고, 이런 도승지보다도 만동묘의 관리자가 더욱 막강하다는 의미이다. 실제로 벼슬의 차례를 알기 쉽게 노래로 만든 〈승경가(昇卿歌)〉에도 "원님 위에 감사, 감사 위에 참판, 참판 위에 판서, 판서 위에 삼상(삼정승), 삼상 위에 승지, 승지 위에 임금, 임금 위의 만동묘지기"라는 대목이 있다. 여기에는 국왕도 함부로 하지 못하는 만동묘를 중심으로 하는 노론의 권세가 잘 나타나 있다. 즉 만동묘는 권력형 비리의 최고 정점에 있었던 것이다. 이 때문에 만동묘는 홍선대원군의 서원 철폐의 칼날을 피해 가지 못하고 철거된다. 대원군이 실각하면서 1874년 다시 복구되지만, 1908년 일제의 영향으로 다시금 모든 기능을 상실한다. 만동묘는 임진왜란 당시 일본의 목표이면서 조선에 원군을 보낸 명나라 황제의 제사를 지내는 곳이므로 일제의 입장에서도 탐탁지 않았던 것이다. 그리고 일제강점기인 1937년 유생들이 만동묘에 몰래 숨어들어가 신종의 제사를 지낸 것이 문제가 되어 1942년 조선총독부에 의해 만동묘는 완전히 철거되기에 이른다. 이것이 1983년 괴산군의 노력으로 정비되기 시작하여 지난 2006년 복구가 완료되었다.

에게 불교를 배웠고 이로 인해 경성에서 한때 선불교가 유행했다고 한다. 또한 갑신정변 역시 불교가 바탕이 된 혁신적인 생각의 결과라고 되어 있다. 개화의 시대, 새로운 가능성의 배경에 불교가 존재했던 것이다. 실제로 개화파가 일으킨 갑신정변의 배경에는 이동인(李東仁, 1849?~1881)이나 무불(無不) 탁정식(卓挺埴, ?~1884)과 같은 개화승들의 역할이 컸다. 조선의 마지막 등불은 유교가 아닌 불교에 있었던 것이다. 그러나 애석하게도 이 등불은 들불처럼 번지지 못하고 청나라의 개입으로 좌절되고 만다.

억압이 사라진 불교

조선은 1867년 문호를 개방하게 되면서, 기존의 성리학 일변도가 무너지고 다종교를 인정하지 않을 수 없게 된다. 이는 프랑스와 조선이 1886년 조불수호통상조약(朝佛修好通商條約)/ 을 체결하면서 표면화된다. 특히 일본의 영향력이 강화되면서 일본불교의 조선 진출이 증가하고 조선불교에 대한 억압이 개선되는 등 변화가 일어나게 된다.

이러한 사건 중 가장 대표적인 것이 1895년 김홍집 내각이 추인하는 승려의 도성 출입을 허용하는 입성해금(入城解禁)이다. 승려의 도성

/ 조선과 프랑스의 조약 체결은 다른 열강에 비해 다소 늦게 이루어졌는데, 이는 조선이 개항하기 이전, 프랑스가 조선의 천주교 탄압을 이유로 병인양요를 일으키는 등 여러 차례 무력 충돌이 있었기 때문이다. 이후 프랑스는 1882년부터 조선과 조약을 체결하려고 시도하였지만 '천주교 선교'에 대한 조항을 반드시 넣어야 한다는 주장이 문제가 되어 번번이 실패하였다. 그러다 1886년 조선의 전권대신 김만식과 중국 주재 프랑스 대사였던 코고르당이 회담한 끝에 조약을 체결한다. 조불수호통상조약에는 다른 열강과의 조약과는 달리 "학습 또는 교화하려고 조선에 가게 되는 프랑스인의 신분을 보호한다."는 내용을 넣어 선교를 목적으로 학교를 세울 수 있는 특권이 프랑스에 주어졌다.

출입을 금지하는 내용이 담긴 최초 문헌은 1739년(영조 15)의 『신보수교집록(新補受教輯錄)』이었는데, 이후 약 150여 년간 합법적으로는 승려가 도성을 출입할 수 없었던 상황이 비로소 해소된 것이다. 이러한 변화는 조선 정부의 자체적인 개혁안에 의해 1894년부터 다루어지던 부분과, 일본 일연종(日蓮宗)의 승려 사노 젠레이(佐野前勵)의 건의를 김홍집 내각이 승인한 결과이다.

승려의 도성 출입 허용은 숭유억불의 굴레로부터 조선불교가 벗어났음을 의미한다. 즉 불교에 조선의 암흑기를 넘어선 새로운 시대가 펼쳐진 것이다.

일본불교의 확대를 막기 위해 창건된 원흥사

1902년 대한제국은 일본의 침략과 일본불교의 확대를 막기 위해 동대문 밖의 현 창신초등학교 자리에 20만 냥을 들여 원흥사를 창건한다. 원흥사는 모든 사찰을 총괄하는 대본산으로 하부에 16중법산을 두었는데, 이는 후일 30본산제의 기틀이 된다.

원흥사 창건을 통해 불교를 체계화하고자 했던 대한제국의 노력은 국가의 몰락과 더불어 불과 2년 만에 관리부서가 폐지되면서 끝나고 만다. 그러나 원흥사의 창건은 조선조의 산중불교가 도심으로 진출하는 단초가 된다는 점, 불교가 현대의 종단 구조를 갖추게 하는 역할을 했다는 점, 그리고 국가의 보호 밖에 존재하던 불교가 제도권 안으로 수용되면서 출가가 공식으로 인정되었다는 점에서 적지 않은 의의를 확보한다.

또 1908년 원흥사에서 최초의 현대적 종단인 원종(圓宗)이 만들어진다. 그리고 1910년에는 도성 출입이 해제된 이후 최초로 사대문 안에 각황사(覺皇寺)가 창건된다. 각황사는 1962년 조계사로 명칭이 변경되어 현재에 이르고 있다. 이외에도 원흥사를 터전으로 1906년 동국대학교의 전신인 명진학교가 개교된다는 점 역시 중요한 의미를 가진다. _⑧

100

일제강점기 불교의 명암과 조계종의 성립

억압받은 조선불교와 도움을 준 일본

1894년부터 1895년까지 이어진 청일전쟁의 결과 조선에 대한 중국의 영향력은 감소하고, 일본의 영향력이 크게 강화된다. 특히 같은 해에 이루어지는 승려의 도성 출입 금지가 해제되는 일에도 일본의 영향이 있었다는 점에서, 조선불교는 일본불교에 급격하게 경도되는 양상을 보이게 된다. 조선 시대 억압받았던 조선불교의 입장에서 보면, 발전된 일본불교와 강국으로서 등장한 일본은 동경의 대상이 되기에 충분했기 때문이다.

실제로 일본의 조선에 대한 지배력 강화는 조선불교의 위상 재고에 많은 기여를 한다. 여기에는 조선의 지배 이데올로기인 유교를 견제하려는 일본의 암묵적인 후원도 존재한다. 즉 조선불교는 '불교를 억압한 조선'이라는 국가와 '불교를 북돋아준 일본' 사이에서 갈등을 보일 수밖에 없었다. 이는 국가와 종교 중 무엇을 더 비중 있게 볼 것이냐의 선택과 직결되는 당시 조선불교의 딜레마였다.

그러나 일본불교는 1867년의 메이지유신 이후 1872년에 승려의 육식과 결혼은 각자 임의에 맡기며 대처승을 용인한다. 이는 일본 승려의 결혼을 가속화하고, 결국 일본불교의 영향을 받은 조선불교 또한 승려가 결혼하는 풍조가 만연하게 된다. 실제로 한용운과 같은 시대의 지식인이자 불교 개혁을 주장한 인물조차, 한일병합의 해인 1910년을 전후해서 두 차례에 걸쳐 일본에 대한제국 승려들의 결혼을 허용해 줄 것을 청원하고 있다. 이러한 내용은 같은 해에 저술된 『조선불교유신론』 속에서도 그대로 확인된다. 실제로 한용운은 출가 이전 14세 때인 1892년에 1차로 결혼하였으며, 출가한 후 55세 때인 1933년에 재혼하였다. 이는 한용운이 반일감정과 무관하게 결혼을 하는 일본불교를 인정했다는 것을 의미한다. 이러한 판단은 당시 많은 사람들이 '일본불교=선진불교'라는 등식을 가지고 있었기 때문이다.

일본불교의 영향과 과제

일제강점기 한국불교는 지배국인 일본불교의 광풍에 휩싸이게 된다. 조선의 억압으로부터 이제 막 깨어난 한국불교의 입장에서, 발전한 일본불교의 모습은 동경의 대상이 되기에 충분했기 때문이다.

일본불교의 문제점은 조선불교의 독신 청정주의와는 다른 결혼을 하는 재가주의라는 데 있다. 실제로 일본불교의 영향으로 일제강점기 승려의 대다수가 결혼하는 한국불교사상 초유의 일이 발생한다. 이 문제는 해방 후 일본불교의 그림자를 지우고 한국불교를 바로 세우기 위한 정화운동이라는 처절한 몸부림으로 전개된다.

일제강점기 불교에 어두움만 있는 것은 아니다. 일본과 일본불교의 암묵적인 비호 아래, 한국불교는 양적으로나 질적으로 많은 성장을 거두었기 때문이다. 특히 불교의 위상이 단적으로 상승하며, 도심포교가 가능해진 것 등은 일본불교의 수혜를 입은 것에 다름 아니다. 물론 일본은 1911년 사찰령을 반포하여 한국불교를 일본에 복속시키려 했으며, 또 일본불교 역시 한국불교를 병합하려는 획책을 시도하기도 하였다. 그러나 한국불교의 선각자들은 이러한 위험 요소에 적극적으로 대응하면서, 한국불교의 정통성을 지켜 내기 위해 줄기차게 노력했다. 오늘날 한국불교가 일본불교의 영향을 걷어 내고 다시금 과거의 청정한 정통을 회복할 수 있었던 것은, 이와 같은 선각자들의 시대를 읽는 치열한 노력에 따른 결과이다.

일제강점기 한국불교를 지켜 낸 선지식들

일제강점기 한국불교를 지켜낸 선각자로 주목되는 분으로는 석전(박한영)과 용성, 그리고 한암을 들 수 있다.

석전(石顚, 1870~1948)은 불교학을 중심으로 당대를 대표하는 지식인이었다. 때문에 석전의 문하에서 운허 용하(耘虛龍夏, 1892~1980), 운기 성원(雲起性元, 1898~1982), 서경보(徐京保, 1914~1996) 등의 선지식과 이광수, 신석정, 조지훈, 서정주, 김달진, 김어수 등 걸출한 동량들이 배출된다. 즉 일제강점기 지식인의 중심에는 석전이 위치하고 있었던 것이다.

용성(龍城, 1864~1940)은 한용운과 더불어 민족대표 33인에 속하는 인물로, 1926년 불교를 대표하는 본사 주지 자리마저 대처승이 취임할 수 있게 되자, 총독부에 두 차례에 걸쳐 이의 부당함을 강력하게 주장한다. 또 불교 개혁을 위해서 신불교 운동인 대각교를 개창하고 불교 경전의 한글화 등에 매진하기도 하였다. 즉 석전이 교학적인 지식인이었다면 용성은 실천하는 행동주의자였던 셈이다.

끝으로 한암(漢巖, 1876~1951)은 일제강점기를 전후해서 총 네 차례에 걸쳐 교정과 종정에 추대되는 희대의 선승이다.ˊ 구한말 격동과 변화의 시대에 한국불교에는 선불교의 중흥조로 평가되는 경허 성우(鏡虛惺牛, 1846~1912)가 출현해서 활력을 불어 넣는다. 경허는 침체되어 있던 조선불교의 현실 속에서, 남종선의 파격적이면서도 현실과 유리되지 않는 선의 가치를 일깨운 인물로 평가된다. 경허의 문하에서 만공, 혜월, 수월, 한암과 같은 고제(高弟)가 대거 배출된다. 이 중 만공, 혜월, 수월이 경허의 파격적인 면모를 그대로 계승했다면, 한암은 윤리적으로 사회를 계몽할 수 있도록 선을 재구성한다. 한암이 만공에게 의뢰받아 쓴 『경허집』 「서문」에서, "후대에 배우는 이가 화상(경허)의 깨침(法化)을 배우는 것은 옳으나, 실천행(行履)을 배우는 것은 옳지 못하다."라고 한 것은 유명하다. 이는 제아무리 스승이라도 끊고 갈 부분은 끊음으로서, 올바른 불교의 모습을 보다 분명하게 제시하기 위함이다. 한암의 선불교를 통한 보편적인 지도 이념이야말로 그가 총 네 차례에 걸쳐 불교의 수장으로 추대되는 이유가 아닌가 한다.

ˊ 한암이 처음으로 교정이 되는 것은, 석전 등과 함께 7인이 함께 선출되는 1929년으로 54세 때이다. 이후 1935년 선학원(禪學院)에 의해서 신혜월·송만공과 함께 조선불교선종의 종정으로 추대된다. 한암의 세 번째 종정 추대는, 1941년 조선불교조계종이 성립되면서 당시 불교계의 여론과 31본산 주지의 결정에 의한 것이다. 이로써 한암은 조계종의 초대종정이 된다. 1929년의 교정과 1935년의 종정이 복수 추대와 상징성이 강했다면, 이때의 종정은 1인 체제의 실질적인 권한을 갖는 불교계의 최고 대표였다. 즉 명실상부한 한국불교의 최고 고승인 셈이다. 조선불교조계종은 일제강점기의 공식 종단으로 한암은 광복 때까지 종정의 위치를 유지한다.
그러다 해방이 되면서 집행부가 총 사퇴하는 시점에서, 한암 역시 종정에서 물러난다. 이때 새롭게 교정이 되신 분이 바로 석전이다. 그러나 석전이 1948년 4월 8일 79세(법랍 61)를 일기로 정읍 내장사에서 입적하게 되자, 그해 6월 30일에 또 다시 한암이 교정으로 추대되기에 이른다. 이렇게 놓고 본다면, 한암은 일제강점기와 해방 후 조계종이 초석을 다지는 시기에 가장 중요한 역할을 한, 한국불교의 정신적인 지주였다고 하겠다.

현대의 대한불교조계종은 선불교의 전통에 입각해서 1962년에 재정립된 종단이다. 이 조계종의 원류에는 고려 시대에 남종선을 조계종으로 판단한 인식과 일제강점기 초반인 1911년의 임제종, 그리고 1941년에 성립되는 조선불교조계종이 있다. 이런 점에서 본다면, 조선불교조계종의 초대 종정이었던 한암이야말로 조계종의 현대적인 시원을 이루는 인물이라고 하겠다. _※

더 알아보기

불교정화운동

일본불교는 한국불교를 조선의 억압에서 깨어나게 했다는 점에서 긍정적인 영향을 미쳤다. 그러나 독신의 청정한 수행 전통을 단절하고 승려가 결혼하는 불교로 변모시킨 점은 너무나 큰 해악이 되었다. 실제로 1954년의 자료에 따르면, 당시 전체 승려 수는 6,500명이었는데, 이 중 결혼하지 않은 독신 승려는 4퍼센트에 불과한 260명에 지나지 않았다. 이러한 일본불교의 문제를 해결하기 위해서, 한국불교는 1954년부터 1962년에 이르는 장장 8년간의 뼈를 깎는 정화운동에 돌입한다. 이렇게 해서 새롭게 재건되는 불교가 현재의 대한불교조계종이다.

일제강점기 이후 한국현대사는 친일세력들을 주체적으로 단죄하지 못했는데, 이 때문에 이후 한국전쟁과 같은 이념에 기초한 초유의 민족 비극이 초래된다. 이런 점에서 본다면, 한국불교는 분명 한국정치보다 성숙했다. 그러나 8년이라는 정화의 과정에서, 불교의 많은 자산이 유실되고 포교력이 약화되는 것만은 피할 수 없었다. 이는 해방 후 50만에 불과했던 기독교가 미군정과 친미세력들의 지원 속에서 비약적으로 확대되는 계기를 제공하게 된다. 즉 내부의 도적은 물리쳤지만, 외부의 우환을 피할 수 없게 된 것이다.

찾아보기

ㄱ

ㄹ

ㅁ

ㅂ

ㅅ

ㅇ

ㅈ

ㅊ

ㅋ

ㅌ

ㅍ

ㅎ

자현 스님이 들려주는

불교사 100장면

2018년 11월 12일 초판 1쇄 발행
2025년 4월 30일 초판 8쇄 발행

지은이 자현
발행인 박상근(至弘) • 편집인 류지호 • 편집이사 양동민
책임편집 김소영 • 편집 김재호, 양민호, 최호승, 정유리 • 디자인 쿠담디자인
제작 김명환 • 마케팅 김대현, 김대우, 이선호, 류지수 • 관리 윤정안
콘텐츠국 유권준, 김희준
펴낸 곳 불광출판사 (03169) 서울시 종로구 사직로10길 17 인왕빌딩 301호
대표전화 02) 420-3200 편집부 02) 420-3300 팩시밀리 02) 420-3400
출판등록 제300-2009-130호(1979. 10. 10.)

ISBN 978-89-7479-476-7 (03220)

값 23,000원

자현 스님이 들려주는

불교사 100장면